Tarifverträge für das Baugewerbe 2024–2027
Hrsg.: Zentralverband Deutsches Baugewerbe e. V.

Tarifverträge für das Baugewerbe 2024–2027

Gewerbliche Arbeitnehmer

und

Angestellte/Poliere

Online-Service +

Redaktionelle Leitung:
RA Heribert Jöris, Berlin

Herausgeber:
Zentralverband Deutsches Baugewerbe e. V.

RM Rudolf Müller

ZENTRALVERBAND DEUTSCHES BAUGEWERBE ZDB

Bibliografische Information der Deutschen Nationalbibliothek
Die Deutsche Nationalbibliothek verzeichnet diese Publikation in der Deutschen Nationalbibliografie; detaillierte bibliografische Daten sind im Internet über https://dnb.de abrufbar.

Umschlaggestaltung: Satz+Layout Werkstatt Kluth GmbH, Erftstadt
Satz: Satz+Layout Werkstatt Kluth GmbH, Erftstadt
Druck und Bindearbeiten: Westermann Druck Zwickau GmbH,
Crimmitschauer Straße 43, 08058 Zwickau

Printed in Germany

ISBN 978-3-481-04783-2 (Buch-Ausgabe)
ISBN 978-3-481-04784-9 (E-Book als PDF)
ISBN 978-3-481-04785-6 (Buch-Ausgabe + E-Book als PDF)

FSC
www.fsc.org
MIX
Papier | Fördert gute Waldnutzung
FSC® C110508

Vorwort

Während die Tarifverhandlungen im Baugewerbe über lange Zeit in sehr ruhigem Fahrwasser stattfanden, haben sich die Rahmenbedingungen in den letzten Jahren dramatisch geändert. Corona-Krise und Ukraine-Krieg haben die ökonomischen Rahmenbedingungen für die Baubetriebe kräftig durcheinandergewirbelt. Zinsanstiege, Materialkostenerhöhungen und andere politische Rahmenbedingungen haben den stetigen Aufwärtstrend der Branche gestoppt. Deutliche Preissteigerungen führten zu Kaufkraftverlusten bei den Beschäftigten. Gleichzeitig verknappt der demografische Wandel den Nachwuchs von Arbeits- und Fachkräften für die Bauunternehmen. Die Unternehmen sind durch die zunehmende Digitalisierung von Arbeits- und Verwaltungsprozessen gefordert, die ihrerseits auch Entlastungspotentiale schafft.

Auf viele dieser Umstände hat auch die Tarifpolitik der Branche reagiert. Es ist daher nicht verwunderlich, dass es in diesem und im letzten Jahr zu einer großen Zahl von Tarifvertragsabschlüssen gekommen ist, die nun Eingang in die neue Tarifbroschüre gefunden haben. Die meisten davon kamen geräuschlos zustande, einige wenige machten mehr auf sich aufmerksam. So haben die Tarifvertragsparteien auf den deutlichen Anstieg der Preissteigerung mit einem Tarifvertrag über eine Inflationsausgleichsprämie reagiert, der rasch den Kaufkraftverlust vorübergehend ausgleichen sollte und der vom Bundesministerium für Arbeit und Soziales für allgemeinverbindlich erklärt worden ist. Im Gegenzug für diese schnelle Reaktion der Arbeitgeber auf die Situation der Arbeitnehmer konnte eine Verlängerung der Tarifverträge über das 13. Monatseinkommen erreicht werden, die nun frühestens zum Jahresende 2024 erstmalig kündbar sind.

Mehr Kalkulationssicherheit für die Unternehmen brachte auch die zum Jahreswechsel 2023/2024 vorgenommene Veränderung des Tarifvertrages über eine zusätzliche Altersvorsorge im Baugewerbe: Dort wurde die bisherige Beitragszusage mit Mindestleistung abgeändert in eine beitragsorientierte Leistungszusage. Bei der Beitragszusage mit Mindestleistung war der Unternehmer verpflichtet, dem Arbeitnehmer bei Rentenbeginn eine Rente mindestens in Höhe der eingezahlten Beiträge zu garantieren, abzüglich der Kosten für eine Risikoabsicherung einzelner Versicherungsfälle. Durch die Senkung des Rechnungszinses in der betrieblichen Altersvorsorge ist die Beitragszusage mit Mindestleistung kaum noch für Versicherer und Arbeitgeber umsetzbar. Bei der beitragsorientierten Leistungszusage richtet sich die Betriebsrente nach einem bestimmten, festgelegten Beitrag, den der Arbeitgeber für den Arbeitnehmer aufwendet. Der Vorteil für den Arbeitgeber besteht darin, dass er den Aufwand kalkulieren kann. Die Versicherung berechnet den Beitrag basierend auf dem Zins, der Vertragslaufzeit sowie der Lebenserwartung des Arbeitnehmers. Die Leistungszusage des Arbeitnehmers ist gesetzlich geregelt, sieht allerdings keine Mindestleistung vor. Das bedeutet, es muss keine Garantie auf hundert Prozent der Beiträge geben. Die Vorteile für Unternehmen liegen vor allem in dem beschränkten Haftungsrisiko auf zugesagte Leistungen aus dem Versicherungsvertrag. Damit wurde die Altersvorsorge im Baugewerbe, die im Kampf um die besten Köpfe ein Werbeargument bei der Personalakquise sein sollte, ein Stück weiter zukunftsfest gemacht.

Der neu abgeschlossene Tarifvertrag über das Sozialkassenverfahren eröffnete den Weg für das in wenigen Jahren eingeführte elektronische Arbeitgebermeldeverfahren, welches durch einen Abgleich von Meldedaten der Sozialversicherung mit denen von SOKA-BAU Doppelarbeit bei den Arbeitgebermeldungen vermeidet und Fehler deutlich reduziert. Erfreulich für die Unternehmen in Westdeutschland war aber sicher auch, dass durch den neuen VTV auch der Sozialkassenbeitragssatz insgesamt abgesenkt und durch Umschichtungen in Ostdeutschland die Altersvorsorge näher an das westdeutsche Niveau herangeführt werden konnte.

Deutlich kontroverser verliefen die Lohn- und Gehaltstarifverhandlungen in 2024. Sie waren vor allen Dingen durch zwei Faktoren belastet: Erstens war durch die lange Laufzeit der Vorgängertarifverträge von November 2021 bis März 2024 der zwischenzeitlich erfolgte deutliche dauerhafte Anstieg der Lebenshaltungskosten unberücksichtigt geblieben. Zweitens war es in den Lohngruppen 1 in Ost und West und in der Lohngruppe 2 im Westen durch die gescheiterte Mindestlohnschlichtung dort zu einem faktischen Lohnstopp seit Ende 2021 gekommen. Dem dadurch bestehenden Anpassungsdruck hat die im Juni 2024 vereinbarte Tarifeinigung Rechnung getragen. Gleichzeitig bietet der erneute dreijährige Tarifabschluss den Unternehmen eine lange Phase der Planungs- und Kalkulationssicherheit. Auch beendet der Tarifvertrag im Jahr 2026 das lange Kapitel unterschiedlicher tariflicher Lohn- und Gehaltshöhen im Baugewerbe. In der nächsten Lohn- und Gehaltsrunde 2027 werden dann als Ergebnis erstmals bundesweit einheitliche Lohn- und Gehaltstarifverträge abgeschlossen. Gleichzeitig richten die vereinbarten Ausbildungsvergütungen den Blick darauf, dass die Baubranche im Wettbewerb um Nachwuchskräfte weiterhin ein mit anderen vergleichbaren Branchen konkurrenzfähiges Ausbildungsvergütungssystem vorweisen kann.

Die Tarifbroschüre zeigt aber auch eine Zäsur auf: Sie enthält erstmals seit 1997 keinen Bau-Mindestlohn-Tarifvertrag. Denn die Tarifvertragsparteien haben einvernehmlich von einem Neuabschluss abgesehen. Das ist aus Arbeitgebersicht eine Konsequenz aus dem zunehmenden Eingriff der Politik – einem immer weiter zunehmenden Überbietungswettbewerb – in die Ausgestaltung des gesetzlichen Mindestlohns, der so zum Treiber des darüber liegenden Branchen-Mindestlohns wird und damit den Branchen Gestaltungsfreiheit nimmt. Gleichzeitig sorgt aber auch der sich wandelnde Arbeitsmarkt mit einer immer weiter abnehmenden Zahl heimischer Nachwuchskräfte dafür, dass sich die Verhandlungsposition der Arbeitnehmer verbessert und damit Dumpinglöhne verschwinden werden. Umso wichtiger wird es für die Unternehmen sein, sich bei der Werbung von Arbeits- und Fachkräften bei der Vergütung nicht lediglich an einem gesetzlichen oder Branchen-Mindestlohn auszurichten, sondern sich am gesamten Gitter der tariflichen Lohn- und Gehaltsgruppen zu orientieren. Der Wegfall des Mindestlohn-Tarifvertrages war daher die richtige Konsequenz. Ein früherer Bundespräsident hat einmal den französischen Philosophen und Staatstheoretiker Montesquieu zitiert: „Wenn es nicht notwendig ist, ein Gesetz zu erlassen, dann ist es notwendig, kein Gesetz zu erlassen“. Daran sollte sich auch die Politik ein Beispiel nehmen.

Der Zentralverband Deutsches Baugewerbe hat in diesem Jahr 2024 sein 125-jähriges Bestehen gefeiert. Er ist damit einer der ältesten Tarifträgergeberverbände in Deutschland und hat als solcher als Mitunterzeichner des Stinnes-Legien-Abkommens 1918 die gesetzlichen Grundlagen für das heutige Tarifvertragsrecht mit kreiert. Darauf kann der

Verband stolz sein. Gleichzeitig sieht er sich auch dazu verpflichtet, dafür Sorge zu tragen, dass die Grundlagen der Tarifautonomie, die eingebettet sind in eine demokratische Gesellschaft, und die Achtung und der Respekt sowohl gegenüber den Arbeitnehmern als auch den Arbeitgebern, nicht gefährdet werden.

Wie gewohnt schließt mein Vorwort mit dem Hinweis, dass die Rudolf Müller Medien GmbH & Co. KG für kurzfristige Änderungen einen Online-Service anbietet (siehe Kapitel 9.5).

Und ich hoffe, dass auch diese Ausgabe der Tarifbroschüre wie bisher für die Anwendung der Tarifverträge eine nützliche Hilfestellung bietet.

Berlin, im Juni 2024

Syndikusrechtsanwalt Heribert Jöris
Geschäftsführer im Zentralverband Deutsches Baugewerbe

Inhaltsverzeichnis

Vorwort 5

1 Rahmentarifverträge 12

1.1 **Bundesrahmentarifvertrag** für das Baugewerbe (BRTV) vom 28. September 2018 in der Fassung vom 10. November 2022 12

1.2 Protokollnotiz vom 30. April 2015 zu § 3 Nr. 1.42 BRTV 51

1.3 Protokollnotiz vom 2. November 2007 zu § 3 Nr. 1.7 BRTV 53

1.4 **Rahmentarifvertrag** für die Angestellten und Poliere des Baugewerbes (RTV Angestellte) vom 4. Juli 2002 in der Fassung vom 5. November 2021 54

1.5 Tarifempfehlung zur **Eingruppierung von Angestellten mit Bachelor- oder Master-Abschluss (FH)** vom 14. Mai 2010 85

1.6 Tarifvertrag über die **Berufsbildung** im Baugewerbe (BBTV) vom 28. September 2018 in der Fassung vom 10. November 2022 86

1.7 Tarifvertrag zur **Übernahme von Auszubildenden** im Baugewerbe vom 3. Mai 2013 105

1.8 Tarifvertrag über das Verfahren für die **Berufsbildung** im **Berliner Baugewerbe** (Verfahrenstarifvertrag Berufsbildung Berlin) vom 10. Dezember 2002 107

1.9 Tarifvertrag über die **Altersteilzeit** im Baugewerbe (TV Altersteilzeit) vom 19. April 2000 in der Fassung vom 18. Dezember 2009 111

1.10 Rahmentarifvertrag für **Leistungslohn** im Baugewerbe vom 29. Juli 2005 117

1.11 **Urlaubsregelung** für die gewerblichen Arbeitnehmer im Baugewerbe **in Bayern** vom 28. September 2018 125

2 Zusatztarifverträge für Spezialgewerbezweige 134

2.1 Tarifvertrag für das **feuerungstechnische Gewerbe** vom 13. Dezember 2000 in der Fassung vom 16. November 2012 134

2.2 Tarifvertrag über **Feuerungsbauzuschläge** im feuerungstechnischen Gewerbe vom 28. April 2011 in der Fassung vom 16. November 2012 152

2.3 Tarifvertrag für das wärme-, kälte- und schallschutztechnische Gewerbe **(Isoliergewerbe)** vom 25. Februar 2005 156

2.4 Vereinbarung zur Einführung einer Öffnungsklausel in dem Tarifvertrag für das wärme-, kälte- und schallschutztechnische Gewerbe **(Zusatztarifvertrag Isoliergewerbe)** vom 25. Februar 2005 161

2.5 Tarifvertrag für den **Eisenbahnoberbau** vom 16. Mai 1983 162

2.6 Tarifvertrag für die **Fertigbaubetriebe** des Baugewerbes vom 27. Januar 1970 in der Fassung vom 19. April 1979 163

3 Lohn- und Gehaltstarifverträge 169

3.1 Tarifvertrag zur Regelung der **Löhne und Ausbildungsvergütungen** im Baugewerbe im Gebiet der Bundesrepublik Deutschland mit Ausnahme der fünf neuen Länder und des Landes Berlin **(TV Lohn/West)** vom 14. Juni 2024 169

3.2 Protokollnotiz vom 14. Juni 2024 zu § 9 Abs. 3 TV Lohn/West 178

3.3 Tarifvertrag zur Regelung der **Löhne und Ausbildungsvergütungen** im Baugewerbe im Beitrittsgebiet mit Ausnahme des Landes Berlin **(TV Lohn/Ost)** vom 14. Juni 2024 179

3.4 Tarifvertrag zur Regelung der **Gehälter und Ausbildungsvergütungen** für die Angestellten und Poliere des Baugewerbes im Gebiet der Bundesrepublik Deutschland mit Ausnahme der fünf neuen Länder, des Landes Berlin und des Freistaates Bayern **(TV Gehalt/West)** vom 14. Juni 2024 188

3.5 Tarifvertrag zur Regelung der **Gehälter und Ausbildungsvergütungen** für die Angestellten und Poliere des Baugewerbes im Beitrittsgebiet mit Ausnahme des Landes Berlin **(TV Gehalt/Ost)** vom 14. Juni 2024 194

3.6 Tarifvertrag zur **Einführung neuer Lohnstrukturen** für die gewerblichen Arbeitnehmer des Baugewerbes vom 4. Juli 2002 200

3.7 Tarifvertrag zur **Einführung neuer Gehaltsstrukturen** für die Angestellten und Poliere des Baugewerbes vom 20. Dezember 2001 207

3.8 Tarifvertrag zur Regelung der **Gehälter und Ausbildungsvergütungen** für die Angestellten des Baugewerbes in **Bayern** vom 14. Juni 2024 215

3.9 Tarifvereinbarung über die **Gehaltsregelung** für die Poliere des Baugewerbes in **Bayern** vom 14. Juni 2024 236

3.10 Tarifvertrag zur Regelung der **Gehälter und Ausbildungsvergütungen** für die Angestellten und Poliere des Baugewerbes im Gebiet des Landes Berlin **(TV Gehalt/Berlin)** vom 14. Juni 2024 242

3.11 Tarifvertrag zur Regelung der **Löhne und Ausbildungsvergütungen** im Baugewerbe im Gebiet des Landes Berlin **(TV Lohn/Berlin)** vom 14. Juni 2024 247

3.12 Tarifvertrag zur **Sicherung des Standortes Berlin** für das Baugewerbe (TV Standortsicherung Berlin) vom 14. Juni 2024 256

4 Tarifliche Zusatzleistungen 258

4.1 Tarifvertrag über die Gewährung eines **13. Monatseinkommens** im Baugewerbe vom 21. Mai 1997 in der Fassung vom 30. Januar 2023 258

4.2 Tarifvertrag über die Gewährung eines **13. Monatseinkommens** für die **Angestellten** des Baugewerbes vom 21. Mai 1997 in der Fassung vom 30. Januar 2023 264

4.3 Tarifvertrag über die Gewährung **vermögenswirksamer Leistungen** zu Gunsten der **gewerblichen Arbeitnehmer** im Baugewerbe vom 24. August 2020 270

4.4 Tarifvertrag über die Gewährung **vermögenswirksamer Leistungen** für die **Angestellten** und **Poliere** des Baugewerbes vom 24. August 2020 274

4.5 Tarifvertrag zur Gewährung einer **Inflationsausgleichsprämie** im Baugewerbe (TV Inflationsausgleichsprämie) vom 30. Januar 2023 278

5 Sozialkassen-Tarifverträge 281

5.1 Tarifvertrag über eine **Zusatzrente** (TV TZR) vom 15. Mai 2001 in der Fassung vom 31. März 2005 281

5.2 Tarifvertrag über eine zusätzliche **Altersversorgung** im Baugewerbe (TZA Bau) vom 28. September 2018 in der Fassung vom 13. Dezember 2023 288

5.3 Tarifvertrag über das **Sozialkassenverfahren** im Baugewerbe (VTV) vom 28. September 2018 in der Fassung vom 10. November 2022 304

5.4 Tarifvertrag über **Sozialaufwandserstattung** im **Berliner Baugewerbe** – gewerbliche Arbeitnehmer – vom 17. Dezember 2002 330

5.5 Vereinbarung über die **Sozialkassenbeiträge** im Gebiet des Landes **Berlin** vom 28. November 2018 334

5.6 Tarifvertrag über zusätzliche Angaben im arbeitnehmerbezogenen **Meldeverfahren** im **Berliner Baugewerbe** (TV ZABB) vom 19. Mai 2006 336

6 Schlichtung im Baugewerbe 338

Schlichtungsabkommen für das Baugewerbe in der Bundesrepublik Deutschland vom 12. März 1979 in der Fassung vom 26. März 1993 338

7 Ganzjährige Beschäftigung in der Bauwirtschaft 344

7.1 Förderung der ganzjährigen Beschäftigung in der Bauwirtschaft (Auszug aus dem Dritten Buch Sozialgesetzbuch) 344

7.2 Verordnung über die Betriebe des Baugewerbes, in denen die ganzjährige Beschäftigung zu fördern ist (**Baubetriebe-Verordnung**) vom 28. Oktober 1980 in der Fassung vom 20. Dezember 2011 359

7.3 Verordnung über ergänzende Leistungen zum Saison-Kurzarbeitergeld und die Aufbringung der erforderlichen Mittel zur Aufrechterhaltung der Beschäftigung in den Wintermonaten (**Winterbeschäftigungs-Verordnung**) vom 26. April 2006 in der Fassung vom 29. August 2023 364

8 Arbeitsschutz im Baugewerbe 369

8.1 Verordnung über Arbeitsstätten (Arbeitsstättenverordnung) vom 12. August 2004 in der Fassung vom 27. März 2024 369

8.2 Verordnung über Sicherheit und Gesundheitsschutz auf Baustellen (Baustellenverordnung - BaustellV) vom 10. Juni 1998 in der Fassung vom 19. Dezember 2022 395

9 Anhang 400

9.1 Übersicht über die für allgemeinverbindlich erklärten Tarifverträge des Baugewerbes 400

9.2 Einschränkungen der Allgemeinverbindlicherklärung der Tarifverträge des Baugewerbes 401

9.3 Übersicht über Lohnerhöhungen, Mindestlöhne und Wochenarbeitszeit im Baugewerbe 418

9.4 Übersicht über die Entwicklung des Sozialkassenbeitrags und der gesetzlichen Winterbeschäftigungs-Umlage 424

9.5 Der kostenlose Online-Service 426

9.6 Verzeichnis der Mitgliedsverbände des Zentralverbandes des Deutschen Baugewerbes (ZDB) 427

9.7 Stichwortverzeichnis 431

Bundesrahmentarifvertrag für das Baugewerbe (BRTV) vom 28. September 2018

in der Fassung vom 5. November 2021 und 10. November 2022

Zwischen

dem Zentralverband des Deutschen Baugewerbes e. V.,
Kronenstraße 55–58, 10117 Berlin,

dem Hauptverband der Deutschen Bauindustrie e. V.,
Kurfürstenstraße 129, 10785 Berlin,

und

der Industriegewerkschaft Bauen–Agrar–Umwelt,
Olof-Palme-Straße 19, 60439 Frankfurt a. M.,

wird folgender Tarifvertrag geschlossen:

Inhaltsverzeichnis

§ 1 Geltungsbereich
§ 2 Einstellungsbedingungen
§ 3 Arbeitszeit
§ 4 Arbeitsversäumnis und Arbeitsausfall
§ 5 Lohn
§ 6 Erschwerniszuschläge
§ 7 Fahrtkostenabgeltung, Verpflegungszuschuss und Unterkunft
§ 8 Urlaub
§ 9 Freistellung zu Arbeitsgemeinschaften
§ 10 Sterbegeld
§ 11 Beendigung des Arbeitsverhältnisses
§ 12 Zutritt zu den Unterkünften
§ 13 Arbeitssicherheit und Gesundheitsschutz
§ 14 Ausschlussfristen
§ 15 Besondere Lohn- und Arbeitsbedingungen für Spezialgewerbezweige
§ 16 Durchführung des Vertrages
§ 17 Inkrafttreten und Laufdauer

§ 1
Geltungsbereich

(1) Räumlicher Geltungsbereich:

Das Gebiet der Bundesrepublik Deutschland.

(2) Betrieblicher Geltungsbereich:

Betriebe des Baugewerbes. Das sind alle Betriebe, die unter einen der nachfolgenden Abschnitte I bis IV fallen.

Abschnitt I

Betriebe, die nach ihrer durch die Art der betrieblichen Tätigkeiten geprägten Zweckbestimmung und nach ihrer betrieblichen Einrichtung gewerblich Bauten aller Art erstellen.

Abschnitt II

Betriebe, die, soweit nicht bereits unter Abschnitt I erfasst, nach ihrer durch die Art der betrieblichen Tätigkeiten geprägten Zweckbestimmung und nach ihrer betrieblichen Einrichtung gewerblich bauliche Leistungen erbringen, die – mit oder ohne Lieferung von Stoffen oder Bauteilen – der Erstellung, Instandsetzung, Instandhaltung, Änderung oder Beseitigung von Bauwerken dienen.

Abschnitt III

Betriebe, die, soweit nicht bereits unter Abschnitt I oder II erfasst, nach ihrer durch die Art der betrieblichen Tätigkeiten geprägten Zweckbestimmung und nach ihrer betrieblichen Einrichtung – mit oder ohne Lieferung von Stoffen oder Bauteilen gewerblich sonstige bauliche Leistungen erbringen.

Abschnitt IV

Betriebe, in denen die nachstehend aufgeführten Arbeiten ausgeführt werden:

1. Aufstellen von Gerüsten und Bauaufzügen;
2. Bauten- und Eisenschutzarbeiten;
3. technische Dämm-(Isolier-)Arbeiten, insbesondere solche an technischen Anlagen, soweit nicht unter Abschnitt II oder III erfasst, einschließlich von Dämm-(Isolier-) Arbeiten an und auf Land-, Luft- und Wasserfahrzeugen.
4. Erfasst werden auch solche Betriebe, die im Rahmen eines mit einem oder mehreren Betrieben des Baugewerbes bestehenden Zusammenschlusses – unbeschadet der gewählten Rechtsform – für die angeschlossenen Betriebe des Baugewerbes entweder ausschließlich oder überwiegend die kaufmännische Verwaltung, den Vertrieb, Planungsarbeiten, Laborarbeiten oder Prüfarbeiten übernehmen, oder ausschließlich oder in nicht unerheblichem Umfang (zumindest zu einem Viertel der betrieblichen Arbeitszeit) den Bauhof und/oder die Werkstatt betreiben, soweit diese Betriebe nicht von einem spezielleren Tarifvertrag erfasst werden.

Abschnitt V

Zu den in den Abschnitten I bis III genannten Betrieben gehören z. B. diejenigen, in denen Arbeiten der nachstehend aufgeführten Art ausgeführt werden:

1. Abdichtungsarbeiten gegen Feuchtigkeit;
2. Aptierungs- und Drainierungsarbeiten, wie das Entwässern von Grundstücken und urbar zu machenden Bodenflächen einschließlich der Grabenräumungs- und Faschinierungsarbeiten, des Verlegens von Drainagerohrleitungen sowie des Herstellens von Vorflut- und Schleusenanlagen;
3. Asbestsanierungsarbeiten an Bauwerken und Bauwerksteilen (z. B. Entfernen, Verfestigen, Beschichten von Asbestprodukten);
4. Bautrocknungsarbeiten, d. h. Arbeiten, die unter Einwirkung auf das Gefüge des Mauerwerks der Entfeuchtung dienen, auch unter Verwendung von Kunststoffen oder chemischen Mitteln sowie durch Einbau von Kondensatoren;
5. Beton- und Stahlbetonarbeiten einschließlich Betonschutz- und Betonsanierungsarbeiten sowie Armierungsarbeiten;
6. Bohrarbeiten;
7. Brunnenbauarbeiten;
8. chemische Bodenverfestigungen;
9. Dämm-(Isolier-)Arbeiten (z. B. Wärme-, Kälte-, Schallschutz-, Schallschluck-, Schallverbesserungs-, Schallveredelungsarbeiten) einschließlich Anbringung von Unterkonstruktionen;
10. Erdbewegungsarbeiten (Wegebau-, Meliorations-, Landgewinnungs-, Deichbauarbeiten, Wildbach- und Lawinenverbau, Sportanlagenbau sowie Errichtung von Schallschutzwällen und Seitenbefestigungen an Verkehrswegen);
11. Estricharbeiten (unter Verwendung von Zement, Asphalt, Anhydrit, Magnesit, Gips, Kunststoffen oder ähnlichen Stoffen);
12. Fassadenbauarbeiten;
13. Fertigbauarbeiten: Einbauen oder Zusammenfügen von Fertigbauteilen zur Erstellung, Instandsetzung, Instandhaltung oder Änderung von Bauwerken; ferner das Herstellen von Fertigbauteilen, wenn diese zum überwiegenden Teil durch den Betrieb, einen anderen Betrieb desselben Unternehmens oder innerhalb von Unternehmenszusammenschlüssen – unbeschadet der gewählten Rechtsform – durch den Betrieb mindestens eines beteiligten Gesellschafters zusammengefügt oder eingebaut werden;
14. Feuerungs- und Ofenbauarbeiten;
15. Fliesen-, Platten- und Mosaik-Ansetz- und Verlegearbeiten;
16. Fugarbeiten an Bauwerken, insbesondere Verfugung von Verblendmauerwerk und von Anschlüssen zwischen Einbauteilen und Mauerwerk sowie dauerelastische und dauerplastische Verfugungen aller Art;

17. Glasstahlbetonarbeiten sowie Vermauern und Verlegen von Glasbausteinen;
18. Gleisbauarbeiten;
19. Herstellen von nicht lagerfähigen Baustoffen, wie Beton- und Mörtelmischungen (Transportbeton und Fertigmörtel), wenn mit dem überwiegenden Teil der hergestellten Baustoffe die Baustellen des herstellenden Betriebes, eines anderen Betriebes desselben Unternehmens oder innerhalb von Unternehmenszusammenschlüssen – unbeschadet der gewählten Rechtsform – die Baustellen des Betriebes mindestens eines beteiligten Gesellschafters versorgt werden;
20. Hochbauarbeiten;
21. Holzschutzarbeiten an Bauteilen;
22. Kanalbau-(Sielbau-)Arbeiten;
23. Maurerarbeiten;
24. Rammarbeiten;
25. Rohrleitungsbau-, Rohrleitungstiefbau-, Kabelleitungstiefbauarbeiten und Bodendurchpressungen;
26. Schachtbau- und Tunnelbauarbeiten;
27. Schalungsarbeiten;
28. Schornsteinbauarbeiten;
29. Spreng-, Abbruch- und Enttrümmerungsarbeiten;
30. Stahlbiege- und -flechtarbeiten, soweit sie zur Erbringung anderer baulicher Leistungen des Betriebes ausgeführt werden;
31. Stakerarbeiten;
32. Straßenbauarbeiten (Stein-, Asphalt-, Beton-, Schwarzstraßenbauarbeiten, Fahrbahnmarkierungsarbeiten, ferner Herstellen und Aufbereiten des Mischgutes, sofern mit dem überwiegenden Teil des Mischgutes der Betrieb, ein anderer Betrieb desselben Unternehmens oder innerhalb von Unternehmenszusammenschlüssen – unbeschadet der gewählten Rechtsform – der Betrieb mindestens eines beteiligten Gesellschafters versorgt wird) sowie Pflasterarbeiten aller Art;
33. Straßenwalzarbeiten;
34. Stuck-, Putz-, Gips- und Rabitzarbeiten, einschließlich des Anbringens von Unterkonstruktionen und Putzträgern;
35. Terrazzoarbeiten;
36. Tiefbauarbeiten;
37. Trocken- und Montagebauarbeiten (z. B. Wand- und Deckeneinbau bzw. -verkleidungen, Montage von Baufertigteilen), einschließlich des Anbringens von Unterkonstruktionen und Putzträgern;
38. Verlegen von Bodenbelägen in Verbindung mit anderen baulichen Leistungen;
39. Vermieten von Baumaschinen mit Bedienungspersonal, wenn die Baumaschinen mit Bedienungspersonal zur Erbringung baulicher Leistungen eingesetzt werden;

40. Wärmedämmverbundsystemarbeiten;
41. Wasserwerksbauarbeiten, Wasserhaltungsarbeiten, Wasserbauarbeiten (z. B. Wasserstraßenbau, Wasserbeckenbau, Schleusenanlagenbau);
42. Zimmerarbeiten und Holzbauarbeiten, die im Rahmen des Zimmergewerbes ausgeführt werden.

Abschnitt VI

Betriebe, soweit in ihnen die unter den Abschnitten I bis V genannten Leistungen überwiegend erbracht werden, fallen grundsätzlich als Ganzes unter diesen Tarifvertrag. Betrieb im Sinne dieses Tarifvertrages ist auch eine selbstständige Betriebsabteilung. Als solche gilt auch eine Gesamtheit von Arbeitnehmern, die außerhalb der stationären Betriebsstätte eines nicht von den Abschnitten I bis IV erfassten Betriebes baugewerbliche Arbeiten ausführt.

Werden in Betrieben des Baugewerbes in selbstständigen Abteilungen andere Arbeiten ausgeführt, so werden diese Abteilungen dann nicht von diesem Tarifvertrag erfasst, wenn sie von einem spezielleren Tarifvertrag erfasst werden.

Abschnitt VII

Nicht erfasst werden Betriebe

1. des Betonwaren und Terrazzowaren herstellenden Gewerbes,
2. des Dachdeckerhandwerks,
3. des Gerüstbaugewerbes, deren Tätigkeit sich überwiegend auf die gewerbliche Erstellung von Gerüsten erstreckt,
4. des Glaserhandwerks,
5. des Herd- und Ofensetzerhandwerks, soweit nicht Arbeiten der in Abschnitt IV oder V aufgeführten Art ausgeführt werden,
6. des Maler- und Lackiererhandwerks, soweit nicht Arbeiten der in Abschnitt IV oder V aufgeführten Art ausgeführt werden,
7. der Naturstein- und Naturwerksteinindustrie, soweit nicht Arbeiten der in Abschnitt I bis V aufgeführten Art ausgeführt werden,
8. der Nassbaggerei, die von dem Rahmentarifvertrag des Nassbaggergewerbes erfasst werden,
9. des Parkettlegerhandwerks,
10. der Säurebauindustrie,
11. des Schreinerhandwerks sowie der Holz be- und Holz verarbeitenden Industrie, soweit nicht Fertigbau-, Dämm-(Isolier-), Trockenbau- und Montagebauarbeiten oder Zimmerarbeiten ausgeführt werden,

12. des Klempnerhandwerks, des Gas- und Wasserinstallationsgewerbes, des Elektroinstallationsgewerbes, des Zentralheizungsbauer- und Lüftungsbauergewerbes sowie des Klimaanlagenbaues, soweit nicht Arbeiten der in Abschnitt IV oder V aufgeführten Art ausgeführt werden,
13. des Steinmetzhandwerks, soweit die in § 1 Nr. 2.1 des Tarifvertrages über eine überbetriebliche Alters- und Invalidenbeihilfe im Steinmetz- und Steinbildhauerhandwerk vom 1. Dezember 1986 in der Fassung vom 28. August 1992 aufgeführten Tätigkeiten überwiegend ausgeübt werden.

(3) Persönlicher Geltungsbereich:

Gewerbliche Arbeitnehmer (Arbeiter), die eine nach den Vorschriften des Sechsten Buches Sozialgesetzbuch – Gesetzliche Rentenversicherung – (SGB VI) versicherungspflichtige Tätigkeit ausüben.

§ 2*)
Einstellungsbedingungen

Der Arbeitgeber hat nach § 2 des Nachweisgesetzes die wesentlichen Arbeitsbedingungen schriftlich festzuhalten. Dafür ist der im Anhang beigefügte Einstellungsbogen zu verwenden und dem Arbeitnehmer auszuhändigen.

§ 3
Arbeitszeit

1. Allgemeine Regelung

1.1 Durchschnittliche Wochenarbeitszeit

Die durchschnittliche regelmäßige Wochenarbeitszeit im Kalenderjahr beträgt 40 Stunden.

1.2 Tarifliche Arbeitszeit

In den Monaten Januar bis März und Dezember beträgt die regelmäßige werktägliche Arbeitszeit ausschließlich der Ruhepausen montags bis donnerstags 8 Stunden und freitags 6 Stunden, die wöchentliche Arbeitszeit 38 Stunden (Winterarbeitszeit). In den Monaten April bis November beträgt die regelmäßige werktägliche Arbeitszeit ausschließlich der Ruhepausen montags bis donnerstags 8,5 Stunden und freitags 7 Stunden, die wöchentliche Arbeitszeit 41 Stunden (Sommerarbeitszeit).

1.3 Arbeitszeitausgleich innerhalb von zwei Wochen

Die nach betrieblicher Regelung an einzelnen Werktagen ausfallende Arbeitszeit kann durch Verlängerung der Arbeitszeit ohne Mehrarbeitszuschlag an anderen Werktagen innerhalb von zwei Kalenderwochen ausgeglichen werden (zweiwöchiger Arbeitszeit-

*) Einstellungsbogen abgedruckt auf Seite 47 f.

ausgleich). Die Wochenarbeitszeit kann somit nach den betrieblichen Erfordernissen und den jahreszeitlichen Lichtverhältnissen im Einvernehmen zwischen Arbeitgeber und Betriebsrat oder, wenn kein Betriebsrat besteht, im Einvernehmen mit dem Arbeitnehmer auf die Werktage verteilt werden.

1.4 Betriebliche Arbeitszeitverteilung in einem zwölfmonatigen Ausgleichszeitraum

1.41 Durchführung

Durch Betriebsvereinbarung oder, wenn kein Betriebsrat besteht, durch einzelvertragliche Vereinbarung kann für einen Zeitraum von zwölf zusammenhängenden Lohnabrechnungszeiträumen (zwölfmonatiger Ausgleichszeitraum) eine von der tariflichen Arbeitszeitverteilung abweichende Verteilung der Arbeitszeit auf die einzelnen Werktage ohne Mehrarbeitszuschlag vereinbart werden, wenn gleichzeitig ein Monatslohn nach Nr. 1.42 gezahlt wird. Aus dieser Betriebsvereinbarung bzw. der einzelvertraglichen Vereinbarung muss sich ergeben, in welcher Form und mit welcher Ankündigungsfrist die jeweilige werktägliche Arbeitszeit festgelegt wird.

Der Arbeitgeber kann innerhalb von zwölf Kalendermonaten 150 Arbeitsstunden vor- und 30 Arbeitsstunden nacharbeiten lassen.

Die Lage und die Verteilung dieser Arbeitsstunden im Ausgleichszeitraum ist im Einvernehmen mit dem Betriebsrat oder, wenn kein Betriebsrat besteht, im Einvernehmen mit dem Arbeitnehmer festzulegen.

1.42 Monatslohn*)

Bei betrieblicher Arbeitszeitverteilung wird während des gesamten Ausgleichszeitraumes unabhängig von der jeweiligen monatlichen Arbeitszeit in den Monaten April bis November ein Monatslohn in Höhe von 178 Gesamttarifstundenlöhnen und in den Monaten Dezember bis März ein Monatslohn in Höhe von 164 Gesamttarifstundenlöhnen gezahlt.

Der Monatslohn mindert sich um den Gesamttarifstundenlohn für diejenigen Arbeitsstunden, welche infolge von Urlaub, Krankheit, Kurzarbeit, Zeiten ohne Entgeltfortzahlung, Zeiten unbezahlter Freistellung und Zeiten unentschuldigten Fehlens ausfallen; er mindert sich auch für diejenigen Ausfallstunden außerhalb der Schlechtwetterzeit, die infolge zwingender Witterungsgründe ausfallen, soweit kein Ausgleich über das Ausgleichskonto erfolgt. Soweit für diese Zeiten eine Vergütung oder Lohnersatzleistung erfolgt, wird diese neben dem verminderten Monatslohn ausgezahlt.

Für die Vergütung von gesetzlichen Wochenfeiertagen und Freistellungstagen nach § 4 Nrn. 2 und 3 ist die tarifliche Arbeitszeitverteilung nach Nr. 1.2 maßgeblich; um diesen Betrag mindert sich der Monatslohn.

*) Protokollnotiz zu § 3 Nr. 1.42 abgedruckt in Kapitel 1.2

1.43 Arbeitszeit- und Entgeltkonto (Ausgleichskonto)

Für jeden Arbeitnehmer wird ein individuelles Ausgleichskonto eingerichtet. Auf diesem Ausgleichskonto ist die Differenz zwischen dem Lohn für die tatsächlich geleisteten Arbeitsstunden und dem nach Nr. 1.42 errechneten Monatslohn für jeden Arbeitnehmer gutzuschreiben bzw. zu belasten. Lohn für Leistungslohn-Mehrstunden darf nicht einbehalten und gutgeschrieben werden. Die Frage einer Verzinsung des Guthabens ist betrieblich zu regeln.

Das Arbeitszeitguthaben und der dafür einbehaltene Lohn dürfen zu keinem Zeitpunkt 150 Stunden, die Arbeitszeitschuld und der dafür bereits gezahlte Lohn dürfen zu keinem Zeitpunkt 30 Stunden überschreiten. Wird ein Guthaben für 150 Stunden erreicht, so ist der Lohn für die darüber hinausgehenden Stunden neben dem Monatslohn auszuzahlen.

Auf dem Ausgleichskonto gutgeschriebener Lohn darf nur zum Ausgleich für den Monatslohn, bei witterungsbedingtem Arbeitsausfall, am Ende eines Ausgleichszeitraumes nach Maßgabe des folgenden Absatzes, bei Ausscheiden des Arbeitnehmers oder im Todesfall ausgezahlt werden.

Das Ausgleichskonto soll nach zwölf Kalendermonaten ausgeglichen sein. Besteht am Ende des Ausgleichszeitraumes noch ein Guthaben, so sind die dem Guthaben zugrunde liegenden Vorarbeitsstunden und das dafür gutgeschriebene Arbeitsentgelt unter Anrechnung auf das zuschlagsfreie Vorarbeitsvolumen des neuen Ausgleichszeitraumes in diesen zu übertragen. Durch freiwillige Betriebsvereinbarung oder einzelvertragliche Vereinbarung kann abweichend vom vorherigen Satz eine Abgeltung des Guthabens am Ende des Ausgleichszeitraumes vereinbart werden; die Rechtsfolgen des § 101 Abs. 5 Satz 3 SGB III sind dabei zu beachten.

Besteht am Ende des Ausgleichszeitraumes eine Zeitschuld, so ist diese in den nächsten Ausgleichszeitraum zu übertragen und in diesem auszugleichen. Bei Ausscheiden des Arbeitnehmers sind etwaige Guthaben oder Schulden auszugleichen.

1.44 Absicherung des Ausgleichskontos

Durch den Arbeitgeber ist in geeigneter Weise auf seine Kosten sicherzustellen, dass das Guthaben jederzeit bestimmungsgemäß ausgezahlt werden kann, insbesondere durch Bankbürgschaft, Sperrkonto mit treuhänderischen Pfandrechten oder Hinterlegung bei der Urlaubs- und Lohnausgleichskasse der Bauwirtschaft. Die Absicherung des Guthabens muss, sofern der Betrag nicht nach Abführung von Steuern und Sozialaufwand als Nettolohn zurückgestellt wird, den Bruttolohn und 45 v. H. des Bruttolohnes für den Sozialaufwand umfassen. Auf Verlangen einer der Bezirks- oder Landesorganisationen der Tarifvertragsparteien ist dieser gegenüber die Absicherung des Ausgleichskontos nachzuweisen. Erfolgt dieser Nachweis nicht, so ist das Guthaben an den Arbeitnehmer auszuzahlen; die Vereinbarung über die betriebliche Arbeitszeitverteilung tritt zu diesem Zeitpunkt außer Kraft.

1.5 Beginn und Ende der täglichen Arbeitszeit

Beginn und Ende der täglichen Arbeitszeit einschließlich der Pausen werden vom Arbeitgeber im Einvernehmen mit dem Betriebsrat festgelegt.

1.6 Nachholen von Ausfallstunden

Durch Witterungseinflüsse ausgefallene Arbeitsstunden können in Betrieben, in denen keine betriebliche Arbeitszeitverteilung nach Nr. 1.4 vereinbart wurde, innerhalb der folgenden 24 Werktage im Einvernehmen mit dem Betriebsrat oder, wenn kein Betriebsrat besteht, im Einvernehmen mit dem Arbeitnehmer nachgeholt werden. Für jede Nachholstunde ist der Mehrarbeitszuschlag zu zahlen.

1.7 Arbeitsbefreiung am 24. und 31. Dezember*)

Der 24. und der 31. Dezember sind arbeitsfrei; der Lohnanspruch entfällt.

1.8 Hinzuziehung der Organisationsvertreter

Ist eine Einigung über die Verteilung der Arbeitszeit nach Nr. 1.3 und Nr. 1.4 nicht zu erzielen, so sind die Organisationsvertreter hinzuzuziehen, um eine Einigung herbeizuführen.

2. Wochenarbeitszeit für Maschinen- und Kraftwagenpersonal

Die regelmäßige Arbeitszeit für das Maschinenpersonal darf wöchentlich bis zu vier Stunden, diejenige für Kraftwagenfahrer und Beifahrer bis zu fünf Stunden über die nach Nr. 1.2 jeweils maßgebliche wöchentliche Arbeitszeit hinaus verlängert werden. Nr. 1.4 gilt entsprechend. Für Kraftwagenfahrer und Beifahrer darf der reine Dienst am Steuer acht Stunden täglich nicht überschreiten. Außerdem gelten die gesetzlichen Vorschriften.

3. Arbeitszeit in fachfremden Betrieben

Werden Bauarbeiten in einem fachfremden Betrieb, für den eine andere Arbeitszeitregelung als für das Baugewerbe gilt, durchgeführt, so kann die Arbeitszeit der des fachfremden Betriebes angepasst werden.

4. Beginn und Ende der Arbeitszeit an der Arbeitsstelle

Die Arbeitszeit beginnt und endet an der Arbeitsstelle, sofern zwischen Arbeitgeber und Arbeitnehmer keine andere Vereinbarung getroffen wird. Bei Baustellen von größerer Ausdehnung beginnt und endet die Arbeitszeit an der vom Arbeitgeber im Einvernehmen mit dem Betriebsrat zu bestimmenden Sammelstelle.

5. Überstunden (Mehrarbeit), Nachtarbeit, Sonn- und Feiertagsarbeit

5.1 Überstunden

Überstunden sind

5.11 bei tariflicher Arbeitszeitverteilung nach Nr. 1.2 die über die regelmäßige werktägliche Arbeitszeit hinaus geleisteten Arbeitsstunden; bei zweiwöchigem Arbeitszeitausgleich nach Nr. 1.3 die über die jeweils vereinbarte werktägliche Arbeitszeit hinaus geleisteten Arbeitsstunden;

---

*) Protokollnotiz zu § 3 Nr. 1.7 abgedruckt in Kapitel 1.3

für das Maschinen- und Kraftwagenpersonal auch diejenigen Arbeitsstunden, um welche die regelmäßige Arbeitszeit nach Nr. 2 verlängert wurde;

5.12 bei betrieblicher Arbeitszeitverteilung nach Nr. 1.4 die nach Nr. 1.43 Abs. 1 auf dem Ausgleichskonto gutgeschriebenen Arbeitsstunden; dabei bleiben die ersten 150 Überstunden innerhalb von zwölf Kalendermonaten zuschlagsfrei;

5.13 bei betrieblicher Arbeitszeitverteilung nach Nr. 1.4 die nach Nr. 1.43 Abs. 2 neben dem Monatslohn zu vergütenden Arbeitsstunden;

5.14 ferner die auf dem Ausgleichskonto zu folgenden Zeitpunkten noch bestehenden Guthabenstunden: Ende des Ausgleichszeitraumes, soweit die Guthabenstunden nicht nach Nr. 1.43 Abs. 4 in den neuen Ausgleichszeitraum übertragen werden, Ausscheiden des Arbeitnehmers aufgrund betriebsbedingter Kündigung oder Ablauf eines befristeten Arbeitsverhältnisses.

Soweit bereits ein Zuschlag nach Nr. 5.12 oder Nr. 5.13 gezahlt wurde, entfällt bei Ausscheiden des Arbeitnehmers oder am Ende des Ausgleichszeitraumes der Zuschlag nach Nr. 5.14.

5.2 Nachtarbeit

Als Nachtarbeit im Sinne der Zuschlagsbestimmungen (Nr. 6) gilt die in der Zeit von 20.00 Uhr bis 5.00 Uhr,

bei Zwei-Schichten-Arbeit die in der Zeit von 22.00 Uhr bis 6.00 Uhr,

bei Drei-Schichten-Arbeit die in der Zeit der Nachtschicht geleistete Arbeit.

5.3 Sonn- und Feiertagsarbeit

Sonn- und Feiertagsarbeit ist die an Sonn- und Feiertagen in der Zeit von 0.00 Uhr bis 24.00 Uhr geleistete Arbeit.

5.4 Anordnung von Mehr-, Nacht-, Sonn- und Feiertagsarbeit

Bei dringenden betrieblichen Erfordernissen kann Mehr-, Nacht-, Sonn- und Feiertagsarbeit im Einvernehmen mit dem Betriebsrat angeordnet werden. Dabei darf die tägliche Arbeitszeit zehn Stunden nicht überschreiten, wenn nicht die in § 15 Arbeitszeitgesetz vorgesehene Zustimmung der Aufsichtsbehörde vorliegt. Bei Arbeiten an Bahnanlagen im Gleisbereich von Eisenbahnen kann die tägliche Arbeitszeit im Einvernehmen mit dem Betriebsrat über zehn Stunden hinaus verlängert werden, wenn in die Arbeitszeit regelmäßig und in erheblichem Umfang Arbeitsbereitschaft oder Bereitschaftsdienst fällt. Die vorstehenden Bestimmungen dürfen nicht missbräuchlich ausgenutzt werden.

6. Zuschläge

Für Überstunden (Mehrarbeit), Nachtarbeit, Sonn- und Feiertagsarbeit sind die folgenden Zuschläge zu zahlen; sie betragen

6.1 für Überstunden 25 v. H.,

6.2 für Nachtarbeit 20 v. H.,

6.3 für Arbeit an Sonntagen sowie an gesetzlichen Feiertagen, sofern diese auf einen Sonntag fallen, 75 v. H.,

für Arbeit am Oster- und Pfingstsonntag, ferner am 1. Mai und 1. Weihnachtsfeiertag, auch wenn sie auf einen Sonntag fallen, 200 v. H.,

für Arbeit an allen übrigen gesetzlichen Feiertagen, sofern sie nicht auf einen Sonntag fallen, 200 v. H.

des Gesamttarifstundenlohnes.

Fallen mehrere Zuschläge an, sind alle Zuschläge nebeneinander zu zahlen.

§ 4
Arbeitsversäumnis und Arbeitsausfall

1. Grundsatz

Grundsätzlich wird in Abweichung von § 616 BGB der Lohn nur für die tatsächlich geleistete Arbeitszeit gezahlt. Hiervon gelten die folgenden abschließend aufgezählten Ausnahmen.

2. Freistellung aus familiären Gründen

Der Arbeitnehmer ist unter Fortzahlung seines Gesamttarifstundenlohnes bei folgenden Ereignissen von der Arbeit freizustellen, wobei für die Vergütung die tarifliche Arbeitszeitverteilung nach § 3 Nr. 1.2 maßgeblich ist:

2.1 eigene Eheschließung oder Eintragung einer Lebenspartnerschaft für 3 Arbeitstage,

2.2 Entbindung der Ehefrau oder der eingetragenen Lebenspartnerin für 2 Arbeitstage,

2.3 Tod von Eltern, Ehegatten, eingetragenen Lebenspartnern oder Kindern für 2 Arbeitstage,

2.4 schwere Erkrankungen der zur häuslichen Gemeinschaft gehörenden Familienmitglieder, sofern der Arzt bescheinigt, dass die Anwesenheit des Arbeitnehmers zur vorläufigen Pflege erforderlich ist für 1 Arbeitstag,

2.5 Wohnungswechsel mit eigenem Haushalt, jedoch nur einmal im Kalenderjahr und nicht während eines wirksam gekündigten Arbeitsverhältnisses für 2 Arbeitstage.

Darüber hinaus hat der Arbeitnehmer bei sonstigen besonderen familiären Ereignissen unter Verwendung eines bestehenden Arbeitszeitguthabens einen Anspruch auf Freistellung, wenn der Freistellung keine schwerwiegenden betrieblichen Gründe entgegenstehen.

3. Freistellung für Arztbesuche und Behördengänge

Der Arbeitnehmer ist für die tatsächlich zur Erledigung der Angelegenheit benötigte Zeit unter Fortzahlung seines Gesamttarifstundenlohnes, höchstens jedoch für die sich aus der tariflichen Arbeitszeitverteilung nach § 3 Nr. 1.2 ergebenden Stunden je Arbeitstag von der Arbeit freizustellen, wenn er

3.1 den Arzt aufsuchen muss und der Besuch nachweislich während der Arbeitszeit erforderlich ist und keine Dauerbehandlung vorliegt, oder wenn er

3.2 von einem Gericht oder einer sonstigen in Ausübung amtlicher Befugnisse tätig werdenden Behörde geladen wird, sofern er keinen Anspruch auf Entschädigung hat und nicht als Beschuldigter, Angeschuldigter, Angeklagter oder Betroffener oder als Partei im Zivilprozess oder im Verwaltungsverfahren geladen ist.

4. Freistellung zur Ausübung von Ehrenämtern

Bei Ausübung gesetzlich auferlegter Pflichten aus öffentlichen Ehrenämtern, für die Ausübung der Pflichten als Mitglied von Prüfungsausschüssen, für die Wahrnehmung von Mandatsverpflichtungen nach der Handwerksordnung und nach dem Berufsbildungsgesetz und für die Teilnahme an Tarifverhandlungen und deren vorbereitenden Sitzungen als gewähltes Mitglied der Verhandlungskommission auf Bundesebene ist der Arbeitnehmer für die notwendig ausfallende Arbeitszeit ohne Fortzahlung des Lohnes und ohne Anrechnung auf den Urlaub von der Arbeit freizustellen.

5. Beantragung der Freistellung

Ist eine vorherige Beantragung der Freistellung nicht möglich, so hat der Arbeitnehmer den Grund hierfür unverzüglich glaubhaft zu machen; anderenfalls entfällt der Lohnanspruch.

6. Arbeitsausfall aus Witterungs- oder wirtschaftlichen Gründen

6.1 Wird die Arbeitsleistung entweder aus zwingenden Witterungsgründen oder in der gesetzlichen Schlechtwetterzeit aus wirtschaftlichen Gründen unmöglich, so entfällt der Lohnanspruch. Soweit der Lohnausfall in der gesetzlichen Schlechtwetterzeit nicht durch die Auflösung von Arbeitszeitguthaben ausgeglichen werden kann, ist der Arbeitgeber verpflichtet, mit der nächsten Lohnabrechnung das Saison-Kurzarbeitergeld in der gesetzlichen Höhe zu zahlen.

Der Lohnausfall für gesetzliche Wochenfeiertage ist in voller Höhe zu vergüten, wenn die Arbeit an diesen Tagen aus zwingenden Witterungsgründen oder in der gesetzlichen Schlechtwetterzeit aus wirtschaftlichen Gründen ausgefallen wäre.

6.2 Zwingende Witterungsgründe im Sinne der Nr. 6.1 liegen vor, wenn atmosphärische Einwirkungen (insbesondere Regen, Schnee, Frost) oder deren Folgewirkungen so stark oder so nachhaltig sind, dass trotz einfacher Schutzvorkehrungen (insbesondere Tragen von Schutzkleidung, Abdichten der Fenster- und Türöffnungen, Abdecken von Baumaterialien und Baugeräten) die Fortführung der Bauarbeiten technisch unmöglich oder wirtschaftlich unvertretbar ist oder den Arbeitnehmern nicht zugemutet werden kann. Der Arbeitsausfall ist nicht ausschließlich durch zwingende Witterungsgründe verursacht, wenn er durch Beachtung der besonderen arbeitsschutzrechtlichen Anforderungen an witterungsabhängige Arbeitsplätze auf Baustellen vermieden werden kann.

6.3 Die Arbeitnehmer verbleiben so lange auf der Baustelle, bis aufgrund der voraussichtlichen Wetterentwicklung die Entscheidung des Arbeitgebers über die Wiederaufnahme oder die endgültige Einstellung der Arbeit getroffen worden ist. Diese Entscheidung ist unter Berücksichtigung der beiderseitigen Interessen des Arbeitgebers und der Arbeitnehmer zu treffen. Die Entscheidung über die endgültige Einstellung der Arbeit ist für den gesamten restlichen Arbeitstag bindend.

6.4 In der Schlechtwetterzeit (1. Dezember bis 31. März) entscheidet der Arbeitgeber über die Fortsetzung, Einstellung oder Wiederaufnahme der Arbeit nach pflichtgemäßem Ermessen nach Beratung mit dem Betriebsrat, wenn die Arbeit aus zwingenden Witterungs- oder aus wirtschaftlichen Gründen ausfällt; außerhalb der Schlechtwetterzeit gilt dies nur bei Arbeitsausfall aus zwingenden Witterungsgründen.

7. Zuschlag bei Leistungslohnausfall

Arbeitnehmer, die überwiegend im Leistungslohn (Akkord) arbeiten, erhalten in den vorstehenden Fällen zum Gesamttarifstundenlohn einen Zuschlag in Höhe von 25 v. H.

§ 5
Lohn

1. Lohngrundlage

Die allgemeine Regelung der Löhne und Ausbildungsvergütungen für die im Baugewerbe beschäftigten gewerblichen Arbeitnehmer und Auszubildenden wird von den zentralen Tarifvertragsparteien – gegebenenfalls in Vollmacht der Mitgliedsverbände auf Arbeitgeberseite – getroffen. In dieser Regelung werden insbesondere die jeweiligen Ecklöhne für den räumlichen Geltungsbereich der Tarifverträge festgelegt; Ecklohn ist der Tarifstundenlohn des Spezialfacharbeiters der Lohngruppe 4.

2. Grundlagen der Eingruppierung

2.1 Jeder Arbeitnehmer ist unter Beachtung des § 99 des Betriebsverfassungsgesetzes nach den folgenden Grundlagen in eine der Lohngruppen 1 bis 6 einzugruppieren.

2.2 Für die Eingruppierung des Arbeitnehmers sind seine Ausbildung, seine Fertigkeiten und Kenntnisse sowie die von ihm auszuübende Tätigkeit maßgebend. Die vereinbarte Eingruppierung ist dem Arbeitnehmer innerhalb eines Monats schriftlich zu bestätigen.

2.3 Führt ein Arbeitnehmer mehrere Tätigkeiten gleichzeitig aus, die in verschiedenen Gruppen genannt sind, wird er in diejenige Gruppe eingruppiert, die seiner überwiegenden Tätigkeit entspricht.

2.4 Die Selbstständigkeit des Arbeitnehmers wird nicht dadurch beeinträchtigt, dass seine Tätigkeit beaufsichtigt wird.

3. Lohngruppen

Es werden die folgenden Lohngruppen festgelegt:

Lohngruppe 1 – Werker/Maschinenwerker –

Tätigkeit:
- einfache Bau- und Montagearbeiten nach Anweisung
- einfache Wartungs- und Pflegearbeiten an Baumaschinen und Geräten nach Anweisung

Regelqualifikation:
keine

Tätigkeitsbeispiele:
- Sortieren und Lagern von Bau- und Bauhilfsstoffen auf der Baustelle
- Pflege und Instandhaltung von Arbeitsmitteln
- Reinigungs- und Aufräumarbeiten
- Helfen beim Auf- und Abrüsten von Baugerüsten und Schalungen
- Mischen von Mörtel und Beton
- Bedienen von einfachen Geräten, z. B. Kompressor, handgeführte Bohr- und Schlaghämmer, Verdichtungsmaschinen (Rüttler), Presslufthammer, einschließlich einfacher Wartungs- und Pflegearbeiten
- Anbringen von zugeschnittenen Gipskarton- und Faserplatten, einschließlich einfacher Unterkonstruktionen und Dämmmaterial, das Anbringen von Dämmplatten (Wärmedämmverbundsystem) einschließlich Auftragen von einfachem Armierungsputz mit Einlegung des Armierungsgewebes
- Helfen beim Einrichten, Sichern und Räumen von Baustellen
- einfache Wartungs- und Pflegearbeiten an Baumaschinen und Geräten
- manuelle Erdarbeiten
- manuelles Graben von Rohr- und Kabelgräben

Lohngruppe 2 – Fachwerker/Maschinisten/Kraftfahrer –

Tätigkeit:
- fachlich begrenzte Arbeiten (Teilleistungen eines Berufsbildes oder angelernte Spezialtätigkeiten) nach Anweisung

Regelqualifikation:
- baugewerbliche Stufenausbildung in der ersten Stufe
- anerkannte Ausbildung als Maler und Lackierer, Garten- und Landschaftsbauer, Tischler
- anerkannte Ausbildung, deren Berufsbild keine Anwendung für eine baugewerbliche Tätigkeit findet
- Baumaschinistenlehrgang
- anderweitig erworbene gleichwertige Fertigkeiten

Tätigkeitsbeispiele:

1. **Asphaltierer (Asphaltabdichter, Asphalteur):**
   - Vorbereiten des Untergrundes
   - Erhitzen und Herstellen von Asphalten
   - Aufbringen und Verteilen der Asphaltmasse
2. **Baustellen-Magaziner:**
   - Lagern von Bau- und Werkstoffen, Werkzeugen und Geräten
   - Bereithalten und Warten der Werkzeuge und Geräte und Schutzausrüstungen
   - Führen von Bestandslisten
3. **Betonstahlbieger und Betonstahlflechter (Eisenbieger und Eisenflechter):**
   - Lesen von Biege- und Bewehrungsplänen
   - Messen, Anreißen, Schneiden und Biegen
   - Bündeln und Einteilen der Stähle nach Zeichnung
   - Einteilen und Einbauen von Stahlbetonbewehrungen
4. **Fertigteilbauer:**
   - Herstellen, Abbau und Wartung von Form- und Rahmenkonstruktionen für Fertigteile
   - Einlegen oder Einbauen von Bewehrungen oder Einbauteilen
   - Herstellen von Verbundbauteilen
   - Fertigstellen und Nachbehandeln von Fertigteilen
5. **Fuger, Verfuger:**
   - Herstellen von Fugenmörtel aller Art
   - Vorbereiten des Baukörpers zum Verfugen
   - Ausführen von Fugarbeiten – auch mit dauerelastischen Fugenmassen – und der erforderlichen Reinigungsarbeiten; Auf- und Abbauen der erforderlichen Arbeits- und Schutzgerüste
6. **Gleiswerker:**
   - Herstellen des Unterbaus
   - Verlegen von Schwellen und Schienen
7. **Mineur:**
   - Ausführen von einfachen Verbauarbeiten durch Vortrieb und Verbau im Tunnel-, Schacht- und Stollenbau
   - Ausführen einfacher Beton- und Maurerarbeiten
8. **Putzer (Fassadenputzer, Verputzer):**
   - Vorbereiten des Untergrundes
   - Herstellen und Aufbereiten der gebräuchlichsten Mörtel
   - Zurichten und Befestigen von Putzträgern
   - Herstellen und Aufbringen von Putzen
   - Oberflächenbearbeitung von Putzen; Auf- und Abbauen der erforderlichen Arbeits- und Schutzgerüste

9. **Rabitzer:**
   - Herstellen der Unterkonstruktionen
   - Anbringen der Putzträger; Auf- und Abbauen der erforderlichen Arbeits- und Schutzgerüste

10. **Rammer (Pfahlrammer):**
   - Vorbereiten, Aufstellen, Ansetzen und Abbauen von Rammgeräten
   - Ansetzen, Rammen und Ziehen der Pfähle und Wände

11. **Rohrleger:**
   - Herstellen von Rohrgräben und Rohrgrabenverkleidungen sowie Verlegen von Rohren
   - Abdichten von Rohrverbindungen
   - Ausführen von einfachen Dichtigkeitsprüfungen

12. **Schalungsbauer (Einschaler):**
   - Zurichten von Schalungsmaterial und Bearbeiten durch Sägen und Hobeln
   - Herstellen von Schalplatten
   - Zusammenbauen und Aufstellen von Schalungen nach Schalungsplänen sowie Ausschalen

13. **Schwarzdeckenbauer:**
   - Vorbereiten des Untergrundes
   - Erhitzen von Bindemitteln und Herstellen von Mischgut
   - Einbauen und Verdichten des Mischgutes
   - Oberflächenbehandlung von Schwarzdecken

14. **Betonstraßenwerker:**
   - Ausführen der gebräuchlichsten Betonstraßenbauarbeiten
   - Herstellen von Betonstraßendecken

15. **Schweißer (Gasschweißer, Lichtbogenschweißer):**
   - Grundfertigkeiten der Metallbearbeitung, insbesondere Sägen, Feilen und Bohren
   - Ausführen einfacher Schweißarbeiten, autogen und elektrisch

16. **Terrazzoleger:**
   - Herstellen von Terrazzomischungen
   - Vorbereiten des Untergrundes und Aufteilen der Fläche
   - Einbringen, Verdichten, Schleifen, Polieren und Nachbehandeln von Terrazzo

17. **Wasser- und Landschaftsbauer:**
   - Herstellen von Uferbefestigungen
   - Herstellen einfacher Dränagen und Wasserführungen
   - Ausführen einfacher Mauer-, Beton- und Pflasterarbeiten

18. **Maschinisten:**
   - Aufstellen, Einrichten, Bedienen und Warten von kleineren Baumaschinen und Geräten

19. Kraftfahrer:
- Führen von Kraftfahrzeugen

Lohngruppe 3 – Facharbeiter/Baugeräteführer/Berufskraftfahrer –

Tätigkeit:
- Facharbeiten des jeweiligen Berufsbildes

Regelqualifikation:
- baugewerbliche Stufenausbildung in der zweiten Stufe im ersten Jahr
- baugewerbliche Stufenausbildung in der ersten Stufe und Berufserfahrung
- anerkannte Ausbildung außerhalb der baugewerblichen Stufenausbildung
- anerkannte Ausbildung als Maler und Lackierer, Garten- und Landschaftsbauer, Tischler, jeweils mit Berufserfahrung
- anerkannte Ausbildung, deren Berufsbild keine Anwendung für eine baugewerbliche Tätigkeit findet, und Berufserfahrung
- Berufsausbildung zum Baugeräteführer
- Prüfung als Berufskraftfahrer
- durch längere Berufserfahrung erworbene gleichwertige Fertigkeiten

Tätigkeitsbeispiele:
keine

Lohngruppe 4 – Spezialfacharbeiter/Baumaschinenführer –

Tätigkeit:
- selbstständige Ausführung der Facharbeiten des jeweiligen Berufsbildes

Regelqualifikation:
- baugewerbliche Stufenausbildung in der zweiten Stufe ab dem zweiten Jahr der Tätigkeit
- Prüfung als Baumaschinenführer
- Berufsausbildung zum Baugeräteführer ab dem dritten Jahr der Tätigkeit
- durch langjährige Berufserfahrung erworbene gleichwertige Fertigkeiten

Tätigkeitsbeispiele:
keine

Lohngruppe 5 – Vorarbeiter/Baumaschinen-Vorarbeiter –

Tätigkeit:
- Führung einer kleinen Gruppe von Arbeitnehmern, auch unter eigener Mitarbeit oder selbstständige Ausführung besonders schwieriger Arbeiten
- selbstständige Ausführung schwieriger Instandsetzungsarbeiten an Baumaschinen ohne Mitarbeiterführung
- Bedienung und Wartung mehrerer Baumaschinen einschließlich der Störungserkennung

Regelqualifikation:
- Vorarbeiterprüfung und Anstellung als bzw. Umgruppierung zum Vorarbeiter
- Anstellung als bzw. Umgruppierung zum Vorarbeiter ohne Vorarbeiterprüfung
- Prüfung als Baumaschinenführer und in der Regel mehrjährige Berufserfahrung

Als Vorarbeiterprüfung gilt nur eine Prüfung nach der Vereinbarung über die Durchführung der Vorarbeiter- und Werkpolierprüfungen im Baugewerbe vom 1. Juli 2012.

Tätigkeitsbeispiele:
keine

Lohngruppe 6 – Werkpolier/Baumaschinen-Fachmeister

Tätigkeit:
Führung und Anleitung einer Gruppe von Arbeitnehmern in Teilbereichen der Bauausführung auch unter eigener Mitarbeit

Regelqualifikation:
- Werkpolierprüfung und Anstellung als bzw. Umgruppierung zum Werkpolier
- Anstellung als bzw. Umgruppierung zum Werkpolier ohne Werkpolierprüfung

Als Werkpolierprüfung gilt nur eine Prüfung nach der Vereinbarung über die Durchführung der Vorarbeiter- und Werkpolierprüfungen im Baugewerbe vom 1. Juli 2012. Für die Prüfungen, die vor dem 1. Juli 2012 abgelegt wurden, gilt insoweit § 5 Nr. 3 in der Fassung vom 20. August 2007.

Tätigkeitsbeispiele:
keine

4. Lohnanspruch

4.1 Der Arbeitnehmer hat Anspruch auf den Gesamttarifstundenlohn der für ihn maßgebenden Lohngruppe; dieser setzt sich aus dem Tarifstundenlohn und dem Bauzuschlag zusammen. Der Bauzuschlag wird gewährt zum Ausgleich der besonderen Belastungen, denen der Arbeitnehmer insbesondere durch den z. B. mit Wegstrecken verbundenen ständigen Wechsel der Baustelle und die Abhängigkeit von der Witterung außerhalb der gesetzlichen Schlechtwetterzeit sowie durch Lohneinbußen in der gesetzlichen Schlechtwetterzeit ausgesetzt ist.

4.2 Der Gesamttarifstundenlohn ist, soweit seine Höhe von einer Prüfung abhängt, vom ersten Tag nach bestandener Prüfung an zu zahlen (Lohn vor Ablauf der vereinbarten Ausbildungszeit).

4.3 Arbeitnehmer, deren Ausbildungzeit abgelaufen ist und die aus Gründen, die nicht in ihrer Person liegen, die Prüfung noch nicht haben ablegen können, haben Anspruch auf den Gesamttarifstundenlohn der Lohngruppe 1. Der Unterschiedsbetrag zwischen diesem Lohn und dem ihnen nach bestandener Prüfung zustehenden Gesamttarifstundenlohn ist ihnen nach Bestehen der Prüfung für den Zeitraum seit Ablauf der Ausbildungszeit nachzuzahlen.

4.4 Übernimmt der Arbeitnehmer außerhalb seiner tariflichen Arbeitszeit mit einem vom Arbeitgeber gestellten Fahrzeug die Beförderung von Arbeitnehmern zur Bau- oder Arbeitsstelle des Betriebes (Hin- und/oder Rückfahrt), so ist die Vergütung für diese Tätigkeit einzelvertraglich zu regeln.

5. Lohn der Arbeitsstelle und Lohn bei auswärtiger Beschäftigung

Es gilt der Lohn der Arbeitsstelle. Auswärts beschäftigte Arbeitnehmer behalten jedoch Anspruch auf den Gesamttarifstundenlohn ihres Einstellungsortes. Ist der Lohn der auswärtigen Arbeitsstelle höher, so haben sie Anspruch auf diesen Gesamttarifstundenlohn, solange sie auf dieser Arbeitsstelle tätig sind.

6. Arbeit im Leistungslohn

Die Arbeit im Leistungslohn richtet sich nach den Bestimmungen des Rahmentarifvertrages für Leistungslohn im Baugewerbe. Satz 1 gilt nicht für das Gebiet des Landes Berlin.

7. Wegezeitentschädigung

Werden Arbeitnehmer auf wechselnden Baustellen eingesetzt, erhalten sie für Wegezeiten, die nicht als Arbeitszeit nach § 3 gelten und daher nicht tariflich vergütet werden, Leistungen insbesondere nach Maßgabe von Nr. 4.1 Satz 2, § 7 Nr. 3.2, Nr. 4.1 und Nr. 4.3 Abs. 3.

Diese Wegezeiten sind keine Arbeitszeit im Sinne des Arbeitszeitgesetzes; Nr. 4.4 bleibt unberührt. Das gilt unabhängig davon, ob der Arbeitnehmer den Weg von der eigenen Wohnung aus antritt bzw. dorthin von der Baustelle zurückkehrt.

Tarifliche Leistungen nach § 7 Nrn. 3.2, 4.1 und 4.3 Abs. 3 können auf betriebliche Leistungen, die eine Entschädigung von Wegezeiten zum Inhalt haben oder eine Zielstellung mit vergleichbarem Charakter aufweisen, angerechnet werden.

8. Lohnabrechnung

8.1 Die Lohnabrechnung erfolgt monatlich. Der Arbeitgeber hat dem Arbeitnehmer nach Ablauf des Lohnabrechnungszeitraumes eine schriftliche Abrechnung über Lohn, vermögenswirksame Leistungen, Altersvorsorgeleistungen, Zulagen, Abzüge und Abschlagszahlungen zu erteilen. Diese Abrechnung hat spätestens bis zum 15. des nächsten Monats zu erfolgen.

Bei betrieblicher Verteilung der Arbeitszeit nach § 3 Nr. 1.4 sind dem Arbeitnehmer in der Lohnabrechnung darüber hinaus die im jeweiligen Lohnabrechnungszeitraum auf dem Ausgleichskonto gutgeschriebenen Arbeitsstunden und der dafür einbehaltene Lohn bzw. die auf dem Ausgleichskonto belasteten Arbeitsstunden und der dafür gezahlte Lohn sowie der aktuelle Stand des Ausgleichskontos mitzuteilen. Außerdem ist die Summe der seit Beginn des Ausgleichszeitraumes gutgeschriebenen Arbeitsstunden auszuweisen.

8.2 Der Anspruch auf den Lohn wird spätestens am 15. des Monats fällig, der auf den Monat folgt, für den er zu zahlen ist. Das gilt nicht für Teile des Lohnes, die nach § 3 Nr. 1.4 auf dem Ausgleichskonto des Arbeitnehmers gutgeschrieben werden.

8.3 Die Abgeltung von Zuschlägen und Zulagen, wie Fahrtkostenabgeltung, Verpflegungszuschuss und Auslösung, durch erhöhten Lohn oder erhöhte Leistungs- oder Akkordwerte ist unzulässig.

8.4 Eine Abtretung und eine Verpfändung von Lohnansprüchen sind nur mit Zustimmung des Arbeitgebers zulässig.

§ 6
Erschwerniszuschläge

1. Anspruchsgrundlage

Der Arbeitnehmer hat für die Zeit, in der er mit einer der folgenden Arbeiten beschäftigt wird, Anspruch auf den nachstehend jeweils aufgeführten Erschwerniszuschlag, wenn die einschlägigen Unfallverhütungsvorschriften eingehalten und die nach den Unfallverhütungsvorschriften zu stellenden persönlichen Schutzausrüstungen benutzt werden.

1.1 Arbeiten mit persönlicher Schutzausrüstung	je Stunde
1.11 Arbeiten mit Schutzkleidung	
Arbeiten, bei denen ein luftundurchlässiger Einwegschutzanzug getragen wird	0,40 €
Arbeiten, bei denen ein Chemikalienschutzanzug ohne Gesichtsschutz (Form B) oder ein Kontaminationsschutzanzug getragen wird	0,90 €
Arbeiten, bei denen ein Chemikalienschutzanzug mit Gesichts- und Atemschutz (Vollschutzanzug Form C), eine Schutzkleidung gegen Wärmestrahlung oder ein Schallschutzanzug getragen wird	4,10 €
Neben diesem Zuschlag wird ein Zuschlag für Arbeiten mit Atemschutzgeräten nach Nr. 1.12 nicht gezahlt.	
1.12 Arbeiten mit Atemschutzgeräten	
Arbeiten, bei denen eine filtrierende Halbmaske verwendet wird (keine „Hundeschnauze“)	0,65 €
Arbeiten, bei denen eine Halbmaske mit austauschbarem Filter verwendet wird	1,30 €
Arbeiten, bei denen eine Vollmaske mit austauschbarem Filter verwendet wird	1,80 €

Arbeiten, bei denen ein Frischluft-Druckschlauchgerät verwendet wird 1,30 €

Arbeiten, bei denen ein Frischluft-Saugschlauchgerät, ein Druckluft-Schlauchgerät (Pressluftatmer) oder ein Regenerationsgerät verwendet wird 2,05 €

1.2 Schmutzarbeiten

1.21 Arbeiten, die im Verhältnis zu den für den Gewerbezweig und das Fach des Arbeiters typischen Arbeiten außergewöhnlich schmutzig sind 0,80 €

1.22 Arbeiten in im Betrieb befindlichen Abort- und Kläranlagen, wenn der Arbeitnehmer mit Schmutzwasser in Berührung kommt 3,70 €

Neben dem Zuschlag nach Nr. 1.22 wird kein weiterer Zuschlag gezahlt.

1.3 Wasserarbeiten

1.31 Arbeiten in Schaftstiefeln 0,35 €

1.32 Arbeiten in Wathosen, Kanallatzhosen 1,70 €

1.33 Arbeiten in Watanzügen oder in Taucheranzügen ohne Helm 4,85 €

1.4 Hohe Arbeiten je Stunde

1.41 Herstellung und Beseitigung von Gerüsten; Arbeiten auf Rüstungen, deren Belagfläche weniger als 90 cm breit ist; Richten und Aufstellen von Türmen; Abbrucharbeiten an Schornsteinen; Mitfahren auf dem Betonkübel, an dem Einrichtungen für die Personenaufnahme vorhanden sind, am Kran; Arbeiten von Arbeitskörben aus bei einer Höhe von
mehr als 20 m 1,45 €
mehr als 30 m 1,70 €
mehr als 50 m 2,00 €

1.42 Der Zuschlag für besonders gefährliche Abbrucharbeiten muss frei vereinbart werden.
Er beträgt mindestens 1,70 €

1.5 Heiße Arbeiten

Arbeiten in Räumen, in denen eine Temperatur von 40 bis 50 Grad Celsius herrscht, 1,10 €

jedoch bei einer Temperatur von mehr als 50 Grad Celsius 1,70 €

1.6 Erschütterungsarbeiten

1.61 Bedienung von handgeführten Bohr- und Schlaghämmern, die vom Hersteller nicht als schwingungsgedämpft gekennzeichnet sind, mit einem Eigengewicht von 13 kg und mehr 1,00 €

1.62 Fahren und Mitfahren auf Baumaschinen einschließlich Anbaugeräten und Fahrzeugen, die vom Hersteller nicht als schwingungsgedämpft gekennzeichnet sind	0,30 €
1.63 Handarbeiten mit den Pistolen der Höchstdruckgeräte von 500 bar und einer Wasserdurchflussmenge von mehr als 30 l/min	1,30 €

1.7 Schacht- und Tunnelarbeiten

1.71 Unterfangungsarbeiten unter den zu unterfangenden Bauteilen

Arbeiten in Schächten, die einen Querschnitt von weniger als 4 qm und mehr als 3,60 m Tiefe haben	0,70 €
Arbeiten in Tunneln mit einer lichten Höhe von weniger als 2,20 m beim Rohrvortrieb, im Schildvortrieb bis zur Erstellung eines stationären Stütztragewerkes, im Ausbau und in Felstunneln	0,70 €
Bei einer lichten Höhe von weniger als 1,60 m erhöhen sich die Zuschläge um	1,55 €
Bei einer lichten Höhe von weniger als 1,20 m erhöhen sich die Zuschläge um	2,40 €

1.72 Kanalarbeiten

	je Stunde
Arbeiten ohne Maschineneinsatz in offenen Baugruben und unter 1 m Grabenbreite und über 3,60 m Tiefe	1,00 €
Arbeiten in geschlossenen Kanälen	1,05 €

1.73 Arbeiten in Bergwerken

Arbeiten in Bergwerken unter Tage	1,00 €

Neben diesem Zuschlag wird der Zuschlag für die in Nr. 1.71 genannten Arbeiten nicht gezahlt.

1.8 Druckluftarbeiten

bis 100 kPa Überdruck	1,70 €
bis 150 kPa Überdruck	2,45 €
bis 200 kPa Überdruck	3,90 €
bis 250 kPa Überdruck	5,75 €
bis 300 kPa Überdruck	8,50 €
bis 370 kPa Überdruck	12,05 €

1.9 Taucherarbeiten

Bei einer Tauchtiefe

bis zu 5 m	18,10 €
bis zu 10 m	24,15 €
bis zu 15 m	33,20 €
bis zu 20 m	48,60 €
bis zu 25 m	58,80 €
bis zu 30 m	71,60 €

Bei größeren Tauchtiefen und bei Tauchen unter erschwerten Umständen (Schlick, Moor, starke Strömung und nötigenfalls im Winter) sind entsprechende Zuschläge betrieblich festzusetzen.

Als Tauchzeit gilt die Zeit, während der die Tauchausrüstung geschlossen ist.

2. Fortfall von Erschwerniszuschlägen

2.1 Der Anspruch nach Nrn. 1.11, 1.12 und 1.3 schließt den Anspruch nach Nr. 1.21 aus.

2.2 Für die Arbeitnehmer des Schacht- und Tunnelbaues, Fachwerker, Schlepper (Werker) entfallen die unter Nr. 1.6 und 1.72 vorgesehenen Zuschläge.

Für die Zeit, in der der Werker im Tunnel- oder Stollenbau Pressluftgeräte bedient, erhält er als Zulage den Unterschiedsbetrag zwischen seinem Lohn und dem Lohn der nächsthöheren Lohngruppe im Tunnel- und Stollenbau. Dies gilt nicht für Werker, die in Bergwerken unter Tage beschäftigt werden; diese erhalten abweichend von Nr. 2.2 den Zuschlag für Erschütterungsarbeiten, wenn die Voraussetzungen der Nr. 1.6 vorliegen.

3. Einschaltung der Tarifvertragsparteien bei Meinungsverschiedenheiten

Bei Meinungsverschiedenheiten über die Anspruchsberechtigung auf Erschwerniszuschläge können die bezirklichen Organisationsvertreter der Tarifvertragsparteien zur Klärung hinzugezogen werden.

§ 7
Fahrtkostenabgeltung, Verpflegungszuschuss und Unterkunft

1. Allgemeines

Der Arbeitnehmer kann auf allen Bau- oder sonstigen Arbeitsstellen (Arbeitsstelle) des Betriebes eingesetzt werden, auch wenn er diese von seiner Wohnung aus nicht an jedem Arbeitstag erreichen kann.

2. Begriffsbestimmungen

2.1 Entfernungen

Entfernungen sind nach Maßgabe des kürzesten mit Personenkraftwagen befahrbaren öffentlichen Weges zwischen der Arbeitsstelle und der Wohnung (Unterkunft) des Arbeitnehmers zu bestimmen. Ist ein anderer Weg offensichtlich verkehrsgünstiger, so ist die Entfernung danach zu bestimmen.

2.2 Betrieb

Als Betrieb gilt die Hauptverwaltung, die Niederlassung, die Filiale, die Zweigstelle oder die sonstige ständige Vertretung des Arbeitgebers, in welcher der Arbeitnehmer eingestellt wird. Wird der Arbeitnehmer auf einer Arbeitsstelle eingestellt, so gilt die nächstgelegene Vertretung des Arbeitgebers als Betrieb.

3. Arbeitsstellen mit täglicher Heimfahrt

Der Arbeitnehmer, der außerhalb des Betriebes arbeitet und dem kein Anspruch nach Nr. 4 zusteht, hat nach folgender Maßgabe Anspruch auf eine Fahrtkostenabgeltung und einen Verpflegungszuschuss.

3.1 Fahrtkostenabgeltung

Arbeitet der Arbeitnehmer auf einer mindestens 10 km von seiner Wohnung entfernten Arbeitsstelle und benutzt er für die Fahrt ein von ihm gestelltes Fahrzeug, so erhält er eine Fahrtkostenabgeltung in Höhe von 0,20 € je Arbeitstag und gefahrenem Kilometer (Kilometergeld). Der arbeitstägliche Anspruch ist auf 30,00 € begrenzt.

Bei Benutzung eines öffentlichen Verkehrsmittels werden dem Arbeitnehmer die hierfür notwendigen Kosten erstattet.

Ein Anspruch auf Fahrtkostenabgeltung besteht nicht, wenn die Möglichkeit der kostenlosen Beförderung mit einem vom Arbeitgeber gestellten ordnungsgemäßen Fahrzeug besteht.

Soweit die gewährte Fahrtkostenabgeltung zu versteuern ist, hat der Arbeitgeber von der Möglichkeit der Pauschalversteuerung nach § 40 Abs. 2 EStG Gebrauch zu machen; eine Überwälzung der entrichteten Steuer auf den Arbeitnehmer ist unwirksam. Dies gilt auch, soweit eine kostenlose Beförderung (Abs. 3) als Sachbezug zu versteuern ist.

3.2 Verpflegungszuschuss

Ist der Arbeitnehmer ausschließlich aus beruflichen Gründen mehr als 8 Stunden von seiner Wohnung abwesend, so erhält er einen Verpflegungszuschuss. Dieser beträgt bei einer Entfernung entsprechend Nr. 2.1 Satz 1 zwischen Betrieb und Arbeitsstelle

bis 50 km	6,00 €,	ab 1. Januar 2024	7,00 €
von mehr als 50 km bis 75 km	7,00 €,	ab 1. Januar 2024	8,00 €
von mehr als 75 km	8,00 €,	ab 1. Januar 2024	9,00 €

täglich. Bei Verwendung eines Routenplaners ist die Ermittlung der Entfernung nach der kürzesten Strecke zugrunde zu legen.

4. Arbeitsstellen ohne tägliche Heimfahrt

Arbeitet der Arbeitnehmer auf einer mindestens 75 km vom Betrieb entfernten Arbeitsstelle und beträgt der normale Zeitaufwand für seinen Weg von der Wohnung zur Arbeitsstelle mehr als 75 Minuten, so hat er folgende Ansprüche:

4.1 Wegezeitentschädigung

Für Wegezeiten im Sinne von § 5 Nr. 7 erhält der Arbeitnehmer eine Wegezeitentschädigung. Diese beträgt bei einer Entfernung entsprechend Nr. 2.1 Satz 1 zwischen Betrieb und Arbeitsstelle von

mehr als 75 km bis 200 km	9,00 €
mehr als 200 km bis 300 km	18,00 €
mehr als 300 km bis 400 km	27,00 €
mehr als 400 km	39,00 €

für jede einzelne Strecke.

Der Anspruch besteht nur für tatsächlich zurückgelegte Wegstrecken und ist auf zwei Wegezeitentschädigungen je Kalenderwoche sowie die vom Arbeitgeber angeordneten An- und Abreisen begrenzt. Fahrten an Sonntagen können als solche am letzten Tag einer Kalenderwoche oder am ersten Tag der darauffolgenden Kalenderwoche berücksichtigt werden.

4.2 Verpflegungszuschuss

Für den Verpflegungsmehraufwand erhält der Arbeitnehmer einen Verpflegungszuschuss in Höhe von 24,00 € je Arbeitstag. Durch Betriebsvereinbarung kann der Verpflegungszuschuss auf bis zu 28,00 € je Arbeitstag erhöht werden. Kommt hierüber keine Einigung zustande, so entscheidet die Einigungsstelle nach Anrufung durch den Betriebsrat.

4.3 Unterkunft

Der Arbeitgeber hat dem Arbeitnehmer eine ordnungsgemäße Unterkunft (Baustellenunterkunft/Pension/Hotel) zu stellen. Dabei ist die Arbeitsstättenverordnung zu beachten.

Für Fahrten zwischen dieser Unterkunft und der Arbeitsstelle erhält der Arbeitnehmer eine Fahrtkostenerstattung nach Maßgabe der Nr. 3.1, sofern die Entfernung zwischen Unterkunft und Arbeitsstelle mehr als 10 km beträgt.

Der Verpflegungszuschuss nach Nr. 4.2 erhöht sich – mit Ausnahme bei Übernachtung in einer Baustellenunterkunft – um 4,00 € je Arbeitstag. Soweit der gewährte Verpflegungszuschuss zu versteuern ist, hat der Arbeitgeber von der Möglichkeit der Pauschalversteuerung Gebrauch zu machen.

4.4 An- und Abreise

Der Arbeitgeber hat den Arbeitnehmer kostenlos zur Arbeitsstelle zu befördern oder ihm die Fahrtkosten in Höhe von 0,20 € je gefahrenem Kilometer ohne Begrenzung zu erstatten. Das gilt auch für den unmittelbaren Wechsel zu einer anderen Arbeitsstelle und für die Rückfahrt zu seiner Wohnung nach Beendigung der Tätigkeit auf der Arbeitsstelle. Im Übrigen gilt Nr. 3.1.

4.5 Wochenendheimfahrten

Bei Wochenendheimfahrten erhält der Arbeitnehmer eine Fahrtkostenabgeltung nach Maßgabe der Nr. 3.1, wobei das Kilometergeld 0,20 € je gefahrenem Kilometer ohne Begrenzung beträgt.

Beträgt die Entfernung zwischen Betrieb und Arbeitsstelle mehr als 500 km, so ist der Arbeitnehmer nach Ablauf von jeweils vier Wochen Tätigkeit für einen Arbeitstag unter Fortzahlung seines Lohnes in Zusammenhang mit einer Wochenendheimfahrt von der Arbeit freizustellen.

Dies gilt nicht, wenn die Wochenendheimfahrt auf Kosten des Arbeitgebers mit dem Flugzeug durchgeführt wird und die Kosten für die An- und Abfahrt zum bzw. vom Flughafen erstattet werden.

4.6 Wegfall des Verpflegungszuschusses

Bei Wochenendheimfahrten, Krankenhausaufenthalt oder unentschuldigtem Fehlen des Arbeitnehmers entfällt der Anspruch auf den Verpflegungszuschuss.

§ 8
Urlaub

1. Urlaubsanspruch und Urlaubsdauer

1.1 Der Arbeitnehmer hat in jedem Kalenderjahr (Urlaubsjahr) Anspruch auf 30 Arbeitstage bezahlten Erholungsurlaub.

1.2 Für Schwerbehinderte im Sinne der gesetzlichen Bestimmungen erhöht sich der Urlaub um fünf Arbeitstage.

1.3 Samstage gelten nicht als Arbeitstage.

1.4 Die Urlaubsdauer richtet sich nach den in Betrieben des Baugewerbes zurückgelegten Beschäftigungstagen.

1.5 Erkrankt der Arbeitnehmer während des Urlaubs, so werden die durch ärztliches Zeugnis nachgewiesenen Tage der Arbeitsunfähigkeit auf den Urlaub nicht angerechnet. Der Arbeitnehmer hat sich jedoch nach terminmäßigem Ablauf seines Urlaubs oder, falls die Krankheit länger dauert, nach deren Beendigung dem Betrieb zur Arbeitsleistung zur Verfügung zu stellen. Der Antritt des restlichen Urlaubs ist gemäß Nr. 3.1 festzulegen.

2. Ermittlung der Urlaubsdauer

2.1 Bei Urlaubsantritt sind die dem Arbeitnehmer zustehenden vollen Urlaubstage nach Maßgabe der Beschäftigungstage zu ermitteln.

2.2 Der Arbeitnehmer erwirbt nach jeweils 12 – als Schwerbehinderter nach jeweils 10,3 – Beschäftigungstagen Anspruch auf einen Tag Urlaub.

2.3 Beschäftigungstage sind alle Kalendertage des Bestehens von Arbeitsverhältnissen in Betrieben des Baugewerbes während des Urlaubsjahres. Ausgenommen hiervon sind Tage, an denen der Arbeitnehmer der Arbeit unentschuldigt ferngeblieben ist und Tage unbezahlten Urlaubs, wenn dieser länger als 14 Tage gedauert hat,

2.4 Volle Beschäftigungsmonate sind zu 30 Beschäftigungstagen zu zählen; die Beschäftigungstage eines angefangenen Beschäftigungsmonats sind auszuzählen.

2.5 Bei Beendigung des Arbeitsverhältnisses sind die während seiner Dauer zurückgelegten Beschäftigungstage zu ermitteln.

2.6 Die für bereits gewährten Urlaub berücksichtigten Beschäftigungstage sind verbraucht.

2.7 Zum Ende des Urlaubsjahres sind aus den unverbrauchten Beschäftigungstagen die Resturlaubsansprüche zu errechnen; Bruchteile von Urlaubstagen sind auf volle Urlaubstage kaufmännisch zu runden. Die Resturlaubsansprüche sind in das folgende Kalenderjahr zu übertragen.

3. Urlaubsantritt

3.1 Der Zeitpunkt des Urlaubsantritts ist unter Berücksichtigung der Wünsche des Arbeitnehmers und der Bedürfnisse des Betriebes vom Arbeitgeber unter Beachtung des Mitbestimmungsrechts des Betriebsrates festzulegen. Bei der Urlaubsgewährung darf keine Teilung des Urlaubs erfolgen, die den Erholungszweck gefährdet.

3.2 Nimmt der Arbeitnehmer Urlaub, so ist der aus dem Vorjahr übertragene Resturlaub vor dem im laufenden Kalenderjahr erworbenen Urlaub zu gewähren.

4. Urlaubsvergütung

4.1 Der Arbeitnehmer erhält für den Urlaub gemäß Nr. 1 eine Urlaubsvergütung.

Die Urlaubsvergütung beträgt 14,25 v. H., bei Schwerbehinderten im Sinne der gesetzlichen Bestimmungen 16,63 v. H. des Bruttolohnes. Die Urlaubsvergütung besteht aus dem Urlaubsentgelt in Höhe von 11,4 v. H. – bei Schwerbehinderten in Höhe von 13,3 v. H. – des Bruttolohnes und dem zusätzlichen Urlaubsgeld. Das zusätzliche Urlaubsgeld beträgt 25 v. H. des Urlaubsentgelts. Es kann auf betrieblich gewährtes zusätzliches Urlaubsgeld angerechnet werden.

4.2 Bruttolohn ist

a) der für die Berechnung der Lohnsteuer zugrunde zu legende und in die Lohnsteuerbescheinigung einzutragende Bruttoarbeitslohn einschließlich der Sachbezüge, die nicht pauschal nach § 40 EStG versteuert werden,

b) der nach §§ 40 a, 40 b und 52 Abs. 40 EStG pauschal zu versteuernde Bruttoarbeitslohn mit Ausnahme des Beitrags für die tarifliche Zusatzversorgung der Arbeitnehmer (§ 15 Abs. 1 Satz 2, Abs. 2 Satz 2, Abs. 3 Satz 2 und 4 sowie Abs. 7 VTV), des Arbeitgeberanteils an der Finanzierung der Tariflichen Zusatzrente (§ 2 Absätze 1 bis 5 TV TZR) sowie des Beitrags zu einer Gruppen-Unfallversicherung.

Zum Bruttolohn gehören nicht das tarifliche 13. Monatseinkommen oder betriebliche Zahlungen mit gleichem Charakter (z. B. Weihnachtsgeld, Jahressonderzahlung), Urlaubsabgeltungen gemäß Nr. 6 und Abfindungen, die für die Beendigung des Arbeitsverhältnisses gezahlt werden.

Für Arbeitnehmer, die nicht dem deutschen Lohnsteuerrecht unterliegen, wird der Berechnung der Urlaubsvergütung der Lohn einschließlich der Sachbezüge zugrunde gelegt, der nach Satz 1 bei Geltung des deutschen Steuerrechts unter Berücksichtigung von Satz 2 den Bruttolohn bildet.

4.3 Die Urlaubsvergütung für teilweise geltend gemachten Urlaub wird berechnet, indem die gemäß Nr. 4.1 errechnete Urlaubsvergütung durch die Summe der gemäß Nr. 2 ermittelten Urlaubstage geteilt und mit der Zahl der beanspruchten Urlaubstage vervielfacht wird.

4.4 Für die Fälligkeit der Urlaubsvergütung gilt § 5 Nr. 8.2 entsprechend.

4.5 Am Ende des Urlaubsjahres sind Restansprüche auf Urlaubsvergütung in das folgende Kalenderjahr zu übertragen.

5. Mindesturlaubsvergütung

Für jede Ausfallstunde

- wegen unverschuldeter Arbeitsunfähigkeit infolge von Krankheit, für die kein Lohnanspruch besteht,
- für die der Arbeitnehmer Kurzarbeitergeld oder Saison-Kurzarbeitergeld bezieht,

erhöht sich die nach Nr. 4.1 errechnete Urlaubsvergütung um 12,5 v. H., bei Schwerbehinderten um 14,6 v. H., des Bruttostundenlohns, der nach § 6 Abs. 1 Satz 3 VTV zu melden ist.

6. Urlaubsabgeltung

6.1 Der Arbeitnehmer hat nur dann einen Anspruch auf Urlaubsabgeltung in Höhe der Urlaubsvergütung, wenn er

a) länger als drei Monate nicht mehr in einem Arbeitsverhältnis zu einem von diesem Tarifvertrag erfassten Betrieb gestanden hat, ohne arbeitslos zu sein,

b) länger als drei Monate nicht mehr in einem Arbeitsverhältnis zu einem von diesem Tarifvertrag erfassten Betrieb gestanden hat und berufsunfähig oder auf nicht absehbare Zeit außerstande ist, seinen bisherigen Beruf im Baugewerbe auszuüben,

c) Altersrente oder Rente wegen voller oder teilweiser Erwerbsminderung bezieht, nachdem sein Arbeitsverhältnis geendet hat,

d) in ein Angestellten- oder Ausbildungsverhältnis zu einem Betrieb des Baugewerbes überwechselt,

e) als Gelegenheitsarbeiter, Werkstudent, Praktikant oder in ähnlicher Weise beschäftigt war und das Arbeitsverhältnis vor mehr als drei Monaten beendet wurde,

f) nicht mehr von diesem Tarifvertrag erfasst wird, ohne dass sein Arbeitsverhältnis endet, und er nicht innerhalb von drei Monaten erneut von diesem Tarifvertrag erfasst wird.

6.2 Im Fall der Urlaubsabgeltung beträgt abweichend von Nr. 4.1 die Urlaubsvergütung 12,5 v. H. des Bruttolohnes zuzüglich der Mindesturlaubsvergütung gemäß Nr. 5, bei Schwerbehinderten im Sinne der gesetzlichen Bestimmungen 14,6 v. H. Der Anspruch auf Urlaubsabgeltung richtet sich gegen die Kasse.

Für Urlaubsabgeltungsansprüche wegen Urlaubs, der bis zum 31. Dezember 2022 entstanden ist, finden § 8 Nr. 5.3 Satz 1 und Nr. 6.2 BRTV vom 28. September 2018 Anwendung.

7. Verfall der Urlaubs- und Urlaubsabgeltungsansprüche

Die Urlaubsansprüche und die Urlaubsabgeltungsansprüche gemäß Nr. 6 verfallen mit Ablauf des Kalenderjahres, das auf das Jahr der Entstehung der Urlaubsansprüche folgt; die entsprechenden Ansprüche für Ausfallstunden wegen unverschuldeter Arbeitsunfähigkeit infolge von Krankheit gemäß Nr. 5 verfallen jedoch erst nach Ablauf von weiteren drei Monaten. § 14 ist ausgeschlossen.

8. Entschädigung

Nach Verfall der Urlaubsansprüche oder Urlaubsabgeltungsansprüche hat der Arbeitnehmer innerhalb eines weiteren Kalenderjahres Anspruch auf Entschädigung gegenüber der Kasse in Höhe der gemäß Nr. 6.2 Satz 1 zu berechnenden Urlaubsvergütung; Ansprüche nach Nr. 5 und ihre Abgeltungsansprüche werden für einen zusammenhängenden Zeitraum von längstens 18 Monaten berücksichtigt. Für Urlaubsentschädigungsansprüche wegen Urlaubs, der bis zum 31. Dezember 2022 entstanden ist, finden § 8 Nr. 5.3 Satz 2 und Nr. 8 BRTV vom 28. September 2018 Anwendung.

9. Ansprüche bei Tod des Arbeitnehmers

Bei Tod des Arbeitnehmers gehen dessen Ansprüche auf Urlaubsvergütung, Urlaubsabgeltung oder Entschädigung auf den Erben über; auch der Urlaubsvergütungsanspruch richtet sich gegen die Kasse.

10. Urlaub für volljährige Arbeitnehmer im Auslernjahr

10.1 Bei der Ermittlung der Urlaubsdauer für Arbeitnehmer, die spätestens am 1. Januar des Urlaubsjahres das 18. Lebensjahr vollendet haben und in diesem Jahr Auszubildende in einem Betrieb des Baugewerbes waren, gelten die Tage des Bestehens des Ausbildungsverhältnisses im Urlaubsjahr als Beschäftigungstage. Im Urlaubsjahr während des Ausbildungsverhältnisses entstandener und gewährter Urlaub ist auf die Urlaubsdauer anzurechnen.

Bei der Ermittlung der Urlaubsdauer für volljährige Arbeitnehmer im Sinne des Abs. 1, die im Vorjahr aus einem Ausbildungsverhältnis zu einem Betrieb des Baugewerbes ausgeschieden sind und deren Arbeitsverhältnis im Urlaubsjahr bis spätestens zum 1. Juli begründet worden ist, gelten die Tage des Bestehens des Ausbildungsverhältnisses im Vorjahr als Beschäftigungstage. Im Vorjahr während des Ausbildungsverhältnisses entstandener und gewährter Urlaub ist auf die Urlaubsdauer anzurechnen.

10.2 Für die Urlaubstage gemäß Nr. 10.1 bemisst sich das Urlaubsentgelt nach dem durchschnittlichen Arbeitsverdienst, den der Arbeitnehmer in den letzten 13 Wochen vor dem Beginn des Urlaubs erhalten hat. Bei Verdiensterhöhungen nicht nur vorübergehender Natur, die während des Berechnungszeitraumes oder des Urlaubs eintreten, ist von dem erhöhten Verdienst auszugehen. Verdienstkürzungen, die im Berechnungszeitraum infolge von Kurzarbeit, Arbeitsausfällen oder unverschuldeter Arbeitsversäumnis eintreten, bleiben für die Berechnung des Urlaubsentgelts außer Betracht (§ 11 des Bundesurlaubsgesetzes). Für das zusätzliche Urlaubsgeld gelten Nr. 4.1 Sätze 4 und 5; im Übrigen gelten die Nrn. 4 und 5 mit Ausnahme der Nr. 4.4 nicht.

10.3 Am Ende des Urlaubsjahres sind die Resturlaubsansprüche nach Maßgabe der Nr. 2.7 auf das folgende Kalenderjahr zu übertragen. Die Vergütung für die Resturlaubsansprüche ist zum Ende des Urlaubsjahres nach Maßgabe der Nr. 10.2 zu berechnen und auf das folgende Kalenderjahr zu übertragen.

11. Urlaub für jugendliche Arbeitnehmer

11.1 Der Urlaub von Arbeitnehmern, die am 1. Januar des Urlaubsjahres das 18. Lebensjahr noch nicht vollendet haben, beträgt 30 Arbeitstage. Für das Urlaubsentgelt und für das zusätzliche Urlaubsgeld gilt Nr. 10.2. Im Übrigen gelten die gesetzlichen Bestimmungen.

11.2 Am Ende des Urlaubsjahres sind die Resturlaubsansprüche der Arbeitnehmer, die am 1. Januar des Folgejahres das 18. Lebensjahr vollendet haben, auf dieses zu übertragen. Die Vergütung für die Resturlaubsansprüche ist zum Ende des Urlaubsjahres nach Maßgabe der Nr. 10.2 zu berechnen und auf das folgende Kalenderjahr zu übertragen.

12. Urlaub bei Altersteilzeit

12.1 Der Urlaubsanspruch richtet sich auch während der Altersteilzeit nach den vorstehenden Bestimmungen. Sämtlicher dem Arbeitnehmer bis zum Beginn der Altersteilzeit zustehender Urlaub ist vor Eintritt in die Altersteilzeit zu gewähren und zu nehmen. Kann der Urlaub aus zwingenden Gründen ganz oder teilweise nicht mehr gewährt werden, so ist er abweichend von Nr. 6.1 durch den Arbeitgeber abzugelten.

12.2 Vereinbaren Arbeitnehmer und Arbeitgeber wechselnde Phasen von Monaten der Arbeitsleistung (Arbeitsphase) und Monaten der Freistellung von der Arbeitsleistung (Freistellungsphase), so gelten für den Urlaubsanspruch in der Freistellungsphase folgende Regelungen:

a) Alle Kalendertage während des Bestehens des Altersteilzeitarbeitsverhältnisses – auch während der Freistellungsphase – gelten als Beschäftigungstage gemäß Nr. 2.

b) Im ersten Kalendermonat der Freistellungsphase ist die Urlaubsvergütung für den noch nicht verfallenen Urlaubsanspruch aus der Arbeitsphase auszuzahlen. Im letzten Kalendermonat der Freistellungsphase, spätestens in jedem sechsten Kalendermonat der Freistellungsphase (Auszahlungsmonat), ist die bis zum Ablauf des fünften Kalendermonats der Freistellungsphase erworbene Urlaubsvergütung vom Arbeitgeber an den Arbeitnehmer auszuzahlen. Mit der Auszahlung der Urlaubsvergütung gilt der Urlaub als gewährt. Für die im Auszahlungsmonat als gewährt geltenden Urlaubstage besteht kein Anspruch auf Arbeitsentgelt für die Altersteilzeitarbeit.

13. Anrechnung von Urlaub entsandter Arbeitnehmer

Urlaubstage und Urlaubsvergütungen, welche ein außerhalb Deutschlands ansässiger Arbeitgeber bereits vor der Entsendung für das laufende Kalenderjahr gewährt hat, werden auf die während der Entsendezeit bis zum jeweiligen Zeitpunkt der Anrechnung entstandenen Urlaubsansprüche nach Nrn. 1 und 4 angerechnet. Bei dieser Anrechnung bleibt ein Zwölftel des Jahresurlaubs für jeden vor der Entsendung liegenden vollen Beschäftigungsmonat des laufenden Kalenderjahres unberücksichtigt. Von den darüber hinaus gewährten Urlaubstagen wird für jeden vollen Beschäftigungsmonat während der Entsendezeit bis zum Anrechnungszeitpunkt ein Zwölftel des Jahresurlaubs angerechnet. Urlaubsvergütungen werden angerechnet, soweit sie anteilig für die angerechneten Urlaubstage gezahlt worden sind.

14. Abtretungsverbot

Die Abtretung unmittelbarer Ansprüche der Arbeitnehmer gegen die Kasse ist nur mit Zustimmung der Kasse zulässig.

15. Urlaubskassen der Bauwirtschaft

15.1 Die als gemeinsame Einrichtung der Tarifvertragsparteien bestehende Urlaubs- und Lohnausgleichskasse der Bauwirtschaft mit Sitz in Wiesbaden (ULAK) hat insbesondere die Aufgabe, die Auszahlung der Urlaubsvergütung zu sichern. Für Betriebe mit Sitz im Land Berlin tritt an die Stelle der ULAK die Sozialkasse des Berliner Baugewerbes mit Sitz in Berlin (SoKa-Berlin). Die Arbeitgeber haben die dazu erforderlichen Mittel durch Beiträge aufzubringen. Auf die Beiträge hat die zuständige Urlaubskasse (Kasse) einen unmittelbaren Anspruch. Die Höhe der Beiträge, der Beitragseinzug sowie die Leistungen der Kasse werden im Tarifvertrag über das Sozialkassenverfahren im Baugewerbe (VTV) geregelt.

15.2 Weist ein außerhalb Deutschlands ansässiger Arbeitgeber nach, dass er für die von ihm in den Geltungsbereich dieses Tarifvertrages entsandten Arbeitnehmer auch während der Dauer der Entsendung Beiträge zu einer vergleichbaren Urlaubskasse im Staat seines Betriebssitzes entrichtet, und ist für diese Arbeitnehmer nicht deutsches Arbeitsrecht anwendbar, so hat die Kasse keinen Anspruch auf Beiträge.

16. Gerichtsstand

16.1 Gerichtsstand für Ansprüche der ULAK gegen Arbeitgeber und Arbeitnehmer sowie für Ansprüche der Arbeitgeber und der Arbeitnehmer gegen die ULAK ist Wiesbaden.

16.2 Gerichtsstand für Ansprüche der ULAK sowie der SoKa-Berlin gegen Arbeitgeber mit Betriebssitz in den neuen Bundesländern oder im Land Berlin und deren Arbeitnehmer sowie für Ansprache dieser Arbeitgeber und deren Arbeitnehmer gegen diese Kassen ist Berlin.

17. Sonderregelung für Bayern

Die Bestimmungen dieses Paragraphen gelten nicht für Arbeitgeber mit Betriebssitz im Gebiet des Freistaates Bayern und deren Arbeitnehmer.

§ 9
Freistellung zu Arbeitsgemeinschaften

1. Voraussetzungen der Freistellung

1.1 Der Arbeitgeber kann den Arbeitnehmer zur Arbeitsleistung in einer Arbeitsgemeinschaft, an der der Arbeitgeber beteiligt ist, freistellen.

1.2 Die Freistellung kann nur mit Zustimmung des Arbeitnehmers erfolgen.

1.3 Dem Arbeitnehmer ist vor Antritt der Arbeitsaufnahme in der Arbeitsgemeinschaft eine Bescheinigung auszustellen, aus der sich u.a. der Name und die Anschrift der Arbeitsgemeinschaft, die voraussichtliche Dauer der Freistellung, Art und Umfang seiner Tätigkeit, die Höhe seines Lohnes, etwaige Vereinbarungen im Rahmen des § 7 und die Zahlung vermögenswirksamer Leistungen ergibt.

2. Rechtsverhältnisse während der Dauer der Freistellung

2.1 Während der Dauer der Freistellung ruht das Arbeitsverhältnis des Arbeitnehmers zum Stammbetrieb. Mit der Arbeitsaufnahme tritt der Arbeitnehmer in ein Arbeitsverhältnis zur Arbeitsgemeinschaft. Während der Dauer der Zugehörigkeit zur Arbeitsgemeinschaft hat der Arbeitnehmer gegen die Arbeitsgemeinschaft die tariflichen Ansprüche, die ihm gegenüber dem Stammbetrieb zustehen würden.

2.2 Mit Beendigung des Arbeitsverhältnisses zur Arbeitsgemeinschaft lebt das Arbeitsverhältnis zum Stammbetrieb wieder auf. Dem Arbeitnehmer ist die Zeit der Freistellung als Betriebszugehörigkeit anzurechnen. Das Gleiche gilt für von der Arbeitsgemeinschaft neu eingestellte Arbeitnehmer, sofern sie von einem Partner der Arbeitsgemeinschaft in ein Arbeitsverhältnis übernommen werden.

Die Bestimmungen des vorstehenden Absatzes gelten nicht im Falle einer berechtigten fristlosen Entlassung durch die Arbeitsgemeinschaft.

2.3 Die Regelungen des § 7 gelten sinngemäß für die Freistellung zu einer Arbeitsgemeinschaft, an der der Arbeitgeber beteiligt ist.

2.4 Ein zum Zeitpunkt der Freistellung bestehendes Anspar- bzw. Ausgleichskonto wird während der Dauer der Freistellung von der Arbeitsgemeinschaft weitergeführt und mit Beendigung des Arbeitsverhältnisses zur Arbeitsgemeinschaft wieder vom Stammbetrieb übernommen.

§ 10
Sterbegeld

1. Stirbt der Arbeitnehmer, so ist an den Ehegatten oder, falls der Arbeitnehmer am Todestag nicht verheiratet war, an die Unterhaltsberechtigten ein Sterbegeld zu zahlen, soweit er diese unterhalten hat.

2. Das Sterbegeld beträgt

2.1 bei einer Betriebszugehörigkeit am Tage des Todes von mehr als einem Jahr	1 Wochenlohn,
2.2 bei einer Betriebszugehörigkeit am Tage des Todes von mehr als fünf Jahren	3 Wochenlöhne,
2.3 bei einer Betriebszugehörigkeit am Tage des Todes von mehr als zehn Jahren	4 Wochenlöhne.

3. Stirbt der Arbeitnehmer an den Folgen eines Betriebsunfalles, so beträgt das Sterbegeld ohne Rücksicht auf die Dauer der Betriebszugehörigkeit vier Wochenlöhne.

4. Zeiten unterbrochener Betriebszugehörigkeit werden zusammengerechnet, wenn die Unterbrechung nicht vom Arbeitnehmer veranlasst wurde und wenn sie nicht länger als sechs Monate gedauert hat. Bei der Berechnung des Sterbegeldes wird die durchschnittliche Wochenarbeitszeit im Kalenderjahr von 40 Stunden zugrunde gelegt.

§ 11
Beendigung des Arbeitsverhältnisses

1. Kündigungsfristen und Schriftformerfordernis

1.1 Allgemeine Kündigungsfristen

Das Arbeitsverhältnis kann beiderseitig unter Einhaltung einer Frist von sechs Werktagen gekündigt werden. Nach sechsmonatiger Dauer oder nach Übernahme aus einem Berufsausbildungsverhältnis kann beiderseitig mit einer Frist von zwölf Werktagen gekündigt werden.

1.2 Verlängerte Kündigungsfristen

Die Kündigungsfrist für den Arbeitgeber erhöht sich, wenn das Arbeitsverhältnis in demselben Betrieb oder Unternehmen

3 Jahre bestanden hat, auf 1 Monat zum Monatsende,

5 Jahre bestanden hat, auf 2 Monate zum Monatsende,

8 Jahre bestanden hat, auf 3 Monate zum Monatsende,

10 Jahre bestanden hat, auf 4 Monate zum Monatsende,

12 Jahre bestanden hat, auf 5 Monate zum Monatsende,

15 Jahre bestanden hat, auf 6 Monate zum Monatsende,

20 Jahre bestanden hat, auf 7 Monate zum Monatsende.

Bei der Berechnung der verlängerten Kündigungsfristen werden Zeiten eines vorangegangenen Berufsausbildungsverhältnisses nicht berücksichtigt.

Zeiten unterbrochener Betriebszugehörigkeit werden zusammengerechnet, wenn die Unterbrechung nicht vom Arbeitnehmer veranlasst wurde und wenn sie nicht länger als sechs Monate gedauert hat.

1.3 Schriftformerfordernis

Jede Kündigung hat schriftlich zu erfolgen.

2. Kündigungsausschluss

Das Arbeitsverhältnis kann in der Zeit vom 1. Dezember bis 31. März (Schlechtwetterzeit) nicht aus Witterungsgründen gekündigt werden.

3. Unzulässigkeit von Schwarzarbeit

Schwarzarbeit ist unzulässig und kann einen wichtigen Grund für eine fristlose Kündigung nach § 626 BGB darstellen.

4. Aushändigung von Restlohn und Arbeitspapieren

Bei Beendigung des Arbeitsverhältnisses sind dem Arbeitnehmer seine Arbeitspapiere auszuhändigen und der Restlohn auszuzahlen; die Fälligkeit bestimmt sich nach § 5 Nr. 8.2.

§ 12
Zutritt zu den Unterkünften

Den Vertretern der Tarifvertragsparteien ist das Betreten der Unterkünfte und Sozialräume gestattet.

§ 13
Arbeitssicherheit und Gesundheitsschutz

Der Arbeitgeber ist verpflichtet, die Arbeitnehmer über alle einschlägigen Vorschriften zur Arbeitssicherheit und zum Gesundheitsschutz zu unterrichten.

§ 14
Ausschlussfristen

1. Alle beiderseitigen Ansprüche aus dem Arbeitsverhältnis und solche, die mit dem Arbeitsverhältnis in Verbindung stehen, verfallen, wenn sie nicht innerhalb von zwei Monaten nach der Fälligkeit gegenüber der anderen Vertragspartei schriftlich erhoben werden; besteht bei Ausscheiden des Arbeitnehmers ein Arbeitszeitguthaben, beträgt die Frist für dieses Arbeitszeitguthaben jedoch sechs Monate.

2. Lehnt die Gegenpartei den Anspruch ab oder erklärt sie sich nicht innerhalb von zwei Wochen nach der Geltendmachung des Anspruchs, so verfällt dieser, wenn er nicht innerhalb von zwei Monaten nach der Ablehnung oder dem Fristablauf gerichtlich geltend gemacht wird. Dies gilt nicht für Zahlungsansprüche des Arbeitnehmers, die während eines Kündigungsschutzprozesses fällig werden und von seinem Ausgang abhängen. Für diese Ansprüche beginnt die Verfallfrist von zwei Monaten nach rechtskräftiger Beendigung des Kündigungsschutzverfahrens.

§ 15
Besondere Lohn- und Arbeitsbedingungen für Spezialgewerbezweige

Die Tarifvertragsparteien verpflichten sich, besondere Lohn- und Arbeitsbedingungen für das feuerungstechnische Gewerbe, das wärme-, kälte- und schallschutztechnische Gewerbe, das Steinholzleger- und Terrazzolegergewerbe, das Fliesen- und Plattenlegergewerbe, das Brunnenbaugewerbe, das Straßenwalzengewerbe, das Fertigbau- und das Beton- und Mörtelmischgewerbe zu vereinbaren.

§ 16
Durchführung des Vertrages

Die Tarifvertragsparteien verpflichten sich, mit anderen Organisationen und einzelnen Arbeitgebern keine Tarifverträge zu vereinbaren, die von diesem Tarifvertrag inhaltlich abweichen. Schließt eine Tarifvertragspartei gleichwohl einen Satz 1 widersprechenden Tarifvertrag ab, so kann die andere Tarifvertragspartei verlangen, dass die abweichenden Bestimmungen ganz oder teilweise Inhalt dieses Tarifvertrages werden.

Die Tarifvertragsparteien verpflichten sich, gemeinsam die Allgemeinverbindlicherklärung zu beantragen.

§ 17
Inkrafttreten und Laufdauer

(1) Dieser Tarifvertrag tritt am 1. Januar 2023*) in Kraft. Er kann mit einer Frist von sechs Monaten jeweils zum 31. Dezember schriftlich gekündigt werden.

(2) Abweichend von Abs. 1 können § 7 Nrn. 3.2, 4., 4.1, 4.3 Abs. 3 und 4.5 Abs. 2 gemeinsam, bei Fortbestand des übrigen Tarifvertrages, mit einer Frist von sechs Monaten jeweils zum 31. Dezember, erstmals im Jahr 2025, schriftlich gekündigt werden. Scheitern diesbezügliche Verhandlungen, liegt ein Streitfall im Sinne von § 4 Satz 1 des Schlichtungsabkommens für das Baugewerbe in der Bundesrepublik Deutschland vom 12. März 1979 in der Fassung vom 26. März 1993 vor.

Berlin/Frankfurt a. M., den 28. September 2018 / 5. November 2021 / 10. November 2022

Zentralverband des Deutschen Baugewerbes e. V., Kronenstraße 55–58, 10117 Berlin	Hauptverband der Deutschen Bauindustrie e. V., Kurfürstenstraße 129, 10785 Berlin
Nostitz	Beeke

Industriegewerkschaft Bauen-Agrar-Umwelt,
Olof-Palme-Straße 19, 60439 Frankfurt a. M.

Schaum	Burckhardt

* Der Tarifvertrag vom 28. September 2018 ist am 1. Januar 2019 in Kraft getreten.

EINSTELLUNGSBOGEN
(gewerbliche Arbeitnehmer[1])

Arbeitgeber

Name: ____________________

Anschrift: ____________________

Arbeitnehmer

Name (Vor- und Zuname): ____________________

Anschrift: ____________________

Geburtsdatum: ____________ Geburtsort: ____________

Staatsangehörigkeit ____________ Familienstand[2]: ____________

Schwerbehindert[3]: Ja ☐ Nein ☐

Erlernter Beruf: ____________________

Vorgesehene Tätigkeit: ____________________

Tag der Einstellung: ____________ **Arbeitsbeginn:** ____________

Bei befristeten Arbeitsverträgen[4]:

☐ Befristung bis zum: ____________ oder

☐ Vorhersehbare Dauer des Arbeitsverhältnisses: ____________

Ort der Einstellung[5]: ____________________

Der Arbeitnehmer kann auf allen Bau- oder sonstigen Arbeitsstellen des Betriebes eingesetzt werden (§ 7 BRTV).

Lohngruppe: ____________________

Tarifstundenlohn (brutto): ____________ €

Gesamttarifstundenlohn (brutto): ____________ €

Vereinbarter Stundenlohn (brutto): ____________ € (je Stunde)

Anspruch und Höhe der Vergütung von Überstunden, Zulagen und Zuschlägen richten sich nach § 3 Nrn. 5 und 6 BRTV sowie § 6 BRTV.

Darüber hinaus erhält der Arbeitnehmer tarifliche Zusatzleistungen/Vergütungen/Einmalzahlungen/Prämien im Geltungsbereich folgender Tarifverträge[6]:

☐ TV Lohn ____________ ☐ TV Lohnstrukturen ☐ RTV Leistungslohn

☐ ZusatzTV Feuerungsbau ☐ TV Feuerungsbauzuschläge

☐ ZusatzTV Isoliergewerbe ☐ TV TZR ☐ TV 13. Monatseinkommen

☐ ____________

---

1 Gemeint sind Arbeitnehmer jeder Geschlechtsidentität. Ausschließlich aus Gründen der Lesbarkeit wird bei allen Bezeichnungen nur die grammatikalisch männliche Form verwendet.

2 Angabe freiwillig.

3 Angabe freiwillig; bei Bejahung: Vorlage des Schwerbehindertenausweises (siehe Seite 2).

4 Konkretes Enddatum bei kalendermäßiger Befristung oder bei Zweckbefristung Art oder Zweck der Befristung (vorhersehbare Dauer) eintragen.

5 Damit erfolgt keine Zuordnung zu einer ersten Tätigkeitsstätte im Sinne des Steuerrechts.

6 Anzukreuzen sind die anzuwendenden Tarifverträge (Kurzbezeichnungen; ggf. ergänzen).

Die jeweilige Vergütung wird gemäß § 5 Nr. 8.2 BRTV fällig und auf das Konto des Arbeitnehmers überwiesen

Kreditinstitut: ______________________________
IBAN: ______________________________
BIC: ______________________________
Steuerliche Identifikationsnummer: ____
Rentenversicherungsnummer: ____

Der Arbeitnehmer wurde darauf hingewiesen, dass im Baugewerbe für alle Ansprüche aus dem Arbeitsverhältnis besondere tarifliche Ausschlussfristen gelten.

Die durchschnittliche wöchentliche **Arbeitszeit** im Kalenderjahr beträgt ______ Stunden (§ 3 BRTV). Beginn und Ende der täglichen Arbeitszeit richten sich nach der betrieblichen Einteilung in der Zeitspanne von ___________ bis ___________ mit einer Mindestpausenzeit von _____ Minuten unter Berücksichtigung der gesetzlichen Ruhezeit nach §§ 5, 14 ArbZG (in der Regel 11 Stunden).

Bei Vereinbarung von Schichtarbeit[7]: Schichtsystem ______ Schichtrhythmus ______

Überstunden: Möglichkeit zur Anordnung besteht Ja ☐ Nein ☐

Verpflichtung zur Leistung von Überstunden besteht bei Anordnung des Arbeitsgebers aufgrund betrieblicher Erfordernisse, insbesondere aufgrund eines Anfalls nicht planbarer Mehrarbeit; bei Bestehen eines Betriebsrates hat dieser ein Mitbestimmungsrecht bei vorübergehender Verlängerung der betriebsüblichen Arbeitszeit.

Urlaub: Anspruch und Dauer richten sich nach § 8 BRTV.

Fortbildung: Anspruch auf eine vom Arbeitgeber bereitgestellte Fortbildung besteht

Ja ☐ Umfang der bereitgestellten Fortbildung ________________ Nein ☐

betr. AV: Anspruch auf betriebliche Altersvorsorge besteht

Ja ☐ Versorgungsträger[8] ______________________________ Nein ☐

Für die **Beendigung des Arbeitsverhältnisses** gelten die Vorschriften des § 11 BRTV. Eine Kündigung kann mit einer Frist von sechs Werktagen erfolgen und bedarf der Schriftform. Die Frist zur Erhebung einer Kündigungsschutzklage durch den Arbeitnehmer beträgt drei Wochen ab Zugang der Kündigung (§ 4 Kündigungsschutzgesetz).

---

7 Schichtarbeit: Arbeitszeitmodell, bei dem ein Arbeitsplatz von mehreren Arbeitnehmern zeitversetzt besetzt wird. Bei Vereinbarung von Schichtarbeit sind Schichtsystem (z. B. Zwei-Schicht-System) und Schichtrhythmus (z. B. Früh- und Spätschicht) anzugeben.

8 Wurde eine betriebliche Altersversorgung zugesagt, sind Name und Anschrift des Versorgungsträgers mitzuteilen. Zu der von der ZVK AG durchgeführten Tarifrente Bau muss keine Angabe gemacht werden; die ZVK AG übersendet die gesetzlich vorgesehenen Mitteilungen direkt.

Neben den für allgemeinverbindlich erklärten Tarifverträgen sind folgende Tarifverträge, Betriebsvereinbarungen oder schriftliche einzelvertragliche Vereinbarungen in ihrer jeweils gültigen Fassung anzuwenden:

☐ Vereinbarung über Beförderung anderer Arbeitnehmer[9]

☐ Vereinbarung über eine Befristung[10]

☐ Vereinbarung von Arbeit auf Abruf[11]

____

____

____

Arbeitspapiere und sonstige Bescheinigungen:

☐ **Meldeschein/Arbeitnehmerkontoauszug der ULAK**
☐ **Unterlagen für vermögenswirksame Leistungen**
☐ **Unterlagen für betriebliche Altersversorgung (z. B. Tarifliche Zusatzrente)**
☐ **Nachweis über Krankenkassenzugehörigkeit**
☐ **Schwerbehindertenausweis**

Bescheinigungen über abgeschlossene Ausbildung/Fortbildung/Weiterbildung:

____

____

____

☐ **Aufenthaltstitel[12]/Arbeitsgenehmigung-EU**

________________________	________________________
Ort/Datum	Ort/Datum
________________________	________________________
(Unterschrift des Arbeitgebers)	(Unterschrift des Arbeitnehmers)

[9] Übernimmt ein Arbeitnehmer außerhalb seiner Arbeitszeit die Beförderung anderer Arbeitnehmer (§ 5 Nr. 4.4 BRTV, sog. „Bullifahrer-Regelung"), ist eine gesonderte Vergütung zu vereinbaren.

[10] Bei einer Befristung sind die gesetzlichen Vorgaben, insbesondere § 14 TzBfG, zu beachten.

[11] Bei Arbeit auf Abruf (§ 12 TzBfG) ist die Erbringung der Arbeitsleistung je nach Arbeitsanfall mit Angabe der Mindestzahl der zu erbringenden Stunden (durch Referenztage und Referenzstunden – Zeitfenster – für die Erbringung der Arbeitsleistung) sowie der Ankündigungsfrist für die Erbringung der Arbeitsleistung zu vereinbaren.

[12] Für ausländische Arbeitnehmer, die nicht Staatsangehörige eines EU-Landes, des Europäischen Wirtschaftsraums oder der Schweiz sind (sog. „Drittstaatsangehörige").

Protokollnotiz vom 30. April 2015 zu § 3 Nr. 1.42 BRTV (Verstetigter Monatslohn bei Flexibilisierung der Arbeitszeit)

Der Bundesrahmentarifvertrag für das Baugewerbe sieht vor, dass die Arbeitnehmer bei flexibler Arbeitszeitgestaltung (betriebliche Arbeitszeitverteilung nach § 3 Nr. 1.4 BRTV in einem zwölfmonatigen Ausgleichszeitraum) unabhängig von der Zahl der in dem jeweiligen Kalendermonat geleisteten und lohnzahlungspflichtigen Arbeitsstunden einen verstetigten Monatslohn erhalten, um Einkommensschwankungen zu vermeiden.

In den darüber geführten Tarifverhandlungen wurde Einvernehmen erzielt, dass unter einem verstetigten Monatslohn im Sinne des § 3 Nr. 1.42 BRTV unter Berücksichtigung der in § 3 Nr. 1.2 BRTV geregelten tariflichen Arbeitszeit die folgenden betrieblichen Regelungen zu verstehen sind, bei denen das angesparte Arbeitszeitguthaben zur Aufstockung fehlender Entgeltansprüche auf den vereinbarten verstetigten Monatslohn genutzt werden kann:

1. Monatslohn in Höhe von (41 Stunden x 4,33 Wochen =) 178 Gesamttarifstundenlöhnen in den Monaten April bis November (Sommerarbeitszeit) und in Höhe von (38 Stunden x 4,33 Wochen =) 164 Gesamttarifstundenlöhnen in den Monaten Dezember bis März (Winterarbeitszeit),
2. während des gesamten Ausgleichszeitraumes gleichbleibender Monatslohn in Höhe von (40 Stunden durchschnittliche Wochenarbeitszeit x 4,33 Wochen =) 173 Gesamttarifstundenlöhnen,
3. Monatslohn für die auf der Grundlage der tariflichen Arbeitszeit nach § 3 Nr. 1.2 BRTV (wöchentliche Arbeitszeit von 38 Stunden = Winterarbeitszeit bzw. 41 Stunden = Sommerarbeitszeit) für den jeweiligen Kalendermonat nach den Arbeitstagen errechneten lohnzahlungspflichtigen Stunden,
4. Monatslohn für die auf der Grundlage der werktäglichen Arbeitszeit von (durchschnittliche regelmäßige Wochenarbeitszeit im Kalenderjahr = 40 Stunden : 5 Arbeitstage =) 8 Stunden für den jeweiligen Kalendermonat nach den Arbeitstagen errechneten lohnzahlungspflichtigen Stunden.

Alle vorgenannten Monatslohnvarianten entsprechen dem gewollten Mechanismus der tariflichen Regelungen und werden daher von den drei Tarifvertragsparteien nach dem Sinn und Zweck der Regelungen als tarifvertragsgerecht angesehen.

Berlin/Frankfurt a. M., den 30. April 2015

Zentralverband des
Deutschen Baugewerbes e. V.,
Kronenstraße 55–58,
10117 Berlin

Dupré

Hauptverband der
Deutschen Bauindustrie e. V.,
Kurfürstenstraße 129,
10785 Berlin

Schmieg

Industriegewerkschaft Bauen–Agrar–Umwelt,
Olof-Palme-Straße 19, 60439 Frankfurt a. M.

Feiger Schäfers

Protokollnotiz vom 2. November 2007 zu § 3 Nr. 1.7 BRTV

Die Tarifvertragsparteien des BRTV vereinbaren zu § 3 Nr. 1.7 BRTV in der Fassung vom 20. August 2007 Folgendes:

Arbeitgeber und Arbeitnehmer können einvernehmlich für den 24. Dezember und/oder den 31. Dezember jeweils einen Urlaubstag oder Arbeitszeitguthaben (entsprechend der tariflichen Arbeitszeit nach § 3 Nr. 1.2 BRTV) einbringen, um den aufgrund der arbeitsfreien Tage ohne Lohnanspruch verringerten Monatslohn entsprechend auszugleichen.

Berlin/Frankfurt a. M., den 2. November 2007

Zentralverband des
Deutschen Baugewerbes e. V.,
Kronenstraße 55–58,
10117 Berlin

D u p r é

Hauptverband der
Deutschen Bauindustrie e. V.,
Kurfürstenstraße 129,
10785 Berlin

B a u e r

Industriegewerkschaft Bauen–Agrar–Umwelt,
Olof-Palme-Straße 19, 60439 Frankfurt a. M.

W i e s e h ü g e l

S c h ä f e r s

Rahmentarifvertrag für die Angestellten und Poliere des Baugewerbes (RTV Angestellte) vom 4. Juli 2002

in der Fassung vom 29. Juli 2005, 20. August 2007, 17. Dezember 2012, 5. Juni 2014, 10. Juni 2016 und 5. November 2021

Zwischen

dem Zentralverband des Deutschen Baugewerbes e. V.,
Kronenstraße 55–58, 10117 Berlin,

dem Hauptverband der Deutschen Bauindustrie e. V.,
Kurfürstenstraße 129, 10785 Berlin,

und

der Industriegewerkschaft Bauen–Agrar–Umwelt,
Olof-Palme-Straße 19, 60439 Frankfurt a. M.,

wird folgender Tarifvertrag geschlossen:

Inhaltsverzeichnis

§ 1 Geltungsbereich
§ 2 Beginn des Arbeitsverhältnisses
§ 3 Arbeitszeit
§ 4 Gehaltsfortzahlung im Krankheitsfall, Arbeitsversäumnis und Arbeitsausfall
§ 5 Gruppeneinteilung und Gehaltsregelungen
§ 6 Gehaltszahlung im Todesfall
§ 7 Fahrtkostenabgeltung, Verpflegungszuschuss und Unterkunft
§ 8 Freistellung zu Arbeitsgemeinschaften
§ 9 Versetzung
§ 10 Urlaub
§ 11 Beendigung des Arbeitsverhältnisses
§ 12 Arbeitssicherheit und Gesundheitsschutz
§ 13 Ausschlussfristen
§ 14 Durchführung des Vertrages
§ 15 Inkrafttreten und Vertragsdauer

§ 1
Geltungsbereich

(1) Räumlicher Geltungsbereich:

Das Gebiet der Bundesrepublik Deutschland.

(2) Betrieblicher Geltungsbereich:

Betriebe des Baugewerbes. Das sind alle Betriebe, die unter einen der nachfolgenden Abschnitte I bis IV fallen.

Abschnitt I

Betriebe, die nach ihrer durch die Art der betrieblichen Tätigkeiten geprägten Zweckbestimmung und nach ihrer betrieblichen Einrichtung gewerblich Bauten aller Art erstellen.

Abschnitt II

Betriebe, die, soweit nicht bereits unter Abschnitt I erfasst, nach ihrer durch die Art der betrieblichen Tätigkeiten geprägten Zweckbestimmung und nach ihrer betrieblichen Einrichtung gewerblich bauliche Leistungen erbringen, die – mit oder ohne Lieferung von Stoffen oder Bauteilen – der Erstellung, Instandsetzung, Instandhaltung, Änderung oder Beseitigung von Bauwerken dienen.

Abschnitt III

Betriebe, die, soweit nicht bereits unter Abschnitt I oder II erfasst, nach ihrer durch die Art der betrieblichen Tätigkeiten geprägten Zweckbestimmung und nach ihrer betrieblichen Einrichtung – mit oder ohne Lieferung von Stoffen oder Bauteilen – gewerblich sonstige bauliche Leistungen erbringen.

Abschnitt IV

Betriebe, in denen die nachstehend aufgeführten Arbeiten ausgeführt werden:

1. Aufstellen von Gerüsten und Bauaufzügen;
2. Bauten- und Eisenschutzarbeiten;
3. technische Dämm-(Isolier-)Arbeiten, insbesondere solche an technischen Anlagen, soweit nicht unter Abschnitt II oder III erfasst, einschließlich von Dämm-(Isolier-) Arbeiten an und auf Land-, Luft- und Wasserfahrzeugen.
4. Erfasst werden auch solche Betriebe, die im Rahmen eines mit einem oder mehreren Betrieben des Baugewerbes bestehenden Zusammenschlusses – unbeschadet der gewählten Rechtsform – für die angeschlossenen Betriebe des Baugewerbes entweder ausschließlich oder überwiegend die kaufmännische Verwaltung, den Vertrieb, Planungsarbeiten, Laborarbeiten oder Prüfarbeiten übernehmen, oder ausschließlich oder in nicht unerheblichem Umfang (zumindest zu einem Viertel der betrieblichen Arbeitszeit) den Bauhof und/oder die Werkstatt betrei-

ben, soweit diese Betriebe nicht von einem spezielleren Tarifvertrag erfasst werden.

5. Erfasst werden ferner überbetriebliche Ausbildungsstätten mit eigener Rechtspersönlichkeit, die überwiegend von Mitgliedsverbänden des Hauptverbandes der Deutschen Bauindustrie oder des Zentralverbandes des Deutschen Baugewerbes getragen werden und in denen nicht der BAT oder ein Tarifvertrag wesentlich gleichen Inhalts i.S. des § 20 Abs. 2 Buchst. c BAT angewandt wird.

Abschnitt V

Zu den in den Abschnitten I bis III genannten Betrieben gehören z. B. diejenigen, in denen Arbeiten der nachstehend aufgeführten Art ausgeführt werden:

1. Abdichtungsarbeiten gegen Feuchtigkeit;
2. Aptierungs- und Drainierungsarbeiten, wie das Entwässern von Grundstücken und urbar zu machenden Bodenflächen einschließlich der Grabenräumungs- und Faschinierungsarbeiten, des Verlegens von Drainagerohrleitungen sowie des Herstellens von Vorflut- und Schleusenanlagen;
3. Asbestsanierungsarbeiten an Bauwerken und Bauwerksteilen (z. B. Entfernen, Verfestigen, Beschichten von Asbestprodukten);
4. Bautrocknungsarbeiten, d. h. Arbeiten, die unter Einwirkung auf das Gefüge des Mauerwerks der Entfeuchtung dienen, auch unter Verwendung von Kunststoffen oder chemischen Mitteln sowie durch Einbau von Kondensatoren;
5. Beton- und Stahlbetonarbeiten einschließlich Betonschutz- und Betonsanierungsarbeiten sowie Armierungsarbeiten;
6. Bohrarbeiten;
7. Brunnenbauarbeiten;
8. chemische Bodenverfestigungen;
9. Dämm-(Isolier-)Arbeiten (z. B. Wärme-, Kälte-, Schallschutz-, Schallschluck-, Schallverbesserungs-, Schallveredelungsarbeiten) einschließlich Anbringung von Unterkonstruktionen;
10. Erdbewegungsarbeiten (Wegebau-, Meliorations-, Landgewinnungs-, Deichbauarbeiten, Wildbach- und Lawinenverbau, Sportanlagenbau sowie Errichtung von Schallschutzwällen und Seitenbefestigungen an Verkehrswegen);
11. Estricharbeiten (unter Verwendung von Zement, Asphalt, Anhydrit, Magnesit, Gips, Kunststoffen oder ähnlichen Stoffen);
12. Fassadenbauarbeiten;
13. Fertigbauarbeiten: Einbauen oder Zusammenfügen von Fertigbauteilen zur Erstellung, Instandsetzung, Instandhaltung oder Änderung von Bauwerken; ferner das Herstellen von Fertigbauteilen, wenn diese zum überwiegenden Teil durch den Betrieb, einen anderen Betrieb desselben Unternehmens oder innerhalb von Unter-

nehmenszusammenschlüssen – unbeschadet der gewählten Rechtsform – durch den Betrieb mindestens eines beteiligten Gesellschafters zusammengefügt oder eingebaut werden;

14. Feuerungs- und Ofenbauarbeiten;
15. Fliesen-, Platten- und Mosaik-Ansetz- und Verlegearbeiten;
16. Fugarbeiten an Bauwerken, insbesondere Verfugung von Verblendmauerwerk und von Anschlüssen zwischen Einbauteilen und Mauerwerk sowie dauerelastische und dauerplastische Verfugungen aller Art;
17. Glasstahlbetonarbeiten sowie Vermauern und Verlegen von Glasbausteinen;
18. Gleisbauarbeiten;
19. Herstellen von nicht lagerfähigen Baustoffen, wie Beton- und Mörtelmischungen (Transportbeton und Fertigmörtel), wenn mit dem überwiegenden Teil der hergestellten Baustoffe die Baustellen des herstellenden Betriebes, eines anderen Betriebes desselben Unternehmens oder innerhalb von Unternehmenszusammenschlüssen – unbeschadet der gewählten Rechtsform – die Baustellen des Betriebes mindestens eines beteiligten Gesellschafters versorgt werden;
20. Hochbauarbeiten;
21. Holzschutzarbeiten an Bauteilen;
22. Kanalbau-(Sielbau-)Arbeiten;
23. Maurerarbeiten;
24. Rammarbeiten;
25. Rohrleitungsbau-, Rohrleitungstiefbau-, Kabelleitungstiefbauarbeiten und Bodendurchpressungen;
26. Schachtbau- und Tunnelbauarbeiten;
27. Schalungsarbeiten;
28. Schornsteinbauarbeiten;
29. Spreng-, Abbruch- und Enttrümmerungsarbeiten;
30. Stahlbiege- und -flechtarbeiten, soweit sie zur Erbringung anderer baulicher Leistungen des Betriebes ausgeführt werden;
31. Stakerarbeiten;
32. Straßenbauarbeiten (Stein-, Asphalt-, Beton-, Schwarzstraßenbauarbeiten, Fahrbahnmarkierungsarbeiten, ferner Herstellen und Aufbereiten des Mischgutes, sofern mit dem überwiegenden Teil des Mischgutes der Betrieb, ein anderer Betrieb desselben Unternehmens oder innerhalb von Unternehmenszusammenschlüssen – unbeschadet der gewählten Rechtsform – der Betrieb mindestens eines beteiligten Gesellschafters versorgt wird) sowie Pflasterarbeiten aller Art;
33. Straßenwalzarbeiten;

34. Stuck-, Putz-, Gips- und Rabitzarbeiten, einschließlich des Anbringens von Unterkonstruktionen und Putzträgern;
35. Terrazzoarbeiten;
36. Tiefbauarbeiten;
37. Trocken- und Montagebauarbeiten (z. B. Wand- und Deckeneinbau bzw. -verkleidungen, Montage von Baufertigteilen), einschließlich des Anbringens von Unterkonstruktionen und Putzträgern;
38. Verlegen von Bodenbelägen in Verbindung mit anderen baulichen Leistungen;
39. Vermieten von Baumaschinen mit Bedienungspersonal, wenn die Baumaschinen mit Bedienungspersonal zur Erbringung baulicher Leistungen eingesetzt werden;
40. Wärmedämmverbundsystemarbeiten;
41. Wasserwerksbauarbeiten, Wasserhaltungsarbeiten, Wasserbauarbeiten (z. B. Wasserstraßenbau, Wasserbeckenbau, Schleusenanlagenbau);
42. Zimmerarbeiten und Holzbauarbeiten, die im Rahmen des Zimmergewerbes ausgeführt werden.

Abschnitt VI

Betriebe, soweit in ihnen die unter den Abschnitten I bis V genannten Leistungen überwiegend erbracht werden, fallen grundsätzlich als Ganzes unter diesen Tarifvertrag. Betrieb im Sinne dieses Tarifvertrages ist auch eine selbstständige Betriebsabteilung. Als solche gilt auch eine Gesamtheit von Arbeitnehmern, die außerhalb der stationären Betriebsstätte eines nicht von Abschnitt I bis IV erfassten Betriebes baugewerbliche Arbeiten ausführt.

Werden in Betrieben des Baugewerbes in selbstständigen Abteilungen andere Arbeiten ausgeführt, so werden diese Abteilungen dann nicht von diesem Tarifvertrag erfasst, wenn sie von einem spezielleren Tarifvertrag erfasst werden.

Abschnitt VII

Nicht erfasst werden Betriebe

1. des Betonwaren und Terrazzowaren herstellenden Gewerbes,
2. des Dachdeckerhandwerks,
3. des Gerüstbaugewerbes, deren Tätigkeit sich überwiegend auf die gewerbliche Erstellung von Gerüsten erstreckt,
4. des Glaserhandwerks,
5. des Herd- und Ofensetzerhandwerks, soweit nicht Arbeiten der in Abschnitt IV oder V aufgeführten Art ausgeführt werden,
6. des Maler- und Lackiererhandwerks, soweit nicht Arbeiten der in Abschnitt IV oder V aufgeführten Art ausgeführt werden,
7. der Naturstein- und Naturwerksteinindustrie, soweit nicht Arbeiten der in Abschnitt I bis V aufgeführten Art ausgeführt werden,

8. der Nassbaggerei, die von dem Rahmentarifvertrag des Nassbaggergewerbes erfasst werden,
9. des Parkettlegerhandwerks,
10. der Säurebauindustrie,
11. des Schreinerhandwerks sowie der Holz be- und verarbeitenden Industrie, soweit nicht Fertigbau-, Dämm-(Isolier-), Trockenbau- und Montagebauarbeiten oder Zimmerarbeiten ausgeführt werden,
12. des Klempnerhandwerks, des Gas- und Wasserinstallationsgewerbes, des Elektroinstallationsgewerbes, des Zentralheizungsbauer- und Lüftungsbauergewerbes sowie des Klimaanlagenbaues, soweit nicht Arbeiten der in Abschnitt IV oder V aufgeführten Art ausgeführt werden,
13. des Steinmetzhandwerks, soweit die in § 1 Nr. 2.1 des Tarifvertrages über eine überbetriebliche Alters- und Invalidenbeihilfe im Steinmetz- und Steinbildhauerhandwerk vom 1. Dezember 1986 in der Fassung vom 28. August 1992 aufgeführten Tätigkeiten überwiegend ausgeübt werden.

(3) Persönlicher Geltungsbereich:

Angestellte, die eine nach den Vorschriften des Sechsten Buches Sozialgesetzbuch – Gesetzliche Rentenversicherung – (SGB VI) versicherungspflichtige Tätigkeit ausüben und

a) als Angestellte – in überbetrieblichen Ausbildungsstätten jedoch nur die hauptberuflichen Ausbilder –

b) zur Ausbildung für den Beruf eines Angestellten beschäftigt sind oder

c) als Poliere angestellt sind.

Ausgenommen sind die unter § 5 Abs. 2 und 3 des Betriebsverfassungsgesetzes fallenden Angestellten.

§ 2
Beginn des Arbeitsverhältnisses

1. Die einzustellenden Angestellten dürfen nicht aus Gründen der Abstammung, Religion, Nationalität, Herkunft, des Geschlechts, politischer oder gewerkschaftlicher Betätigung oder Einstellung benachteiligt oder bevorzugt werden.

   Der Angestellte hat bei seiner Einstellung die üblichen Arbeitspapiere, zu denen auch das Versicherungsnachweisheft für Angestellte des Baugewerbes gehört, dem Arbeitgeber zu übergeben. Der Arbeitgeber hat gemäß § 2 des Nachweisgesetzes die wesentlichen Arbeitsbedingungen, aus denen sich bei Polieren auch ergeben muss, dass die Einstellung als Polier erfolgt ist, schriftlich festzuhalten.

2. Bei einer Neueinstellung auf Baustellen, die von einer Arbeitsgemeinschaft betrieben werden, ist dem Angestellten dessen Arbeitgeber schriftlich bekannt zu geben.

3. Hat der Arbeitgeber vor der Einstellung eine persönliche Vorstellung verlangt, so hat er die Kosten für die Reise und den Aufenthalt in angemessener Höhe zu ersetzen.

§ 3
Arbeitszeit

1. Arbeitszeitregelungen

1.1 Tarifliche Arbeitszeit

Die regelmäßige werktägliche Arbeitszeit ausschließlich der Pausen beträgt montags bis freitags acht Stunden, die wöchentliche Arbeitszeit beträgt 40 Stunden.

Für Poliere sowie für Angestellte, deren Tätigkeit unmittelbar mit derjenigen der gewerblichen Arbeitnehmer in Verbindung steht, beträgt die regelmäßige werktägliche Arbeitszeit, sofern betrieblich nicht die werktägliche Arbeitszeitverteilung nach Absatz 1 vereinbart worden ist, in den Monaten Januar bis März und Dezember ausschließlich der Ruhepausen montags bis donnerstags 8 Stunden und freitags 6 Stunden, die wöchentliche Arbeitszeit 38 Stunden (Winterarbeitszeit). In den Monaten April bis November beträgt die regelmäßige werktägliche Arbeitszeit ausschließlich der Ruhepausen montags bis donnerstags 8,5 Stunden und freitags 7 Stunden, die wöchentliche Arbeitszeit 41 Stunden (Sommerarbeitszeit). Die durchschnittliche regelmäßige Wochenarbeitszeit im Kalenderjahr beträgt 40 Stunden.

1.2 Arbeitszeitausgleich innerhalb von zwei Wochen

Die nach betrieblicher Regelung an einzelnen Werktagen ausfallende Arbeitszeit kann durch Verlängerung der Arbeitszeit ohne Mehrarbeitszuschlag an anderen Werktagen innerhalb von zwei Kalenderwochen ausgeglichen werden (zweiwöchiger Arbeitszeitausgleich). Die Wochenarbeitszeit kann somit nach den betrieblichen Erfordernissen und den jahreszeitlichen Lichtverhältnissen im Einvernehmen zwischen Arbeitgeber und Betriebsrat oder, wenn kein Betriebsrat besteht, im Einvernehmen mit dem Angestellten auf die Werktage verteilt werden.

1.3 Betriebliche Arbeitszeitverteilung in einem zwölfmonatigen Ausgleichszeitraum

1.31 Voraussetzung und Durchführung

Poliere sowie Angestellte, deren Tätigkeit unmittelbar mit derjenigen der gewerblichen Arbeitnehmer in Verbindung steht, können in betriebliche Arbeitszeitregelungen nach § 3 Nr. 1.4 BRTV einbezogen werden.

Bei einer solchen Einbeziehung kann durch die Betriebsvereinbarung oder, wenn kein Betriebsrat besteht, durch die einzelvertragliche Vereinbarung für einen Zeitraum von zwölf zusammenhängenden Gehaltsabrechnungszeiträumen (zwölfmonatiger Ausgleichszeitraum) bei unveränderter Zahlung des Monatsgehaltes nach § 5 Nr. 3.1 eine von der regelmäßigen Arbeitszeitverteilung abweichende Verteilung der Arbeitszeit auf die einzelnen Werktage ohne Mehrarbeitszuschlag vereinbart werden. Aus dieser Betriebsvereinbarung bzw. der einzelvertraglichen Vereinbarung muss sich ergeben, in welcher Form und mit welcher Ankündigungsfrist die jeweilige werktägliche Arbeitszeit festgelegt wird.

Der Arbeitgeber kann innerhalb von zwölf Kalendermonaten 150 Arbeitsstunden vor- und 30 Arbeitsstunden nacharbeiten lassen. Die Lage und die Verteilung dieser Arbeitsstunden im Ausgleichszeitraum ist im Einvernehmen mit dem Betriebsrat oder, wenn kein Betriebsrat besteht, im Einvernehmen mit dem Angestellten festzulegen.

Eine entsprechende betriebliche Regelung kann unter Berücksichtigung der Nrn. 1.32 und 1.33 auch für solche Angestellte getroffen werden, deren Tätigkeit nicht unmittelbar mit derjenigen der gewerblichen Arbeitnehmer in Verbindung steht.

1.32 Arbeitszeitkonto

Für jeden Angestellten wird ein individuelles Arbeitszeitkonto eingerichtet. Auf diesem Arbeitszeitkonto ist die Differenz zwischen den Stunden, für welche ein Gehaltsanspruch oder ein Anspruch auf eine Entgeltersatzleistung besteht, und 173 Stunden gutzuschreiben bzw. zu belasten; gesetzliche Wochenfeiertage, Urlaubstage und Freistellungstage (§ 4 Nr. 3) sind dabei entsprechend der tariflichen Arbeitszeitverteilung nach Nr. 1.1 Abs. 2 zu berücksichtigen. Für die Errechnung dieser Differenz sind den Stunden mit Gehaltsanspruch diejenigen Stunden gleichgestellt, für die wegen unbezahlter Freistellung oder unentschuldigten Fehlens kein Gehaltsanspruch besteht. Die auf dem Arbeitszeitkonto gutgeschriebenen Stunden werden bei einer betrieblich reduzierten Arbeitszeit zum Ausgleich der entsprechenden Arbeitszeitschwankung verwendet.

Das Arbeitszeitguthaben darf zu keinem Zeitpunkt 150 Stunden, die Arbeitszeitschuld darf zu keinem Zeitpunkt 30 Stunden überschreiten. Wird ein Arbeitszeitguthaben für 150 Stunden erreicht, so ist das Entgelt für die darüber hinausgehenden Stunden neben dem monatlichen Gehalt auszuzahlen. Die Frage einer Verzinsung des Guthabens ist betrieblich zu regeln.

Das Arbeitszeitkonto soll nach zwölf Kalendermonaten ausgeglichen sein. Besteht am Ende des Ausgleichszeitraumes noch ein Guthaben, das nicht mehr durch arbeitsfreie Tage ausgeglichen werden kann, so sind die Guthabenstunden abzugelten (Nr. 2.14, 3.1). Durch freiwillige Betriebsvereinbarung oder einzelvertragliche Vereinbarung können diese Guthabenstunden unter Anrechnung auf das zuschlagsfreie Vorarbeitsvolumen des neuen Ausgleichszeitraumes ganz oder teilweise in diesen übertragen werden. In einer solchen Betriebsvereinbarung muss dem Angestellten ein Anspruch auf Auszahlung seines Guthabens eingeräumt werden; dieser muss bis zum Ende des laufenden Ausgleichszeitraumes schriftlich geltend gemacht werden.

Besteht am Ende des Ausgleichszeitraumes eine Zeitschuld, so ist diese in den nächsten Ausgleichszeitraum zu übertragen und in diesem auszugleichen. Bei Beendigung des Arbeitsverhältnisses sind etwaige Guthaben oder Schulden auszugleichen.

1.33 Absicherung des Arbeitszeitkontos

Durch den Arbeitgeber ist in geeigneter Weise auf seine Kosten sicherzustellen, dass das Entgelt für die Zeitguthaben jederzeit bestimmungsgemäß ausgezahlt werden kann, insbesondere durch Bankbürgschaft, Sperrkonto mit treuhänderischen Pfandrechten oder Hinterlegung bei der Urlaubs- und Lohnausgleichskasse der Bauwirtschaft. Die Absicherung des Entgelts für die gutgeschriebenen Stunden muss, sofern der Betrag nicht nach Abführung von Steuern und Sozialaufwand als Nettogehalt zurückgestellt wird, das Bruttogehalt und 20 v. H. des Bruttogehalts für den Sozialaufwand umfassen. Auf Verlangen einer der Bezirks- oder Landesorganisationen der Tarifvertragsparteien ist dieser gegenüber die Absicherung nachzuweisen. Erfolgt dieser Nachweis nicht, so ist das Entgelt für das Zeitguthaben an den Angestellten auszuzahlen; die Vereinbarung über die betriebliche Arbeitszeitverteilung tritt zu diesem Zeitpunkt außer Kraft.

1.4 Gleitende Arbeitszeit

Durch Betriebsvereinbarung oder, wenn kein Betriebsrat besteht, durch einzelvertragliche Vereinbarung kann eine Gleitzeitregelung eingeführt werden. In dieser Vereinbarung sind im Regelfall der Geltungsbereich, die Dauer und die Lage der Kernarbeitszeit und der Gleitzeitspanne, die Dauer des Abrechnungszeitraumes sowie die Kontrolle der Gleitzeiten zu regeln. Die Übertragbarkeit von Zeitsalden (Zeitguthaben oder Zeitschulden) ist auf 15 Stunden je Kalendervierteljahr begrenzt; für den Fall der Anordnung von Arbeitsstunden, die bis zum Ende des Kalendervierteljahres nicht mehr ausgeglichen werden können, können Sonderregelungen getroffen werden. Jede bezahlte Freistellung von der Arbeit aufgrund gesetzlicher, tariflicher oder individualrechtlicher Ansprüche erfolgt für die sich aus Nr. 1.1 bzw. aus einer Arbeitszeitregelung gemäß Nr. 1.2 ergebende werktägliche Arbeitszeit.

1.5 Hinzuziehung der Organisationsvertreter

Ist eine Einigung über die Verteilung der Arbeitszeit nach Nrn. 1.1 Abs. 2, 1.2, 1.3 und 1.4 nicht zu erzielen, so sind die Organisationsvertreter hinzuzuziehen, um eine Einigung herbeizuführen.

1.6 Beginn und Ende der täglichen Arbeitszeit

Beginn und Ende der täglichen Arbeitszeit einschließlich der Pausen werden vom Arbeitgeber im Einvernehmen mit dem Betriebsrat festgelegt.

1.7 Arbeitsbefreiung am 24. und 31. Dezember

Der 24. und der 31. Dezember sind arbeitsfrei; die dadurch ausfallende Arbeitszeit gilt als abgeleistet.

2. Überstunden (Mehrarbeit), Nachtarbeit, Sonn- und Feiertagsarbeit

Überstunden, Nachtarbeit, Sonn- und Feiertagsarbeit sind nach Möglichkeit zu vermeiden.

2.1 Überstunden

Überstunden sind

2.11 bei tariflicher Arbeitszeitverteilung nach Nr. 1.1 die über die regelmäßige werktägliche Arbeitszeit hinaus geleisteten Arbeitsstunden; bei zweiwöchigem Arbeitszeitausgleich nach Nr. 1.2 die über die jeweils vereinbarte werktägliche Arbeitszeit hinaus geleisteten Arbeitsstunden;

2.12 bei betrieblicher Arbeitszeitverteilung nach Nr. 1.3 die nach Nr. 1.32 Abs. 1 auf dem Arbeitszeitkonto gutgeschriebenen Arbeitsstunden; dabei bleiben die ersten 150 Überstunden innerhalb von zwölf Kalendermonaten zuschlagsfrei;

2.13 bei betrieblicher Arbeitszeitverteilung nach Nr. 1.3 die nach Nr. 1.32 Abs. 2 neben dem monatlichen Gehalt zu vergütenden Arbeitsstunden;

2.14 ferner die auf dem Arbeitszeitkonto zu folgenden Zeitpunkten noch bestehenden Guthabenstunden: Ende des Ausgleichszeitraumes, soweit die Guthabenstunden nicht nach Nr. 1.32 Abs. 3 in den neuen Ausgleichszeitraum übertragen werden, Ausscheiden des Angestellten aufgrund betriebsbedingter Kündigung oder Ablauf eines befristeten Arbeitsverhältnisses.

Soweit bereits ein Zuschlag nach Nr. 2.12 gezahlt wurde, entfällt der Zuschlag nach Nr. 2.14.

2.2 Nachtarbeit

Nachtarbeit ist die zwischen 20.00 Uhr und 5.00 Uhr geleistete Arbeit; bei Zwei-Schichten-Arbeit die zwischen 22.00 Uhr und 6.00 Uhr und bei Drei-Schichten-Arbeit die in der Nachtschicht geleistete Arbeit.

2.3 Sonn- und Feiertagsarbeit

Sonn- und Feiertagsarbeit ist die an Sonn- bzw. gesetzlichen Feiertagen in der Zeit von 0.00 Uhr bis 24.00 Uhr geleistete Arbeit.

2.4 Anordnung von Mehr-, Nacht-, Sonn- und Feiertagsarbeit

Mehrarbeit, Nachtarbeit, Sonn- und Feiertagsarbeit kann, soweit sie betrieblich notwendig ist, im Einvernehmen mit dem Betriebsrat angeordnet werden. Wenn in dringenden Fällen Mehrarbeit, Nachtarbeit, Sonn- und Feiertagsarbeit geleistet werden muss, ist der Betriebsrat nachträglich zu verständigen. In beiden Fällen darf die tägliche Arbeitszeit zehn Stunden nicht überschreiten, wenn nicht die in § 15 Arbeitszeitgesetz vorgesehene Zustimmung der Aufsichtsbehörde vorliegt. Bei Arbeiten an Bahnanlagen im Gleisbereich von Eisenbahnen kann die tägliche Arbeitszeit im Einvernehmen mit dem Betriebsrat über zehn Stunden hinaus verlängert werden, wenn in die Arbeitszeit regelmäßig und in erheblichem Umfang Arbeitsbereitschaft oder Bereitschaftsdienst fällt. Die vorstehenden Bestimmungen dürfen nicht missbräuchlich ausgenutzt werden.

Als Mehrarbeit gelten nur die auf vorherige Anordnung des Arbeitgebers oder eines seiner Beauftragten geleisteten Arbeitsstunden. Kann in dringenden Fällen eine solche ausdrückliche vorherige Anordnung nicht eingeholt werden, ist der Angestellte berechtigt, nach pflichtgemäßem Ermessen zu handeln; der Arbeitgeber oder sein Beauftragter sind dann jedoch unverzüglich von der notwendig gewordenen Mehrarbeit zu unterrichten.

3. Zuschläge

Für Überstunden, Nacht-, Sonn- und Feiertagsarbeit sind je Stunde 1/173 des vereinbarten Gehaltes zu zahlen sowie hieraus folgende Zuschläge:

3.1 für Überstunden	25 v. H.

Zur Abgeltung von Überstunden nach Nr. 2.11 kann eine angemessene monatliche Pauschalzahlung oder ein Freizeitausgleich vereinbart werden. Bei der zeitlichen Festlegung des Freizeitausgleichs sind die Wünsche des Angestellten zu berücksichtigen, es sei denn, dass ihrer Berücksichtigung dringende betriebliche Belange entgegenstehen.

3.2 für Nachtarbeit	20 v. H.
3.3 für Arbeit an Sonntagen und gesetzlichen Feiertagen, die auf einen Sonntag fallen	75 v. H.
für Arbeit am Oster- und Pfingstsonntag, ferner am 1. Mai und am 1. Weihnachtsfeiertag, auch wenn sie auf einen Sonntag fallen	200 v. H.
für Arbeit an allen übrigen gesetzlichen Feiertagen, sofern sie nicht auf einen Sonntag fallen	200 v. H.

Fallen mehrere Zuschläge an, sind alle Zuschläge nebeneinander zu zahlen.

4. Erschwerniszulage

Für Angestellte, die eine nach den Unfallverhütungsvorschriften zu stellende persönliche Schutzausrüstung tragen (Arbeiten mit persönlicher Schutzausrüstung) oder die in Räumen mit mindestens 100 kPa Überdruck tätig werden müssen (Druckluftarbeiten), kann betrieblich eine Erschwerniszulage vereinbart werden.

5. Teilzeitarbeit

Bei der Schaffung neuer Arbeitsplätze und bei der Neubesetzung vorhandener Arbeitsplätze soll der Arbeitgeber den Wünschen vollzeitbeschäftigter Angestellter auf einen Teilzeitarbeitsplatz und den Wünschen teilzeitbeschäftigter Angestellter auf einen Vollzeitarbeitsplatz Rechnung tragen; dabei sind die betrieblichen Bedürfnisse und die persönliche Eignung der Angestellten zu berücksichtigen.

§ 4
Gehaltsfortzahlung im Krankheitsfall, Arbeitsversäumnis und Arbeitsausfall

1. Unterrichtung des Arbeitgebers

Ist der Angestellte durch Krankheit oder sonstige unvorhergesehene Ereignisse an der Arbeitsleistung verhindert, so ist dem Arbeitgeber unverzüglich unter Angabe der Gründe Mitteilung zu machen. Bei mit Arbeitsunfähigkeit verbundener Krankheit von mehr als fünftägiger Dauer hat der Angestellte eine entsprechende Bescheinigung des behandelnden Arztes vorzulegen. Soweit dem nicht versicherungspflichtigen Angestellten hierfür Kosten entstehen, hat sie der Arbeitgeber zu tragen.

2. Gehaltsfortzahlung im Krankheitsfall

2.1 Für die Gehaltsfortzahlung im Krankheitsfall gelten die jeweiligen gesetzlichen Bestimmungen.

2.2 Nach dreijähriger ununterbrochener Betriebszugehörigkeit erhalten Angestellte, wenn sie infolge von Krankheit an der Arbeitsleistung verhindert sind (Arbeitsunfähigkeit), von der 7. Woche an einen Zuschuss vom Arbeitgeber bis zur Dauer von sechs Wochen. Der Zuschuss wird in Höhe des Betrages gewährt, der sich als Unterschied zwischen 90 v. H. des Nettogehalts und den beitragspflichtigen Leistungen der gesetzlichen Krankenversicherung oder Unfallversicherung ergibt. Ist der Angestellte nicht in einer gesetzlichen Krankenkasse versichert, so ist das Krankengeld oder Hausgeld der Berechnung zugrunde zu legen, das er als Mitglied einer gesetzlichen Krankenversicherung in der Höchststufe erhalten würde.

Nach siebenjähriger ununterbrochener Betriebszugehörigkeit wird der Zuschuss nach Absatz 2 bis zur Dauer von acht Wochen und nach zehnjähriger ununterbrochener Betriebszugehörigkeit bis zur Dauer von zwölf Wochen gewährt.

2.3 Der infolge von Krankheit arbeitsunfähige Angestellte hat den Anspruch auf Zuschuss nach Nr. 2.2 auch während einer Maßnahme der medizinischen Vorsorge oder Rehabilitation. Das gilt auch, wenn eine solche Maßnahme nicht von der Bundesversicherungsanstalt für Angestellte gewährt wird, sondern auf Veranlassung einer anderen Stelle. Jedoch müssen in diesem Fall die sinngemäß gleichen Voraussetzungen erfüllt sein, wie sie bei Bewilligung einer solchen Maßnahme durch die Bundesversicherungsanstalt für Angestellte vorliegen müssen.

2.4 Bei der Berechnung der ununterbrochenen Betriebszugehörigkeit im Sinne der Nr. 2.2 wird die Dauer früherer Betriebszugehörigkeit angerechnet, wenn die frühere Betriebszugehörigkeit durch Umstände unterbrochen wurde, die der Angestellte nicht zu vertreten hatte. Dabei werden aber die jeweiligen Unterbrechungszeiträume nicht mitgezählt.

3. Freistellung aus familiären Gründen

Der Angestellte ist unter Fortzahlung seines Gehaltes bei folgenden Ereignissen von der Arbeit freizustellen:

3.1 eigene Eheschließung oder Eintragung einer Lebenspartnerschaft — für 3 Arbeitstage,

3.2 Entbindung der Ehefrau oder der eingetragenen Lebenspartnerin — für 2 Arbeitstage,

3.3 Tod von Eltern, Ehegatten, eingetragenen Lebenspartnern oder Kindern — für 2 Arbeitstage,

3.4 schwere Erkrankungen der zur häuslichen Gemeinschaft gehörenden Familienmitglieder, sofern der Arzt bescheinigt, dass die Anwesenheit des Angestellten zur vorläufigen Pflege erforderlich ist — für 1 Arbeitstag,

3.5 Wohnungswechsel mit eigenem Haushalt, jedoch nur einmal im Kalenderjahr und nicht während eines wirksam gekündigten Arbeitsverhältnisses — für 2 Arbeitstage.

Darüber hinaus hat der Angestellte bei sonstigen besonderen familiären Ereignissen unter Verwendung eines bestehenden Arbeitszeitguthabens einen Anspruch auf Freistellung, wenn der Freistellung keine schwerwiegenden betrieblichen Gründe entgegenstehen.

4. Freistellung für Arztbesuche und Behördengänge

Der Angestellte ist für die tatsächlich zur Erledigung der Angelegenheit benötigte Zeit unter Fortzahlung seines Gehalts von der Arbeit freizustellen, wenn er

4.1 den Arzt aufsuchen muss und der Besuch nachweislich während der Arbeitszeit erforderlich ist und keine Dauerbehandlung vorliegt oder wenn er

4.2 von einem Gericht oder einer sonstigen in Ausübung amtlicher Befugnisse tätig werdenden Behörde geladen wird, sofern er keinen Anspruch auf Entschädigung hat und nicht als Beschuldigter, Angeschuldigter, Angeklagter oder Betroffener oder als Partei im Zivilprozess oder im Verwaltungsverfahren geladen ist.

5. Freistellung zur Ausübung von Ehrenämtern

Bei Ausübung gesetzlich auferlegter Pflichten aus öffentlichen Ehrenämtern, für die Ausübung der Pflichten als Mitglied von Prüfungsausschüssen, für die Wahrnehmung von Mandatsverpflichtungen nach der Handwerksordnung und nach dem Berufsbildungsgesetz und für die Teilnahme an Tarifverhandlungen und deren vorbereitenden Sitzungen als gewähltes Mitglied der Verhandlungskommission auf Bundesebene ist der Angestellte für die notwendig ausfallende Arbeitszeit ohne Fortzahlung des Gehalts und ohne Anrechnung auf den Urlaub von der Arbeit freizustellen.

6. Beantragung der Freistellung

Ist eine vorherige Beantragung der Freistellung nicht möglich, so hat der Angestellte den Grund hierfür unverzüglich glaubhaft zu machen; andernfalls entfällt der Gehaltsanspruch.

§ 5
Gehaltsgruppen und Gehaltsregelungen

1. Grundlagen der Eingruppierung

1.1 Jeder Angestellte ist unter Beachtung des § 99 des Betriebsverfassungsgesetzes nach den folgenden Grundlagen in eine der Gehaltsgruppen A I bis A X einzugruppieren.

1.2 Die vereinbarte Eingruppierung ist dem Angestellten innerhalb eines Monats unter Hinweis auf die Ausschlussfristen des § 13 schriftlich zu bestätigen. Das Gleiche gilt für eine Umgruppierung und die Ablehnung einer beantragten Umgruppierung.

1.3 Für die Eingruppierung und Höhergruppierung des Angestellten sind die Art und der Umfang seiner Tätigkeit, der Grad der Selbstständigkeit und der Umfang der Verantwortung und, soweit dies für die jeweilige Tätigkeit erforderlich ist, darüber hinaus seine Berufsausbildung entscheidend, es sei denn, die fehlende Berufsausbildung wird durch eine durch Berufserfahrung erworbene gleichwertige Qualifikation ersetzt.

1.4 Die Selbstständigkeit und die Verantwortung des Angestellten wird nicht dadurch beeinträchtigt, dass seine Tätigkeit durch Vorgesetzte beaufsichtigt wird.

1.5 Übt ein Angestellter mehrere Tätigkeiten gleichzeitig aus, die in verschiedenen Gruppen genannt sind, wird er in diejenige Gruppe eingruppiert, die seiner überwiegenden Tätigkeit entspricht.

1.6 Stellvertretende oder aushilfsweise Tätigkeiten in einer höheren Gruppe mit Ausnahme von Urlaubsvertretungen begründen mit Beginn des zweiten Beschäftigungsmonats dieser Tätigkeit einen Anspruch auf die dieser Tätigkeit entsprechenden tariflichen Gehaltsbezüge; der Anspruch erlischt mit Beendigung dieser Tätigkeit. Wiederholt sich eine stellvertretende oder aushilfsweise Tätigkeit innerhalb eines Jahres in einer höheren Gruppe, so werden diese Zeiten zusammengerechnet.

1.7 Hebt sich ein Angestellter durch seine Tätigkeit deutlich und dauerhaft über die Tätigkeitsmerkmale seiner Gruppe heraus, ohne die Tätigkeitsmerkmale der nächsthöheren Gruppe zu erfüllen, so hat er Anspruch auf eine Zulage. Die Höhe und Ausgestaltung sind in einem Mitarbeitergespräch zu vereinbaren. Bei einer Höhergruppierung wird die Zulage auf das höhere Tarifgehalt angerechnet.

2. Gehaltsgruppen

Es werden die folgenden Gehaltsgruppen festgelegt, wobei die Richtbeispiele nicht abschließend sind:

A I

Angestellte, die einfache Tätigkeiten ausführen, die eine kurze Einarbeitungszeit und keine Berufsausbildung erfordern.

A II

Angestellte, die fachlich begrenzte Tätigkeiten nach Anleitung ausführen, für die

- eine abgeschlossene Berufsausbildung oder
- eine durch Berufserfahrung erworbene gleichwertige Qualifikation erforderlich ist.

Richtbeispiele:

1. Erstellen einfacher Schal-, Bewehrungs- und sonstiger einfacher Pläne;
2. Massenermittlungen für einfache Bauteile;
3. Ausführen einfacher Vermessungsarbeiten;
4. Vorbereiten und Ausführen einfacher, fachlich begrenzter Untersuchungen und Messungen unter Anleitung in Labors, Werkstätten und Baustoffprüfstellen;
5. Ausführen einfacher, fachlich begrenzter Arbeiten im Personalwesen, im Einkauf, in der Geräteverwaltung, im Finanz- und Rechnungswesen sowie in der kaufmännischen Verwaltung von Baustellen;
6. Schreiben vorgegebener Texte und Ausführen einfacher, fachlich begrenzter Sekretariatsarbeiten;
7. Bedienen von Kommunikationsanlagen.

A III

Angestellte, die fachlich begrenzte Tätigkeiten nach allgemeiner Anleitung ausführen, für die

- eine abgeschlossene Berufsausbildung und die entsprechende Berufserfahrung oder
- eine durch Berufserfahrung erworbene gleichwertige Qualifikation erforderlich ist.

Richtbeispiele:

1. Erstellen von Schal-, Bewehrungs- und sonstigen Plänen;
2. Massenermittlungen für Bauteile;
3. Ausführen von Vermessungsarbeiten nach allgemeiner Anleitung;
4. Vorbereiten und Ausführen fachlich begrenzter Untersuchungen und Messungen in Labors, Werkstätten und Baustoffprüfstellen;

5. Ausführen von Arbeiten im Personalwesen, im Einkauf, in der Geräteverwaltung, im Finanz- und Rechnungswesen sowie in der kaufmännischen Verwaltung von Baustellen;
6. Schreiben vorgegebener Texte und Tabellen sowie Ausführen fachlich begrenzter Sekretariatsarbeiten;
7. Bedienen von Kommunikationsanlagen in Verbindung mit anderen Kommunikations- oder Verwaltungsaufgaben;
8. Archivarbeiten.

A IV

Angestellte, die fachlich erweiterte Tätigkeiten teilweise selbstständig ausführen, für die

- eine abgeschlossene Ausbildung an einer staatlich anerkannten Technikerschule oder an einer vergleichbaren Einrichtung (z. B. Berufsakademie, Verwaltungs- und Wirtschaftsakademie) oder
- eine durch umfassende Berufserfahrung erworbene gleichwertige Qualifikation erforderlich ist.

Richtbeispiele:

1. Anfertigen von Plänen;
2. einfache Aufmaßerstellungen und Massenermittlungen;
3. Ausführen von Vermessungsarbeiten;
4. Ausführen und Auswerten von Untersuchungen und Messungen in Labors, Werkstätten und Baustoffprüfstellen;
5. Bearbeiten von Teilaufgaben im Personalwesen, im Einkauf, in der Geräteverwaltung, im Finanz- und Rechnungswesen sowie in der kaufmännischen Verwaltung von Baustellen;
6. Ausführen von Sekretariatsarbeiten.

A V

Angestellte, die schwierige Tätigkeiten teilweise selbstständig und teilweise eigenverantwortlich ausführen, für die

- ein Abschluss als Bachelor*) an einer Technischen Hochschule, Universität oder Fachhochschule oder
- eine abgeschlossene Ausbildung an einer staatlich anerkannten Technikerschule oder an einer vergleichbaren Einrichtung (z. B. Berufsakademie, Verwaltungs- und Wirtschaftsakademie) und die entsprechende Berufserfahrung oder
- eine durch umfassende Berufserfahrung erworbene gleichwertige Qualifikation erforderlich ist.

*) Tarifempfehlung zur Eingruppierung von Angestellten mit Bachelor- oder Master-Abschluss (FH) vom 14. Mai 2010 abgedruckt in Kapitel 1.5

Richtbeispiele:

1. Anfertigen von Plänen, Konstruktionen sowie Massenermittlungen;
2. Ausführen von Vermessungsarbeiten einschließlich Dokumentation;
3. teilweise selbstständiges Ausführen und Auswerten von Untersuchungen und Messungen in Labors, Werkstätten und Baustoffprüfstellen;
4. Erstellen von Aufmaßen und einfachen Bauabrechnungen;
5. Erstellen von einfachen Kalkulationen;
6. Erstellen von Terminplänen sowie Planen und Organisieren von Baustelleneinrichtungen in der Arbeitsvorbereitung;
7. Sachbearbeitung im Personalwesen, im Einkauf, in der Angebotsbearbeitung, in der Geräteverwaltung, im Finanz- und Rechnungswesen sowie in der kaufmännischen Verwaltung von Baustellen;
8. Einrichten von EDV-Arbeitsplätzen;
9. umfangreiche Sekretariatsarbeiten;
10. Korrespondenz in einer Fremdsprache.

A VI

Angestellte, die schwierige Tätigkeiten weitgehend selbstständig und teilweise eigenverantwortlich ausführen, für die

- ein Abschluss als Master*) an einer Fachhochschule oder
- ein Abschluss als Bachelor*) an einer Technischen Hochschule, Universität oder Fachhochschule und die entsprechende Berufserfahrung oder
- eine abgeschlossene Ausbildung an einer Fachhochschule mit Diplomabschluss oder an einer vergleichbaren Einrichtung (z. B. Berufsakademie, Verwaltungs- und Wirtschaftsakademie jeweils mit Diplomabschluss) oder
- eine abgeschlossene Berufsausbildung und zusätzliche durch berufliche Fortbildung erworbene Fachkenntnisse oder
- eine durch umfassende Berufserfahrung erworbene gleichwertige Qualifikation erforderlich ist.

Richtbeispiele:

1. Anfertigen von Eingabe- und Konstruktionsplänen;
2. Anfertigen von Entwurfs-, Genehmigungs- und Ausführungsplänen;
3. Anfertigen von einfachen statischen Berechnungen;
4. Ausführen von Ingenieurvermessungsarbeiten;
5. weitgehend selbstständiges Ausführen und Auswerten von Untersuchungen und Messungen in Labors, Werkstätten und Baustoffprüfstellen;

6. Erstellen von schwierigen Aufmaßen und Bauabrechnungen;
7. Erstellen von Kalkulationen;
8. Planen von Schalungen und Baubehelfen in der Arbeitsvorbereitung;
9. Koordinieren und Überwachen von Bauausführungen unter Aufsicht eines verantwortlichen Bauleiters;
10. schwierige Sachbearbeitung im Personalwesen, im Einkauf, in der Angebotsbearbeitung, in der Geräteverwaltung, im Finanz- und Rechnungswesen sowie in der kaufmännischen Verwaltung von Baustellen;
11. Ausführen von Teilaufgaben im kaufmännischen Controlling oder im Baustellen-Controlling;
12. Betreuen von EDV-Anwendern und Ausführen von Arbeiten an der Hardware;
13. Führen eines Sekretariats;
14. Korrespondenz in Fremdsprachen.

A VII

Angestellte, die schwierigere Tätigkeiten selbstständig und weitgehend eigenverantwortlich ausführen, für die

- ein Abschluss als Master*) an einer Technischen Hochschule oder Universität oder
- eine abgeschlossene Ausbildung an einer Technischen Hochschule oder Universität jeweils mit Diplomabschluss oder
- ein Abschluss als Master an einer Fachhochschule und die entsprechende Berufserfahrung oder
- ein Abschluss als Bachelor*) an einer Technischen Hochschule, Universität oder Fachhochschule und eine vertiefte Berufserfahrung oder
- eine abgeschlossene Ausbildung an einer Fachhochschule oder an einer vergleichbaren Einrichtung (z. B. Berufsakademie, Verwaltungs- und Wirtschaftsakademie jeweils mit Diplomabschluss) und die entsprechende Berufserfahrung oder
- eine abgeschlossene Berufsausbildung und zusätzliche durch berufliche Fortbildung erworbene Fachkenntnisse oder
- eine durch umfassende Berufserfahrung erworbene gleichwertige Qualifikation erforderlich ist

und

Poliere, welche die Prüfung gemäß der „Verordnung über die Prüfung zum anerkannten Abschluss Geprüfter Polier“ erfolgreich abgelegt haben und als Polier angestellt wurden oder die als Polier angestellt wurden, ohne diese Prüfung abgelegt zu haben, sowie Meister.

*) Tarifempfehlung zur Eingruppierung von Angestellten mit Bachelor- oder Master-Abschluss (FH) vom 14. Mai 2010 abgedruckt in Kapitel 1.5

Richtbeispiele:

1. Entwerfen, Konstruieren, Berechnen von Bauwerken mit mittlerem Schwierigkeitsgrad,
2. Anfertigen von Entwurfs-, Genehmigungs- und Ausführungsplänen mit mittlerem Schwierigkeitsgrad;
3. Anfertigen von statischen Berechnungen;
4. Planen und Ausführen von Ingenieurvermessungsarbeiten;
5. selbstständiges Ausführen und Auswerten von Untersuchungen und Messungen in Labors, Werkstätten und Baustoffprüfstellen;
6. Erstellen von schwierigen Kalkulationen;
7. Berechnen und Erstellen von Plänen für Schalungen und Baubehelfe in der Arbeitsvorbereitung;
8. Koordinieren und Überwachen von Bauausführungen oder Abschnittsbauleitung;
9. Veranlassen und Überwachen von Maßnahmen der Arbeitssicherheit und des Gesundheitsschutzes;
10. Einsatzplanung und Führung des gewerblichen Baustellenpersonals und der gewerblichen Auszubildenden, ohne selbst überwiegend körperlich mitzuarbeiten;
11. schwierige und umfangreiche Sachbearbeitung im Personalwesen, im Einkauf, in der Angebotsbearbeitung, in der Geräteverwaltung, im Finanz- und Rechnungswesen sowie in der kaufmännischen Verwaltung von Baustellen;
12. Arbeiten im kaufmännischen Controlling oder im Baustellen-Controlling;
13. Beraten bei EDV-Systemanwendungen, Betreuen von EDV-Netzwerken;
14. Führen des Sekretariats der Geschäftsleitung.

A VIII

Angestellte, die besonders schwierige Tätigkeiten selbstständig und eigenverantwortlich ausführen, für die

- ein Abschluss als Master an einer Technischen Hochschule oder Universität und die entsprechende Berufserfahrung oder
- eine abgeschlossene Ausbildung an einer Technischen Hochschule oder Universität jeweils mit Diplomabschluss und die entsprechende Berufserfahrung oder
- ein Abschluss als Master an einer Fachhochschule und eine vertiefte Berufserfahrung oder
- ein Abschluss als Bachelor an einer Technischen Hochschule, Universität oder Fachhochschule und eine vertiefte Berufserfahrung oder
- eine abgeschlossene Ausbildung an einer Fachhochschule oder an einer vergleichbaren Einrichtung (z. B. Berufsakademie, Verwaltungs- und Wirtschaftsakademie jeweils mit Diplomabschluss) und eine vertiefte Berufserfahrung oder

- eine durch vertiefte Berufserfahrung erworbene gleichwertige Qualifikation erforderlich ist

und

Poliere, welche die Prüfung gemäß der „Verordnung über die Prüfung zum anerkannten Abschluss Geprüfter Polier“ erfolgreich abgelegt haben und als Polier angestellt wurden oder die als Polier angestellt wurden, ohne diese Prüfung abgelegt zu haben, sowie Meister.

Richtbeispiele:

1. Entwerfen, Berechnen von Baukonstruktionen;
2. Anfertigen von Objektplänen;
3. Anfertigen von umfangreichen statischen Berechnungen;
4. Planen, Ausführen und Überwachen von Ingenieurvermessungsarbeiten;
5. Überwachen, selbstständiges Ausführen und Auswerten von Untersuchungen und Messungen in Labors, Werkstätten und Baustoffprüfstellen;
6. Erstellen von besonders schwierigen Kalkulationen;
7. Entwickeln und Bearbeiten aller Aufgaben der Arbeitsvorbereitung;
8. Selbstständiges Leiten von Bauausführungen;
9. Selbstständiges und eigenverantwortliches Veranlassen und Überwachen von Maßnahmen der Arbeitssicherheit und des Gesundheitsschutzes;
10. Koordinieren und Überwachen umfangreicher Bauausführungen, ggf. einschließlich der eigenverantwortlichen Einsatzplanung und Führung des gewerblichen Baustellenpersonals und der gewerblichen Auszubildenden;
11. Verhandeln mit Bauauftraggebern und Behörden;
12. Leiten und Durchführen der kaufmännischen Arbeiten auf einer Baustelle;
13. Vorbereiten von Bilanzen;
14. Besonders schwierige Arbeiten im kaufmännischen Controlling oder im Baustellen-Controlling;
15. Bearbeiten aller Aufgaben im Personalwesen, im Einkauf oder in der Angebotsbearbeitung;
16. Erstellen von EDV-Konzepten.

A IX

Angestellte, die umfassende Tätigkeiten selbstständig und eigenverantwortlich ausführen, für die

- ein Abschluss als Master oder Bachelor und eine vertiefte Berufserfahrung oder
- eine abgeschlossene Ausbildung an einer Technischen Hochschule oder Universität jeweils mit Diplomabschluss und eine vertiefte Berufserfahrung oder

- eine abgeschlossene Ausbildung an einer Fachhochschule oder an einer vergleichbaren Einrichtung (z. B. Berufsakademie, Verwaltungs- und Wirtschaftsakademie jeweils mit Diplomabschluss) und eine vertiefte Berufserfahrung oder
- eine durch vertiefte Berufserfahrung erworbene gleichwertige Qualifikation erforderlich ist.

Richtbeispiele:

1. Leiten, Überwachen und Durchführen komplizierter und umfangreicher technischer oder kaufmännischer Arbeiten;
2. Entwerfen, Berechnen komplizierter Baukonstruktionen;
3. Anfertigen komplizierter Objektpläne;
4. Leiten, Überwachen und Durchführen aller Aufgaben der Arbeitsvorbereitung;
5. Selbstständiges Leiten von komplizierten Bauausführungen;
6. Erstellen von Bilanzen;
7. Verhandlungsführung mit Bauauftraggebern und Behörden;
8. Erstellen von umfangreichen, komplizierten EDV-Konzepten.

A X

Angestellte, die umfassende Tätigkeiten selbstständig ausführen, eine besondere Verantwortung haben sowie über eine eigene Dispositions- und Weisungsbefugnis verfügen, für die

- ein Abschluss als Master oder Bachelor und eine vertiefte Berufserfahrung oder
- eine abgeschlossene Ausbildung an einer Technischen Hochschule oder Universität jeweils mit Diplomabschluss und eine vertiefte Berufserfahrung oder
- eine abgeschlossene Ausbildung an einer Fachhochschule oder an einer vergleichbaren Einrichtung (z. B. Berufsakademie, Verwaltungs- und Wirtschaftsakademie jeweils mit Diplomabschluss) und eine vertiefte Berufserfahrung oder
- eine durch vertiefte Berufserfahrung erworbene gleichwertige Qualifikation erforderlich ist.

3. Gehaltsregelungen

3.1 Dem Monatsgehalt liegt die tarifliche Arbeitszeit nach § 3 Nr. 1.1 zugrunde.

3.2 Bei Ereignissen, die nach diesem Tarifvertrag eine Veränderung der Einkommensbezüge bedingen, tritt die Veränderung zum Ersten des Monats in Kraft, in den das Ereignis fällt.

3.3 Auszubildende, die vor Ablauf der Ausbildungszeit die Abschlussprüfung bestanden haben, haben ab dem ersten Tag nach der erfolgreichen Ablegung der Prüfung Anspruch auf Gehalt entsprechend der für sie geltenden Gehaltsgruppe.

3.4 Angestellte, deren Ausbildungszeit abgelaufen ist, und die aus Gründen, die nicht in ihrer Person liegen, die Prüfung noch nicht haben ablegen können, haben Anspruch auf die Vergütung der Gruppe A I. Der Unterschiedsbetrag zwischen diesem Gehalt und dem ihnen zustehenden Tarifgehalt ist ihnen ab dem Zeitpunkt der Beendigung der Ausbildung nachzuzahlen, wenn sie die Prüfung bestehen.

3.5 Poliere, die zum Zeitpunkt ihrer Anstellung noch nicht fünf Jahre als Werkpolier oder ein Jahr bei einem anderen Arbeitgeber als Polier beschäftigt waren, erhalten im ersten Jahr 95 % des Gehalts der Tarifgruppe A VII.

3.6 Falls dem Polier keine oder nicht ausreichende Arbeit als Polier zugewiesen werden kann, können ihm andere Arbeiten unter Fortzahlung seines Gehaltes übertragen werden.

3.7 Für hauptberufliche Ausbilder in überbetrieblichen Ausbildungsstätten werden die Eingruppierungsgrundlagen für die Poliere auch dann zugrunde gelegt, wenn die Ausbilder keine Poliere sind.

3.8 Eine Abtretung und eine Verpfändung von Gehaltsansprüchen ist nur mit Zustimmung des Arbeitgebers zulässig.

4. Poliere des feuerungstechnischen Gewerbes

Für Feuerungs- und Ofenbau-Poliere, Koksofen- und Gaswerksofenbau-Poliere, Ofenmeister sowie Schornsteinbau-Poliere gelten lediglich die Nrn. 3.1, 3.6 und 3.8 dieses Paragraphen.

5. Wegezeitentschädigung

Werden Angestellte auf wechselnden Baustellen eingesetzt, erhalten sie für Wegezeiten, die nicht als Arbeitszeit nach § 3 gelten und daher nicht tariflich vergütet werden, Leistungen insbesondere nach Maßgabe von § 7 Nr. 3.2, Nr. 4.1 und Nr. 4.3 Abs. 3.

Diese Wegezeiten sind keine Arbeitszeit im Sinne des Arbeitszeitgesetzes. Das gilt unabhängig davon, ob der Angestellte den Weg von der eigenen Wohnung aus antritt bzw. dorthin von der Baustelle zurückkehrt.

Tarifliche Leistungen nach § 7 Nrn. 3.2, 4.1 und 4.3 Abs. 3 können auf betriebliche Leistungen, die eine Entschädigung von Wegezeiten zum Inhalt haben oder eine Zielstellung mit vergleichbarem Charakter aufweisen, angerechnet werden.

§ 6
Gehaltszahlung im Todesfall

1. Stirbt ein Angestellter, so ist sein Gehalt vom Todestag an bis zum Ablauf des Sterbemonats zu zahlen, wenn ihm im Sterbemonat noch Ansprüche auf Gehalt oder Zuschuss zum Krankengeld nach § 4 Nr. 2.1 zustanden.

2. Über die Bestimmung der Nr. 1 hinaus sind zu zahlen:

2.1 nach mehr als einjähriger ununterbrochener Betriebszugehörigkeit ein Monatsgehalt;

2.2 nach mehr als dreijähriger ununterbrochener Betriebszugehörigkeit zwei Monatsgehälter;

2.3 nach mehr als fünfjähriger ununterbrochener Betriebszugehörigkeit drei Monatsgehälter.

3. Bei der Berechnung der ununterbrochenen Betriebszugehörigkeit im Sinne der Nr. 2 wird die Dauer früherer Betriebszugehörigkeit angerechnet, wenn die frühere Betriebszugehörigkeit durch Umstände unterbrochen wurde, die der Angestellte nicht zu vertreten hatte. Dabei werden aber die jeweiligen Unterbrechungszeiträume nicht mitgezählt.

4. Stirbt ein Angestellter an den Folgen eines Arbeitsunfalles, so sind ohne Berücksichtigung der Betriebszugehörigkeit über den Sterbemonat hinaus drei Monatsgehälter zu zahlen.

5. Anspruchsberechtigt sind nur der hinterbliebene Ehegatte, sofern beim Tode eheliche Gemeinschaft bestand, anderenfalls die Kinder und sonstige Unterhaltsberechtigte, die der Verstorbene überwiegend unterhalten hat.

§ 7
Fahrtkostenabgeltung, Verpflegungszuschuss und Unterkunft

1. Allgemeines

Der Angestellte kann sowohl im Büro als auch auf allen Bau- oder sonstigen Arbeitsstellen (Arbeitsstelle) des Betriebes eingesetzt werden, auch auf solchen, die er von seiner Wohnung nicht an jedem Arbeitstag erreichen kann.

2. Begriffsbestimmungen

2.1 Entfernungen

Entfernungen sind nach Maßgaben des kürzesten mit Personenkraftwagen befahrbaren öffentlichen Weges zwischen der Arbeitsstelle und der Wohnung (Unterkunft) des Angestellten zu bestimmen. Ist ein anderer Weg offensichtlich verkehrsgünstiger, so ist die Entfernung danach zu bestimmen.

2.2 Betrieb

Als Betrieb gilt die Hauptverwaltung, die Niederlassung, die Filiale, die Zweigstelle oder die sonstige ständige Vertretung des Arbeitgebers, in welcher der Angestellte eingestellt wird. Wird der Arbeitnehmer auf einer Arbeitsstelle eingestellt, so gilt die nächstgelegene Vertretung des Arbeitgebers als Betrieb.

3. Arbeitsstellen mit täglicher Heimfahrt

Der Angestellte, der außerhalb des Betriebes arbeitet und dem kein Anspruch nach Nr. 4 zusteht, hat nach folgender Maßgabe Anspruch auf eine Fahrtkostenabgeltung und einen Verpflegungszuschuss.

3.1 Fahrtkostenabgeltung

Arbeitet der Angestellte auf einer mindestens 10 km von seiner Wohnung entfernten Arbeitsstelle und benutzt er für die Fahrt ein von ihm gestelltes Fahrzeug, so erhält er eine Fahrtkostenabgeltung in Höhe von 0,20 € je Arbeitstag und gefahrenem Kilometer (Kilometergeld). Der arbeitstägliche Anspruch ist auf 30,00 € begrenzt.

Bei Benutzung eines öffentlichen Verkehrsmittels werden dem Angestellten die hierfür notwendigen Kosten erstattet.

Ein Anspruch auf Fahrtkostenabgeltung besteht nicht, wenn die Möglichkeit der kostenlosen Beförderung mit einem vom Arbeitgeber gestellten ordnungsgemäßen Fahrzeug besteht.

Soweit die gewährte Fahrtkostenabgeltung zu versteuern ist, hat der Arbeitgeber von der Möglichkeit der Pauschalversteuerung nach § 40 Abs. 2 EStG Gebrauch zu machen; eine Überwälzung der entrichteten Steuer auf den Angestellten ist unwirksam. Dies gilt auch, soweit eine kostenlose Beförderung (Abs. 3) als Sachbezug zu versteuern ist.

3.2 Verpflegungszuschuss

Ist der Angestellte ausschließlich aus beruflichen Gründen mehr als 8 Stunden von seiner Wohnung abwesend, so erhält er einen Verpflegungszuschuss. Dieser beträgt bei einer Entfernung entsprechend Nr. 2.1 Satz 1 zwischen Betrieb und Arbeitsstelle

bis 50 km	6,00 €,	ab 1. Januar 2024	7,00 €
von mehr als 50 km bis 75 km	7,00 €,	ab 1. Januar 2024	8,00 €
von mehr als 75 km	8,00 €,	ab 1. Januar 2024	9,00 €

täglich. Bei Verwendung eines Routenplaners ist die Ermittlung der Entfernung nach der kürzesten Strecke zugrunde zu legen.

4. Arbeitsstellen ohne tägliche Heimfahrt

Arbeitet der Angestellte auf einer mindestens 75 km vom Betrieb entfernten Arbeitsstelle und beträgt der normale Zeitaufwand für seinen Weg von der Wohnung zur Arbeitsstelle mehr als 75 Minuten, so hat er folgende Ansprüche:

4.1 Wegezeitentschädigung

Für Wegezeiten im Sinne von § 5 Nr. 5 erhalten Angestellte, deren Tätigkeit unmittelbar mit derjenigen der gewerblichen Arbeitnehmer in Verbindung steht und deren Arbeitszeit an der Arbeitsstelle beginnt und endet, eine Wegezeitentschädigung. Diese beträgt bei einer Entfernung entsprechend Nr. 2.1 Satz 1 zwischen Betrieb und Arbeitsstelle von

mehr als 75 km bis 200 km	9,00 €
mehr als 200 km bis 300 km	18,00 €
mehr als 300 km bis 400 km	27,00 €
mehr als 400 km	39,00 €

für jede einzelne Strecke.

Der Anspruch besteht nur für tatsächlich zurückgelegte Wegstrecken und ist auf zwei Wegezeitentschädigungen je Kalenderwoche sowie die vom Arbeitgeber angeordneten An- und Abreisen begrenzt. Fahrten an Sonntagen können als solche am letzten Tag einer Kalenderwoche oder am ersten Tag der darauffolgenden Kalenderwoche berücksichtigt werden.

4.2 Verpflegungszuschuss

Für den Verpflegungsmehraufwand erhält der Angestellte einen Verpflegungszuschuss in Höhe von 24,00 € je Arbeitstag. Durch Betriebsvereinbarung kann der Verpflegungszuschuss auf bis zu 28,00 € je Arbeitstag erhöht werden. Kommt hierüber keine Einigung zustande, so entscheidet die Einigungsstelle nach Anrufung durch den Betriebsrat.

4.3 Unterkunft

Der Arbeitgeber hat dem Angestellten eine ordnungsgemäße Unterkunft (Baustellenunterkunft/Pension/Hotel) zu stellen. Dabei ist die Arbeitsstättenverordnung zu beachten.

Für Fahrten zwischen dieser Unterkunft und der Arbeitsstelle erhält der Angestellte eine Fahrtkostenerstattung nach Maßgabe der Nr. 3.1, sofern die Entfernung zwischen Unterkunft und Arbeitsstelle mehr als 10 km beträgt.

Der Verpflegungszuschuss nach Nr. 4.2 erhöht sich – mit Ausnahme bei Übernachtung in einer Baustellenunterkunft – um 4,00 € je Arbeitstag. Soweit der gewährte Verpflegungszuschuss zu versteuern ist, hat der Arbeitgeber von der Möglichkeit der Pauschalversteuerung Gebrauch zu machen.

4.4 An- und Abreise

Der Arbeitgeber hat den Angestellten kostenlos zur Arbeitsstelle zu befördern oder ihm die Fahrtkosten in Höhe von 0,20 € je gefahrenem Kilometer ohne Begrenzung zu erstatten. Das gilt auch für den unmittelbaren Wechsel zu einer anderen Arbeitsstelle und für die Rückfahrt zu seiner Wohnung nach Beendigung der Tätigkeit auf der Arbeitsstelle. Im Übrigen gilt Nr. 3.1.

4.5 Wochenendheimfahrten

Bei Wochenendheimfahrten erhält der Angestellte eine Fahrtkostenabgeltung nach Maßgabe der Nr. 3.1, wobei das Kilometergeld 0,20 € je gefahrenem Kilometer ohne Begrenzung beträgt.

Beträgt die Entfernung zwischen Betrieb und Arbeitsstelle mehr als 500 km, so ist der Angestellte nach Ablauf von jeweils vier Wochen Tätigkeit für einen Arbeitstag unter

Fortzahlung seines Gehaltes in Zusammenhang mit einer Wochenendheimfahrt von der Arbeit freizustellen.

Dies gilt nicht, wenn die Wochenendheimfahrt auf Kosten des Arbeitgebers mit dem Flugzeug durchgeführt wird und die Kosten für die An- und Abfahrt zum bzw. vom Flughafen erstattet werden.

4.6 Wegfall des Verpflegungszuschusses

Bei Wochenendheimfahrten, Krankenhausaufenthalt oder unentschuldigtem Fehlen des Angestellten entfällt der Anspruch auf den Verpflegungszuschuss.

§ 8
Freistellung zu Arbeitsgemeinschaften

1. Voraussetzungen der Freistellung

1.1 Der Arbeitgeber kann den Angestellten auch zu einer Arbeitsgemeinschaft, an der der Arbeitgeber beteiligt ist, freistellen.

1.2 Die Freistellung kann nur mit Zustimmung des Angestellten erfolgen.

1.3 Dem Angestellten ist vor der Arbeitsaufnahme in der Arbeitsgemeinschaft eine Bescheinigung auszustellen, aus der sich u.a. der Name und die Anschrift der Arbeitsgemeinschaft, die voraussichtliche Dauer der Freistellung, Art und Umfang seiner Tätigkeit, die Höhe seines Gehalts, etwaige Vereinbarungen im Rahmen des § 7 und die Zahlung vermögenswirksamer Leistungen ergibt.

2. Rechtsverhältnisse während der Dauer der Freistellung

2.1 Während der Dauer der Freistellung ruht das Arbeitsverhältnis des Angestellten zum Stammbetrieb. Mit der Arbeitsaufnahme tritt der Angestellte in ein Arbeitsverhältnis zur Arbeitsgemeinschaft.

Während der Dauer der Zugehörigkeit zur Arbeitsgemeinschaft hat der Angestellte gegen die Arbeitsgemeinschaft die tariflichen Ansprüche, die ihm gegenüber dem Stammbetrieb zustehen würden.

2.2 Mit Beendigung des Arbeitsverhältnisses zur Arbeitsgemeinschaft lebt das Arbeitsverhältnis zum Stammbetrieb wieder auf. Dem Angestellten ist die Zeit der Freistellung als Betriebszugehörigkeit anzurechnen. Das Gleiche gilt für von der Arbeitsgemeinschaft neu eingestellte Angestellte, sofern sie von einem Partner der Arbeitsgemeinschaft in ein Arbeitsverhältnis übernommen werden.

Die Bestimmungen des vorstehenden Absatzes gelten nicht im Falle einer berechtigten fristlosen Entlassung durch die Arbeitsgemeinschaft.

2.3 Die Regelungen des § 7 gelten sinngemäß für die Freistellung zu einer Arbeitsgemeinschaft, an der der Arbeitgeber beteiligt ist.

§ 9
Versetzung

1. Begriff der Versetzung

1.1 Versetzt ist, wer aufgrund eines bestehenden Arbeitsverhältnisses vom Arbeitgeber auf eine Beschäftigungsstelle oder Betriebsstätte außerhalb seines Einstellungsortes geschickt wird und bei dem im Zeitpunkt der Verschickung feststeht oder bei dem sich während der Tätigkeit auf der neuen Beschäftigungsstelle herausstellt, dass er in absehbarer Zeit nicht an den Einstellungsort zurückkehrt und deshalb auf Veranlassung des Arbeitgebers an seinem neuen Beschäftigungsort oder in dessen Nähe einen neuen Wohnsitz nimmt.

1.2 Eine Versetzung kann nur mit Zustimmung des Angestellten erfolgen.

2. Umzugskosten

2.1 Der Arbeitgeber hat die gesamten Kosten des Umzugs des Vesetzten vom Einstellungsort oder Wohnsitz des Versetzten zum neuen Wohnsitz zu tragen. Das Gleiche gilt für die Kosten, die dem Angestellten nach Beendigung der Beschäftigung am Versetzungsort durch den Umzug an seinen früheren Wohnsitz entstehen oder entstehen würden.

2.2 Der Anspruch entfällt, wenn das Arbeitsverhältnis auf Veranlassung des Angestellten oder durch Umstände gelöst wird, die der Angestellte zu vertreten hat.

3. Versetzung und Arbeitsvertrag

Der Inhalt des bestehenden Arbeitsvertrages wird durch die Versetzung nicht berührt.

§ 10
Urlaub

1. Urlaubsanspruch

1.1 Jeder Angestellte hat in jedem Jahr Anspruch auf einen bezahlten Erholungsurlaub.

1.2 Der volle Urlaubsanspruch wird erstmalig nach sechsmonatigem Bestehen des Arbeits- und Ausbildungsverhältnisses erworben.

1.3 Anspruch auf ein Zwölftel des Jahresurlaubs für jeden vollen Monat des Bestehens des Arbeits- und Ausbildungsverhältnisses hat der Angestellte

1.31 für Zeiten eines Kalenderjahres, für die er wegen Nichterfüllung der Wartezeit in diesem Kalenderjahr keinen vollen Urlaubsanspruch erwirbt,

1.32 wenn er vor erfüllter Wartezeit aus dem Arbeits- oder Ausbildungsverhältnis ausscheidet,

1.33 wenn er nach erfüllter Wartezeit in der ersten Hälfte eines Kalenderjahres aus dem Arbeits- oder Ausbildungsverhältnis ausscheidet.

1.4 Bruchteile von Urlaubstagen, die mindestens einen halben Tag ergeben, sind auf volle Urlaubstage aufzurunden.

2. Urlaubsdauer

Der Urlaub beträgt im Kalenderjahr (Urlaubsjahr) 30 Arbeitstage. Samstage gelten nicht als Arbeitstage.

3. Zeitliche Festlegung des Urlaubs

3.1 Bei der zeitlichen Festlegung des Urlaubs sind die Urlaubswünsche des Angestellten zu berücksichtigen, es sei denn, dass ihrer Berücksichtigung dringende betriebliche Belange oder Urlaubswünsche anderer Angestellter, die unter sozialen Gesichtspunkten den Vorrang verdienen, entgegenstehen. Das Mitbestimmungsrecht des Betriebsrates ist zu beachten.

3.2 Der Urlaub ist zusammenhängend zu gewähren. Eine Teilung des Urlaubs ist nur in besonderen Ausnahmefällen zulässig.

3.3 Der Urlaub muss im laufenden Kalenderjahr gewährt und genommen werden. Eine Übertragung des Urlaubs auf das nächste Kalenderjahr ist nur statthaft, wenn dringende betriebliche oder in der Person des Angestellten liegende Gründe dies rechtfertigen. Im Falle der Übertragung muss der Urlaub in den ersten drei Monaten des folgenden Kalenderjahres gewährt und genommen werden.

Ist dies wegen unverschuldeter Arbeitsunfähigkeit infolge von Krankheit des Angestellten nicht möglich, so verfällt der Anspruch nach Ablauf weiterer 12 Monate.

Auf Verlangen des Angestellten ist ein nach Nr. 1.31 entstandener Teilurlaub auf das nächste Urlaubsjahr zu übertragen.

4. Unterbrechung des Urlaubs

4.1 Erkrankt ein Angestellter während des Urlaubs, so werden die nachgewiesenen Krankheitstage, an denen der Angestellte arbeitsunfähig ist, auf den Urlaub nicht angerechnet. Der Angestellte hat sich jedoch nach terminmäßigem Ablauf seines Urlaubs, oder, falls die Krankheit länger dauert, nach Beendigung der Krankheit zunächst dem Betrieb zur Dienstleistung zur Verfügung zu stellen. Der Antritt des restlichen Urlaubs wird nach Maßgabe der Nr. 3.1 festgelegt.

4.2 Unterbrechungen des Urlaubs durch Vorkommnisse, die eine Freistellung des Angestellten gemäß § 4 Nr. 3.3 begründet hätten, dürfen auf den Urlaub nicht angerechnet werden.

5. Urlaubsentgelt

5.1 Das Urlaubsentgelt bemisst sich nach dem durchschnittlichen Arbeitsverdienst, den der Angestellte in den letzten drei Kalendermonaten vor dem Beginn des Urlaubs erhalten hat, mit Ausnahme des zusätzlich für Überstunden gezahlten Arbeitsverdienstes. Bei Verdiensterhöhungen nicht nur vorübergehender Natur, die während des Berechnungszeitraumes oder des Urlaubs eintreten, ist von dem erhöhten Verdienst auszugehen. Verdienstkürzungen, die im Berechnungszeitraum infolge Kurzarbeit, Arbeitsausfällen oder unverschuldeter Arbeitsversäumnis eintreten, bleiben für die Berechnung des Urlaubsentgelts außer Betracht. Jugendlichen ist als Urlaubsentgelt das Entgelt fortzuzahlen, das sie ohne den Urlaub erhalten hätten. Das Urlaubsentgelt ist vor Antritt des Urlaubs auszuzahlen.

5.2 Der Urlaub darf nur insoweit abgegolten werden, als infolge Beendigung des Beschäftigungsverhältnisses die Freizeit nicht mehr gewährt werden kann.

5.3 Während des Urlaubs darf der Angestellte keine dem Urlaubszweck widersprechende Erwerbsarbeit leisten. Handelt er diesem Verbot entgegen, so entfällt der Anspruch auf Bezahlung des Urlaubs.

5.4 Ist bereits ein höherer Urlaub gewährt, so kann das Urlaubsentgelt nicht zurückgefordert werden.

6. Zusätzliches Urlaubsgeld

6.1 Das zusätzliche Urlaubsgeld beträgt für jeden tarifvertraglich festgelegten Urlaubstag des Angestellten 24,00 €, des Auszubildenden 16,00 €.

Das zusätzliche Urlaubsgeld beträgt für Urlaub, der nach dem 31. Dezember 2015 und vor dem 1. Januar 2018 entstanden ist, für jeden tarifvertraglich festgelegten Urlaubstag des Angestellten 19,00 €, des Auszubildenden 16,00 €.

6.2 Teilzeitbeschäftigten ist das zusätzliche Urlaubsgeld anteilig zu gewähren, und zwar im Verhältnis der vertraglichen Teilarbeitszeit zu der tariflichen Arbeitszeit gemäß § 3 Nr. 1.1.

6.3 Das zusätzliche Urlaubsgeld wird im Zusammenhang mit dem Urlaubsentgelt gezahlt. Es kann auf betrieblich gewährtes zusätzliches Urlaubsgeld angerechnet werden.

6.4 Nr. 5.4 gilt sinngemäß für die Rückforderung von zusätzlichem Urlaubsgeld.

6.5 Das zusätzliche Urlaubsgeld kann in einem Betrag, spätestens mit dem Gehalt für den Monat Juli, gezahlt werden.

7. Ergänzend gelten die gesetzlichen Vorschriften.

§ 11
Beendigung des Arbeitsverhältnisses

1. Kündigung

1.1 Die Kündigungsfristen richten sich nach den gesetzlichen Vorschriften.

1.2 Jede Kündigung hat schriftlich zu erfolgen.

1.3 Während einer vereinbarten Probezeit kann das Arbeitsverhältnis mit zweiwöchiger Frist gekündigt werden. Eine Beendigung des Probearbeitsverhältnisses aus wichtigem Grund gemäß § 626 BGB bleibt hiervon unberührt.

1.4 Bei einer aushilfsweisen Beschäftigung bis zu einem Monat ist eine Kündigungsfrist von drei Tagen einzuhalten.

2. Zeugnis

2.1 Eine angemessene Zeit vor Ablauf eines zeit- oder zweckbefristeten Arbeitsverhältnisses oder nach erfolgter Kündigung ist dem Angestellten auf sein Verlangen ein vorläufiges Zeugnis zu erteilen, das bei Aushändigung eines endgültigen Zeugnisses zurückzugeben ist.

2.2 Das Zeugnis muss Angaben über Dauer und Art der Beschäftigung, auf Wunsch auch über Führung und die Leistungen unter Angabe des Spezialfaches und der besonderen Tätigkeit enthalten.

2.3 Der Angestellte kann nach angemessener Zeit auch ein Zwischenzeugnis verlangen, das den gleichen Anforderungen zu entsprechen hat. Dies gilt insbesondere bei Beendigung einer Tätigkeit in einer Arbeitsgemeinschaft.

§ 12
Arbeitssicherheit und Gesundheitsschutz

Der Arbeitgeber ist verpflichtet, die Angestellten über alle einschlägigen Vorschriften zur Arbeitssicherheit und zum Gesundheitsschutz zu unterrichten.

Der Arbeitgeber muss für Führungskräfte eine Haftpflichtversicherung abschließen oder sie in eine Betriebshaftpflichtversicherung einbeziehen.

§ 13
Ausschlussfristen

1. Alle beiderseitigen Ansprüche aus dem Arbeitsverhältnis und solche, die mit dem Arbeitsverhältnis in Verbindung stehen, verfallen, wenn sie nicht innerhalb von zwei Monaten nach der Fälligkeit gegenüber der anderen Vertragspartei schriftlich erhoben werden; besteht bei Ausscheiden des Angestellten ein Arbeitszeitguthaben, beträgt die Frist für dieses Arbeitszeitguthaben jedoch sechs Monate.

2. Lehnt die Gegenpartei den Anspruch ab oder erklärt sie sich nicht innerhalb von zwei Wochen nach der Geltendmachung des Anspruchs, so verfällt dieser, wenn er nicht innerhalb von zwei Monaten nach der Ablehnung oder dem Fristablauf gerichtlich geltend gemacht wird. Dies gilt nicht für Zahlungsansprüche des Angestellten, die während eines Kündigungsschutzprozesses fällig werden und von seinem Ausgang abhängen. Für diese Ansprüche beginnt die Ausschlussfrist von zwei Monaten nach rechtskräftiger Beendigung des Kündigungsschutzverfahrens.

§ 14
Durchführung des Vertrages

1. Die vertragsschließenden Organisationen verpflichten sich, ihren Einfluss zur Durchführung und Aufrechterhaltung dieses Tarifvertrages und der damit in Zusammenhang stehenden Gehalts- und sonstigen Tarifverträge einzusetzen.

2. Bei Meinungsverschiedenheiten über die Auslegung dieses Vertrages verpflichten sich die Tarifvertragsparteien, unverzüglich in Verhandlungen einzutreten.

3. Die Tarifvertragsparteien verpflichten sich, mit anderen Organisationen und einzelnen Arbeitgebern keine Tarifverträge zu vereinbaren, die von diesem Tarifvertrag inhaltlich abweichen. Schließt eine Tarifvertragspartei gleichwohl einen Satz 1 widersprechenden Tarifvertrag ab, so kann die andere Tarifvertragspartei verlangen, dass die abweichenden Bestimmungen ganz oder teilweise Inhalt dieses Tarifvertrages werden.

§ 15
Inkrafttreten und Vertragsdauer

1. Dieser Tarifvertrag tritt am 1. Januar 2023*) in Kraft. Er kann mit einer Frist von sechs Monaten jeweils zum 31. Dezember gekündigt werden.

2. Abweichend von Abs. 1 können § 7 Nrn. 3.2, 4., 4.1, 4.3 Abs. 3 und 4.5 Abs. 2 gemeinsam, bei Fortbestand des übrigen Tarifvertrages, mit einer Frist von sechs Monaten jeweils zum 31. Dezember, erstmals im Jahr 2025, gekündigt werden. Scheitern diesbezügliche Verhandlungen, liegt ein Streitfall im Sinne von § 4 Satz 1 des Schlichtungsabkommens für das Baugewerbe in der Bundesrepublik Deutschland vom 12. März 1979 in der Fassung vom 26. März 1993 vor.

Berlin/Frankfurt a. M., den 4. Juli 2002 / 29. Juli 2005 / 20. August 2007 / 17. Dezember 2012 / 5. Juni 2014 / 10. Juni 2016 / 5. November 2021

Zentralverband des Deutschen Baugewerbes e. V., Kronenstraße 55–58, 10117 Berlin,

Nostitz

Hauptverband der Deutschen Bauindustrie e. V., Kurfürstenstraße 129, 10785 Berlin

Beeke

Industriegewerkschaft Bauen–Agrar–Umwelt, Olof-Palme-Straße 19, 60439 Frankfurt a. M.

Feiger Burckhardt

*) Der Tarifvertrag vom 4. Juli 2002 ist am 1. September 2002 in Kraft getreten.
Der Änderungstarifvertrag vom 29. Juli 2005 ist am 1. Januar 2006 in Kraft getreten.
Der Änderungstarifvertrag vom 20. August 2007 ist am 1. Oktober 2007 in Kraft getreten.
Der Änderungstarifvertrag vom 17. Dezember 2012 ist am 1. Januar 2013 in Kraft getreten.
Der Änderungstarifvertrag vom 5. Juni 2014 ist am 1. Januar 2015 in Kraft getreten.
Der Änderungstarifvertrag vom 10. Juni 2016 ist am 1. Januar 2017 in Kraft getreten.

Tarifempfehlung zur Eingruppierung von Angestellten mit Bachelor- oder Master-Abschluss (FH) vom 14. Mai 2010

Aufgrund der Umstellung der Studiengänge insbesondere in der Ingenieurausbildung auf Bachelor- und Master-Abschlüsse ist durch die Tarifvertragsparteien des Baugewerbes 2007 eine Anpassung der Gehaltsgruppen im Rahmentarifvertrag für die Angestellten und Poliere des Baugewerbes vom 4. Juli 2002 in der Fassung vom 20. August 2007 vorgenommen worden. Danach erfolgt die Einstiegseingruppierung für den an der Fachhochschule oder Universität erlangten Studienabschluss Bachelor in die Gehaltsgruppe A V und für den Master in die Gehaltsgruppe A VI bzw. A VII.

Die unterschiedliche Qualität der erworbenen Studienabschlüsse veranlasst die beiden unterzeichnenden Arbeitgeberverbände des Baugewerbes*), die folgende Tarifempfehlung für die unternehmerische Entscheidung über eine ggf. höhere Eingruppierung auszusprechen:

1. Studienabsolventen, die ihren Bachelor an einer Fachhochschule mit einer Regelstudienzeit von sieben Semestern erworben haben, werden in die Gehaltsgruppe A VI eingruppiert.
2. Erwirbt ein Studienabsolvent, der an einer Fachhochschule mit einer Regelstudienzeit von sieben Semestern seinen Bachelor erworben hat, sodann an einer Fachhochschule seinen Master, ist im Einzelfall zu prüfen, ob er in die Gehaltsgruppe A VII eingruppiert werden kann.

Im Übrigen ist für die Eingruppierung und auch für eine Höhergruppierung der Angestellten nicht in erster Linie die Berufsausbildung oder der Berufsabschluss maßgeblich, sondern die ausgeübte Tätigkeit (vgl. § 5 Nr. 1.3 RTV Angestellte), sodass sich die Betriebe – unabhängig von dem jeweiligen Studienabschluss – an den Richtbeispielen der einzelnen Gehaltsgruppen sowie an dem Grad der Selbstständigkeit und Eigenverantwortlichkeit der Angestellten orientieren können.

Berlin, den 14. Mai 2010

Zentralverband des
Deutschen Baugewerbes e. V.,
Kronenstraße 55–58,
10117 Berlin,

D u p r é

Hauptverband der
Deutschen Bauindustrie e. V.,
Kurfürstenstraße 129,
10785 Berlin

H e r i n g

Industriegewerkschaft Bauen–Agrar–Umwelt,
Olof-Palme-Straße 19, 60439 Frankfurt a. M.

W i e s e h ü g e l

S c h ä f e r s

*) Das sind der Hauptverband der Deutschen Bauindustrie e. V. und der Zentralverband des Deutschen Baugewerbes e. V.

Tarifvertrag über die Berufsbildung im Baugewerbe (BBTV) vom 28. September 2018

in der Fassung vom 24. August 2020 und 10. November 2022

Zwischen

dem Zentralverband des Deutschen Baugewerbes e. V.,
Kronenstraße 55–58, 10117 Berlin,

dem Hauptverband der Deutschen Bauindustrie e. V.,
Kurfürstenstraße 129, 10785 Berlin,

und

der Industriegewerkschaft Bauen–Agrar–Umwelt,
Olof-Palme-Straße 19, 60439 Frankfurt a. M.,

wird folgender Tarifvertrag geschlossen:

Inhaltsverzeichnis

§ 1 Geltungsbereich

Abschnitt I: Ansprüche des Auszubildenden

§ 2 Ausbildungsvergütung

§ 3 Ausbildungsvergütung bei Verlängerung der Ausbildungszeit

§ 4 Ausbildungsvergütung bei Anrechnung anderer Ausbildungszeiten

§ 5 Zuschläge bei Mehrarbeit und bei Arbeit an Sonn- und Feiertagen

§ 6 Freistellung am 24. und 31. Dezember

§ 7 Erschwerniszuschläge

§ 8 Fahrtkosten bei überbetrieblicher Ausbildung

§ 9 Nichtanwendung des § 7 BRTV und des § 7 RTV Angestellte

§ 10 Urlaubsdauer für gewerblich Auszubildende

§ 11 Urlaubsvergütung für gewerblich Auszubildende

§ 12 Entstehung der Urlaubsansprüche gewerblich Auszubildender

§ 13 Urlaubsgewährung für gewerblich Auszubildende

§ 14 Urlaub bei Beendigung des Ausbildungsverhältnisses gewerblich Auszubildender

§ 15 Geltung der Rahmentarifverträge
§ 16 Ausschlussfristen
§ 17 Gebühren der überbetrieblichen Ausbildungsstätte
§ 18 Urlaubs- und Lohnausgleichskasse der Bauwirtschaft

Abschnitt II: Erstattung von Ausbildungsvergütungen

§ 19 Voraussetzungen und Höhe
§ 20 Verfahren
§ 21 Spitzenausgleichsverfahren
§ 22 Anzeigepflicht bei vorzeitiger Beendigung des Ausbildungsverhältnisses
§ 23 Erstattung von Urlaubskosten

Abschnitt III: Erstattung von überbetrieblichen Ausbildungskosten

§ 24 Höhe und Ermittlung der erstattungsfähigen überbetrieblichen Ausbildungskosten
§ 25 Eintragung der überbetrieblichen Ausbildungsstätte
§ 26 Nachweis der Kosten durch die überbetriebliche Ausbildungsstätte
§ 27 Verfahren bei Erstattung überbetrieblicher Ausbildungskosten
§ 28 Verfahren bei Fahrtkostenerstattung

Abschnitt IV: Erstattung der Ausbildungskosten in besonderen Fällen

§ 29 Zweitausbildung
§ 30 Duale Studiengänge
§ 30a Ausbildungsplatzsicherung

Abschnitt V: Finanzierung

§ 31 Beitrag

Abschnitt VI: Schlussbestimmungen

§ 32 Verfall und Verjährung
§ 33 Erfüllungsort und Gerichtsstand
§ 34 Verfahren
§ 35 Durchführung des Vertrages
§ 36 Inkrafttreten und Laufdauer

§ 1
Geltungsbereich

(1) Räumlicher Geltungsbereich:

Das Gebiet der Bundesrepublik Deutschland.

(2) Betrieblicher Geltungsbereich:

Betriebe, die unter den betrieblichen Geltungsbereich des Tarifvertrages über das Sozialkassenverfahren im Baugewerbe (VTV) in der jeweils geltenden Fassung fallen (Baubetriebe).

(3) Persönlicher Geltungsbereich:

Erfasst werden Auszubildende, die

1. erstmals in einem staatlich anerkannten Ausbildungsberuf im Sinne des § 4 des Berufsbildungsgesetzes (BBiG) oder des § 25 der Handwerksordnung (HwO) – auch nach vorangegangener beruflicher Tätigkeit – ausgebildet werden (Erstausbildung),
2. nach vorangegangener abgeschlossener Berufsausbildung auch im Baugewerbe und ggf. anschließender beruflicher Tätigkeit in einem weiteren staatlich anerkannten Ausbildungsberuf im Sinne des § 4 BBiG oder des § 25 HwO ausgebildet werden (Zweitausbildung).

In den Fällen, in denen die Voraussetzungen des Satzes 1 nicht erfüllt sind und eine Teilnahme an Maßnahmen der beruflichen Umschulung nach den §§ 58, 67 BBiG oder nach den §§ 42 e, 42 n HwO erfolgt, sowie für Auszubildende, die mit dem Ziel ausgebildet werden, eine nicht nur vorübergehende berufliche Tätigkeit außerhalb des räumlichen Geltungsbereiches dieses Tarifvertrages auszuüben, gelten lediglich die Abschnitte I und V.

Abschnitt I
Ansprüche des Auszubildenden

§ 2
Ausbildungsvergütung

(1) Auszubildende haben Anspruch auf eine monatliche Ausbildungsvergütung, deren Höhe in den Lohn- und Gehaltstarifverträgen für das Baugewerbe festgelegt wird.

(2) Die Ausbildungsvergütung wird für jede vom Auszubildenden schuldhaft versäumte Beschäftigungsstunde um 1/173 gekürzt.

(3) Für Zeiten der Ausbildung in einer überbetrieblichen Ausbildungsstätte ist die Ausbildungsvergütung ungekürzt fortzuzahlen. Abs. 2 bleibt unberührt.

§ 3
Ausbildungsvergütung bei Verlängerung der Ausbildungszeit

Wird die vertraglich vereinbarte Ausbildungszeit verlängert, so ist für die Dauer der Verlängerung die Ausbildungsvergütung des letzten Ausbildungsjahres weiterzuzahlen.

§ 4
Ausbildungsvergütung bei Anrechnung anderer Ausbildungszeiten

(1) Hat der Auszubildende eine berufsbildende Schule besucht, so ist ihm die Ausbildungsvergütung für dasjenige Ausbildungsjahr zu zahlen, das sich aufgrund der Anrechnung dieser Ausbildungszeit aus der Anrechnungsverordnung vom 17. Juli 1978 in der jeweils geltenden Fassung bzw. aus den Anrechnungsverordnungen der Länder ergibt. Das gleiche gilt, wenn der Auszubildende eine andere Ausbildungsstätte besucht hat und daher seine Ausbildungszeit verkürzt wird.

(2) Werden dem Auszubildenden aufgrund einer vorherigen Berufsausbildung Ausbildungszeiten angerechnet, so gilt Abs. 1 Satz 1 entsprechend.

§ 5
Zuschläge bei Mehrarbeit und bei Arbeit an Sonn- und Feiertagen

(1) Bei Überstunden (Mehrarbeit) besteht je Stunde Anspruch auf 1/173 der monatlichen Ausbildungsvergütung zuzüglich des für derartige Arbeiten festgelegten Zuschlags (§ 3 Nr. 6.1 BRTV, § 3 Nr. 3.1 RTV Angestellte).

(2) Auszubildende über 18 Jahre haben bei Ausbildung zu Nachtzeiten oder an Sonn- und Feiertagen (§ 3 Nr. 5 BRTV, § 3 Nr. 2 RTV Angestellte) je Stunde Anspruch auf die für derartige Arbeiten festgelegten Zuschläge (§ 3 Nr. 6.2 und 6.3 BRTV, § 3 Nr. 3.2 und 3.3 RTV Angestellte). Die Zuschläge sind aus 1/173 der monatlichen Ausbildungsvergütung zu berechnen.

§ 6
Freistellung am 24. und 31. Dezember

Der 24. und 31. Dezember sind ausbildungsfrei.

§ 7
Erschwerniszuschläge

Gewerblich Auszubildende haben unter den in § 6 BRTV genannten Voraussetzungen Anspruch auf die dort festgelegten Erschwerniszuschläge.

§ 8
Fahrtkosten bei überbetrieblicher Ausbildung

Der Auszubildende hat Anspruch auf Erstattung der ihm entstandenen Kosten für die Fahrt von der Wohnung zur überbetrieblichen Ausbildungsstätte, höchstens jedoch bis zu dem Betrag, der bei Inanspruchnahme des günstigsten Tarifs des günstigsten öffentlichen Verkehrsmittels zu zahlen wäre.

§ 9
Nichtanwendung des § 7 BRTV und des § 7 RTV Angestellte

Für die Dauer der Ausbildung in überbetrieblichen Ausbildungsstätten finden § 7 BRTV und § 7 RTV Angestellte keine Anwendung.

§ 10
Urlaubsdauer für gewerblich Auszubildende

(1) Der Urlaub beträgt für gewerblich Auszubildende 30 Arbeitstage.

(2) Samstage gelten nicht als Arbeitstage.

(3) Während des Urlaubs darf der Auszubildende keine dem Urlaubszweck widersprechende Erwerbsarbeit leisten.

§ 11
Urlaubsvergütung für gewerblich Auszubildende

(1) Als Urlaubsentgelt ist die Ausbildungsvergütung weiterzuzahlen; erhöht sie sich während des Urlaubs, so ist vom Zeitpunkt des Eintritts der Erhöhung an bei der Bemessung des Urlaubsentgelts von der erhöhten Ausbildungsvergütung auszugehen.

(2) Der Auszubildende erhält ein zusätzliches Urlaubsgeld in Höhe von 25 v.H. des Urlaubsentgelts. Das auf einen Urlaubstag entfallende zusätzliche Urlaubsgeld beträgt 1,14 v.H. der Ausbildungsvergütung, die der Bemessung des Urlaubsentgelts zugrunde liegt.

§ 12
Entstehung der Urlaubsansprüche gewerblich Auszubildender

(1) Der volle Urlaubsanspruch wird erstmalig nach einer ununterbrochenen Ausbildungszeit von sechs Monaten erworben.

(2) Besteht das Ausbildungsverhältnis innerhalb eines Urlaubsjahres weniger als sechs Monate, so ist für jeden vollen Ausbildungsmonat ein Zwölftel des Urlaubs zu gewähren. Das gilt auch, wenn das Ausbildungsverhältnis nach einer Ausbildungsdauer von sechs

Monaten in der ersten Hälfte des Kalenderjahres aufgelöst wird. Hat der Auszubildende im Falle des Satzes 2 bereits einen darüber hinausgehenden Urlaub erhalten, so kann das Urlaubsentgelt nicht zurückgefordert werden.

(3) Der Anspruch auf Urlaub besteht nicht, soweit dem Auszubildenden für das laufende Kalenderjahr bereits in einem früheren Ausbildungs- oder Arbeitsverhältnis Urlaub gewährt oder abgegolten worden ist.

§ 13
Urlaubsgewährung für gewerblich Auszubildende

(1) Der Urlaub soll zusammenhängend in der Zeit der Berufsschulferien gewährt werden. Soweit er nicht in den Berufsschulferien gewährt wird, ist für jeden Berufsschultag, an dem die Berufsschule während des Urlaubs besucht wird, ein weiterer Urlaubstag zu gewähren.

(2) Erkrankt der Auszubildende während des Urlaubs, so gilt § 8 Nr. 1.5 BRTV entsprechend.

(3) Der Urlaub muss im laufenden Kalenderjahr gewährt und genommen werden. Eine Übertragung des Urlaubs auf das nächste Kalenderjahr ist nur statthaft, wenn dringende betriebliche oder in der Person des Auszubildenden liegende Gründe dies rechtfertigen. Der übertragene Urlaub muss in den ersten drei Monaten des folgenden Kalenderjahres gewährt und genommen werden.

§ 14

Urlaub bei Beendigung des Ausbildungsverhältnisses gewerblich Auszubildender

(1) Wird im Jahr der Beendigung des Ausbildungsverhältnisses oder bis zum 1. Juli des Folgejahres ein Arbeitsverhältnis zu einem Betrieb des Baugewerbes begründet, so sind die im Urlaubsjahr entstandenen Urlaubsansprüche, soweit sie wegen der Beendigung des Ausbildungsverhältnisses nicht mehr gewährt werden können, nicht abzugelten. Die Urlaubsansprüche richten sich nach § 8 Nr. 10 BRTV, bei jugendlichen Arbeitnehmern jedoch nach § 8 Nr. 11 BRTV.

(2) Wird bis zum 1. Juli des auf das Jahr der Beendigung des Ausbildungsverhältnisses folgenden Kalenderjahres kein Arbeitsverhältnis zu einem Betrieb des Baugewerbes begründet, so besteht ein Anspruch auf Urlaubsabgeltung durch den Ausbildungsbetrieb für den noch nicht gewährten Urlaub in Höhe des während des Ausbildungsverhältnisses entstandenen Urlaubsentgelts und zusätzlichen Urlaubsgeldes.

§ 15
Geltung der Rahmentarifverträge

(1) Für gewerblich Auszubildende gelten neben den gesetzlichen Vorschriften die Bestimmungen des Bundesrahmentarifvertrages für das Baugewerbe (BRTV) in der jeweils geltenden Fassung, soweit dieser Tarifvertrag nicht ausdrücklich etwas anderes bestimmt.

(2) Soweit in den §§ 13 und 14 dieses Tarifvertrages auf Bestimmungen des § 8 BRTV verwiesen wird, gelten für die Urlaubsansprüche gewerblich Auszubildender im Gebiet des Freistaates Bayern die entsprechenden Vorschriften der Urlaubsregelung für die gewerblichen Arbeitnehmer im Baugewerbe in Bayern.

(3) Für technisch und kaufmännisch Auszubildende gelten neben den gesetzlichen Vorschriften die Bestimmungen des Rahmentarifvertrages für die Angestellten und Poliere des Baugewerbes (RTV Angestellte) in der jeweils geltenden Fassung, soweit dieser Tarifvertrag nicht ausdrücklich etwas anderes bestimmt.

§ 16
Ausschlussfristen

(1) In Abweichung von § 14 BRTV und § 13 RTV Angestellte verfallen alle beiderseitigen noch nicht verjährten Ansprüche aus dem Ausbildungsverhältnis und solche, die mit ihm in Verbindung stehen, wenn sie nicht innerhalb von drei Monaten nach Beendigung des Ausbildungsverhältnisses gegenüber der anderen Vertragspartei schriftlich erhoben werden. Der Anspruch auf Urlaubsabgeltung nach § 14 Abs. 2 verfällt jedoch erst dann, wenn er nicht bis zum 30. September des auf das Auslernjahr folgenden Kalenderjahres gegenüber der anderen Vertragspartei schriftlich erhoben wird.

(2) Lehnt die Gegenpartei den Anspruch ab oder erklärt sie sich nicht innerhalb von zwei Wochen nach der Geltendmachung des Anspruchs, so verfällt dieser, wenn er nicht innerhalb von zwei Monaten nach der Ablehnung oder dem Fristablauf gerichtlich geltend gemacht wird.

§ 17
Gebühren der überbetrieblichen Ausbildungsstätte

Für Zeiten, in denen der Auszubildende in einer überbetrieblichen Ausbildungsstätte ausgebildet wird, hat der Ausbildungsbetrieb die von der Ausbildungsstätte festgesetzten Nutzungsentgelte (Gebühren) für Ausbildung sowie – bei Internatsunterbringung – für Unterkunft und Verpflegung zu entrichten. Für jedes versäumte Tagewerk und jeden versäumten Unterbringungstag vermindern sich die Gebühren um einen Tagessatz.

§ 18
Urlaubs- und Lohnausgleichskasse der Bauwirtschaft

(1) Die als gemeinsame Einrichtung der Tarifvertragsparteien bestehende „Urlaubs- und Lohnausgleichskasse der Bauwirtschaft“ (ULAK), Wiesbaden, hat die Aufgabe, die Bereitstellung einer ausreichenden Anzahl von Ausbildungsplätzen und die Durchführung einer qualifizierten, den besonderen Anforderungen des Wirtschaftszweiges gerecht werdenden Berufsbildung für die Auszubildenden im Baugewerbe dadurch zu sichern, dass sie Ausbildungskosten nach Maßgabe dieses Tarifvertrages erstattet. An die Stelle der ULAK tritt im Gebiet des Landes Berlin die „Sozialkasse des Berliner Baugewerbes“.

(2) Diese beiden Kassen können als Maßnahmen zur Ausbildungsreifeförderung die seit 2013 durchgeführten Pilotprojekte „Berufsstart Bau“ und „Startklar für Ausbildung“ fortführen und dafür Beitragsmittel aus dem Berufsbildungsverfahren verwenden. Ziel der Maßnahmen ist eine anschließende Berufsausbildung, um damit den Fachkräftenachwuchs für das Baugewerbe zu fördern.

Abschnitt II
Erstattung von Ausbildungsvergütungen

§ 19
Voraussetzungen und Höhe

(1) Die ULAK erstattet dem Ausbildungsbetrieb, bei dem ein Arbeitsverhältnis mit mindestens einem gewerblichen Arbeitnehmer oder Angestellten besteht, die an den Auszubildenden gezahlten Ausbildungsvergütungen im ersten, zweiten und dritten betrieblichen Ausbildungsjahr, wenn

a) eine Ausbildung in einem staatlich anerkannten Ausbildungsberuf im Sinne der Bestimmungen des Berufsbildungsgesetzes oder der Handwerksordnung nach der jeweiligen Ausbildungsordnung erfolgt,

b) eine Eintragung in das Verzeichnis der Berufsausbildungsverhältnisse bei der Industrie- und Handelskammer oder der Handwerkskammer erfolgt ist,

c) eine angemessene Ausbildungsvergütung im Sinne des § 17 Berufsbildungsgesetz gezahlt wird und

d) der Ausbildungsvertrag eine Urlaubsregelung nach den tariflichen Bestimmungen enthält.

(2) Erstattungsleistungen der ULAK nach Abs. 1 erfolgen bis zu einem Betrag, der

a) bei gewerblich Auszubildenden dem Zehnfachen der für das erste, dem Sechsfachen der für das zweite und dem Einfachen der für das dritte Ausbildungsjahr,

b) bei technisch und kaufmännisch Auszubildenden dem Zehnfachen der für das erste und dem Vierfachen der für das zweite Ausbildungsjahr

tariflich vereinbarten Ausbildungsvergütung zuzüglich 20 v. H. als Ausgleich für die vom Ausbildungsbetrieb zu leistenden Sozialaufwendungen entspricht.

(3) Bei Wechsel des Ausbildungsbetriebes in den ersten zehn Monaten des ersten betrieblichen Ausbildungsjahres oder in den ersten sechs (Abs. 2 Buchst. a) bzw. vier (Abs. 2 Buchst. b) Monaten des zweiten betrieblichen Ausbildungsjahres werden die Erstattungen anteilig vorgenommen. Bei Wechsel des Ausbildungsbetriebes im dritten betrieblichen Ausbildungsjahr erfolgt die Erstattung an den Betrieb, in dem der Auszubildende zuletzt ausgebildet wurde.

(4) Erstattungsansprüche bestehen ungeachtet möglicher Ansprüche des Ausbildungsbetriebes gegen Dritte auf Ersatz der Kosten der im Krankheitsfall fortgezahlten Ausbildungsvergütung.

§ 20
Verfahren

(1) Nach Meldung des Ausbildungsverhältnisses (§ 11 VTV) stellt die ULAK die vereinbarte monatliche Ausbildungsvergütung anhand der Angaben des Ausbildungsbetriebes fest.

(2) Die Erstattung der Ausbildungsvergütung setzt die Mitteilung der Höhe der gezahlten Ausbildungsvergütung nach § 11 Abs. 2 Ziff. 1 VTV an die ULAK auf dem von dieser zur Verfügung gestellten Formular voraus.

(3) Die Erstattung der Ausbildungsvergütung für das dritte betriebliche Ausbildungsjahr (§ 19 Abs. 2 Buchst. a) setzt voraus, dass der ULAK alle Angaben nach § 11 Abs. 2 VTV auf dem von dieser zur Verfügung gestellten Formular mitgeteilt worden sind.

(4) Die ULAK ist berechtigt, Erstattungsleistungen von dem Ausbildungsbetrieb zurückzufordern, soweit die Erstattungsbeträge die an den Auszubildenden gezahlten Ausbildungsvergütungen überschreiten.

(5) Erhält die ULAK Kenntnis davon, dass in einer Auszahlungserklärung ein höherer als der tatsächliche Auszahlungsbetrag angegeben wurde, so kann die ULAK für einen Zeitraum von zwölf Monaten (Nachweiszeitraum) einschließlich des Zeitraumes, für welchen die unrichtige Auszahlungserklärung vorliegt, einen Nachweis über die Höhe aller von dem Ausbildungsbetrieb gezahlten Ausbildungsvergütungen fordern. Wird dieser Nachweis nicht innerhalb von drei Monaten nach der Aufforderung durch die ULAK erbracht, gelten die Auszahlungserklärungen für die letzten sechs Monate des Nachweiszeitraumes als nicht abgegeben.

(6) Für die Geltendmachung der Erstattungsansprüche gilt § 18 Abs. 2 VTV.

§ 21
Spitzenausgleichsverfahren

Dem Ausbildungsbetrieb, der am Spitzenausgleichsverfahren teilnimmt, erstattet die ULAK die von ihm an den Auszubildenden ausgezahlte Ausbildungsvergütung im Wege der Saldierung mit den Beitragsansprüchen nach Maßgabe des § 19 VTV. Die Erstattung der Ausbildungsvergütung setzt voraus, dass die in § 20 vorgesehenen Nachweise jeweils bis zum 15. des auf den betreffenden Ausbildungsmonat folgenden Monats geführt und ordnungsgemäße Meldungen nach § 6 VTV abgegeben werden.

§ 22
Anzeigepflicht bei vorzeitiger Beendigung des Ausbildungsverhältnisses

Endet das Ausbildungsverhältnis vor Ablauf der vertraglich vereinbarten Ausbildungszeit, so ist der Ausbildungsbetrieb verpflichtet, der ULAK den Zeitpunkt und den Grund der Beendigung des Ausbildungsverhältnisses unverzüglich auf dem von der ULAK nach § 11 Abs. 2 VTV zur Verfügung gestellten Formular anzuzeigen.

§ 23
Erstattung von Urlaubskosten

Die Erstattung von Urlaubskosten ist in den Erstattungsbeträgen gemäß § 19 Abs. 2 Buchst. a) enthalten.

Abschnitt III
Erstattung von überbetrieblichen Ausbildungskosten

§ 24
Höhe und Ermittlung der erstattungsfähigen überbetrieblichen Ausbildungskosten

(1) Die ULAK erstattet dem Ausbildungsbetrieb i. S. v. § 19 Abs. 1 die von ihm zu tragenden Gebühren (§ 17) je Ausbildungstagewerk bis zu 50,00 €, im Falle der Internatsunterbringung je Internatstag zusätzlich bis zu 37,00 € als Ausbildungs- und Unterbringungskosten gemäß Abs. 3 bis 7 sowie die Fahrtkosten für den Besuch der überbetrieblichen Ausbildungsstätte (§ 8),

a) wenn und soweit die Berufsausbildung nach der jeweiligen Ausbildungsordnung in überbetrieblichen Ausbildungsstätten zu ergänzen bzw. zu vertiefen ist,

b) bei einer Ausbildung für den Beruf eines Elektronikers, einer Fachkraft für Rohr-, Kanal- und Industrieservice, eines Mechanikers und eines Mechatronikers höchstens für 150 Ausbildungstagewerke, soweit Fertigkeiten und Kenntnisse aus dem jeweiligen Ausbildungsrahmenplan vermittelt werden,

c) bei einer Ausbildung für den Beruf eines gewerblichen Arbeitnehmers nach anderen Ausbildungsordnungen höchstens für 75 Ausbildungstagewerke, soweit Fertigkeiten und Kenntnisse aus dem jeweiligen Ausbildungsrahmenplan vermittelt werden,

d) bei einer Ausbildung für den Beruf eines kaufmännischen Angestellten höchstens für 50 Ausbildungstagewerke, soweit Fertigkeiten und Kenntnisse aus dem jeweiligen Ausbildungsrahmenplan vermittelt werden,

e) bei einer Ausbildung für den Beruf eines technischen Angestellten höchstens für 90 Ausbildungstagewerke, soweit Fertigkeiten und Kenntnisse aus dem jeweiligen Ausbildungsrahmenplan vermittelt werden.

(2) Die ULAK erstattet dem Ausbildungsbetrieb i. S. v. § 19 Abs. 1 anstelle der Gebühren gemäß Abs. 1 auf Nachweis nach § 26 die von ihm zu tragenden Gebühren (§ 17) nach folgender Maßgabe:

a) Erstattet werden je Ausbildungstagewerk bis zu 71,00 €, je Internatstag zusätzlich bis zu 51,00 €, soweit die Gebühren Kosten (Ausbildungs- und Unterbringungskosten) gemäß Abs. 3 bis 7 sind.

b) Sofern und solange für die überbetriebliche Ausbildungsstätte pandemiebedingte verbindliche Vorschriften des Arbeits- und Gesundheitsschutzes eine Unterrichtung in der Größenordnung gemäß § 25 Abs. 3 Satz 1 Buchst. a) und f) bzw. bei der Unterbringung eine Nutzung der vollständigen Raumbelegung gemäß § 25 Abs. 3 Satz 2 Buchst. b) nicht zulassen, können auf Nachweis nach § 26 zusätzlich bis zu 3,50 € je Ausbildungstagewerk und zusätzlich bis zu 19,00 € je Internatstag erstattet werden.

c) Erhöht sich in einem Kalendermonat der Bezugspreis für Strom, Gas oder andere Brennstoffe gegenüber dem Monat August 2022 um 5 Prozentpunkte, können ab diesem Kalendermonat auf Antrag einer insoweit individuell nachgewiesen belasteten überbetrieblichen Ausbildungsstätte zusätzlich bis zu 0,50 € je Ausbildungstagewerk und zusätzlich bis zu 0,50 € je Internatstag erstattet werden; das gilt entsprechend für alle weiteren Erhöhungen um 5 Prozentpunkte, bis ein Höchstbetrag von jeweils 8,00 € erreicht ist. Maßgeblich ist der Verbraucherpreisindex für Gas, Strom und andere Brennstoffe (CC13-045).

(3) Kosten der überbetrieblichen Ausbildungsstätte einschließlich derjenigen eines angeschlossenen Internats sind insbesondere:

a) Personalkosten
   1. Vergütung der Angestellten
   2. Löhne der Arbeiter
   3. Beschäftigungsentgelte, Aufwendungen für nebenamtlich und nebenberuflich Tätige
   4. Unterstützungen und Fürsorgeleistungen

b) Sachkosten
   1. Geschäftsbedarf
   2. Bücher, Zeitschriften
   3. Post- und Fernmeldegebühren
   4. Haltung von Fahrzeugen und dergleichen
   5. Bewirtschaftung der Grundstücke, Gebäude und Räume
   6. Mieten für Geräte und zusätzlichen Raumbedarf
   7. Verbrauchsmittel
   8. Lehr- und Lernmittel
   9. Dienstreisen

c) Abschreibungen auf Sachanlagen, soweit diese von dem Träger der Ausbildungsstätte oder von dieser finanziert worden sind, in steuerlich zulässiger Höhe, und Zinsen.

(4) Bildet die überbetriebliche Ausbildungsstätte nur Auszubildende aus, die vom Geltungsbereich dieses Tarifvertrages erfasst werden (Bauausbildung), so sind erstattungsfähige Kosten je Ausbildungstagewerk die im Haushaltsjahr angefallenen Kosten der Ausbildungsstätte geteilt durch die Zahl der im Haushaltsjahr angefallenen Ausbildungstagewerke.

(5) Findet nicht nur Bauausbildung statt, so sind aus den Kosten der Ausbildungsstätte die Gemeinkosten und die unmittelbar der Bauausbildung zuzuordnenden Kosten abzusondern. Erstattungsfähige Kosten je Ausbildungstagewerk sind

a) die Gemeinkosten geteilt durch die Zahl aller in der Ausbildungsstätte im Haushaltsjahr angefallenen Bildungstagewerke (Aus- und Fortbildungstagewerke) und

b) die unmittelbar der Bauausbildung zuzuordnenden Kosten geteilt durch die Zahl der Ausbildungstagewerke, die im Haushaltsjahr auf Auszubildende des Baugewerbes entfallen sind.

(6) Die Unterbringungskosten sind getrennt von den Ausbildungskosten zu erfassen. Die Unterbringungskosten eines mit der Ausbildungsstätte verbundenen Internats setzen sich aus einem Anteil an den Gemeinkosten des gesamten Ausbildungszentrums und den unmittelbar der Unterbringung und Verpflegung zuzuordnenden Kosten zusammen. Für die Ermittlung der Unterbringungskosten je Tag in Internaten, in denen nur Auszubildende aus Baubetrieben untergebracht und verpflegt werden, gilt Abs. 4, in den übrigen Fällen Abs. 5 entsprechend.

(7) Die Kosten vermindern sich um gewährte Ausbildungsförderungsmittel des Bundes, der Länder und anderer öffentlich rechtlicher Gebietskörperschaften, die auf das Ausbildungstagewerk und das Unterbringungstagewerk des von diesem Tarifvertrag erfassten Auszubildenden entfallen.

§ 25
Eintragung der überbetrieblichen Ausbildungsstätte

(1) Gebühren für den Besuch überbetrieblicher Ausbildungsstätten werden dem Ausbildungsbetrieb nur dann erstattet, wenn die Ausbildungsstätte auf Antrag einer der drei Tarifvertragsparteien in die bei der ULAK geführte Liste eingetragen ist. Aus der Eintragung muss der Träger der Ausbildungsstätte ersichtlich sein. Eine Eintragung kann nur erfolgen, wenn die Erfüllung der in Abs. 3 geregelten Qualitätsanforderungen an überbetriebliche Ausbildungsstätten durch eine Bescheinigung einer von der ULAK mit der Qualitätsüberprüfung beauftragten Stelle nachgewiesen wird und sich der Träger der überbetrieblichen Ausbildungsstätte gegenüber den Tarifvertragsparteien verpflichtet hat, ihnen zur Überprüfung der in Abs. 3 geregelten Qualitätsanforderungen in angemessenem Umfang gemeinsamen Zugang zu den Räumlichkeiten der Ausbildungsstätte zu ermöglichen; dieser Zugang kann auch jeweils einzeln wahrgenommen werden.

(2) Eine Eintragung kann darüber hinaus nur erfolgen, wenn sich die Ausbildungsstätte gegenüber der ULAK verpflichtet,

a) Überzahlungen für Rechnung des Ausbildungsbetriebes unmittelbar an die ULAK zurückzuzahlen und

b) unverzüglich nach Beendigung einer überbetrieblichen Ausbildungsmaßnahme die tatsächliche Zahl der Ausbildungstagewerke eines Auszubildenden, der Tage der Internatsunterbringung und die Fahrtkosten (§ 8) in das von der ULAK zur Verfügung gestellte Formular einzutragen, die Richtigkeit der Angaben durch rechtsverbindliche Unterschrift zu versichern und das Formular an die ULAK zu senden oder im Falle der EDV-Abrechnung diese Daten auf elektronischem Wege nach Maßgabe der mit der ULAK getroffenen Vereinbarung zu übermitteln.

(3) Die überbetrieblichen Ausbildungsstätten haben für eine Eintragung in die bei der ULAK geführte Liste folgende Qualitätsanforderungen zu erfüllen:

a) Größe und Ausstattung der Ausbildungsstätten einschließlich der Unterrichtsräume, Pausen- und Sozialräume nach den Empfehlungen des Bundesinstitutes für Berufsbildung,

b) Unterrichtung des Ausbildungsbetriebes und des Auszubildenden über alle ausbildungsrelevanten Fragen (z.B. Fehlzeiten, persönliche Ereignisse, Beurteilung des Auszubildenden nach Lehrgangsende) einschließlich der Informationen über die für das Ausbildungsverhältnis maßgeblichen Tarifverträge des Baugewerbes und über gemeinsame Einrichtungen,

c) Beurteilung der überbetrieblichen Ausbildungsmaßnahmen durch den Auszubildenden, den Ausbildungsbetrieb und die Tarifvertragsparteien,

d) Qualifikation der Ausbilder in der beruflichen Grund- und Fachbildung nach den Bestimmungen der §§ 22 ff. Handwerksordnung, §§ 28 ff. Berufsbildungsgesetz und der Ausbilder-Eignungsverordnung in der jeweiligen Fassung,

e) regelmäßige fachspezifische und pädagogische Weiterbildung der Ausbilder,

f) Gruppengröße je Ausbilder nach den unter Buchst. a) genannten Empfehlungen des Bundesinstitutes für Berufsbildung,

g) Einhaltung der inhaltlichen und zeitlichen Gliederung der Ausbildungsordnungen in der jeweiligen Fassung,

h) Anwendung von handlungsorientierten Aufgabensammlungen auf der Grundlage der Ausbildungsordnungen in der jeweiligen Fassung und

i) Angebot der Zusammenarbeit mit den Ausbildungsbetrieben und den Berufsschulen (Lernortkooperation).

Im Falle der Unterbringung von Auszubildenden in angeschlossenen Internaten oder sonstigen Beherbergungsstätten (z. B. Pensionen, Jugendherbergen) sind zudem folgende Qualitätsanforderungen zu erfüllen:

a) Sicherstellung einer sozialpädagogischen Betreuung bei Bedarf,

b) Raumbelegung mit in der Regel zwei, höchstens jedoch vier Auszubildenden in Zimmern mit Dusche und WC,

c) Angebote zur Freizeitgestaltung und

d) Verpflegung mit Frühstück, Mittagessen und Abendessen.

(4) Die Qualitätsanforderungen nach Abs. 3 werden von einer durch die ULAK beauftragten Stelle auf der Grundlage eines Leitfadens wiederkehrend überprüft. Diese Stelle hat über ihre im Rahmen der Überprüfung getroffenen Feststellungen einen Bericht zu verfassen und ihn mit der Ausbildungsstätte zu erörtern. Wird bei der Überprüfung festgestellt, dass die Qualitätsanforderungen in vollem Umfang erfüllt werden, so ist dieses zu bescheinigen. Werden einzelne Qualitätsanforderungen nicht erfüllt, ist der Ausbildungsstätte durch die ULAK eine angemessene Frist von längstens zwölf, bei baulichen Mängeln von längstens 24 Monaten einzuräumen, innerhalb derer die Qualitätsanforderungen zu erfüllen sind. Werden die Qualitätsanforderungen nicht oder nach Ablauf der Nachfrist und erneuter Überprüfung durch die von der ULAK beauftragte Stelle nicht erfüllt, ist die Bescheinigung zu verweigern. Die Kosten dieser Überprüfung hat die Ausbildungsstätte zu tragen. Je einem Vertreter der Tarifvertragsparteien ist eine Begleitung der Überprüfung, auch sofern sie in den Räumlichkeiten der Ausbildungsstätte stattfindet, zu ermöglichen.

(5) Die Streichung einer überbetrieblichen Ausbildungsstätte aus der bei der ULAK geführten Liste erfolgt auf Antrag einer der Tarifvertragsparteien. Die ULAK hat ohne Antrag einer der Tarifvertragsparteien eine überbetriebliche Ausbildungsstätte aus dieser Liste zu streichen, wenn während der Dauer von zwei Jahren keine Gebühren erstattet worden sind, die von ihr dafür beauftragte Stelle festgestellt hat, dass die in Abs. 3 geregelten Qualitätsanforderungen nicht mehr erfüllt werden, oder die Ausbildungsstätte eine Überprüfung durch die von der ULAK beauftragte Stelle verweigert hat. Der Anspruch auf Erstattung von überbetrieblichen Ausbildungskosten bleibt von der Streichung einer überbetrieblichen Ausbildungsstätte nach Satz 2 bis zum Ende des für den jeweiligen Auszubildenden laufenden Ausbildungsjahres unberührt.

(6) Die ULAK hat die überbetriebliche Ausbildungsstätte und die Tarifvertragsparteien von der Eintragung in die Liste und von der Streichung aus der Liste zu unterrichten.

§ 26
Nachweis der Kosten durch die überbetriebliche Ausbildungsstätte

(1) Gebühren gemäß § 24 Abs. 2 werden dem Ausbildungsbetrieb nur dann erstattet, wenn die überbetriebliche Ausbildungsstätte sich in einer Erklärung gegenüber der ULAK verpflichtet hat,

a) jährlich innerhalb der Frist gemäß Abs. 3 die Bescheinigung eines Wirtschaftsprüfers oder eines vereidigten Buchprüfers vorzulegen, aus der sich ergibt, dass die Kosten für das Haushaltsjahr gemäß § 24 Abs. 3 bis 7 ermittelt worden sind und die Höchstbeträge gemäß § 24 Abs. 2 überschreiten oder um wieviel sie diese unterschreiten,

b) Aufzeichnungen zu führen, die es dem Wirtschaftsprüfer oder dem vereidigten Buchprüfer ermöglichen, die Bescheinigung gemäß Buchst. a) zu erteilen,

c) jährlich mitzuteilen, ob und von wem Ausbildungsförderungsmittel gemäß § 24 Abs. 7 in Anspruch genommen worden sind,

d) Überzahlungen gemäß Abs. 5 an die ULAK zurückzuzahlen,

e) ihr Haushaltsjahr bekanntzugeben.

Die Erstattung von Gebühren nach § 24 Abs. 2 Buchst. c) setzt zusätzlich voraus, dass sich die überbetriebliche Ausbildungsstätte mit dem Antrag verpflichtet, durch eine Bescheinigung eines Wirtschaftsprüfers oder eines vereidigten Buchprüfers die Erhöhung der Bezugspreise für Strom, Gas oder andere Brennstoffe und daraus resultierende Kostensteigerungen glaubhaft darzulegen.

(2) Nach Eingang der Erklärung gemäß Abs. 1 hat die ULAK der Ausbildungsstätte zu bestätigen, dass die Gebühren gemäß § 24 Abs. 2 erstattet werden und den Vorbehalt der Streichung gemäß Abs. 4 sowie der Rückforderung gemäß Abs. 5 geltend zu machen.

(3) Die Bescheinigung gemäß Abs. 1 Satz 1 Buchst. a) und Satz 2 ist der ULAK jährlich innerhalb von sechs Monaten nach Ablauf des Haushaltsjahres der Ausbildungsstätte vorzulegen.

(4) Führt die Ausbildungsstätte keine Aufzeichnungen oder wird die Bescheinigung gemäß Abs. 1 Satz 1 Buchst. a) und Satz 2 nicht fristgerecht vorgelegt, so hat die ULAK die Ausbildungsstätte aus der bei ihr geführten Liste zu streichen. Dies gilt auch dann, wenn die Ausbildungsstätte unvollständige Aufzeichnungen führt und der Wirtschaftsprüfer oder der vereidigte Buchprüfer deshalb nicht in der Lage ist, die Bescheinigung zu erteilen. Die Erstattung für Ausbildungsverhältnisse, die vor der Streichung begonnen haben, bleibt unberührt.

(5) Ergibt sich aus der Bescheinigung, dass Überzahlungen erfolgt sind, so hat die Ausbildungsstätte aufgrund der gemäß Abs. 1 Satz 1 Buchst. d) und Satz 2 abgegebenen Verpflichtung die überzahlten Beträge innerhalb eines Monats nach Aufforderung durch die ULAK an diese zurückzuzahlen. Wird keine Bescheinigung vorgelegt, so gelten die von der ULAK geleisteten Erstattungsbeträge als Überzahlungen.

§ 27
Verfahren bei Erstattung überbetrieblicher Ausbildungskosten

(1) Die Erstattung der von der ULAK geprüften überbetrieblichen Ausbildungskosten an den Ausbildungsbetrieb erfolgt durch Überweisung an die Ausbildungsstätte für diejenige Zeit, in der der Auszubildende an einer überbetrieblichen Ausbildungsmaßnahme teilgenommen hat.

(2) Der Ausbildungsbetrieb ist verpflichtet, der Ausbildungsstätte vor Beginn der ersten überbetrieblichen Ausbildungsmaßnahme jedes Auszubildenden den Ausbildungsnachweis für die Erstattung der überbetrieblichen Ausbildungskosten nach § 11 Abs. 1 VTV auszuhändigen.

(3) Nach jeder Ausbildungsmaßnahme hat sich die Ausbildungsstätte von dem Auszubildenden schriftlich die Zahl der Ausbildungstagewerke und der Internatstage bestätigen zu lassen. Diese Bestätigung hat die Ausbildungsstätte für die Dauer von mindestens vier Jahren aufzubewahren. Auf Verlangen des Ausbildungsbetriebes hat die Ausbildungsstätte diesem eine Kopie der Bestätigung zu übersenden.

(4) Die Ausbildungsstätte ist zu einer beleglosen Abrechnung mittels elektronischer Datenübermittlung berechtigt, wenn sie die dafür vorgesehenen EDV-Bedingungen der ULAK anerkennt.

(5) Die Ausbildungsstätte hat der ULAK auf Verlangen Einsicht in die für die Durchführung des Erstattungsverfahrens notwendigen Unterlagen zu gewähren oder entsprechende Kopien zu übersenden.

(6) Nach Ablauf jedes Ausbildungsjahres teilt die ULAK dem Ausbildungsbetrieb mit, in welcher Höhe und für wie viele Ausbildungstagewerke und Internatstage sie überbetriebliche Ausbildungskosten erstattet hat.

(7) Die ULAK ist nicht berechtigt, mit Beitragsforderungen oder anderen Forderungen gegen Ansprüche des Ausbildungsbetriebes auf Erstattung gemäß § 24 aufzurechnen oder insoweit ein Zurückbehaltungsrecht auszuüben.

§ 28
Verfahren bei Fahrtkostenerstattung

(1) Die Höhe der Fahrtkosten (§ 8) hat der Auszubildende der überbetrieblichen Ausbildungsstätte gegenüber zu belegen (z. B. mit Fahrkarte, Wochenkarte, Monatskarte) bzw. auf andere Art nachzuweisen.

(2) Der Ausbildungsbetrieb beauftragt die überbetriebliche Ausbildungsstätte, die Fahrtkosten für seine Rechnung an den Auszubildenden zu zahlen und ihm den ausgezahlten Gesamtbetrag jeweils nach Abschluss eines Lehrgangs mitzuteilen.

(3) Die ULAK erstattet die Fahrtkosten, wenn die überbetriebliche Ausbildungsstätte nach Prüfung der Belege bzw. der Nachweise die Höhe der an die Auszubildenden gezahlten Fahrtkosten zusammen mit den Angaben über die Zahl der Ausbildungstagewerke und der Tage einer Internatsunterbringung in das von der ULAK zur Verfügung gestellte Formular eingetragen und dieses bei der ULAK eingereicht hat oder diese Daten auf elektronischem Wege nach Maßgabe der mit der ULAK getroffenen Vereinbarung übermittelt hat. Die ULAK prüft die von der überbetrieblichen Ausbildungsstätte gemachten Angaben über die Höhe der Fahrtkosten sowie den errechneten Erstattungsbetrag.

(4) Die Erstattung erfolgt mit befreiender Wirkung zugunsten des Ausbildungsbetriebes in Höhe des Erstattungsbetrages durch Zahlung an die überbetriebliche Ausbildungsstätte. Diese ist nicht berechtigt, die Erstattung von der ULAK zu verlangen.

(5) Die ULAK ist nicht berechtigt, mit Beitragsforderungen oder anderen Forderungen gegen Ansprüche des Ausbildungsbetriebes auf Erstattung gemäß § 24 aufzurechnen oder insoweit ein Zurückbehaltungsrecht auszuüben.

Abschnitt IV
Erstattung der Ausbildungskosten in besonderen Fällen

§ 29
Zweitausbildung

Haben der Ausbildungsbetrieb i. S. v. § 19 Abs. 1 oder der Auszubildende die höchstmögliche Anrechnung einer anderen Ausbildung auf das Ausbildungsverhältnis beantragt, so hat der Ausbildungsbetrieb gegenüber der ULAK Anspruch auf Erstattung der Ausbildungskosten nach den Bestimmungen der Abschnitte II und III für dasjenige Ausbildungsjahr, das sich aufgrund der Anrechnung ergibt. Wurde kein entsprechender Antrag gestellt, so besteht lediglich Anspruch auf Erstattung von Kosten der überbetrieblichen Ausbildung (§ 24).

§ 30
Duale Studiengänge

Erfolgt die Berufsausbildung im Rahmen eines Studiums an einer Hochschule (dualer Studiengang), so hat der Ausbildungsbetrieb gegenüber der ULAK Anspruch auf Erstattung der Ausbildungskosten nach den Bestimmungen der Abschnitte II und III, wenn die in § 19 Abs. 1 genannten Voraussetzungen vorliegen und die vertragliche Ausbildungsdauer mindestens 95 Wochen beträgt.

§ 30a
Ausbildungsplatzsicherung

Die ULAK kann Erstattungsleistungen nach den Bestimmungen der Abschnitte II bis IV zur Ausbildungsplatzsicherung auch dann erbringen, wenn in dem Ausbildungsbetrieb zeitweise kein Arbeitsverhältnis zu einem gewerblichen Arbeitnehmer oder Angestellten besteht.

Abschnitt V
Finanzierung

§ 31
Beitrag

(1) Betriebe, auch wenn sie keine gewerblichen Arbeitnehmer beschäftigen, haben die zur Finanzierung der Erstattungsleistungen nach diesem Tarifvertrag erforderlichen Mittel durch Beiträge aufzubringen. Diese Beiträge sind an die ULAK, im Land Berlin jedoch an die Sozialkasse des Berliner Baugewerbes abzuführen. Die Höhe der Beiträge und der Beitragseinzug werden in dem Tarifvertrag über das Sozialkassenverfahren im Baugewerbe (VTV) geregelt. Der Beitrag ist Teil des Sozialkassenbeitrages gemäß § 15 VTV.

(2) Erstattungsforderungen des Ausbildungsbetriebes nach diesem Tarifvertrag mit Ausnahme derjenigen des § 24 sind mit der Maßgabe zweckgebunden, dass der Ausbil-

dungsbetrieb über sie nur verfügen kann, wenn das bei der Einzugsstelle (§ 3 Abs. 3 VTV) bestehende Beitragskonto einschließlich der darauf gebuchten Verzugszinsen und Kosten ausgeglichen ist und er seinen Meldepflichten entsprochen hat. Eine Aufrechnung gegen bestehende Beitragsrückstände mit Erstattungsforderungen aufgrund dieses Tarifvertrages ist insoweit für den Ausbildungsbetrieb ausgeschlossen. §§ 366, 367 BGB finden keine Anwendung.

(3) Wird ein Ausbildungsbetrieb rückwirkend zur Beitragsmeldung und Beitragszahlung herangezogen, so besteht Anspruch auf Erstattung der den Auszubildenden für die in den rückwirkend erfassten Abrechnungszeiträumen gewährten Leistungen, höchstens jedoch in Höhe der in §§ 8, 19, 19 a, 22 Abs. 1 und 24 für den jeweiligen Abrechnungszeitraum festgelegten Leistungen und nur für solche Abrechnungszeiträume, für die rückwirkend Beiträge entrichtet worden sind. Auf diesen Erstattungsanspruch weist die Einzugsstelle den Ausbildungsbetrieb bei der rückwirkenden Heranziehung hin.

Abschnitt VI
Schlussbestimmungen

§ 32
Verfall und Verjährung

(1) Die Ansprüche der ULAK gegen den Betrieb verfallen, wenn sie nicht innerhalb von vier Jahren seit Fälligkeit geltend gemacht worden sind. Für den Beginn der Frist gilt § 199 BGB entsprechend. Der Verfall wird auch gehemmt, wenn die Ansprüche rechtzeitig bei Gericht anhängig gemacht wurden. Die Verfallfristen gelten nicht für Ansprüche aus unerlaubter Handlung.

(2) Erstattungsansprüche des Ausbildungsbetriebes gegen die ULAK verfallen, wenn sie nicht innerhalb von zwei Jahren nach Ablauf des Jahres, in dem sie entstanden sind, geltend gemacht worden sind.

(3) Wird der Betrieb rückwirkend zur Beitragsmeldung und Beitragszahlung nach § 31 herangezogen, so beträgt die Verfallfrist für Erstattungsansprüche zwei Jahre. Sie beginnt mit Ablauf des Jahres, in dem die Einzugsstelle (§ 3 Abs. 3 VTV) dem Betrieb seine Beitragspflicht mitgeteilt hat, im Falle eines Rechtsstreits jedoch frühestens mit Ablauf des Jahres, in dem rechtskräftig oder durch übereinstimmende Erklärungen der Parteien festgestellt wird, dass der Betrieb von diesem Tarifvertrag erfasst wird.

(4) Die regelmäßige Verjährungsfrist für Ansprüche der ULAK gegen den Betrieb und Ansprüche der Betriebe gegenüber der ULAK beträgt vier Jahre. Die Verjährungsfristen gelten nicht für Ansprüche aus unerlaubter Handlung.

§ 33
Erfüllungsort und Gerichtsstand

(1) Erfüllungsort und Gerichtsstand für Ansprüche der ULAK gegen Betriebe und Arbeitnehmer sowie für Ansprüche der Betriebe und Arbeitnehmer gegen die ULAK ist Wiesbaden.

(2) Abweichend von Abs. 1 ist Berlin Gerichtsstand für Ansprüche der ULAK gegen Betriebe mit Sitz im Gebiet der fünf neuen Bundesländer und deren Arbeitnehmer sowie für Ansprüche dieser Betriebe und deren Arbeitnehmer gegen die ULAK.

§ 34
Verfahren

Für das Verfahren gilt im Übrigen der Tarifvertrag über das Sozialkassenverfahren im Baugewerbe (VTV) entsprechend. Die §§ 20, 21, 23, 27 und 28 gelten nicht im Gebiet des Landes Berlin; insoweit trifft der Verfahrenstarifvertrag Berufsbildung für das Berliner Baugewerbe gesonderte Regelungen.

§ 35
Durchführung des Vertrages

Die Tarifvertragsparteien empfehlen den überbetrieblichen Ausbildungsstätten, Schulungen über die Tarifverträge des Baugewerbes und über gemeinsame Einrichtungen unter ihrer Beteiligung zu vermitteln. Sie verpflichten sich, ihre Einflussnahmemöglichkeiten zu nutzen, so dass entsprechende Vereinbarungen der Tarifvertragsparteien mit überbetrieblichen Ausbildungsstätten getroffen werden, wie Veranstaltungen durchgeführt und evaluiert werden können.

§ 36
Inkrafttreten und Laufdauer

(1) Dieser Tarifvertrag tritt am 1. Januar 2023 in Kraft. Er kann mit einer Frist von sechs Monaten jeweils zum 30. Juni eines Kalenderjahres gekündigt werden.

(2) § 18 Abs. 2 kann abweichend von Abs. 1, bei Fortbestand des übrigen Tarifvertrages, mit einer Frist von sechs Monaten zum 31. Dezember, gekündigt werden.

(3) § 24 Abs. 2 Buchst. b) und c) können jeweils abweichend von Abs. 1, bei Fortbestand des übrigen Tarifvertrages, mit einer Frist von zwei Monaten zum Monatsende gekündigt werden.

Berlin/Frankfurt a. M., den 28. September 2018 / 24. August 2020 / 10. November 2022

Zentralverband des
Deutschen Baugewerbes e. V.,
Kronenstraße 55–58,
10117 Berlin

N o s t i t z

Hauptverband der
Deutschen Bauindustrie e. V.,
Kurfürstenstraße 129,
10785 Berlin

B e e k e

Industriegewerkschaft Bauen–Agrar–Umwelt,
Olof-Palme-Straße 19, 60439 Frankfurt a. M.

S c h a u m B u r c k h a r d t

Tarifvertrag zur Übernahme von Auszubildenden im Baugewerbe vom 3. Mai 2013

Zwischen

dem Zentralverband des Deutschen Baugewerbes e. V.,
Kronenstraße 55–58, 10117 Berlin,

dem Hauptverband der Deutschen Bauindustrie e. V.,
Kurfürstenstraße 129, 10785 Berlin,

und

der Industriegewerkschaft Bauen-Agrar-Umwelt,
Olof-Palme-Straße 19, 60439 Frankfurt a. M.,

wird folgender Tarifvertrag geschlossen:

§ 1
Geltungsbereich

(1) Räumlicher Geltungsbereich:

Das Gebiet der Bundesrepublik Deutschland.

(2) Betrieblicher Geltungsbereich:

Betriebe, die unter den betrieblichen Geltungsbereich des Bundesrahmentarifvertrages für das Baugewerbe (BRTV) in der jeweils geltenden Fassung fallen.

(3) Persönlicher Geltungsbereich:

Auszubildende, die in einem staatlich anerkannten Ausbildungsberuf im Sinne des § 4 des Berufsbildungsgesetzes (BBiG) oder des § 25 der Handwerksordnung (HwO) ausgebildet werden.

§ 2
Übernahme des Auszubildenden

(1) Beabsichtigt der Arbeitgeber, einen Auszubildenden nach Beendigung des Berufsausbildungsverhältnisses nicht in ein Arbeitsverhältnis auf unbestimmte Zeit zu übernehmen, so hat er dies spätestens vier Monate vor der vereinbarten Beendigung des Berufsausbildungsverhältnisses dem Auszubildenden schriftlich mitzuteilen.

(2) Unterlässt der Arbeitgeber die schriftliche Mitteilung, so gilt zwischen Auszubildendem und Arbeitgeber im Anschluss an das Berufsausbildungsverhältnis ein Arbeitsverhältnis im erlernten Beruf auf unbestimmte Zeit als begründet, das aus betriebsbedingten Gründen nicht vor Ablauf von sechs Monaten durch den Arbeitgeber gekündigt werden kann.

§ 3
Inkrafttreten und Laufdauer

Dieser Tarifvertrag tritt am 1. Mai 2013 in Kraft und gilt nicht für Ausbildungsverhältnisse, die vor dem 1. Januar 2014 enden. Er kann mit einer Frist von sechs Monaten zum Monatsende, erstmals zum 30. Juni 2017, gekündigt werden.

Berlin/Frankfurt a. M., den 3. Mai 2013

Zentralverband des Deutschen Baugewerbes e. V., Kronenstraße 55–58, 10117 Berlin

Dupré

Hauptverband der Deutschen Bauindustrie e. V., Kurfürstenstraße 129, 10785 Berlin

Schmieg

Industriegewerkschaft Bauen–Agrar–Umwelt, Olof-Palme-Straße 19, 60439 Frankfurt a. M.

Wiesehügel Schäfers

Tarifvertrag über das Verfahren für die Berufsbildung im Berliner Baugewerbe (Verfahrenstarifvertrag Berufsbildung Berlin) vom 10. Dezember 2002

Zwischen

der Fachgemeinschaft Bau Berlin und Brandenburg e. V.,
Nassauische Straße 15, 10717 Berlin,

dem Bauindustrieverband Berlin-Brandenburg e. V.,
Karl-Marx-Straße 27, 14482 Potsdam,

dem Landesverband Bauhandwerk Brandenburg und Berlin e. V.,
Am Schragen 26, 14469 Potsdam,

und

der Industriegewerkschaft Bauen-Agrar-Umwelt,
Olof-Palme-Straße 19, 60439 Frankfurt a. M.,

wird gemäß § 34 Satz 2 des Tarifvertrages über die Berufsbildung im Baugewerbe (BBTV) folgender Tarifvertrag geschlossen:

§ 1
Geltungsbereich

(1) Räumlicher Geltungsbereich:

Das Gebiet des Landes Berlin.

(2) Betrieblicher Geltungsbereich:

Betriebe, die unter den betrieblichen Geltungsbereich des Tarifvertrages über das Sozialkassenverfahren im Baugewerbe (VTV) in der jeweils geltenden Fassung fallen.

(3) Persönlicher Geltungsbereich:

Personen, die unter den persönlichen Geltungsbereich des Tarifvertrages über die Berufsbildung im Baugewerbe (BBTV) fallen.

§ 2
Sozialkasse des Berliner Baugewerbes

Die im weiteren als Sozialkasse bezeichnete Kasse ist die Sozialkasse des Berliner Baugewerbes.

§ 3
Wegekostenerstattung

(1) Gewerbliche Auszubildende haben Anspruch auf Wegekostenerstattung gemäß § 7 Nr. 5 des Bundesrahmentarifvertrages (BRTV) für jeden Tag der betrieblichen Ausbildung außerhalb des Betriebssitzes, der überbetrieblichen Ausbildung sowie für jeden Berufsschultag, an dem sie die jeweilige Ausbildungsstätte aufsuchen. Daneben bestehen keine Ansprüche auf Fahrtkostenerstattung. Die Sozialkasse erstattet dem Arbeitgeber die tariflichen Wegekosten zuzüglich eines Ausgleichs für die zu leistenden Sozialaufwendungen von 20 %. Die Wegekostenerstattung erfolgt nur für die Zeiten, für die auch eine Ausbildungsvergütung erstattet wird. Sie erfolgt zusammen mit der Erstattung der Ausbildungsvergütung.

(2) Abs. 1 gilt auch für technische und kaufmännische Auszubildende entsprechend. § 7 Nrn. 3.1 und 3.2 des Rahmentarifvertrages für die Angestellten und Poliere des Baugewerbes vom 4. Juli 2002 in der jeweils geltenden Fassung findet keine Anwendung.

§ 4
Verfahren bei Erstattung der Ausbildungsvergütung und der Wegekosten

(1) Der Arbeitgeber hat der Sozialkasse die Begründung eines Ausbildungsverhältnisses durch Übersendung einer Kopie des von der Handwerkskammer bzw. Industrie- und Handelskammer bestätigten Ausbildungsvertrages anzuzeigen. Bestand zuvor bereits ein Arbeitsverhältnis zu einem anderen Baubetrieb, ist darüber hinaus die Arbeitnehmernummer mitzuteilen.

(2) Die Sozialkasse erstellt für jeden einzelnen Ausbildungsbetrieb anhand der eingereichten Ausbildungsverträge und für jeden Erstattungszeitraum, für den nach den Unterlagen der Sozialkasse Erstattungsansprüche möglich sind, Erstattungsformulare, auf dem die Auszubildenden namentlich aufgeführt sind. Die gewährte Ausbildungsvergütung und die zur Erstattung beantragten Wegekosten sind vom Betrieb der Sozialkasse auf diesen Formularen einzutragen. Die Formulare sind durch den Arbeitgeber rechtsverbindlich zu unterschreiben und der Sozialkasse einzureichen. Bei Arbeitgebern mit EDV-Abrechnung erfolgt die Übermittlung der Daten auf elektronischem Wege nach Maßgabe der mit der Kasse getroffenen Vereinbarung.

(3) Bei Beendigung des Ausbildungsverhältnisses hat der bisherige Arbeitgeber der Sozialkasse die Dauer des Urlaubs mitzuteilen, der in dem Urlaubsjahr, in welchem die Ausbildung beendet wurde, während des Ausbildungsverhältnisses entstanden ist und gewährt wurde. Die Mitteilung erfolgt unter Verwendung eines der Sozialkasse zur Verfügung gestellten Formblattes. Die Mitteilung ist rechtsverbindlich zu unterzeichnen.

(4) Nach Übersendung der Bescheinigung über die Resturlaubsansprüche erhält der Auszubildende von der Sozialkasse eine Abschlussbescheinigung, die zugleich den Wartezeitennachweis für die Zusatzversorgung enthält.

§ 5
Verfahren bei Erstattung überbetrieblicher Ausbildungskosten

(1) Die Erstattung der überbetrieblichen Ausbildungskosten erfolgt durch die Sozialkasse direkt gegenüber der Ausbildungsstätte aufgrund der von dieser eingereichten mit Stempel und rechtsverbindlicher Unterschrift versehenen Abrechnungsliste.

(2) Auf der Abrechnungsliste sind für jeden Auszubildenden die Arbeitnehmerkonto-Nr., der Name des Auszubildenden, der Ausbildungsbetrieb, die Ausbildungszeit und die abgerechneten Ausbildungstagewerke sowie der Erstattungsbetrag anzugeben. Die Ausbildungsstätte ist zu einer beleglosen Abrechnung mittels elektronischer Datenübermittlung nach Maßgabe der mit der Sozialkasse getroffenen Vereinbarung berechtigt.

(3) Der Sozialkasse ist auf Verlangen von der Ausbildungsstätte Einsicht in die für die Durchführung des Erstattungsverfahrens notwendigen Unterlagen zu gewähren.

(4) Die Sozialkasse ist nicht berechtigt, diese Erstattungen mit Beitragsforderungen oder anderen Forderungen der Sozialkasse gegen den Arbeitgeber zu verrechnen oder insoweit ein Zurückbehaltungsrecht auszuüben.

§ 6
Erstattung der Ausbildungsvergütung im Spitzenausgleichsverfahren

Dem Arbeitgeber, der am Spitzenausgleichsverfahren teilnimmt, erstattet die Sozialkasse die von ihm an den Auszubildenden ausgezahlte Urlaubsvergütung im Wege der Saldierung mit Beitragsansprüchen nach Maßgabe des § 23 VTV. Die Erstattung der Ausbildungsvergütung setzt voraus, dass die gemäß § 4 erforderlichen Nachweise jeweils bis zum 15. des auf den betreffenden Ausbildungsmonat folgenden Monats geführt und ordnungsgemäße Meldungen nach § 6 VTV abgegeben werden.

§ 7
Erstattung von Urlaubsvergütungen

Die Erstattung von Urlaubskosten ist in den Erstattungsbeträgen gemäß § 19 BBTV enthalten. Darüber hinaus werden Urlaubskosten nicht erstattet.

§ 8
Beitrag

Der Arbeitgeber hat zur Aufbringung der Mittel für die Ausbildungskostenerstattung einen Beitrag in Höhe von 1,65 % der Bruttolohnsumme an die Sozialkasse abzuführen. Auf diesen Beitrag hat die Sozialkasse einen unmittelbaren Anspruch. Der Beitrag ist Teil des Gesamtbeitrages i. S. v. § 18 Abs. 3 VTV. Einzugsstelle ist die Zusatzversorgungskasse des Baugewerbes VVaG.

§ 9
Prüfungsrecht

Beauftragten der Sozialkasse ist auf Verlangen Einsicht in die für die Durchführung des Verfahrens notwendigen Unterlagen zu gestatten.

§ 10
Erfüllungsort und Gerichtsstand

Erfüllungsort und Gerichtsstand für Ansprüche der Sozialkasse gegen Arbeitgeber und Arbeitnehmer sowie für Ansprüche der Arbeitgeber und Auszubildenden gegen die Sozialkasse ist Berlin.

§ 11
Inkrafttreten und Laufdauer

(1) Dieser Tarifvertrag tritt am 1. Januar 2003 in Kraft und kann mit einer Frist von 6 Monaten, jeweils zum 31. August, erstmals zum 31. August 2004, gekündigt werden. Unabhängig davon tritt dieser Tarifvertrag ohne Kündigung mit dem Zeitpunkt außer Kraft, in dem die §§ 18 bis 27, 29 und 32 des Tarifvertrages über die Berufsbildung im Baugewerbe (BBTV) vom 29. Januar 1987 außer Kraft treten.

(2) Der Tarifvertrag über das Verfahren für die Berufsbildung im Berliner Baugewerbe (Verfahrenstarifvertrag Berufsbildung) vom 1. August 1995 tritt mit Ablauf des 31. Dezember 2002 außer Kraft.

Berlin/Potsdam/Frankfurt a. M., den 10. Dezember 2002

Fachgemeinschaft Bau Berlin und Brandenburg e. V.,
Nassauische Straße 15, 10717 Berlin

Bauindustrieverband Berlin-Brandenburg e. V.,
Karl-Marx-Straße 27, 14482 Potsdam

Landesverband Bauhandwerk Brandenburg und Berlin e. V.,
Am Schragen 26, 14469 Potsdam

Industriegewerkschaft Bauen-Agrar-Umwelt,
Olof-Palme-Straße 19,
60439 Frankfurt a. M.

Tarifvertrag über die Altersteilzeit im Baugewerbe (TV Altersteilzeit) vom 19. April 2000

in der Fassung vom 2. Juni 2000, 28. Mai 2004 und 18. Dezember 2009

Zwischen

dem Zentralverband des Deutschen Baugewerbes e. V.,
Kronenstraße 55–58, 10117 Berlin,

dem Hauptverband der Deutschen Bauindustrie e. V.,
Kurfürstenstraße 129, 10785 Berlin,

und

der Industriegewerkschaft Bauen–Agrar–Umwelt,
Olof-Palme-Straße 19, 60439 Frankfurt a. M.,

wird folgender Tarifvertrag geschlossen:

§ 1 Geltungsbereich

(1) Räumlicher Geltungsbereich:

Das Gebiet der Bundesrepublik Deutschland.

(2) Betrieblicher Geltungsbereich:

Betriebe, die unter den betrieblichen Geltungsbereich des Bundesrahmentarifvertrages für das Baugewerbe in der jeweils geltenden Fassung fallen.

(3) Persönlicher Geltungsbereich:

Gewerbliche Arbeitnehmer sowie Angestellte und Poliere, die eine nach den Vorschriften des Sechsten Buches Sozialgesetzbuch – Gesetzliche Rentenversicherung – (SGB VI) versicherungspflichtige Tätigkeit ausüben.

Nicht erfasst werden die unter § 5 Absätze 2 und 3 des Betriebsverfassungsgesetzes fallenden Personen.

§ 2
Vereinbarung eines Altersteilzeit-Arbeitsverhältnisses

(1) Auf der Grundlage des Altersteilzeitgesetzes (ATG) vom 23. Juli 1996 in der jeweils geltenden Fassung kann durch schriftliche einzelvertragliche Vereinbarung mit dem Arbeitnehmer, auch nach Maßgabe einer freiwilligen Betriebsvereinbarung, eine Teilzeitbeschäftigung in Form eines Altersteilzeit-Arbeitsverhältnisses vereinbart werden, wenn der Arbeitnehmer die Voraussetzungen gemäß § 3 erfüllt.

(2) In der Vereinbarung über die Altersteilzeit kann jede Verteilung der Arbeitszeit vereinbart werden, welche den Bestimmungen des Altersteilzeitgesetzes entspricht. Es kann insbesondere vereinbart werden, dass die während des Altersteilzeit-Arbeitsverhältnisses insgesamt zu leistende Arbeit in einem Zeitraum von bis zu sechs Jahren so verteilt wird, dass sie in der ersten Hälfte des Altersteilzeit-Arbeitsverhältnisses geleistet (Arbeitsphase) und der Arbeitnehmer anschließend von der Arbeitsleistung freigestellt (Freistellungsphase) wird (Blockzeitmodell). Über den gesetzlichen Höchstförderzeitraum hinaus kann auch ein Altersteilzeit-Arbeitsverhältnis von bis zu zehn Jahren vereinbart werden.

(3) Wird ein Blockzeitmodell gemäß Abs. 2 vereinbart, so ist der Arbeitnehmer verpflichtet, 50 v. H. der krankheitsbedingten Ausfallzeiten in der Arbeitsphase, für die kein Anspruch auf Entgeltfortzahlung besteht, am Ende der Arbeitsphase nachzuarbeiten. Die Dauer der Freistellungsphase verkürzt sich entsprechend. Für Ausfallzeiten in der Arbeitsphase, für die ein Anspruch auf Kurzarbeitergeld oder Winterausfallgeld besteht, ist der Arbeitnehmer nicht zur Nacharbeit verpflichtet.

(4) Vereinbaren Arbeitnehmer und Arbeitgeber wechselnde Phasen von Monaten der Arbeitsleistung (Arbeitsphase) und Monaten der Freistellung von der Arbeitsleistung (Freistellungsphase), so gilt Abs. 3 entsprechend.

§ 3
Begünstigter Personenkreis

(1) Eine Altersteilzeitvereinbarung kann mit dem Arbeitnehmer abgeschlossen werden, wenn der Arbeitnehmer

a) zu Beginn der Altersteilzeit mindestens 55 Jahre alt ist und

b) innerhalb der letzten 5 Jahre vor Beginn der Altersteilzeit mindestens 1.080 Kalendertage in einer versicherungspflichtigen Beschäftigung nach dem Dritten Buch Sozialgesetzbuch (SGB III) gestanden hat.

(2) Während der Dauer des Altersteilzeit-Arbeitsverhältnisses beträgt die durchschnittliche regelmäßige wöchentliche Arbeitszeit des Arbeitnehmers die Hälfte der bisher vereinbarten durchschnittlichen regelmäßigen wöchentlichen Arbeitszeit. Der Arbeitnehmer ist auch nach Eintritt in die Altersteilzeit versicherungspflichtig zu beschäftigen.

§ 4
Geltung tariflicher Regelungen während der Altersteilzeit

(1) Das Arbeitsverhältnis bleibt während der gesamten Altersteilzeit bestehen; soweit in diesem Tarifvertrag oder in einem spezielleren Tarifvertrag nicht abweichende Regelungen getroffen werden, bestehen die tariflichen Ansprüche während der Altersteilzeit fort.

(2) Das 13. Monatseinkommen mindert sich im Verhältnis der vereinbarten wöchentlichen Arbeitszeit der Altersteilzeit zur tariflichen wöchentlichen Arbeitszeit. Dies gilt auch in der Freistellungsphase nach § 2 Abs. 2. In dieser Freistellungsphase finden § 2 Absätze 5 und 7 des Tarifvertrages über die Gewährung eines 13. Monatseinkommens im Baugewerbe sowie § 2 Abs. 4 des Tarifvertrages über die Gewährung eines 13. Monatseinkommens für die Angestellten bzw. Poliere des Baugewerbes, jeweils vom 26. Mai 1999 in der jeweils geltenden Fassung, keine Anwendung. In der Altersteilzeitvereinbarung nach § 2 Abs. 1 kann bestimmt werden, dass das 13. Monatseinkommen als Bestandteil des laufenden Arbeitsentgelts nach § 6 Abs. 1 Satz 1 ATG ausgezahlt wird. Ferner kann in der Altersteilzeitvereinbarung auch bestimmt werden, dass anstelle der tariflichen Erschwerniszuschläge eine monatliche Pauschale als laufendes Arbeitsentgelt gewährt wird, soweit diese nicht regelmäßig monatlich zu zahlen sind (unständige Zulagen). Die Höhe dieser Pauschale richtet sich nach dem Durchschnittswert der in den letzten zwölf Monaten vor Beginn der Altersteilzeit gezahlten Erschwerniszuschläge.

(3) Ist bei Teilzeitbeschäftigung eine Verteilung der Arbeitszeit auf weniger als fünf Arbeitstage pro Woche vereinbart, mindert sich der Urlaubsanspruch im Verhältnis der vereinbarten Arbeitstage zu den fünf Arbeitstagen.

(4) Der Altersteilzeit-Arbeitnehmer kann in eine betriebliche Arbeitszeitflexibilisierung gemäß § 3 Nr. 1.4 BRTV bzw. § 3 Nr. 1.3 RTV Angestellte/Poliere einbezogen werden.

§ 5
Mitteilungspflichten; Einschränkung von Nebentätigkeiten

(1) Der Arbeitnehmer hat während der Altersteilzeit – auch während der Freistellungsphase – Änderungen der ihn betreffenden Verhältnisse, die seinen Anspruch auf Altersteilzeitleistungen berühren, dem Arbeitgeber unverzüglich mitzuteilen.

(2) Dem Arbeitnehmer ist es untersagt, eine Beschäftigung oder selbstständige Tätigkeit auszuüben, die die Geringfügigkeitsgrenze des § 8 Viertes Buch Sozialgesetzbuch (SGB IV) überschreitet.

§ 6
Höhe der Altersteilzeitleistungen

(1) Der Arbeitnehmer erhält für die Dauer des Altersteilzeit-Arbeitsverhältnisses seinen tariflichen Lohn bzw. sein Tarifgehalt nach Maßgabe der verminderten durchschnittlichen wöchentlichen Arbeitszeit. Das Arbeitsentgelt ist unabhängig von der konkreten Verteilung der Arbeitszeit fortlaufend zu zahlen.

(2) Der Arbeitnehmer erhält für die Dauer des Altersteilzeit-Arbeitsverhältnisses gemäß § 3 Abs. 1 Nr. 1 Buchstabe a) ATG Aufstockungsleistungen in Höhe von 20 v. H. des für die Altersteilzeit gezahlten Arbeitsentgelts, mindestens jedoch auf 70 v. H. des um die gesetzlichen Abzüge, die beim Arbeitnehmer gewöhnlich anfallen, verminderten bisherigen Arbeitsentgelts (Mindestnettobetrag).

(3) Der Arbeitgeber entrichtet für die Dauer des Altersteilzeit-Arbeitsverhältnisses für den Arbeitnehmer zusätzliche Beiträge zur gesetzlichen Rentenversicherung mindestens in Höhe des Beitrages, der auf den Unterschiedsbetrag zwischen 90 v. H. des bisherigen Arbeitsentgelts und dem Arbeitsentgelt für die Altersteilzeit entfällt, höchstens jedoch bis zur Beitragsbemessungsgrenze (§ 3 Abs. 1 Nr. 1 Buchstabe b) ATG).

(4) Zum Arbeitsentgelt im Sinne der Absätze 2 und 3 gehören alle der Lohnsteuer und der Sozialversicherung unterliegenden laufenden Bezüge und Einmalzahlungen, Letztere jedoch nur, soweit durch sie zusammen mit den laufenden Bezügen die monatliche Beitragsbemessungsgrenze im Sinne des § 159 SGB VI nicht überschritten wird.

(5) Durch freiwillige Betriebsvereinbarung können die in Abs. 2 und Abs. 3 genannten Altersteilzeitleistungen erhöht werden.

§ 6 a

Für Altersteilzeitarbeitsverhältnisse, die nach dem 30. Juni 2004 begonnen werden, gelten anstelle von § 6 Absätze 2 bis 4 folgende Regelungen:

(2) Der Arbeitnehmer erhält für die Dauer des Altersteilzeitarbeitsverhältnisses gemäß § 3 Abs. 1 Nr. 1 Buchstabe a) ATG Aufstockungsleistungen in Höhe von mindestens 20 v. H. des für die Altersteilzeit gezahlten Regelarbeitsentgelts, wobei die Aufstockung auch weitere Entgeltbestandteile umfassen kann.

(3) Der Arbeitgeber entrichtet für die Dauer des Altersteilzeitarbeitsverhältnisses für den Arbeitnehmer zusätzliche Beiträge zur gesetzlichen Rentenversicherung mindestens in Höhe des Beitrags, der auf 80 v. H. des Regelarbeitsentgelts für die Altersteilzeit, begrenzt auf den Unterschiedsbeitrag zwischen 90 v. H. der monatlichen Beitragsbemessungsgrenze und dem Regelarbeitsentgelt für die Altersteilzeit, entfällt, höchstens jedoch bis zur Beitragsbemessungsgrenze (§ 3 Abs. 1 Nr. 1 Buchstabe b) ATG).

(4) Das Regelarbeitsentgelt im Sinne der Absätze 2 und 3 ist das auf einen Monat entfallende vom Arbeitgeber für die Altersteilzeit regelmäßig zu zahlende sozialversicherungspflichtige Arbeitsentgelt, soweit es die Beitragsbemessungsgrenze des Dritten Buches Sozialgesetzbuch nicht überschreitet. Entgeltsbestandteile, die nicht laufend gezahlt werden, sind nicht berücksichtigungsfähig.

§ 7
Dauer und Ende des Altersteilzeit-Arbeitsverhältnisses

(1) In den Fällen, in denen der Arbeitnehmer gemäß § 237 SGB VI im Anschluss an das Altersteilzeit-Arbeitsverhältnis vorzeitig Altersrente beanspruchen möchte, darf die Dauer des Altersteilzeit-Arbeitsverhältnisses 24 Kalendermonate nicht unterschreiten.

(2) Das Altersteilzeit-Arbeitsverhältnis endet

a) mit Ablauf des Kalendermonats, in dem der Arbeitnehmer die Altersteilzeit beendet, oder mit Erreichen der für den Arbeitnehmer maßgeblichen gesetzlichen Regelaltersgrenze,

b) mit Ablauf des Kalendermonats vor dem Monat, von dem an der Arbeitnehmer eine der in § 5 Abs. 1 Nr. 2 ATG genannten Leistungen beanspruchen kann,

oder

c) mit Beginn des Kalendermonats, für den der Arbeitnehmer eine der in § 5 Abs. 1 Nr. 3 ATG genannten Leistungen bezieht.

(3) Endet das Altersteilzeit-Arbeitsverhältnis bei Blockzeitmodellen vorzeitig während der Arbeitsphase, so erhält der Arbeitnehmer einen Ausgleich zwischen dem tariflichen Lohn bzw. Tarifgehalt für die erbrachte Arbeitsleistung und den nach § 6 Absätze 1 und 2 einschließlich der Aufstockungsleistungen erbrachten Altersteilzeitleistungen. Wurden bei einer vorzeitigen Beendigung des Altersteilzeit-Arbeitsverhältnisses bereits Aufsto ckungsleistungen von der Bundesagentur für Arbeit nach § 4 Abs. 1 Nr. 1 ATG erstattet oder während der Freistellungsphase deshalb nicht erstattet, weil eine Wiederbesetzung des Arbeitsplatzes nach § 3 Abs. 1 Nr. 2 ATG nicht erfolgte, so erhält der Arbeitnehmer einen Ausgleich zwischen dem tariflichen Lohn bzw. Tarifgehalt für die erbrachte Arbeitsleistung und der Altersteilzeitleistung nach § 6 Abs. 1.

Bei Tod des Arbeitnehmers steht dieser Anspruch seinen Erben zu.

§ 8
Insolvenzschutz und Kündigungsschutz

(1) In der betrieblichen oder einzelvertraglichen Altersteilzeitvereinbarung treffen die Vertragspartner eine Regelung zur Absicherung der Ansprüche des Arbeitnehmers bei Zahlungsunfähigkeit des Arbeitgebers. Eine solche Regelung umfasst den bereits erworbenen und noch nicht erfüllten Anspruch des Arbeitnehmers auf Arbeitsentgelt (§ 6 Abs. 1) für die Freistellungsphase einschließlich des Arbeitgeberanteils am Gesamtsozialversicherungsbeitrag und des Sozialkassenbeitrages, soweit kein Anspruch auf Insolvenzgeld besteht und der Anspruch höher ist als das Dreifache der monatlichen Bezugsgröße gemäß § 18 SGB IV und der vereinbarte Zeitraum, für den Anspruch auf Arbeitsentgelt besteht, 27 Kalendermonate nach dem ersten Lohnabrechnungszeitraum der Arbeitsphase übersteigt. Die Absicherung kann insbesondere durch Bankbürgschaft, Pfandrechte oder Hinterlegung bei einer der Sozialkassen der Bauwirtschaft erfolgen.

(2) Eine betriebsbedingte Kündigung mit Wirkung für einen Zeitpunkt in einer Freistellungsphase ist ausgeschlossen.

§ 8 a

Für Altersteilzeitarbeitsverhältnisse, die nach dem 30. Juni 2004 begonnen werden, gilt anstelle von § 8 Abs. 1 folgende Regelung:

(1) Wird ein Blockzeitmodell nach § 2 Abs. 2 vereinbart, ist der Arbeitgeber verpflichtet, eine Insolvenzsicherung nach § 8 a ATG vorzunehmen. Diese Insolvenzsicherung hat den bereits erworbenen und noch nicht erfüllten Anspruch des Arbeitnehmers auf Arbeitsentgelt (§ 6 Abs. 1) für die Freistellungsphase einschließlich des Arbeitgeberanteils am Gesamtsozialversicherungsbeitrag (Wertguthaben) und des Sozialkassenbeitrages zu umfassen. Diese Insolvenzsicherung ist dem Arbeitnehmer mit der Zahlung des Altersteilzeitentgelts für den ersten Monat der Altersteilzeitarbeit und danach alle sechs Monate schriftlich nachzuweisen. Die Absicherung kann insbesondere durch Bankbürgschaft, Pfandrechte oder Hinterlegung bei einer der Sozialkassen der Bauwirtschaft erfolgen. Bilanzielle Rückstellungen sowie zwischen Konzernunternehmen (§ 18 Aktiengesetz) begründete Einstandspflichten, insbesondere Bürgschaften, Patronatserklärungen oder Schuldbeitritte, gelten nicht als geeignete Sicherungsmittel im Sinne des ATG.

§ 9
Inkrafttreten und Laufdauer

Der Tarifvertrag tritt am 1. April 2000*) in Kraft und kann mit einer Frist von sechs Monaten jeweils zum 31. Dezember, erstmals zum 31. Dezember 2010, gekündigt werden.

Berlin/Frankfurt a. M., den 19. April 2000
Berlin/Frankfurt a. M., den 18. Dezember 2009

Zentralverband des Deutschen Baugewerbes e. V., Kronenstraße 55–58, 10117 Berlin

D u p r é

Hauptverband der Deutschen Bauindustrie e. V., Kurfürstenstraße 129, 10785 Berlin

H e r i n g

Industriegewerkschaft Bauen–Agrar–Umwelt, Olof-Palme-Straße 19, 60439 Frankfurt a. M.

W i e s e h ü g e l S c h ä f e r s

*) Der Änderungstarifvertrag vom 2. Juni 2000 ist am gleichen Tag in Kraft getreten.
Der Änderungstarifvertrag vom 28. Mai 2004 ist am 1. Juli 2004 in Kraft getreten.
Der Änderungstarifvertrag vom 18. Dezember 2009 ist am 31. Dezember 2009 in Kraft getreten.

Rahmentarifvertrag für Leistungslohn im Baugewerbe vom 29. Juli 2005

Zwischen

dem Zentralverband des Deutschen Baugewerbes e. V.
Kronenstraße 55–58, 10117 Berlin,

dem Hauptverband der Deutschen Bauindustrie e. V.
Kurfürstenstraße 129, 10785 Berlin,

und

der Industriegewerkschaft Bauen–Agrar–Umwelt,
Olof-Palme-Straße 19, 60439 Frankfurt a. M.,

wird folgender Tarifvertrag geschlossen:

Präambel

Mit der Umsetzung des Leistungslohnes auf der Grundlage dieses Tarifvertrages kann die Arbeitsorganisation des Betriebes verbessert und damit die Produktivität und Arbeitseffektivität erhöht werden. Ziel ist auch die Einführung eines permanenten Baustellencontrollings, um damit eine Optimierung der Bauabläufe sicherzustellen. Durch eine leistungsgerechte Entlohnung mit der Möglichkeit eines Mehrverdienstes kann darüber hinaus die Motivation der Arbeitnehmer gesteigert werden.

§ 1 Geltungsbereich

(1) Räumlicher Geltungsbereich:

Das Gebiet der Bundesrepublik Deutschland.

(2) Betrieblicher Geltungsbereich:

Betriebe, die unter den betrieblichen Geltungsbereich des Bundesrahmentarifvertrages für das Baugewerbe (BRTV) in der jeweils geltenden Fassung fallen.

(3) Persönlicher Geltungsbereich:

Gewerbliche Arbeitnehmer, die eine nach den Vorschriften des Sechsten Buches Sozialgesetzbuch – Gesetzliche Rentenversicherung – (SGB VI) versicherungspflichtige Tätigkeit ausüben.

§ 2
Allgemeine Bestimmungen

(1) Arbeitgeber und Betriebsrat, sofern kein Betriebsrat besteht, Arbeitgeber und Leistungsgruppe (Kolonne) können im Rahmen einer freiwilligen Vereinbarung die Durchführung von Arbeiten im Leistungslohn vereinbaren. Wird Leistungslohn vereinbart, sind die in diesem Tarifvertrag geregelten Bestimmungen einzuhalten.

Vor Einführung des Leistungslohnes ist den betroffenen Arbeitnehmern das Prinzip des Leistungslohnes und die betriebliche Umsetzung, insbesondere die Ermittlung der Vorgabewerte zu erläutern.

(2) Bei Arbeiten im Leistungslohn ist die zu erbringende Leistung nach Art und Umfang vor Aufnahme der Tätigkeit eindeutig zu bestimmen. Die Bestimmungen der VOB Teil C bilden dabei die Grundlage, soweit nichts anderes vereinbart ist.

Die zu erbringende Leistung soll zusammenhängend ohne Unterbrechungen erbracht werden.

(3) Die Bedingungen der Leistungserbringung, einschließlich der zu Grunde liegenden Vorgabewerte, sind vor Aufnahme der Tätigkeit schriftlich zu vereinbaren.

(4) Die Leistungsgruppe soll hinsichtlich der Altersstruktur und Qualifikation der Arbeitnehmer ausgewogen zusammengesetzt sein. Die Leistungsgruppe hat einen Sprecher zu wählen, der sie in allen den Leistungslohn betreffenden Fragen gegenüber dem Arbeitgeber vertritt.

(5) Für die Zeit der Ausübung der in § 4 Abs. 3 der Lohntarifverträge genannten Tätigkeiten können Arbeiten im Leistungslohn nicht durchgeführt werden, wenn der Arbeitnehmer die in § 4 Abs. 3 der Lohntarifverträge genannten Löhne erhält.

§ 3
Vorgabewerte

(1) Vorgabewerte sind methodisch zu ermitteln. Ermittlungsgrundlage ist die Normalleistung, die von jedem Arbeitnehmer nach Einarbeitung und ohne Gesundheitsschädigung auf Dauer erreicht werden kann. Persönliche Erholungszeiten sowie sachliche Verteilzeiten (z. B. Rüstzeiten) sind zu berücksichtigen.

(2) Grundlage für die betrieblichen Vorgabewerte sind die von den Tarifvertragsparteien anerkannten, nach arbeitswissenschaftlichen Gesichtspunkten erstellten Arbeitszeit-Richtwertetabellen.

(3) Die Ermittlung der betrieblichen Vorgabewerte für die zu erbringende Leistung erfolgt nach einer zwischen Arbeitgeber und Betriebsrat bzw. der Leistungsgruppe festzulegenden Methode.

(4) Die Vereinbarung der objektbezogenen Vorgabewerte erfolgt zwischen Arbeitgeber und dem Sprecher der Leistungsgruppe. Hierbei sind die technische Ausstattung und die örtlichen Gegebenheiten der Baustelle (z. B. Logistik) zu berücksichtigen. Dieser Vereinbarung kann vom Sprecher der Leistungsgruppe, nach Rücksprache mit den Arbeitnehmern der Leistungsgruppe, innerhalb von 5 Arbeitstagen schriftlich widersprochen werden. Den Arbeitnehmern sind die Vorgabewerte und die Leistungsbedingungen vor Beginn der Tätigkeit auszuhändigen. Dies gilt auch für Leistungsänderungen während der Bauausführung.

(5) Tritt ein Arbeitnehmer in eine bestehende Leistungsgruppe ein, so gelten für ihn die festgelegten Leistungsbedingungen; über diese ist er vorab durch den Arbeitgeber zu unterrichten.

§ 4
Leistungsbedingungen und Arbeitsausführung

(1) Der Sprecher der Leistungsgruppe hat alle für die Abrechnung des Leistungslohnes erforderlichen Aufzeichnungen, insbesondere Stundenberichte, Zeitlohn- und Leistungslohnstunden, Aufmaß und Massenermittlungen, zu erstellen und dem Arbeitgeber vorzulegen.

(2) Die auszuführenden Arbeiten müssen sach-, fach- und termingerecht gemäß der vereinbarten Leistungsbeschreibung ausgeführt werden. Mit den zur Verfügung gestellten Maschinen ist sorgsam und mit den Materialien wirtschaftlich umzugehen.

(3) Der Arbeitgeber hat den Leistungsgruppen ausreichend Materialien zum Schutz von Maschinen, Materialien und erbrachter Leistungen bereitzustellen. Sind im größeren Ausmaß Schutzmaßnahmen zu treffen, so sind diese gesondert zu vergüten.

(4) Arbeiten, die in der Leistungsvereinbarung nicht aufgeführt sind, jedoch mit diesen Arbeiten im Zusammenhang stehen, sind mit auszuführen. Liegen für diese Arbeiten keine betrieblichen Vorgabewerte vor, so ist unverzüglich eine Vereinbarung über die entsprechenden Vorgabewerte oder eine Zeitlohnvereinbarung zwischen dem Arbeitgeber und dem Sprecher der Leistungsgruppe zu treffen. Ist dies nicht vor Beginn dieser Arbeiten möglich, so sind die geleisteten Arbeitsstunden gesondert zu dokumentieren.

(5) Ist die Durchführung der Arbeit im Leistungslohn vorübergehend aus Gründen, die der Arbeitnehmer nicht zu vertreten hat, unterbrochen, so hat er für diese Zeit Anspruch auf Zahlung seines Gesamttarifstundenlohnes. Gleiches gilt, wenn der Arbeitgeber oder dessen Bevollmächtigter Arbeitsbereitschaft verlangt. Der Arbeitnehmer ist verpflichtet, andere zumutbare Arbeiten während dieser Zeit auszuführen.

(6) Wird die Durchführung der Arbeit im Leistungslohn durch nicht vorhersehbare äußere Einflüsse wesentlich erschwert oder erleichtert, so sind diese unverzüglich anzuzeigen und die betrieblichen Vorgabewerte den geänderten Verhältnissen für diesen Zeitraum anzupassen.

(7) Werden die Stundenvorgaben über einen Zeitraum von drei Kalendermonaten regelmäßig überschritten, sind die betrieblichen Vorgabewerte zu überprüfen und gegebenenfalls neu zu vereinbaren. Erfolgt hierüber keine Einigung, kann die Leistungslohnvereinbarung nach § 5 fristlos gekündigt werden.

§ 5
Kündigung der Leistungsvereinbarung

Leistungsvereinbarungen können von beiden Seiten nur aus wichtigem Grund ohne Einhaltung einer Frist nach § 626 BGB gekündigt werden. Arbeitgeber und Leistungsgruppe sollen auf den Wegfall des wichtigen Grundes und damit auf die Vermeidung der Kündigung hinwirken. Vor einer Kündigung hat der Kündigende seinem Vertragspartner die Absicht der Kündigung anzuzeigen. Wichtige Gründe können insbesondere sein:

- Einstellung des Bauvorhabens,
- Nichteinhaltung des Arbeitsschutzgesetzes trotz mehrfacher Aufforderung,
- wesentlicher Verstoß gegen die Leistungsvereinbarung, der nicht nach § 4 beseitigt wurde.

§ 6
Lohnabrechnung und Leistungslohnvergütung

(1) Die monatliche Lohnabrechnung erfolgt auf der Grundlage des § 5 BRTV. Die Leistungslohnvergütung erfolgt darüber hinaus auf der Grundlage der betrieblichen Vorgabewerte und der geleisteten Massen nach Maßgabe der folgenden Absätze; sie ist mit der auf die Leistungslohnabrechnung folgenden Lohnabrechnung vorzunehmen.

(2) Die geleisteten Massen sind, soweit nichts anderes vereinbart ist, nach der VOB Teil C gemeinsam mit dem Kolonnensprecher aufzumessen. Das Aufmaß soll möglichst unmittelbar nach Beendigung der Arbeit genommen werden, es ist spätestens am sechsten Arbeitstag nach vollständiger Beendigung der vereinbarten Arbeiten im Leistungslohn abzuschließen.

(3) Die tatsächlich geleisteten Arbeitsstunden (Ist-Stunden) sind festzustellen und mit den Stundenvorgaben (Soll-Stunden) zu vergleichen.

(4) War die Anzahl der Ist-Stunden geringer als die Anzahl der Soll-Stunden (Unterschreitung der Stundenvorgaben), wird die Differenz als Plus-Stunden den an der Baumaßnahme beteiligten Arbeitnehmern entsprechend ihrem arbeitszeitlichen Anteil an der Baumaßnahme vergütet.

(5) War die Anzahl der Ist-Stunden höher als die Anzahl der Soll-Stunden (Überschreitung der Stundenvorgaben), wird die Differenz als Minus-Stunden den an der Baumaßnahme beteiligten Arbeitnehmern entsprechend ihrem arbeitszeitlichen Anteil an der Baumaßnahme mit 50 v. H. ihres Gesamttarifstundenlohnes vergütet. Der Arbeitnehmer erhält jedoch mindestens 90 v. H. seiner in diesem Lohnabrechnungszeitraum für die

tarifliche Arbeitszeit zu beanspruchenden Vergütung bzw. bei betrieblicher Arbeitszeitverteilung (§ 3 Nr. 1.4 BRTV) seines Monatslohnes. Die Mindestlohnbestimmungen sind einzuhalten.

(6) Jeder Arbeitnehmer hat nach Abschluss einer Baumaßnahme Anspruch auf eine individuelle Leistungslohnabrechnung, aus der sich die für die jeweilige Baumaßnahme vereinbarten Soll-Stunden, die festgestellten Ist-Stunden und sein persönlicher Leistungslohnanteil ergeben.

§ 7
Mängelrüge und Mängelbeseitigung

(1) Arbeiten im Leistungslohn unterliegen bis zu ihrer Fertigstellung der laufenden Kontrolle des Arbeitgebers.

(2) Sofern und soweit die Arbeiten nicht sach- und fachgerecht ausgeführt wurden, hat der Arbeitgeber Mängel unverzüglich zu rügen. Die Mängelrüge ist mit der Aufforderung zu verbinden, die Mängel zu beseitigen.

Die Rüge ist nach 10 Arbeitstagen ausgeschlossen, gerechnet von dem Zeitpunkt, an dem der Mangel vom Arbeitgeber erkannt wurde oder hätte erkannt werden können.

Das Rügerecht bei versteckten Mängeln entfällt, wenn seit der Fertigstellung der Arbeit oder einer in sich abgeschlossenen Teilleistung mehr als ein Jahr verstrichen ist. Dies gilt nicht, wenn der Mangel auf eine vorsätzliche Handlung des Arbeitnehmers oder der Leistungsgruppe zurückzuführen ist.

Mit dem Ausschluss des Rügerechts erlischt der Anspruch auf Mängelbeseitigung und Schadensersatz.

(3) Bei Meinungsverschiedenheiten zwischen dem Arbeitgeber und dem Arbeitnehmer oder der Leistungsgruppe über die Frage, ob die Arbeiten sach- und fachgerecht ausgeführt wurden, haben die Beteiligten unter Hinzuziehung eines Mitglieds der Betriebsvertretung eine gemeinsame Baustellenbesichtigung zum Zwecke der Feststellung des Zustandes der Arbeit vorzunehmen. Der Arbeitnehmer bzw. der Bevollmächtigte der Leistungsgruppe ist vom Arbeitgeber unter Einhaltung einer angemessenen Frist und unter Angabe der Beanstandungen schriftlich einzuladen. Bei der Baustellenbesichtigung ist über den tatsächlichen Zustand der Arbeiten ein Protokoll anzufertigen. Nimmt einer der Beteiligten ohne zwingenden Grund an der Baustellenbesichtigung nicht teil, so ist er dennoch an die getroffenen tatsächlichen Feststellungen gebunden.

(4) Mängel sind durch einwandfreie Nacharbeit vom Arbeitnehmer oder von der Leistungsgruppe innerhalb einer angemessenen Frist ohne Vergütung und unter Übernahme der Selbstkosten für zusätzliches Material zu beheben. Mit der Mängelbeseitigung ist in der Regel innerhalb von fünf Arbeitstagen nach Zugang der Aufforderung zur Mängelbeseitigung, in den Fällen des Abs. 3 nach Klärung der Meinungsverschiedenheiten zu beginnen.

(5) Werden die Mängel vom Arbeitnehmer oder der Leistungsgruppe nicht beseitigt, wird insbesondere mit der Mängelbeseitigung nicht fristgerecht begonnen oder werden die Arbeiten nicht in einer angemessenen Frist durchgeführt, so kann der Arbeitgeber die Mängelbeseitigung vornehmen und die dafür aufgewendeten Kosten dem Arbeitnehmer bzw. der Leistungsgruppe berechnen.

Als Kosten werden berechnet:

a) tatsächlicher Lohnaufwand zuzüglich eines angemessenen Zuschlags für lohngebundene Kosten,

b) tatsächlicher Stoffaufwand zu Einstandspreisen (frei Baustelle).

Weitergehende Schadensersatzansprüche bleiben unberührt.

§ 8
Haftung

(1) Jedes Mitglied der Leistungsgruppe haftet gegenüber dem Arbeitgeber für die Erfüllung der Verpflichtungen der Leistungsgruppe aus der Leistungsvereinbarung, insbesondere für die sach- und fachgerechte Ausführung der gesamten Arbeit.

Die Mitglieder der Leistungsgruppe haften für den Ersatz eines von der Leistungsgruppe verursachten Schadens anteilmäßig.

Die Haftung eines Mitgliedes der Leistungsgruppe entfällt in allen Fällen insoweit, als es den Nachweis erbringt, dass es die Verletzung der Verpflichtungen aus der Leistungsvereinbarung, insbesondere die nicht sach- und fachgerechte Arbeit bzw. den Schaden weder verursacht noch verschuldet hat noch den Umständen nach weder verursacht noch verschuldet haben kann.

(2) Wird die Leistungsgruppe nach Festlegung der Leistungsbedingungen und nach Beginn der Arbeit durch weitere Arbeitnehmer ergänzt oder werden Mitglieder der Gruppe durch andere Arbeitnehmer ersetzt, so haften die neu in die Gruppe eintretenden Mitglieder für die ordnungsgemäße Erfüllung der Leistungsvereinbarung und für den Ersatz des von der Leistungsgruppe verursachten Schadens in gleicher Weise wie die anderen Mitglieder der Leistungsgruppe, wenn nach ihrem Eintritt in die Gruppe die mangelhafte Leistung erbracht bzw. der Schaden verursacht worden ist.

(3) Scheiden einzelne Mitglieder der Leistungsgruppe vor Beendigung der Leistungsvereinbarung aus der Gruppe oder aus dem Betrieb aus oder scheidet die gesamte Gruppe aus dem Betrieb aus, ohne dazu aus wichtigem Grund berechtigt zu sein, so haftet jedes Mitglied gleichwohl in dem in Abs. 1 festgelegten Umfang für eine ordnungsgemäße Erfüllung der Leistungsvereinbarung und für den von der Leistungsgruppe verursachten Schaden. Die Schadensersatzpflicht besteht nur, soweit der Schaden vor dem Ausscheiden aus der Gruppe oder dem Betrieb verursacht worden ist.

Das Gleiche gilt für Arbeitnehmer, die die Arbeit in der Leistungsgruppe unterbrechen, ohne dazu aus wichtigem Grund berechtigt zu sein.

Ansprüche dieser ausscheidenden oder die Arbeit unterbrechenden Arbeitnehmer auf Stunden-Überschüsse verfallen zugunsten der Leistungsgruppe.

Entstehen durch das Ausscheiden oder die Unterbrechung der Arbeit Mehraufwendungen, so haftet jeder dieser Arbeitnehmer hierfür in vollem Umfang.

(4) Gibt ein Mitglied der Leistungsgruppe die Arbeit in der Gruppe auf oder unterbricht es sie, weil dies gesetzlich vorgeschrieben oder tarifvertraglich bestimmt ist oder weil ihm die Fortsetzung der Arbeit nicht zuzumuten ist, so haftet es in dem in Abs. 1 festgelegten Umfang für die bis dahin erbrachte mangelhafte Leistung und für den Ersatz des bis dahin von der Leistungsgruppe verursachten Schadens.

§ 9
Arbeitszeit

Es gilt die Arbeitszeitregelung des § 3 BRTV. Über die Verteilung der Arbeitszeit kann die Leistungsgruppe unter Berücksichtigung des Arbeitsablaufes nach Rücksprache mit dem Arbeitgeber entscheiden.

§ 10
Prämienlohn

Als eine andere Form des Leistungslohnes kann auch ein Prämienlohn vereinbart werden, der als eine von der Leistung abhängige Vergütung (Leistungsprämie) neben dem Zeitlohn oder neben der Leistungslohnvergütung nach § 6 gezahlt wird. Die Ausgestaltung des Prämienlohnes ist betrieblich zu vereinbaren.

Für Arbeiten im Prämienlohn gelten die Bestimmungen dieses Tarifvertrages, soweit sie auf die Bedingungen der Prämienlohnarbeit anwendbar sind.

§ 11
Beilegung von Streitigkeiten

(1) Kommt es im Betrieb zu keiner Einigung über die Einführung von Leistungslohn, so können die bezirklichen Organisationsvertreter beider Tarifvertragsparteien hinzugezogen werden, um eine Einigung zu erzielen.

(2) Die bezirklichen Organisationen können zur Regelung auftretender Streitigkeiten aus der Arbeit im Leistungslohn Schlichtungsstellen bilden.

§ 12
Durchführung des Vertrages

(1) Die Tarifvertragsparteien verpflichten sich, ihren Einfluss zur Durchführung und Aufrechterhaltung dieses Tarifvertrages einzusetzen.

(2) Die Tarifvertragsparteien dürfen inhaltlich abweichende Bestimmungen mit anderen Organisationen oder einzelnen Arbeitgebern nicht vereinbaren.

(3) Das Recht zum Abschluss von Bezirkstarifverträgen über Leistungslohn bleibt in den Tarifgebieten und für die fachlichen Tarifbereiche, in denen bei Inkrafttreten dieses Tarifvertrages bereits Tarifverträge über Leistungslohn bestehen, unberührt; diese oder später abzuschließende Tarifverträge sollen mit Ausnahme der Regelung von Akkordsätzen den Grundsätzen dieses Tarifvertrages angeglichen werden.

§ 13
Inkrafttreten und Laufdauer

Dieser Tarifvertrag tritt am 1. September 2005 in Kraft. Er kann mit einer Frist von sechs Monaten jeweils zum 31. Dezember, erstmals zum 31. Dezember 2006, gekündigt werden.

Berlin/Frankfurt a. M., den 29. Juli 2005

Zentralverband des
Deutschen Baugewerbes e. V.,
Kronenstraße 55–58,
10171 Berlin

Dupré

Hauptverband der
Deutschen Bauindustrie e. V.,
Kurfürstenstraße 129,
10785 Berlin

Bauer

Industriegewerkschaft Bauen–Agrar–Umwelt,
Olof-Palme-Straße 19, 60439 Frankfurt a. M.

Wiesehügel Laux

Urlaubsregelung für die gewerblichen Arbeitnehmer im Baugewerbe in Bayern vom 28. September 2018

Zwischen

dem Bayerischen Bauindustrieverband e.V.,
Oberanger 32, 80331 München,

dem Verband Baugewerblicher Unternehmer Bayerns e.V.,
Bavariaring 31, 80336 München,

dem Verband der Zimmerer- und Holzbauunternehmer in Bayern e.V.,
Eisenacher Straße 17, 80804 München

einerseits und

der Industriegewerkschaft Bauen-Agrar-Umwelt,
Olof-Palme-Straße 19, 60439 Frankfurt a. M.

andererseits

wird folgender Tarifvertrag geschlossen:

§ 1
Geltungsbereich

1. Räumlicher Geltungsbereich:

Das Gebiet des Freistaates Bayern.

2. Betrieblicher Geltungsbereich:

Alle Betriebe mit Betriebssitz im Gebiet des Freistaates Bayern, die unter den betrieblichen Geltungsbereich des Bundesrahmentarifvertrages für das Baugewerbe vom 28. September 2018 in der jeweils geltenden Fassung fallen.

3. Persönlicher Geltungsbereich:

Gewerbliche Arbeitnehmer (Arbeiter), die eine nach den Vorschriften des Sechsten Buches Sozialgesetzbuch – Gesetzliche Rentenversicherung – (SGB VI) versicherungspflichtige Tätigkeit ausüben.

§ 2
Urlaubsanspruch und Urlaubsdauer

1. Der Arbeitnehmer hat in jedem Kalenderjahr (Urlaubsjahr) Anspruch auf 30 Arbeitstage bezahlten Erholungsurlaub.
2. Für Schwerbehinderte im Sinne der gesetzlichen Bestimmungen erhöht sich der Urlaub um 5 Arbeitstage.
3. Samstage gelten nicht als Arbeitstage.
4. Die Urlaubsdauer richtet sich nach den in Betrieben des Baugewerbes zurückgelegten Beschäftigungstagen.
5. Erkrankt der Arbeitnehmer während des Urlaubs, so werden die durch ärztliches Zeugnis nachgewiesenen Tage der Arbeitsunfähigkeit auf den Urlaub nicht angerechnet. Der Arbeitnehmer hat sich jedoch nach terminmäßigem Ablauf seines Urlaubs oder, falls die Krankheit länger dauert, nach deren Beendigung dem Betrieb zur Arbeitsleistung zur Verfügung zu stellen. Der Antritt des restlichen Urlaubs ist nach Maßgabe des § 4 Ziff. 1 festzulegen.

§ 3
Ermittlung der Urlaubsdauer

1. Bei Urlaubsantritt sind die dem Arbeitnehmer zustehenden vollen Urlaubstage (§ 2) nach Maßgabe der Beschäftigungstage zu ermitteln.
2. Der Arbeitnehmer erwirbt nach jeweils 12 – als Schwerbehinderter nach jeweils 10,3 – Beschäftigungstagen Anspruch auf 1 Tag Urlaub.
3. Beschäftigungstage sind alle Kalendertage des Bestehens von Arbeitsverhältnissen in Betrieben des Baugewerbes während des Urlaubsjahres. Ausgenommen hiervon sind
   - Tage, an denen der Arbeitnehmer der Arbeit unentschuldigt ferngeblieben ist und
   - Tage unbezahlten Urlaubs, wenn dieser länger als 14 Kalendertage gedauert hat.
4. Volle Beschäftigungsmonate sind zu 30 Beschäftigungstagen zu zählen; die Beschäftigungstage eines angefangenen Beschäftigungsmonats sind auszuzählen.
5. Bei Beendigung des Arbeitsverhältnisses sind die während seiner Dauer zurückgelegten Beschäftigungstage zu ermitteln.
6. Die für bereits gewährten Urlaub berücksichtigten Beschäftigungstage sind verbraucht.
7. Zum Ende des Urlaubsjahres sind aus den unverbrauchten Beschäftigungstagen die Resturlaubsansprüche zu errechnen; Bruchteile von Urlaubstagen sind auf volle Urlaubstage kaufmännisch zu runden. Die Resturlaubsansprüche sind in das folgende Kalenderjahr zu übertragen.

§ 4
Urlaubsantritt

1. Der Zeitpunkt des Urlaubsantritts ist unter Berücksichtigung der Wünsche des Arbeitnehmers und der Bedürfnisse des Betriebes vom Arbeitgeber unter Beachtung des Mitbestimmungsrechts des Betriebsrates festzulegen. Bei der Urlaubsgewährung darf keine Teilung des Urlaubs erfolgen, die den Erholungszweck gefährdet.
2. Nimmt der Arbeitnehmer Urlaub, so ist der aus dem Vorjahr übertragene Resturlaub vor dem im laufenden Kalenderjahr erworbenen Urlaub zu gewähren.

§ 5
Urlaubsvergütung

1. Der Arbeitnehmer erhält für den Urlaub gemäß § 2 eine Urlaubsvergütung.

   Die Urlaubsvergütung beträgt 14,25 v.H., bei Schwerbehinderten im Sinne der gesetzlichen Bestimmungen 16,63 v.H. des Bruttolohnes.

   Die Urlaubsvergütung besteht aus dem Urlaubsentgelt in Höhe von 11,4 v.H. – bei Schwerbehinderten in Höhe von 13,3 v.H. – des Bruttolohnes und dem zusätzlichen Urlaubsgeld.

   Das zusätzliche Urlaubsgeld beträgt 25 v.H. des Urlaubsentgelts. Es kann auf betrieblich gewährtes zusätzliches Urlaubsgeld angerechnet werden.
2. Bruttolohn ist

   a) der für die Berechnung der Lohnsteuer zugrunde zu legende und in die Lohnsteuerbescheinigung einzutragende Bruttoarbeitslohn einschließlich der Sachbezüge, die nicht pauschal nach § 40 EStG versteuert werden,

   b) der nach §§ 40a, 40b und 52 Abs. 52a EStG pauschal zu versteuernde Bruttoarbeitslohn mit Ausnahme des Beitrags für die tarifliche Zusatzversorgung der Arbeitnehmer (§ 15 Abs. 1 Satz 2, Abs. 2 Satz 2, Abs. 3 Satz 2 und 4 sowie Abs. 6 des Tarifvertrages über das Sozialkassenverfahren im Baugewerbe – VTV –), des Arbeitgeberanteils an der Finanzierung der Tariflichen Zusatzrente (§ 2 Abs. 1 bis 5 des Tarifvertrages über eine Zusatzrente im Baugewerbe) sowie des Beitrages zu einer Gruppen-Unfallversicherung.

   Zum Bruttolohn gehören nicht das tarifliche 13. Monatseinkommen oder betriebliche Zahlungen mit gleichem Charakter (z.B. Weihnachtsgeld, Jahressonderzahlung), Urlaubsabgeltungen gemäß § 7 und Abfindungen, die für die Beendigung des Arbeitsverhältnisses gezahlt werden.

   Für Arbeitnehmer, die nicht dem deutschen Lohnsteuerrecht unterliegen, wird der Berechnung der Urlaubsvergütung der Lohn einschließlich der Sachbezüge zugrunde gelegt, der nach Satz 1 bei Geltung des deutschen Steuerrechts unter Berücksichtigung von Satz 2 den Bruttolohn bildet.

3. Die Urlaubsvergütung für teilweise geltend gemachten Urlaub wird berechnet, indem die gemäß Ziff. 1 errechnete Urlaubsvergütung durch die Summe der gemäß § 3 ermittelten Urlaubstage geteilt und mit der Zahl der beanspruchten Urlaubstage vervielfacht wird.
4. Die Urlaubsvergütung ist mit dem Anspruch auf den Lohn fällig, bei monatlicher Lohnabrechnung spätestens bis zum 15. des Monats, der auf den Monat folgt, für den die Urlaubsvergütung und der Lohn zu zahlen sind.
5. Am Ende des Urlaubsjahres sind Restansprüche auf Urlaubsvergütung in das folgende Kalenderjahr zu übertragen.

§ 6
Mindesturlaubsvergütung

1. Für jede Ausfallstunde wegen unverschuldeter Arbeitsunfähigkeit infolge von Krankheit, für die kein Lohnanspruch bestand, erhöht sich die nach § 5 Ziff. 1 errechnete Urlaubsvergütung um 14,25 v.H. des zuletzt nach § 6 Abs. 1 Satz 1 Nr. 1 VTV gemeldeten Bruttolohnes.
2. Für jede Ausfallstunde in dem Zeitraum vom 1. Dezember bis 31. März, für die der Arbeitnehmer Saison-Kurzarbeitergeld bezieht, erhöht sich die nach § 5 Ziff. 1 errechnete Urlaubsvergütung nach Ablauf dieses Zeitraumes um 14,25 v.H. des zuletzt nach § 6 Abs. 1 Satz 1 Nr. 1 VTV gemeldeten Bruttolohnes. Dabei bleiben die ersten 90 Ausfallstunden mit Bezug von Saison-Kurzarbeitergeld unberücksichtigt.
3. § 7 Ziff. 2 Satz 2 findet auf die Ansprüche nach Ziff. 1 und Ziff. 2 keine Anwendung. § 9 findet auf die Ansprüche nach Ziff. 1 keine Anwendung.

§ 7
Urlaubsabgeltung

1. Der Arbeitnehmer hat nur dann einen Anspruch auf Urlaubsabgeltung in Höhe der Urlaubsvergütung, wenn er
   a) länger als drei Monate nicht mehr in einem Arbeitsverhältnis zu einem von diesem Tarifvertrag erfassten Betrieb gestanden hat, ohne arbeitslos zu sein,
   b) länger als drei Monate nicht mehr in einem Arbeitsverhältnis zu einem von diesem Tarifvertrag erfassten Betrieb gestanden hat und berufsunfähig oder auf nicht absehbare Zeit außerstande ist, seinen bisherigen Beruf im Baugewerbe auszuüben,
   c) Altersrente oder Rente wegen voller oder teilweiser Erwerbsminderung bezieht, nachdem sein Arbeitsverhältnis geendet hat,
   d) in ein Angestellten- oder Ausbildungsverhältnis zu einem Betrieb des Baugewerbes überwechselt,

e) als Gelegenheitsarbeiter, Werkstudent, Praktikant oder in ähnlicher Weise beschäftigt war und das Arbeitsverhältnis vor mehr als drei Monaten beendet wurde,

f) nicht mehr von diesem Tarifvertrag erfasst wird, ohne dass sein Arbeitsverhältnis endet, und er nicht innerhalb von drei Monaten erneut von diesem Tarifvertrag erfasst wird.

2. Der Anspruch auf Urlaubsabgeltung richtet sich gegen die Kasse. Dieser Anspruch ist nur zu erfüllen, soweit Beiträge für die Urlaubsansprüche des jeweiligen Urlaubsjahres bereits geleistet worden sind oder bis zum Ablauf des Kalenderjahres nachentrichtet werden und nicht für die Erstattung von Urlaubsvergütungen verwendet worden oder zum Ausgleich für geleistete Erstattungen zu verwenden sind. §§ 366, 367 BGB finden keine Anwendung.

§ 8
Verfallfristen

1. Die Urlaubsansprüche und die Urlaubsabgeltungsansprüche verfallen mit Ablauf des Kalenderjahres, das auf das Jahr der Entstehung der Urlaubsansprüche folgt; die entsprechenden Ansprüche für Ausfallstunden wegen unverschuldeter Arbeitsunfähigkeit infolge von Krankheit gemäß § 6 Ziff. 1 verfallen jedoch erst nach Ablauf von weiteren drei Monaten. § 14 BRTV ist ausgeschlossen.

2. Der Anspruch des Arbeitgebers auf Erstattung der Bruttourlaubsvergütung gemäß dem Tarifvertrag über das Sozialkassenverfahren im Baugewerbe (VTV) vom 28. September 2018 in seiner jeweils gültigen Fassung erlischt, wenn er nicht bis zum 30. September des Kalenderjahres geltend gemacht worden ist, welches auf das Kalenderjahr folgt, in dem der Erstattungsanspruch entstanden ist, im Falle der Beendigung des Arbeitsverhältnisses jedoch bereits am 15. des zweiten auf den Monat der Beendigung folgenden Monats. Wird dieser Anspruch nicht fristgerecht geltend gemacht, verfällt er zugunsten der Urlaubskasse.

§ 9
Entschädigung durch die Urlaubskasse

Nach Verfall der Urlaubsansprüche oder Urlaubsabgeltungsansprüche hat der Arbeitnehmer innerhalb eines weiteren Kalenderjahres Anspruch auf Entschädigung gegenüber der Kasse in Höhe der Urlaubsvergütung, soweit Beiträge für die Urlaubsansprüche des jeweiligen Urlaubsjahres bereits geleistet worden sind. Dieser Anspruch besteht auch dann, wenn bis zum Ablauf von vier Kalenderjahren nach dem Verfall Beiträge nachentrichtet werden und nicht für die Erstattung von Urlaubsvergütungen bzw. die Zahlung von Urlaubsabgeltungen verwendet worden oder zum Ausgleich für geleistete Erstattungen zu verwenden sind. §§ 366, 367 BGB finden keine Anwendung.

§ 10
Ansprüche bei Tod des Arbeitnehmers

Bei Tod des Arbeitnehmers gehen dessen Ansprüche auf Urlaubsvergütung, Urlaubsabgeltung oder Entschädigung auf den Erben über; auch der Urlaubsvergütungsanspruch richtet sich gegen die Kasse.

§ 11
Urlaub für volljährige Arbeitnehmer im Auslernjahr

1. Bei der Ermittlung der Urlaubsdauer für Arbeitnehmer, die spätestens am 1. Januar des Urlaubsjahres das 18. Lebensjahr vollendet haben und in diesem Jahr Auszubildende in einem Betrieb des Baugewerbes waren, gelten die Tage des Bestehens des Ausbildungsverhältnisses im Urlaubsjahr als Beschäftigungstage. Im Urlaubsjahr während des Ausbildungsverhältnisses entstandener und gewährter Urlaub ist auf die Urlaubsdauer anzurechnen.
2. Bei der Ermittlung der Urlaubsdauer für volljährige Arbeitnehmer im Sinne des Abs. 1, die im Vorjahr aus einem Ausbildungsverhältnis zu einem Betrieb des Baugewerbes ausgeschieden sind und deren Arbeitsverhältnis im Urlaubsjahr bis spätestens zum 1. Juli begründet worden ist, gelten die Tage des Bestehens des Ausbildungsverhältnisses im Vorjahr als Beschäftigungstage. Im Vorjahr während des Ausbildungsverhältnisses entstandener und gewährter Urlaub ist auf die Urlaubsdauer anzurechnen.
3. Für die Urlaubstage gemäß Ziff. 1 bemisst sich das Urlaubsentgelt nach dem durchschnittlichen Arbeitsverdienst, den der Arbeitnehmer in den letzten dreizehn Wochen vor dem Beginn des Urlaubs erhalten hat. Bei Verdiensterhöhungen nicht nur vorübergehender Natur, die während des Berechnungszeitraumes oder des Urlaubs eintreten, ist von dem erhöhten Verdienst auszugehen. Verdienstkürzungen, die im Berechnungszeitraum infolge von Kurzarbeit, Arbeitsausfällen oder unverschuldeter Arbeitsversäumnis eintreten, bleiben für die Berechnung des Urlaubsentgeltes außer Betracht (§ 11 des Bundesurlaubsgesetzes). Mit dem Urlaubsentgelt ist das zusätzliche Urlaubsgeld gemäß § 5 Ziff. 1 auszuzahlen. Es kann auf betrieblich gewährtes zusätzliches Urlaubsgeld angerechnet werden. Das Urlaubsentgelt und das zusätzliche Urlaubsgeld sind mit dem Anspruch auf den Lohn fällig. Im Übrigen gelten die §§ 5 und 6 nicht.
4. Am Ende des Urlaubsjahres sind die Resturlaubsansprüche nach Maßgabe des § 3 Ziff. 7 auf das folgende Kalenderjahr zu übertragen. Die Vergütung für die Resturlaubsansprüche ist zum Ende des Urlaubsjahres nach Maßgabe der Ziff. 3 zu berechnen und auf das folgende Kalenderjahr zu übertragen.

§ 12
Urlaub für jugendliche Arbeitnehmer

1. Der Urlaub von Arbeitnehmern, die am 1. Januar des Urlaubsjahres das 18. Lebensjahr noch nicht vollendet haben, beträgt 30 Arbeitstage. Für das Urlaubsentgelt und für das zusätzliche Urlaubsgeld gilt § 11 Ziff. 3. Im Übrigen gelten die gesetzlichen Bestimmungen.
2. Am Ende des Urlaubsjahres sind die Resturlaubsansprüche der Arbeitnehmer, die am 1. Januar des Folgejahres 18 Jahre alt sind, auf dieses zu übertragen. Die Vergütung für die Resturlaubsansprüche ist zum Ende des Urlaubsjahres nach Maßgabe des § 11 Ziff. 3 zu berechnen und auf das folgende Kalenderjahr zu übertragen.

§ 13
Urlaub bei Altersteilzeit

1. Der Urlaubsanspruch richtet sich auch während der Altersteilzeit nach den vorstehenden Bestimmungen. Sämtlicher dem Arbeitnehmer bis zum Beginn der Altersteilzeit zustehender Urlaub ist vor Eintritt in die Altersteilzeit zu gewähren und zu nehmen. Kann der Urlaub aus zwingenden Gründen ganz oder teilweise nicht mehr gewährt werden, so ist er abweichend von § 7 durch den Arbeitgeber abzugelten.
2. Vereinbaren Arbeitnehmer und Arbeitgeber wechselnde Phasen von Monaten der Arbeitsleistung (Arbeitsphase) und Monaten der Freistellung von der Arbeitsleistung (Freistellungsphase), so gelten für den Urlaubsanspruch in der Freistellungsphase folgende Regelungen:
   a) Alle Kalendertage während des Bestehens des Altersteilzeitarbeitsverhältnisses – auch während der Freistellungsphase – gelten als Beschäftigungstage gemäß § 3.
   b) Im ersten Kalendermonat der Freistellungsphase ist die Urlaubsvergütung für den noch nicht verfallenen Urlaubsanspruch aus der Arbeitsphase auszuzahlen. Im letzten Kalendermonat der Freistellungsphase, spätestens in jedem sechsten Kalendermonat der Freistellungsphase (Auszahlungsmonat), ist die bis zum Ablauf des fünften Kalendermonats der Freistellungsphase erworbene Urlaubsvergütung vom Arbeitgeber an den Arbeitnehmer auszuzahlen. Mit der Auszahlung der Urlaubsvergütung gilt der Urlaub als gewährt. Für die im Auszahlungsmonat als gewährt geltenden Urlaubstage besteht kein Anspruch auf Arbeitsentgelt für die Altersteilzeitarbeit.

§ 14
Abtretungsverbot

Die Abtretung unmittelbarer Ansprüche der Arbeitnehmer gegen die Urlaubskasse ist nur mit deren Zustimmung zulässig.

§ 15
Aufbringung der Mittel

Die als gemeinsame Einrichtung der Tarifvertragsparteien bestehende „Gemeinnützige Urlaubskasse des bayerischen Baugewerbes e. V." hat insbesondere die Aufgabe, die Urlaubsvergütung aus Mitteln zu sichern, die durch Beiträge aufgebracht werden. Der Arbeitgeber hat die zur Sicherung der Urlaubsvergütung notwendigen Mittel durch einen Beitrag, der in einem Prozentsatz der Bruttolohnsumme (das ist die Summe der Bruttoarbeitslöhne im Sinne von § 5 Ziff. 2) in einem besonderen Tarifvertrag festgelegt wird, aufzubringen.

Der Arbeitgeber hat diesen Beitrag an die Kasse abzuführen. Die Urlaubskasse hat das unmittelbare Recht, den Beitrag zu fordern. Für die Einzahlung, Verwaltung und Auszahlung der Urlaubsvergütung gelten die Bestimmungen des Tarifvertrages über das Sozialkassenverfahren im Baugewerbe (VTV) vom 28. September 2018 in der jeweils gültigen Fassung.

§ 16
Erfüllungsort und Gerichtsstand

Erfüllungsort und Gerichtsstand für Ansprüche der Urlaubskasse gegen Arbeitgeber und Arbeitnehmer sowie für Ansprüche der Arbeitgeber und Arbeitnehmer gegen die Urlaubskasse ist München. Das gilt nicht für Beitragsforderungen der Urlaubskasse gegen Arbeitgeber. Insoweit ist Erfüllungsort und Gerichtsstand Wiesbaden.

§ 17
Vertragsdauer

Dieser Tarifvertrag tritt am 1. Januar 2019 in Kraft. Mit Inkrafttreten dieses Tarifvertrages tritt der Tarifvertrag vom 21. November 1983 in der Fassung vom 26. September 1984, 3. Mai 1988, 22. Dezember 1989, 19. Mai 1992, 13. November 1992, 23. Juni 1995, 30. November 1995, 18. Dezember 1996, 9. Juni 1997, 13. November 1998, 9. April 1999, 26. Mai 1999, 30. Juni 1999, 20. Dezember 1999, 1. Dezember 2000, 15. Mai 2001, 29. Juli 2005, 19. Mai 2006, 20. August 2007, 17. Dezember 2012, 5. Juni 2014 und 10. Dezember 2014 außer Kraft.

Er kann mit einer Frist von sechs Monaten jeweils zum 31. Dezember schriftlich gekündigt werden.

München, den 28. September 2018

Bayerischer Bauindustrieverband e.V.
Oberanger 32, 80331 München
Schmölzl Schmid

Verband baugewerblicher Unternehmer Bayerns e.V.
Bavariaring 31, 80336 München
Goebel Demharter

Verband der Zimmerer und Holzbauunternehmer in Bayern e.V.
Eisenacher Straße 17, 80804 München
Aicher Habla

Industriegewerkschaft Bauen-Agrar-Umwelt
Olof-Palme-Straße 19, 60439 Frankfurt a. M.
Feiger Schäfers

Tarifvertrag für das feuerungstechnische Gewerbe vom 13. Dezember 2000

in der Fassung vom 4. Juli 2002, 4. Juni 2003, 23. Mai 2009 und 16. November 2012

Zwischen

dem Zentralverband des Deutschen Baugewerbes e. V.,
Kronenstraße 55–58, 10117 Berlin,

dem Hauptverband der Deutschen Bauindustrie e. V.,
Kurfürstenstraße 129, 10785 Berlin,

und

der Industriegewerkschaft Bauen – Agrar – Umwelt,
Olof-Palme-Straße 19, 60439 Frankfurt a. M.,

wird folgender Tarifvertrag geschlossen:

§ 1
Geltungsbereich

(1) Räumlicher Geltungsbereich:

Das Gebiet derjenigen Länder der Bundesrepublik Deutschland und des Landes Berlin, in denen das Grundgesetz vor dem 3. Oktober 1990 galt.

(2) Betrieblicher Geltungsbereich:

Betriebe des Feuerungs-, Ofen- und Schornsteinbaues.

(3) Persönlicher Geltungsbereich:

Erfasst werden

1. gewerbliche Arbeitnehmer (Arbeiter),
2. zur Ausbildung für den Beruf eines Arbeiters Beschäftigte,

die eine nach den Vorschriften des Sechsten Buches Sozialgesetzbuch – Gesetzliche Rentenversicherung – (SGB VI) versicherungspflichtige Tätigkeit ausüben.

§ 2
Anwendung des BRTV und des BBTV

Soweit im Folgenden nichts anderes vereinbart ist, gelten die Bestimmungen des Bundesrahmentarifvertrages für das Baugewerbe (BRTV) und des Tarifvertrages über die Berufsbildung im Baugewerbe (BBTV) in der jeweils geltenden Fassung.

§ 3
Eignungsuntersuchung

1. Der Arbeitgeber hat dafür zu sorgen, dass ein neu eingestellter Arbeitnehmer, der innerhalb der letzten zwei Jahre nicht auf seine Eignung für das feuerungstechnische Gewerbe arbeitsmedizinisch untersucht worden ist, unverzüglich dem arbeitsmedizinischen Dienst gemeldet wird, damit er, möglichst innerhalb von vier Wochen, untersucht wird.
2. Der Arbeitnehmer hat die Bescheinigung mit dem Ergebnis der Untersuchung dem Arbeitgeber zu übergeben.

§ 4
Zuschläge

§ 3 BRTV – Arbeitszeit – Nr. 6 – Zuschläge – wird durch folgende Regelung ersetzt:

1. Höhe der Zuschläge

Für Überstunden (Mehrarbeit), Nachtarbeit, für Arbeit an Sonntagen, gesetzlichen Feiertagen und am 24. und 31. Dezember (Heiligabend und Silvester) sind folgende Zuschläge zu zahlen:

1.1	für Überstunden (Mehrarbeit),	25 v. H.,
1.2	für Nachtarbeit,	20 v. H.,
1.3	für Arbeit an Sonntagen, auf die kein gesetzlicher Feiertag fällt,	75 v. H.,
1.4	für Arbeit an Heiligabend oder an Silvester, auch wenn diese auf einen Sonntag fallen,	75 v. H.,
1.5	für Arbeit an gesetzlichen Feiertagen, auch wenn diese auf einen Sonntag fallen, sowie am Oster- und Pfingstsonntag,	200 v. H.,
1.6	für Arbeit an gesetzlichen Feiertagen, wenn diese auf einen Samstag fallen,	150 v. H.,

des Gesamttarifstundenlohnes zuzüglich des Feuerungsbauzuschlags.

2. Zusammentreffen mehrerer Zuschläge

Fallen mehrere Zuschläge an, sind alle Zuschläge nebeneinander zu zahlen.

§ 5
Lohngruppen und Feuerungsbauzuschläge

1. Abweichend von § 5 Nr. 3 BRTV werden die Lohngruppen im feuerungstechnischen Gewerbe wie folgt festgelegt:

1.1 Feuerungs- und Ofenbau

Lohngruppe 6:	Feuerungs- und Ofenbau-Werkpolier und Ofenwärter im Feuerungsbau
Lohngruppe 5:	Feuerungs- und Ofenbau-Vorarbeiter
Lohngruppe 4:	Spezialfacharbeiter im Feuerungs- und Ofenbau (Feuerungs- und Schornsteinbauer)
Lohngruppe 3:	Facharbeiter
Lohngruppe 2:	Fachwerker

1.2 Schornsteinbau

Lohngruppe 6:	Schornsteinbau-Werkpolier
Lohngruppe 5:	Schornsteinbau-Vorarbeiter
Lohngruppe 4:	Spezialfacharbeiter im Schornsteinbau (Feuerungs- und Schornsteinbauer)
Lohngruppe 3:	Facharbeiter
Lohngruppe 2:	Fachwerker

2. Basis für die Löhne im feuerungstechnischen Gewerbe ist der jeweilige Gesamttarifstundenlohn der entsprechenden Lohngruppe im Baugewerbe. Hinzu kommt ein Feuerungsbauzuschlag je Lohngruppe. Die Höhe dieses Zuschlages ergibt sich aus dem jeweils geltenden Tarifvertrag über Feuerungsbauzuschläge im feuerungstechnischen Gewerbe. Die Feuerungsbauzuschläge nehmen nicht an Lohnerhöhungen teil.
3. Werker haben für die Zeit ihrer Tätigkeit auf dem Schornstein Anspruch auf den Lohn des Fachwerkers im Schornsteinbau.
4. Arbeitnehmer haben Anspruch auf den jeweiligen Lohn der Lohngruppe 5 für die Zeit, in der sie selbstständig eine Baustelle mit mindestens einem weiteren Mitarbeiter führen.
5. Die Ausbildungsvergütungen der gewerblichen Auszubildenden im feuerungstechnischen Gewerbe sind im jeweils geltenden Lohntarifvertrag aufzuführen.

§ 6
Erschwerniszuschläge

§ 6 BRTV – Erschwerniszuschläge – wird durch folgende Regelung ersetzt:

1. Anspruchsgrundlage

Der Arbeitnehmer hat für die Zeit, in der er mit einer der folgenden Arbeiten beschäftigt wird, einschließlich der arbeitsbedingt notwendigen – bezahlten – Erholzeiten, Anspruch auf den jeweils aufgeführten Erschwerniszuschlag:

		je Stunde
1.1	**Schmutzarbeit:**	
1.11	Arbeit mit Teer oder Asplit	0,75 €
1.12	Verarbeiten von Kohlenstoffsteinen und grafithaltigen Steinen sowie deren Transport oder Umlagerung – bei dem Transport oder der Umlagerung jedoch nur, sofern eine erhebliche Berührung mit den Steinen erfolgt	1,20 €
1.13	Spritzen von feuerfesten Baumassen für den Düsenführer und für Arbeiten unmittelbar im Bereich des Abpralls	1,75 €
	Mit dem Zuschlag nach 1.13 ist der Zuschlag nach 1.5 abgegolten.	
1.14	Keramisches Schweißen, für den Lanzenführer	1,75 €
1.2	**Erschütterungsarbeiten:**	
	Bedienen von Werkzeugen, Geräten und Maschinen, die bei ihrer Anwendung eine erhebliche Erschütterung des Körpers verursachen, z. B. Abbruchhammer, Stampfhammer, Bohrhammer, Boschhammer, sofern mehr als 1 1/2 Stunden täglich damit gearbeitet wird	1,05 €
1.3	**Heiße Arbeiten:**	
1.31	Arbeiten, bei denen	
	a) am Arbeitsplatz eine Temperatur herrscht von 40 °C bis 50 °C	0,65 €
	b) am Arbeitsplatz eine Temperatur herrscht von 50 °C bis 80 °C	1,65 €

		je Stunde
	c) am Arbeitsplatz eine Temperatur herrscht von mehr als 80 °C	2,70 €
	d) eine Hitzeschutzkombination getragen werden muss	2,95 €
	e) eine mit Frischluft belüftete Schutzkombination getragen werden muss	0,65 €
	Im Falle der Zuschläge für d) oder e) entfallen die Zuschläge nach a) bis c).	
1.32	Arbeiten an in Betrieb befindlichen Feuerungsanlagen	1,15 €
1.33	Bei heißen Arbeiten gemäß Nr. 1.31 hat der Arbeitgeber kostenlos alkoholfreie Getränke am Arbeitsplatz zur Verfügung zu stellen.	
1.4	**Hohe Arbeiten:**	
1.41	Außenarbeiten an Schornsteinen auf Konsolgerüsten und von Fahrkörben oder von Leitergängen aus	1,15 €
1.42	Anrüstarbeiten an Anrüstösen oder von Steigeisenumgängen aus	1,65 €
	Im Falle der Nr. 1.42 entfällt der Zuschlag nach Nr. 1.41.	
1.5	**Arbeiten mit Schutzmasken:**	
1.51	Arbeiten, bei denen eine filtrierende Halbmaske getragen werden muss	0,65 €
1.52	Arbeiten, bei denen eine Halbmaske mit austauschbarem Filter getragen werden muss	1,15 €
1.53	Arbeiten, bei denen eine Vollmaske mit austauschbarem Filter getragen werden muss	1,75 €
1.54	Arbeiten, bei denen ein tragbarer Pressluftatmer getragen werden muss	2,85 €
1.55	Arbeiten unter Vollschutz (Atemschutzgerät und Schutzanzug)	3,80 €

2. Pauschalzuschlag

Für jede geleistete Arbeitsstunde hat der Arbeitnehmer Anspruch auf einen Pauschalzuschlag in Höhe von 0,40 €. Dieser Zuschlag wird gewährt zum Ausgleich der Erschwernisse, die sich für den Arbeitnehmer regelmäßig neben den in Nr. 1 genannten Erschwernissen, insbesondere bei folgenden Arbeiten, ergeben:

- Arbeiten mit Bitumen, Klebern, Wasserglas, Schalungsöl,
- Arbeiten mit anderen chemischen oder organischen Mörteln und Bindern,
- Arbeiten mit Säuren oder ätzenden Stoffen oder in Säuredämpfen,
- Arbeiten an Anlagen, die in Betrieb gewesen sind – auch wenn dabei erheblicher Schmutz anfällt –,
- Bearbeiten von feuerfesten Steinen mit der Maschine oder mit der Trennsäge oder mit der Schleifscheibe,
- Verarbeiten von Glasfaser- oder Mineralfaserstoffen.

3. Zusammentreffen mehrerer Erschwerniszuschläge

Der Pauschalzuschlag gemäß Nr. 2 wird neben den Zuschlägen gemäß Nr. 1 gezahlt. Treffen mehr als zwei Zuschläge nach Nr. 1 zu, besteht Anspruch nur auf die beiden höchsten dieser Zuschläge.

4. Anpassung der Zuschläge

Die Erschwerniszuschläge gemäß Nr. 1 und 2 werden jeweils zum Zeitpunkt des Inkrafttretens des Tarifvertrages zur Regelung der Löhne und Ausbildungsvergütungen im Baugewerbe im Gebiet der Bundesrepublik Deutschland mit Ausnahme des Beitrittsgebiets entsprechend der Veränderung der in diesem Tarifvertrag geregelten Tariflöhne geändert. Dabei findet eine kaufmännische Rundung auf durch fünf teilbare Centbeträge statt.

§ 7
Schutzmittel und Werkzeuge

1. Schutzmittel

Der Arbeitgeber hat vorgeschriebene Schutzbrillen, Schutzbekleidung, Schutzhandschuhe, Atemschutzgeräte und Sicherheitsgeräte und -einrichtungen zur Verfügung zu stellen; sie bleiben Eigentum des Arbeitgebers.

Der Arbeitnehmer hat die vom Arbeitgeber zur Verfügung gestellten Schutz- und Sicherheitsgeräte und -einrichtungen sorgsam zu behandeln und in der vorgeschriebenen Weise anzuwenden und zu benutzen.

2. Werkzeuge

Die erforderlichen Werkzeuge, Einrichtungen, Hilfsmittel und für die Arbeitsausführung benötigten Materialien hat der Arbeitgeber zu stellen; sie bleiben Eigentum des Arbeitgebers.

§ 8
Fahrtkostenabgeltung, Verpflegungszuschuss und Auslösung

§ 7 BRTV – Fahrtkostenabgeltung, Verpflegungszuschuss und Auslösung – wird durch folgende Regelung ersetzt:

1. Allgemeines

Der Arbeitnehmer kann auf allen Arbeitsstellen des Betriebes eingesetzt werden, auch auf solchen, die er von seiner Wohnung nicht an jedem Arbeitstag erreichen kann.

2. Begriffsbestimmungen

2.1 Entfernungen

Entfernungen sind nach Maßgabe des kürzesten mit Personenkraftwagen befahrbaren öffentlichen Weges zwischen der Arbeitsstelle und der Wohnung (Unterkunft) des Arbeitnehmers zu bestimmen.

2.2 Betrieb

Als Betrieb gilt die Hauptverwaltung, die Niederlassung, die Filiale, die Zweigstelle oder die sonstige ständige Vertretung des Arbeitgebers, in der der Arbeitnehmer eingestellt wird. Wird der Arbeitnehmer auf einer Arbeitsstelle eingestellt, so gilt die nächstgelegene Vertretung des Arbeitgebers als Betrieb.

3. Arbeitsstellen mit täglicher Heimfahrt

Der Arbeitnehmer, der außerhalb des Betriebes arbeitet und dem kein Auslösungsanspruch nach Nr. 4 zusteht, hat nach folgender Maßgabe Anspruch auf eine Fahrtkostenabgeltung und einen Verpflegungszuschuss.

3.1 Fahrtkostenabgeltung

Arbeitet der Arbeitnehmer auf einer mindestens 6 km von seiner Wohnung entfernten Arbeitsstelle und benutzt er für die Fahrt einen von ihm gestellten Pkw, so erhält er eine Fahrtkostenabgeltung in Höhe von 0,60 € je Arbeitstag und Entfernungskilometer (Kilometergeld), in allen anderen Fällen beträgt sie 0,30 € je Arbeitstag und Entfernungskilometer. Der arbeitstägliche Anspruch ist auf eine Fahrtkostenabgeltung in Höhe von 41,50 € begrenzt, wenn der Arbeitnehmer mit einem von ihm zur Verfügung gestellten Pkw fährt; in allen anderen Fällen ist der arbeitstägliche Anspruch auf eine Fahrtkostenabgeltung in Höhe von 20,75 € begrenzt.

Benutzt der Arbeitnehmer für die Fahrt zur Arbeitsstelle (Hin- und Rückfahrt) ein öffentliches Verkehrsmittel, so erfolgt die Fahrtkostenabgeltung durch Erstattung der entstandenen und nachgewiesenen Kosten bis zur Höhe des Preises für das preislich günstigste öffentliche Verkehrsmittel.

Ein Anspruch auf Fahrtkostenabgeltung besteht nicht, wenn die Möglichkeit der kostenlosen Beförderung mit einem vom Arbeitgeber gestellten ordnungsgemäßen Fahrzeug besteht.

Soweit die gewährte Fahrtkostenabgeltung zu versteuern ist, hat der Arbeitgeber von der Möglichkeit der Pauschalversteuerung nach § 40 Abs. 2 EStG Gebrauch zu machen; eine Überwälzung der entrichteten Steuer auf den Arbeitnehmer ist unwirksam. Dies gilt auch, soweit eine kostenlose Beförderung (Abs. 3) als Sachbezug zu versteuern ist.

3.2 Verpflegungszuschuss

Ist der Arbeitnehmer ausschließlich aus beruflichen Gründen mehr als zehn Stunden von seiner Wohnung abwesend, so erhält er einen Verpflegungszuschuss in Höhe von 4,09 € je Arbeitstag.

4. Arbeitsstellen ohne tägliche Heimfahrt

Der Arbeitnehmer, der auf eine Arbeitsstelle entsandt wird, die mehr als 60 km von seiner Wohnung entfernt ist, hat für jeden Kalendertag, an dem die getrennte Haushaltsführung durch die Entsendung verursacht ist, Anspruch auf Auslösung. Dieser Anspruch besteht auch für den Tag der Anreise und für den Tag der Rückreise nach Beendigung der Tätigkeit.

Die Auslösung ist Ersatz für den Mehraufwand für Verpflegung und Übernachtung im Sinne der steuerlichen Vorschriften.

4.1 Auslösung

Die Auslösung beträgt für jeden Kalendertag 35,00 €. Bei Wochenendheimfahrten, Krankenhausaufenthalt (mit Ausnahme des Tages der Aufnahme) oder unentschuldigtem Fehlen des Arbeitnehmers entfällt der Auslösungsanspruch.

4.2 Unterkunft und Unterkunftsgeld

Die notwendigen Kosten der ordnungsgemäßen Unterkunft (Baustellenunterkunft/Pension/Hotel) trägt der Arbeitgeber, wofür dieser für jede Übernachtung des Arbeitnehmers einen Betrag von 6,50 € von der tariflichen Auslösung einbehalten kann.

4.3 An- und Abreise

Der Arbeitgeber hat den Arbeitnehmer kostenlos zur Arbeitsstelle zu befördern oder ihm die Fahrtkosten in Höhe von 0,15 € je gefahrenem Kilometer gemäß Nr. 2.1 zu erstatten. Dies gilt auch für den unmittelbaren Wechsel zu einer anderen Arbeitsstelle und für die

Rückfahrt zu seiner Wohnung nach Beendigung der Tätigkeit auf der Arbeitsstelle. Benutzt der Arbeitnehmer ein öffentliches Verkehrsmittel, so erfolgt die Fahrtkostenabgeltung durch Erstattung der entstandenen und nachgewiesenen Kosten bis zur Höhe des Preises für das preislich günstigste öffentliche Verkehrsmittel.

Legt der Arbeitnehmer den Weg mit einem nicht öffentlichen Verkehrsmittel zurück, erhält er eine pauschale Reisezeitvergütung für die ersten 60 km der nach Abs. 1 maßgeblichen Entfernung in Höhe eines Gesamttarifstundenlohnes seiner Lohngruppe. Für jeden weiteren gefahrenen Kilometer erhöht sich die Pauschalvergütung um ein Siebzigstel eines Gesamttarifstundenlohnes seiner Lohngruppe. Benutzt der Arbeitnehmer ein öffentliches Verkehrsmittel, so ist die Reisezeitvergütung für die erforderliche Reisezeit sein Gesamttarifstundenlohn je Reisestunde zu zahlen.

4.4 Wochenendheimfahrten

Der Arbeitnehmer, dem eine Auslösung zu zahlen ist, hat alle vier Wochen Anspruch auf Wochenendheimfahrten. Für diese Wochenendheimfahrten erhält der Arbeitnehmer eine Fahrtkostenabgeltung nach Maßgabe der Nr. 3.1, wobei das Kilometergeld 0,30 € je Entfernungskilometer ohne Begrenzung beträgt.

Beträgt die Entfernung zwischen Betrieb und Arbeitsstelle mehr als 250 km, so ist der Arbeitnehmer nach Ablauf von jeweils acht Wochen einer ununterbrochenen Tätigkeit für einen Arbeitstag, bei einer Entfernung von mehr als 500 km für zwei Arbeitstage unter Fortzahlung seines Entgelts im Zusammenhang mit einer Wochenendheimfahrt von der Arbeit freizustellen. Dies gilt nicht, wenn die Wochenendheimfahrt auf Kosten des Arbeitgebers mit dem Flugzeug durchgeführt wird und die Kosten für die An- und Abfahrt zum bzw. vom Flughafen erstattet werden.

Für alle übrigen Wochenendheimfahrten hat der Arbeitnehmer Anspruch auf Fahrtkostenabgeltung nach Maßgabe der Nr. 3.1, wobei das Kilometergeld von 0,30 € je Entfernungskilometer auf die Auslösung nach Maßgabe der Nr. 4.1 begrenzt ist. Bei einer Entfernung von mehr als 250 km entfällt die Begrenzung auf den Auslösungsbetrag.

4.5 Die Nrn. 3.1 und 3.2 gelten nicht im Gebiet des Landes Berlin.

§ 9
Inkrafttreten und Laufdauer

Dieser Tarifvertrag tritt am 1. Januar 2001*) in Kraft.

Er kann mit einer Frist von drei Monaten jeweils zum 31. Dezember, erstmals zum 31. Dezember 2014, schriftlich gekündigt werden.

Berlin/Frankfurt a. M., den 13. Dezember 2000
Berlin/Frankfurt a. M., den 16. November 2012

Zentralverband des
Deutschen Baugewerbes e. V.,
Kronenstraße 55–58,
10117 Berlin

D u p r é

Hauptverband der
Deutschen Bauindustrie e. V.,
Kurfürstenstraße 129,
10785 Berlin

H e r i n g

Industriegewerkschaft Bauen – Agrar – Umwelt,
Olof-Palme-Straße 19, 60439 Frankfurt a. M.

W i e s e h ü g e l L a u x

*) Der Änderungstarifvertrag vom 4. Juli 2002 ist am 1. September 2002 in Kraft getreten.
Der Änderungstarifvertrag vom 4. Juni 2003 ist am 1. Juli 2003, § 5 jedoch erst am 1. April 2004 in Kraft getreten.
Der Änderungstarifvertrag vom 23. Mai 2009 ist am 1. Juni 2009 in Kraft getreten.
Der Änderungstarifvertrag vom 16. November 2012 ist am 1. Mai 2013 in Kraft getreten.

Tariflöhne für das feuerungstechnische Gewerbe (inkl. Feuerungsbauzuschlag – FZ)

	ab 1. April bis 30. April 2024		
	Basis	FZ	GTL
West	€	€	€
1. Feuerungs- und Ofenbau			
Lohngruppe 6	25,73	0,34	26,07
Lohngruppe 5	23,50	0,80	24,30
Lohngruppe 4	22,40	0,38	22,78
Lohngruppe 3	20,49	0,48	20,97
Lohngruppe 2	15,70	0,91	16,61
2. Schornsteinbau			
Lohngruppe 6	25,73	1,39	27,12
Lohngruppe 5	23,50	1,70	25,20
Lohngruppe 4	22,40	1,44	23,84
Lohngruppe 3	20,49	1,23	21,72
Lohngruppe 2	15,70	1,36	17,06

	ab 1. April bis 30. April 2024		
	Basis	FZ	GTL
Ost	€	€	€
1. Feuerungs- und Ofenbau			
Lohngruppe 6	24,91	0,60	25,51
Lohngruppe 5	22,80	1,00	23,80
Lohngruppe 4	21,67	0,66	22,33
Lohngruppe 3	19,89	0,74	20,63
Lohngruppe 2	15,30	2,78	18,08
2. Schornsteinbau			
Lohngruppe 6	24,91	1,54	26,45
Lohngruppe 5	22,80	1,81	24,61
Lohngruppe 4	21,67	1,59	23,26
Lohngruppe 3	19,89	1,40	21,29
Lohngruppe 2	15,30	3,18	18,48

Tariflöhne für das feuerungstechnische Gewerbe (inkl. Feuerungsbauzuschlag – FZ)

	ab 1. April bis 30. April 2024		
	Basis	FZ	GTL
Berlin-West	€	€	€
1. Feuerungs- und Ofenbau			
Lohngruppe 6	25,42	0,32	25,74
Lohngruppe 5	23,30	0,75	24,05
Lohngruppe 4	22,11	0,37	22,48
Lohngruppe 3	20,29	0,45	20,74
Lohngruppe 2	15,55	0,89	16,44
2. Schornsteinbau			
Lohngruppe 6	25,42	1,35	26,77
Lohngruppe 5	23,30	1,64	24,94
Lohngruppe 4	22,11	1,41	23,52
Lohngruppe 3	20,29	1,19	21,48
Lohngruppe 2	15,55	1,34	16,89

	ab 1. April bis 30. April 2024		
	Basis	FZ	GTL
Berlin-Ost	€	€	€
1. Feuerungs- und Ofenbau			
Lohngruppe 6	25,42	0,67	26,09
Lohngruppe 5	23,30	1,10	24,40
Lohngruppe 4	22,11	0,72	22,83
Lohngruppe 3	20,29	0,80	21,09
Lohngruppe 2	15,55	1,24	16,79
2. Schornsteinbau			
Lohngruppe 6	25,42	1,70	27,12
Lohngruppe 5	23,30	1,99	25,29
Lohngruppe 4	22,11	1,76	23,87
Lohngruppe 3	20,29	1,54	21,83
Lohngruppe 2	15,55	1,69	17,24

Tariflöhne für das feuerungstechnische Gewerbe (inkl. Feuerungsbauzuschlag – FZ)

	ab 1. Mai 2024 bis 31. März 2025		
	Basis	FZ	GTL
West	€	€	€
1. Feuerungs- und Ofenbau			
Lohngruppe 6	27,45	0,34	27,79
Lohngruppe 5	25,20	0,80	26,00
Lohngruppe 4	24,07	0,38	24,45
Lohngruppe 3	22,14	0,48	22,62
Lohngruppe 2	17,30	0,91	18,21
2. Schornsteinbau			
Lohngruppe 6	27,45	1,39	28,84
Lohngruppe 5	25,20	1,70	26,90
Lohngruppe 4	24,07	1,44	25,51
Lohngruppe 3	22,14	1,23	23,37
Lohngruppe 2	17,30	1,36	18,66

	ab 1. Mai 2024 bis 31. März 2025		
	Basis	FZ	GTL
Ost	€	€	€
1. Feuerungs- und Ofenbau			
Lohngruppe 6	26,87	0,60	27,47
Lohngruppe 5	24,71	1,00	25,71
Lohngruppe 4	23,56	0,66	24,22
Lohngruppe 3	21,73	0,74	22,47
Lohngruppe 2	17,04	2,78	19,82
2. Schornsteinbau			
Lohngruppe 6	26,87	1,54	28,41
Lohngruppe 5	24,71	1,81	26,52
Lohngruppe 4	23,56	1,59	25,15
Lohngruppe 3	21,73	1,40	23,13
Lohngruppe 2	17,04	3,18	20,22

Tariflöhne für das feuerungstechnische Gewerbe (inkl. Feuerungsbauzuschlag – FZ)

	ab 1. Mai 2024 bis 31. März 2025		
	Basis	FZ	GTL
Berlin-West	**€**	**€**	**€**
1. Feuerungs- und Ofenbau			
Lohngruppe 6	27,13	0,32	27,45
Lohngruppe 5	24,98	0,75	25,73
Lohngruppe 4	23,79	0,37	24,16
Lohngruppe 3	21,94	0,45	22,39
Lohngruppe 2	17,14	0,89	18,03
2. Schornsteinbau			
Lohngruppe 6	27,13	1,35	28,48
Lohngruppe 5	24,98	1,64	26,62
Lohngruppe 4	23,79	1,41	25,20
Lohngruppe 3	21,94	1,19	23,13
Lohngruppe 2	17,14	1,34	18,48

	ab 1. Mai 2024 bis 31. März 2025		
	Basis	FZ	GTL
Berlin-Ost	**€**	**€**	**€**
1. Feuerungs- und Ofenbau			
Lohngruppe 6	27,13	0,67	27,80
Lohngruppe 5	24,98	1,10	26,08
Lohngruppe 4	23,79	0,72	24,51
Lohngruppe 3	21,94	0,80	22,74
Lohngruppe 2	17,14	1,24	18,38
2. Schornsteinbau			
Lohngruppe 6	27,13	1,70	28,83
Lohngruppe 5	24,98	1,99	26,97
Lohngruppe 4	23,79	1,76	25,55
Lohngruppe 3	21,94	1,54	23,48
Lohngruppe 2	17,14	1,69	18,83

Tariflöhne für das feuerungstechnische Gewerbe (inkl. Feuerungsbauzuschlag – FZ)

	ab 1. April 2025 bis 31. März 2026		
	Basis	FZ	GTL
West	€	€	€
1. Feuerungs- und Ofenbau			
Lohngruppe 6	28,60	0,34	28,94
Lohngruppe 5	26,26	0,80	27,06
Lohngruppe 4	25,08	0,38	25,46
Lohngruppe 3	23,07	0,48	23,55
Lohngruppe 2	18,03	0,91	18,94
2. Schornsteinbau			
Lohngruppe 6	28,60	1,39	29,99
Lohngruppe 5	26,26	1,70	27,96
Lohngruppe 4	25,08	1,44	26,52
Lohngruppe 3	23,07	1,23	24,30
Lohngruppe 2	18,03	1,36	19,39

	ab 1. April 2025 bis 31. März 2026		
	Basis	FZ	GTL
Ost	€	€	€
1. Feuerungs- und Ofenbau			
Lohngruppe 6	28,22	0,60	28,82
Lohngruppe 5	25,94	1,00	26,94
Lohngruppe 4	24,74	0,66	25,40
Lohngruppe 3	22,82	0,74	23,56
Lohngruppe 2	17,90	2,78	20,68
2. Schornsteinbau			
Lohngruppe 6	28,22	1,54	29,76
Lohngruppe 5	25,94	1,81	27,75
Lohngruppe 4	24,74	1,59	26,33
Lohngruppe 3	22,82	1,40	24,22
Lohngruppe 2	17,90	3,18	21,08

Tariflöhne für das feuerungstechnische Gewerbe (inkl. Feuerungsbauzuschlag – FZ)

	ab 1. April 2025 bis 31. März 2026		
	Basis	FZ	GTL
Berlin-West	€	€	€
1. Feuerungs- und Ofenbau			
Lohngruppe 6	28,27	0,32	28,59
Lohngruppe 5	26,03	0,75	26,78
Lohngruppe 4	24,78	0,37	25,15
Lohngruppe 3	22,86	0,45	23,31
Lohngruppe 2	17,86	0,89	18,75
2. Schornsteinbau			
Lohngruppe 6	28,27	1,35	29,62
Lohngruppe 5	26,03	1,64	27,67
Lohngruppe 4	24,78	1,41	26,19
Lohngruppe 3	22,86	1,19	24,05
Lohngruppe 2	17,86	1,34	19,20

	ab 1. April 2025 bis 31. März 2026		
	Basis	FZ	GTL
Berlin-Ost	€	€	€
1. Feuerungs- und Ofenbau			
Lohngruppe 6	28,27	0,67	28,94
Lohngruppe 5	26,03	1,10	27,13
Lohngruppe 4	24,78	0,72	25,50
Lohngruppe 3	22,86	0,80	23,66
Lohngruppe 2	17,86	1,24	19,10
2. Schornsteinbau			
Lohngruppe 6	28,27	1,70	29,97
Lohngruppe 5	26,03	1,99	28,02
Lohngruppe 4	24,78	1,76	26,54
Lohngruppe 3	22,86	1,54	24,40
Lohngruppe 2	17,86	1,69	19,55

Tariflöhne für das feuerungstechnische Gewerbe (inkl. Feuerungsbauzuschlag – FZ)

	ab 1. April 2026 bis 31. März 2027		
	Basis	FZ	GTL
West	€	€	€
1. Feuerungs- und Ofenbau			
Lohngruppe 6	29,72	0,34	30,06
Lohngruppe 5	27,29	0,80	28,09
Lohngruppe 4	26,05	0,38	26,43
Lohngruppe 3	23,97	0,48	24,45
Lohngruppe 2	18,73	0,91	19,64
2. Schornsteinbau			
Lohngruppe 6	29,72	1,39	31,11
Lohngruppe 5	27,29	1,70	28,99
Lohngruppe 4	26,05	1,44	27,49
Lohngruppe 3	23,97	1,23	25,20
Lohngruppe 2	18,73	1,36	20,09

	ab 1. April 2026 bis 31. März 2027		
	Basis	FZ	GTL
Ost	€	€	€
1. Feuerungs- und Ofenbau			
Lohngruppe 6	29,72	0,60	30,32
Lohngruppe 5	27,29	1,00	28,29
Lohngruppe 4	26,05	0,66	26,71
Lohngruppe 3	23,97	0,74	24,71
Lohngruppe 2	18,73	2,78	21,51
2. Schornsteinbau			
Lohngruppe 6	29,72	1,54	31,26
Lohngruppe 5	27,29	1,81	29,10
Lohngruppe 4	26,05	1,59	27,64
Lohngruppe 3	23,97	1,40	25,37
Lohngruppe 2	18,73	3,18	21,91

Tariflöhne für das feuerungstechnische Gewerbe (inkl. Feuerungsbauzuschlag – FZ)

	ab 1. April 2026 bis 31. März 2027		
	Basis	FZ	GTL
Berlin-West	€	€	€
1. Feuerungs- und Ofenbau			
Lohngruppe 6	29,72	0,32	30,04
Lohngruppe 5	27,29	0,75	28,04
Lohngruppe 4	26,05	0,37	26,42
Lohngruppe 3	23,97	0,45	24,42
Lohngruppe 2	18,73	0,89	19,62
2. Schornsteinbau			
Lohngruppe 6	29,72	1,35	31,07
Lohngruppe 5	27,29	1,64	28,93
Lohngruppe 4	26,05	1,41	27,46
Lohngruppe 3	23,97	1,19	25,16
Lohngruppe 2	18,73	1,34	20,07

	ab 1. April 2026 bis 31. März 2027		
	Basis	FZ	GTL
Berlin-Ost	€	€	€
1. Feuerungs- und Ofenbau			
Lohngruppe 6	29,72	0,67	30,39
Lohngruppe 5	27,29	1,10	28,39
Lohngruppe 4	26,05	0,72	26,77
Lohngruppe 3	23,97	0,80	24,77
Lohngruppe 2	18,73	1,24	19,97
2. Schornsteinbau			
Lohngruppe 6	29,72	1,70	31,42
Lohngruppe 5	27,29	1,99	29,28
Lohngruppe 4	26,05	1,76	27,81
Lohngruppe 3	23,97	1,54	25,51
Lohngruppe 2	18,73	1,69	20,42

Tarifvertrag über Feuerungsbauzuschläge im feuerungstechnischen Gewerbe vom 28. April 2011

in der Fassung vom 16. November 2012

Zwischen

dem Zentralverband des Deutschen Baugewerbes e. V.,
Kronenstraße 55–58, 10117 Berlin,

dem Hauptverband der Deutschen Bauindustrie e. V.,
Kurfürstenstraße 129, 10785 Berlin,

und

der Industriegewerkschaft Bauen-Agrar-Umwelt,
Olof-Palme-Straße 19, 60439 Frankfurt a. M.,

wird folgender Tarifvertrag geschlossen:

§ 1 Geltungsbereich

(1) Räumlicher Geltungsbereich:

Das Gebiet der Bundesrepublik Deutschland.

(2) Betrieblicher Geltungsbereich:

Betriebe des Feuerungs-, Ofen- und Schornsteinbaues.

(3) Persönlicher Geltungsbereich:

Erfasst werden gewerbliche Arbeitnehmer (Arbeiter), die eine nach den Vorschriften des Sechsten Buches Sozialgesetzbuch – Gesetzliche Rentenversicherung – (SGB VI) versicherungspflichtige Tätigkeit ausüben.

§ 2
Feuerungsbauzuschläge

1. Im Gebiet der Bundesrepublik Deutschland, ausgenommen die Gebiete der Länder Berlin, Brandenburg, Mecklenburg-Vorpommern, Sachsen, Sachsen-Anhalt und Thüringen

1.1 Feuerungs- und Ofenbau

Lohngruppe 6	0,34 €
Lohngruppe 5	0,80 €
Lohngruppe 4	0,38 €
Lohngruppe 3	0,48 €
Lohngruppe 2	0,91 €

1.2 Schornsteinbau

Lohngruppe 6	1,39 €
Lohngruppe 5	1,70 €
Lohngruppe 4	1,44 €
Lohngruppe 3	1,23 €
Lohngruppe 2	1,36 €

2. Im Gebiet der Länder Brandenburg, Mecklenburg-Vorpommern, Sachsen, Sachsen-Anhalt und Thüringen

2.1 Feuerungs- und Ofenbau

Lohngruppe 6	0,60 €
Lohngruppe 5	1,00 €
Lohngruppe 4	0,66 €
Lohngruppe 3	0,74 €
Lohngruppe 2	2,78 €

2.2 Schornsteinbau

Lohngruppe 6	1,54 €
Lohngruppe 5	1,81 €
Lohngruppe 4	1,59 €
Lohngruppe 3	1,40 €
Lohngruppe 2	3,18 €

3. Im Westteil des Landes Berlin

3.1 Feuerungs- und Ofenbau

Lohngruppe 6	0,32 €
Lohngruppe 5	0,75 €
Lohngruppe 4	0,37 €
Lohngruppe 3	0,45 €
Lohngruppe 2	0,89 €

3.2 Schornsteinbau

Lohngruppe 6	1,35 €
Lohngruppe 5	1,64 €
Lohngruppe 4	1,41 €
Lohngruppe 3	1,19 €
Lohngruppe 2	1,34 €

4. Im Ostteil des Landes Berlin

4.1 Feuerungs- und Ofenbau

Lohngruppe 6	0,67 €
Lohngruppe 5	1,10 €
Lohngruppe 4	0,72 €
Lohngruppe 3	0,80 €
Lohngruppe 2	1,24 €

4.2 Schornsteinbau

Lohngruppe 6	1,70 €
Lohngruppe 5	1,99 €
Lohngruppe 4	1,76 €
Lohngruppe 3	1,54 €
Lohngruppe 2	1,69 €

§ 3
Inkrafttreten und Laufdauer

Dieser Tarifvertrag tritt am 1. April 2011*) in Kraft. Er kann mit einer Frist von drei Monaten jeweils zum 31. Dezember, erstmals zum 31. Dezember 2014, schriftlich gekündigt werden.

Berlin/Frankfurt a. M., den 28. April 2011
Berlin/Frankfurt a. M., den 16. November 2012

Zentralverband des
Deutschen Baugewerbes e. V.,
Kronenstraße 55–58,
10117 Berlin

D u p r é

Hauptverband der
Deutschen Bauindustrie e. V.,
Kurfürstenstraße 129,
10785 Berlin

H e r i n g

Industriegewerkschaft Bauen–Agrar–Umwelt,
Olof-Palme-Straße 19, 60439 Frankfurt a. M.

W i e s e h ü g e l

S c h ä f e r s

*) Der Änderungstarifvertrag vom 16. November 2012 ist am 1. Mai 2013 in Kraft getreten.

Tarifvertrag für das wärme-, kälte- und schallschutztechnische Gewerbe (Isoliergewerbe) vom 25. Februar 2005

Zwischen

dem Zentralverband des Deutschen Baugewerbes e. V.,
Kronenstraße 55–58, 10117 Berlin,

dem Hauptverband der Deutschen Bauindustrie e. V.,
Kurfürstenstraße 129, 10785 Berlin,

und

der Industriegewerkschaft Bauen-Agrar-Umwelt,
Olof-Palme-Straße 19, 60439 Frankfurt a. M.,

wird folgender Tarifvertrag geschlossen:

Für Betriebe des Isoliergewerbes im Gebiet derjenigen Länder der Bundesrepublik Deutschland und des Landes Berlin, in denen das Grundgesetz vor dem 3. Oktober 1990 galt, die Arbeiten im Sinne des § 1 Absatz 2 Abschnitt IV Nr. 3, V Nr. 9 des Bundesrahmentarifvertrages für das Baugewerbe vom 4. Juli 2002 in der Fassung vom 14. Dezember 2004 (BRTV) ausführen, gelten dessen Bestimmungen mit folgenden Besonderheiten:

I. Arbeitszeit, Schutzmittel, Werkzeuge

§ 3 – Arbeitszeit – BRTV wird wie folgt ergänzt:

1. Waschzeitenregelung

Dem Arbeitnehmer sind innerhalb der Arbeitszeit als Waschzeit zu gewähren:

1.1 bei Arbeiten mit Bitumen und Klebern, sofern keine Schutzkleidung (z. B. Schutzhandschuhe) zur Verfügung gestellt wird,	20 Minuten,
1.2 bei Arbeiten mit Mineralwolle-Dämmstoffen	10 Minuten.

Reinigungsmittel, die zur Entfernung von am Körper des Arbeitnehmers haftenden Werkstoffresten dienen, hat der Arbeitgeber zu stellen.

2. Stellung von Schutzmitteln und Werkzeugen

Emulsionen und Schutzcremes, die zur Verhinderung von starker Verunreinigung der Haut oder dem Schutz empfindlicher Haut dienen, hat der Arbeitgeber zu stellen.

Erforderliches Werkzeug und die vorgeschriebene persönliche Schutzausrüstung werden vom Arbeitgeber zur Verfügung gestellt; sie bleiben Eigentum des Arbeitgebers.

II.
Erschwerniszuschläge

§ 6 – Erschwerniszuschläge – BRTV wird durch folgende Regelung ergänzt:

Der Arbeitnehmer hat für die Zeit, in der er mit einer der folgenden Arbeiten beschäftigt wird, Anspruch auf den nachstehend jeweils aufgeführten Erschwerniszuschlag, wenn die einschlägigen Unfallverhütungsvorschriften eingehalten und die nach den Unfallverhütungsvorschriften zu stellenden persönlichen Schutzausrüstungen benutzt werden.

1. Arbeiten in strahlengefährdeten Bereichen	**je Stunde**
Arbeiten in strahlengefährdeten Bereichen oder Kontrollbereichen mit offener oder umschlossener Radioaktivität, bei denen ein vorgeschriebener Overall mit Kapuze, Reaktorschuhen und Handschuhen, der vom Kraftwerksbetreiber zur Verfügung gestellt wird, getragen wird	0,51 €
2. Arbeiten unter Schmutzeinwirkungen	
2.1 Arbeiten mit Heiß- oder Kaltbitumen, Kunststoffputzen in Kühlräumen oder mit solchen Klebern, bei deren Verarbeitung es zu einer außergewöhnlichen Verschmutzung kommt, sofern der Arbeitgeber keine Schutzkleidung zur Verfügung stellt	1,28 €
2.2 Arbeiten in schmutzigen Kanälen oder in Räumen, in denen Schmutzwasser oder Ölreste stehen	1,28 €
2.3 Arbeiten, die im Verhältnis zu den für den Gewerbezweig und das Fach des Arbeitnehmers typischen Arbeiten außergewöhnlich schmutzig sind oder mit einer außergewöhnlichen Geruchsbelästigung verbunden sind	0,79 €
3. Arbeiten in Tunneln, Kanälen, Räumen oder Zwischendecken	
3.1 Arbeiten in Tunneln oder Stollen	0,64 €
3.2 Arbeiten in nicht begehbaren gedeckten Kanälen, Räumen oder Zwischendecken mit einer Höhe von unter 1,50 m	1,28 €

4. Arbeiten in Gefrierräumen

Arbeiten in Gefrierräumen mit Temperaturen unter minus 15 °C	2,56 €

5. Arbeiten in der Höhe

Arbeiten auf Gerüsten, auch auf Hängegerüsten oder in Fahrkörben, solange der Arbeitnehmer in mehr als 20 m Höhe über der Erdoberfläche, dem Arbeitsboden oder über begehbaren Bauwerksdächern arbeitet	1,79 €

6. Arbeiten mit Mineralwolle-Dämmstoffen

6.1 Arbeiten mit Mineralwolle-Dämmstoffen einschließlich Ummantelung, sofern keine persönliche Schutzausrüstung vorgeschrieben ist. Ausgenommen sind Ummantelungsarbeiten an vollständig verklebten alukaschierten oder gleichwertig oberflächengeschützten Mineralwolle-Dämmstoffen.	0,64 €
6.2 Entfernen nicht mehr wieder verwendbarer Mineralwolle-Dämmstoffe, sofern keine persönliche Schutzausrüstung vorgeschrieben ist	1,02 €

7. Arbeiten auf Wasserfahrzeugen aller Art

Isolierarbeiten auf Wasserfahrzeugen	0,69 €

Die übrigen Erschwerniszuschläge, mit Ausnahme der Nr. 3.2, werden hiervon nicht berührt.

III.
Akustik- und Trockenbauarbeiten

Für Akustik- und Trockenbauarbeiten gelten die §§ 3 und 6 BRTV.

IV.
Fahrtkostenabgeltung und Verpflegungszuschuss

§ 7 Nr. 3 BRTV wird durch folgende Regelung ersetzt:

Der Arbeitnehmer, der auf einer mindestens 6 km von seiner Wohnung entfernten Bau- oder Arbeitsstelle außerhalb des Betriebes arbeitet und dem kein Auslösungsanspruch gemäß § 7 Nr. 4.1 BRTV zusteht, hat Anspruch auf Fahrtkostenabgeltung. Unterhält der Arbeitnehmer mehrere Wohnungen, so bemisst sich die Entfernung von der der Bau- oder Arbeitsstelle nächstgelegenen Wohnung.

Die Kosten für die Fahrt von der Wohnung zur Bau- oder Arbeitsstelle (Hin- und Rückfahrt) werden je Arbeitstag und Entfernungskilometer mit 0,33 € abgegolten. Ein Anspruch besteht nicht, wenn die kostenlose Beförderung mit einem vom Arbeitgeber zur Verfügung gestellten ordnungsgemäßen Fahrzeug gegeben ist.

Der Arbeitnehmer, der auf einer Bau- oder Arbeitsstelle außerhalb des Betriebes arbeitet und dem kein Auslösungsanspruch gemäß § 7 Nr. 4.1 BRTV zusteht, hat darüber hinaus Anspruch auf einen Verpflegungszuschuss in Höhe von 4,09 € je Arbeitstag, wenn er dem Arbeitgeber schriftlich bestätigt, dass er ausschließlich aus beruflichen Gründen mehr als zehn Stunden von seiner Wohnung abwesend war.

Der arbeitstägliche Anspruch auf Fahrtkostenabgeltung und Verpflegungszuschuss ist insgesamt der Höhe nach auf 23,01 € begrenzt.

Soweit die gewährten Fahrtkostenabgeltungen zu versteuern sind, hat der Arbeitgeber von der Möglichkeit der Pauschalversteuerung nach § 40 Abs. 2 EStG Gebrauch zu machen; eine Überwälzung der entrichteten Steuer auf den Arbeitnehmer ist unwirksam. Dies gilt auch, soweit eine kostenlose Beförderung (Abs. 2 Satz 2) als Sachbezug zu versteuern ist.

Die Fahrtkostenabgeltung und der Verpflegungszuschuss gehören zu den unter § 4 Abs. 1a Satz 1 des Entgeltfortzahlungsgesetzes von der Entgeltfortzahlung im Krankheitsfalle ausgenommenen Leistungen.

Die Bestimmungen dieses Abschnittes gelten nicht für Betriebe des Isoliergewerbes im Gebiet des Landes Berlin.

V.
Öffnungsklauseln

1. Durch freiwillige Betriebsvereinbarung oder, wenn kein Betriebsrat besteht, durch einzelvertragliche Vereinbarung, können von den Abschnitten I. Nr. 1, II. Nr. 2 bis 7 und IV. abweichende Vereinbarungen getroffen werden.

2. Wird von den Erschwerniszuschlägen in Abschnitt II. Nr. 2 bis 7 abgewichen, dürfen die jeweils einschlägigen Erschwerniszuschläge in § 6 BRTV nicht unterschritten werden.

3. Wird von der Regelung in Abschnitt IV. abgewichen, dürfen die Bestimmungen des § 7 Nr. 3 BRTV nicht unterschritten werden.

4. Für Arbeitnehmer, die ununterbrochen und länger als 24 Monate auf derselben Arbeitsstelle beschäftigt sind oder beschäftigt werden sollen und deren Tätigkeit auf der Grundlage dauerhafter, nicht projektbezogener Vertragsbeziehungen zwischen Arbeitgeber und Auftraggeber (Rahmenvertrag) geregelt ist, dürfen die Bestimmungen des § 7 Nr. 3.1 und Nr. 3.2 BRTV vom ersten Tag der Beschäftigung auf dieser Arbeitsstelle an unterschritten werden. Dabei darf die erst ab einer Entfernung von 15 km von der Wohnung zur Arbeitsstelle zu gewährende Fahrtkostenabgeltung einen Betrag von 0,15 € je Arbeitstag und Entfernungskilometer und der Verpflegungszuschuss einen Betrag von 3,00 € je Arbeitstag nicht unterschreiten.

Stellt sich heraus, dass der Arbeitnehmer aufgrund des Einsatzes auf einer anderen Arbeitsstelle oder aufgrund einer betriebsbedingten Kündigung nicht länger als 24 Monate auf derselben Arbeitsstelle beschäftigt wurde, hat er für die Zeit vom ersten Tag der Beschäftigung auf dieser Arbeitsstelle an Anspruch auf eine Nachzahlung der wegen der Nutzung der Öffnungsklausel nach Absatz 1 Satz 1 nicht gewährten Fahrtkostenabgeltung und des Verpflegungszuschusses. Die Nachzahlung erfolgt mit der nächsten Lohnabrechnung.

VI. Schlussbestimmungen

Dieser Tarifvertrag tritt am 1. März 2005, Abschnitt V. Nr. 4 jedoch erst am 1. September 2005, in Kraft. Er kann mit einer Frist von sechs Monaten jeweils zum 31. Dezember, erstmals zum 31. Dezember 2008, schriftlich gekündigt werden.

Berlin/Frankfurt a. M., den 25. Februar 2005

Zentralverband des Deutschen Baugewerbes e. V., Kronenstraße 55–58, 10117 Berlin

Dupré

Hauptverband der Deutschen Bauindustrie e. V., Kurfürstenstraße 129, 10785 Berlin

Bauer

Industriegewerkschaft Bauen–Agrar–Umwelt, Olof-Palme-Straße 19, 60439 Frankfurt a. M.

Wiesehügel Laux

Vereinbarung zur Einführung einer Öffnungsklausel in dem Tarifvertrag für das wärme-, kälte- und schallschutztechnische Gewerbe (Zusatztarifvertrag Isoliergewerbe) vom 25. Februar 2005

Die Tarifvertragsparteien bekräftigen ihren gemeinsamen Willen, die Wettbewerbsfähigkeit der heimischen Isolierbetriebe zu verbessern und die Arbeitsplätze der im Isoliergewerbe beschäftigten Arbeitnehmer zu sichern.

Um dieses Ziel zu fördern, haben die Tarifvertragsparteien eine Öffnungsklausel für den Zusatztarifvertrag für das Isoliergewerbe vereinbart. Diese Öffnungsklausel soll dazu dienen, dass Arbeitgeber und Arbeitnehmer gemeinsam und unter Beachtung der wirtschaftlichen Situation des Betriebes sowie der jeweiligen Arbeitsplatzsituation über die Anwendung des Zusatztarifvertrages beraten und entscheiden.

Die Tarifvertragsparteien betonen dabei, dass die Öffnungsklausel nicht allein die Möglichkeit bietet, den Tarifvertrag vollständig oder gar nicht anzuwenden, sondern dass je nach der betrieblichen und auftragsbedingten Situation einzelne Elemente des Tarifvertrages zur Anwendung kommen und die Betriebsparteien hierbei auch alternative und passgenaue Lösungen vereinbaren können. So kann z. B. von Abschnitt I. Nr. 1 eine abweichende Vereinbarung dergestalt getroffen werden, dass die zu gewährende Waschzeit entweder dem Ausgleichskonto gutzuschreiben ist oder dem Arbeitnehmer im Anschluss an die Arbeitszeit unter Fortzahlung seines Gesamttarifstundenlohnes gewährt wird. Insbesondere bei Arbeiten mit Mineralwolle-Dämmstoffen ist je nach Arbeitsplatzsituation und Dämmmaterial die Erschwernis für den Arbeitnehmer sehr unterschiedlich zu bewerten. Diese sehr unterschiedliche Arbeitsplatzsituation sowie die wirtschaftliche Situation des Betriebes sollen bei einer von Abschnitt II. Nr. 6 abweichenden Vereinbarung von den Betriebsparteien berücksichtigt werden.

Betrieblich können weitere Gründe für eine Nachzahlung des Differenzbetrages nach Abschnitt V. Nr. 4 Satz 3 vereinbart werden.

Berlin/Frankfurt a. M., den 25. Februar 2005

Zentralverband des
Deutschen Baugewerbes e. V.,
Kronenstraße 55–58,
10117 Berlin

Dupré

Hauptverband der
Deutschen Bauindustrie e. V.,
Kurfürstenstraße 129,
10785 Berlin

Bauer

Industriegewerkschaft Bauen–Agrar–Umwelt,
Olof-Palme-Straße 19, 60439 Frankfurt a. M.

Wiesehügel

Laux

Tarifvertrag für den Eisenbahnoberbau vom 16. Mai 1983

Zwischen

dem Zentralverband des Deutschen Baugewerbes e. V.,
Godesberger Allee 99, 5300 Bonn 2,

dem Hauptverband der Deutschen Bauindustrie e. V.,
Abraham-Lincoln-Straße 30, 6200 Wiesbaden,

und

der Industriegewerkschaft Bau-Steine-Erden,
Bockenheimer Landstraße 73–77, 6000 Frankfurt a. M.,

wird folgender Tarifvertrag geschlossen:

I.

Arbeitnehmer in Betrieben des Eisenbahnoberbaus, die vom fachlichen Geltungsbereich des Bundesrahmentarifvertrages für das Baugewerbe in seiner jeweils geltenden Fassung erfasst werden, haben für die Zeit, in der sie mit der Bedienung von mechanisch angetriebenen Handstopfmaschinen beschäftigt sind, Anspruch auf einen Zuschlag in Höhe von 0,38 € je Arbeitsstunde, sofern die Arbeit mit dem Gerät länger als eine Stunde am Tage andauert.

II.

Dieser Tarifvertag tritt am 1. Juni 1983 in Kraft. Er ist kündbar mit sechsmonatiger Frist zum 31. Dezember, erstmals zum 31. Dezember 1984.

Bonn/Wiesbaden/Frankfurt a. M., den 16. Mai 1983

Zentralverband des
Deutschen Baugewerbes e. V.,
Godesberger Allee 99,
5300 Bonn 2

Schäfer

Hauptverband der
Deutschen Bauindustrie e. V.,
Abraham-Lincoln-Straße 30,
6200 Wiesbaden

Brochier

Industriegewerkschaft Bau-Steine-Erden,
Bockenheimer Landstraße 73–77, 6000 Frankfurt a. M.

Carl Voss

Tarifvertrag
für Fertigbaubetriebe des Baugewerbes
vom 27. Januar 1970
in der Fassung vom 19. April 1979

Zwischen

dem Zentralverband des Deutschen Baugewerbes e.V.,
Adenauer Allee 93, 5300 Bonn 2,

dem Hauptverband der Deutschen Bauindustrie e.V.,
Friedrich-Ebert-Anlage 38, 6000 Frankfurt a. M.,

und

der Industriegewerkschaft Bau-Steine-Erden,
Bockenheimer Landstraße 73–77, 6000 Frankfurt a.M.,

wird folgender Tarifvertrag geschlossen:

Für Betriebe, die Fertigbauarbeiten im Sinne des § 1 Nr. 2 des Bundesrahmentarifvertrages für das Baugewerbe (BRTV) in der jeweils geltenden Fassung ausführen (Fertigbaubetriebe), gelten dessen Bestimmungen mit folgenden Besonderheiten:

I.

Zu § 5 Nr. 6 BRTV:

Sofern und soweit die Arbeitnehmer auf der Baustelle beschäftigt werden, gelten der Lohn der Baustelle und die Bestimmungen des Rahmentarifvertrages für Leistungslohn im Baugewerbe in der jeweiligen Fassung.

II.

Zu § 5 Nr. 7 BRTV:

Leistungsabhängige Entlohnung

1. Arbeit im Leistungslohn im Sinne dieses Tarifvertrages ist die Arbeit, die im Rahmen eines Arbeitsverhältnisses zur Herbeiführung eines bestimmten Arbeitserfolges gegen eine sich nach dem erzielten Arbeitsergebnis richtende Vergütung erbracht wird.

2. Arbeiten, die sich nach übereinstimmender Ansicht von Betriebsleitung und Betriebsrat ihrer Art nach dafür eignen, können im Leistungslohn nach den Bestimmungen dieses Tarifvertrages durchgeführt werden.

3. Die jeweils geltenden arbeitsrechtlichen sowie die tariflichen Bestimmungen des Baugewerbes sind auch für die Arbeiten im Leistungslohn maßgeblich, soweit in diesem Tarifvertrag nichts anderes bestimmt ist.

4. Die Ermittlung der Vorgabewerte erfolgt durch die Betriebsleitung nach einer von ihr im Einvernehmen mit dem Betriebsrat zu bestimmenden Methode, deren Durchführung in einer Betriebsvereinbarung festgelegt werden soll.

5. Die Vorgabewerte und Bedingungen sind den Arbeitnehmern vor Beginn der Arbeit mitzuteilen. In Ausnahmefällen kann davon abgewichen werden.

6. Treten anormale Arbeitsbedingungen ein, sind – unbeschadet des übrigen Inhalts der Leistungslohnbestimmungen – betrieblich besondere Abreden zu treffen.

7. Eine Änderung festgesetzter Akkordsätze oder Vorgabezeiten ist – unbeschadet der Ziffer 8 – nur möglich

a) bei technischen Veränderungen oder Änderungen des Arbeitsvorganges, die sich auf die Arbeitsleistung auswirken und eine Änderung der Vorgabewerte erforderlich machen, nach einer Ankündigungsfrist von mindestens zwei Wochen und einer Kündigungsfrist von drei Tagen;

b) bei Änderungen der Art des Materials über den Rahmen der üblichen, laufend vorkommenden Schwankungen hinaus, soweit sie sich auf die Arbeitsleistung auswirken, nach betrieblich vereinbarter Kündigungsfrist.

8. Entstehen nachträglich über einen Vorgabewert Meinungsverschiedenheiten zwischen den Arbeitnehmern und dem zuständigen Vertreter der Betriebsleitung, so haben die Betriebsleitung und der Betriebsrat gemeinsam unter Hinzuziehung der Beteiligten den Vorgabewert neu zu überprüfen und gegebenenfalls neu festzusetzen.

Wird eine Einigung nicht erzielt, so entscheidet die Einigungsstelle gemäß § 87 Abs. 2 BetrVG verbindlich.

Wegen Meinungsverschiedenheiten über die Richtigkeit eines Vorgabewertes darf die Arbeit im Leistungslohn nicht verweigert werden. Der Abrechnung ist der endgültig festgesetzte Vorgabewert zugrunde zu legen.

9.

a) Werden Arbeitnehmer, die ständig im Akkord- oder Prämienlohn arbeiten, wegen ihrer besonderen Eignung vorübergehend mit Zeitlohnarbeiten beschäftigt, so erhalten sie in dieser Zeit ihren durchschnittlichen Verdienst des letzten abgeschlossenen Lohnabrechnungszeitraumes.

b) Werden diese wegen dringender Betriebsbedürfnisse vorübergehend mit Zeitlohnarbeiten beschäftigt, so erhalten sie bis zu 10 Kalendertagen ihren durchschnittlichen Verdienst des letzten abgeschlossenen Lohnabrechnungszeitraumes.

c) Werden diese aus Mangel an Akkord- oder Prämienarbeiten oder aus anderen Gründen[1)] mit Zeitlohnarbeiten beschäftigt, so erhalten sie bis zu 14 Kalendertagen den Akkordrichtsatz, sofern die Akkordarbeit nicht zu einem früheren Zeitpunkt aufgrund fristgemäßer Kündigung beendet wird.

Nach Ablauf der 10- bzw. 14-tägigen Übergangszeit (b) und c)) ist der für die ausgeübte Tätigkeit zustehende Lohn zu zahlen.

d) Handelt es sich bei dem Wechsel von Akkord- oder Prämienarbeit auf Zeitlohnarbeit um einen sich regelmäßig wiederholenden oder um einen durch die Betriebsverhältnisse bedingten Wechsel, so ist mit Beginn der Zeitlohnarbeiten nur der Zeitlohn zu zahlen.

Die unter diese Bestimmung fallenden Zeitlohnarbeiten sind für die jeweiligen Akkord- und Prämien-Arbeitsplätze durch Betriebsvereinbarung festzulegen.

Dieser Katalog kann ohne Einhaltung einer Frist im gegenseitigen Einvernehmen geändert werden.

10. Beim Übergang von höher bewerteter zu niedriger bewerteter Arbeit ist Ziffer 9 Buchst. a) sinngemäß anzuwenden.

Zeitakkorde

11. Arbeiten, die zeitlich messbar sind, können im Zeitakkord (Einzel- oder Gruppenakkord) vergeben werden.

12. Leistungsgrundlage ist die Normalleistung. Normalleistung ist die menschliche Leistung, die von jedem ausreichend geeigneten Arbeitnehmer nach Einarbeitung und voller Übung ohne Gesundheitsschädigung auf die Dauer erreicht und erwartet werden kann, wenn er die in der Vorgabezeit enthaltenen richtigen persönlichen Verteil- und Erholungszeiten einhält.

13. Die Berechnungsgrundlage für die Akkordleistung ist der tarifliche Lohntafelsatz der höchsten Altersstufe plus 10 % (Akkordrichtsatz).

Der Minutengeldfaktor errechnet sich aus dem

$$\frac{\text{tariflichen Lohntafelsatz} + 10\,\%}{60}$$

Die Akkordverrechnung erfolgt proportional zur Leistung.

14. Bleibt ein Akkordarbeiter innerhalb der laufenden Lohnperiode unter dem Akkordrichtsatz (tariflicher Stundenlohn + 10 %), so ist ihm dieser zu bezahlen, sofern er nachweist, dass der Grund der Minderleistung nicht in seiner Person liegt.

15.

a) Die Vorgabezeiten werden nach der Mittelwertmethode errechnet.

b) Die am Akkordlohn beteiligten Arbeitnehmer benennen im Einvernehmen mit dem Betriebsrat einen sachverständigen Betriebsangehörigen, der sich über alle mit der Zeitermittlung zusammenhängenden Vorgänge unterrichten kann.

---

1) Andere Gründe liegen nicht vor, wenn der Arbeitnehmer in seiner Akkordarbeit weiterarbeiten könnte, jedoch aus betrieblichen Gründen anderweitig eingesetzt wird.

c) Der Betriebsrat kann Einsicht in die Ermittlungsunterlagen der festgelegten Vorgabewerte verlangen. Er kann gegen die Vorgabewerte innerhalb einer Woche nach Kenntnisnahme schriftlich bei der Betriebsleitung Einspruch einlegen. Der Einspruch ist mit dem zuständigen Vertreter der Betriebsleitung zu klären. Wenn notwendig, ist für diese Klärung eine Kontrollaufnahme unter Hinzuziehung des Sachverständigen zu machen.

d) Ergeben sich Meinungsverschiedenheiten aus einer angewandten Vorgabezeit oder zeigen sich Mängel, so ist wie im Abs. c) zu verfahren.

e) Führt eine Überprüfung zu einer Änderung der Vorgabezeit, so tritt die endgültig festgelegte Vorgabezeit in Kraft:

- nach c) mit der Einführung,
- nach d) höchstens eine Woche vor dem Einspruch.

16. Sofern Betriebe Verfahren vorbestimmter Zeiten oder Zeiten aus einem außerbetrieblichen Teilzeitenkatalog anwenden wollen, ist die Zustimmung der Tarifvertragsparteien notwendig.

Bei Zustimmung der Tarifvertragsparteien ist eine Verfahrensregelung zu vereinbaren.

Prämienarbeit

17. Arbeiten, die vom Arbeitnehmer nur in geringem Umfang beeinflussbar sind, können in Prämienarbeit (Mengenprämie) vergeben werden.

Dies gilt z. B. auch für Arbeiten, die nicht gleichmäßig in einer im Voraus bekannten oder vorher bestimmbaren Weise verlaufen oder deren Arbeitsbedingungen schwanken, oder weil Material unterschiedlicher Beschaffenheit verarbeitet wird. Die Regelung der Prämienbedingungen ist zwischen der Betriebsleitung und dem Betriebsrat schriftlich zu vereinbaren.

Beim Prämienlohn wird der Zeitlohn um einen von der jeweiligen Leistung abhängigen Betrag erhöht. Die zu zahlende Prämie kann sich nach einem oder mehreren prämienfähigen Merkmalen richten, z. B. Mengen-, Zeit-, Nutzungs- und Qualitätsprämien.

18. Festbeträge, wie z. B. sogenannte Treueprämien, Lohnzulagen und dergleichen mehr, fallen ungeachtet ihrer Bezeichnung nicht unter die in diesem Tarifvertrag geregelten Prämien.

19. Als Grundlagen der Prämie sollen objektive und messbare Bezugsgrößen unter Berücksichtigung aller Einflussfaktoren dienen. Bei der Festlegung der Prämie ist die menschliche Leistung und Belastung zu berücksichtigen.

Vor der Ermittlung der Prämie ist festzulegen, welche Leistung als normale Ausbringung gelten soll.

20. Ist bei Mengenprämie das Ergebnis unmittelbar von der menschlichen Leistung abhängig, so erhält der Arbeitnehmer mindestens 8 % über den tariflichen Zeitlohn, wenn die entsprechende Leistung der Beteiligten durch unvorhergesehene Behinderung des Betriebsablaufes nicht erreicht wurde. Dabei sind die im Zeitlohn geleisteten Stunden nicht einzurechnen.

21. Werden Mengenprämien mit anderen Prämien zu einer kombinierten Prämie zusammengefasst, so gilt Ziffer 20 entsprechend.

22. Prämien können für einzelne Personen oder für Gruppen festgelegt werden. In einer Verfahrensregelung sind die Art der Prämie, die allgemeinen Prämienbedingungen, der an der Prämie beteiligte Personenkreis (nach Tätigkeit), ihr Prämienanteil und der Bezugszeitraum festzulegen.

23. Prämienregelungen können, soweit betrieblich keine anderen Vereinbarungen getroffen sind, mit 14-tägiger Frist gekündigt werden.

24. Bei wesentlichen technischen oder organisatorischen Änderungen soll die Überprüfung und Neufestsetzung möglichst ohne Kündigung vorgenommen werden.

Sonstige Entlohnung

25. Will ein Betrieb eine auf die Einsparung an Gesamtlohnaufwand abgestellte zusätzliche, leistungsabhängige Entlohnung einführen oder ändern, ist zwischen Betriebsleitung und Betriebsrat schriftlich zu vereinbaren:

a) welche Bezugsgrößen, z. B. Produktionsmenge, Versandmenge, oder wie viele Anteile von ihnen zugrunde zu legen sind,

b) der beteiligte Personenkreis sowie der Anteil des einzelnen Arbeitnehmers,

c) der Berechnungszeitraum,

d) die Art der Zahlungsweise.

Die Einzelheiten sind den Arbeitnehmern in geeigneter Weise bekanntzugeben.

III.

1. Zu § 6 Nr. 1.11 BRTV:[2)]

Diese Bestimmung gilt auch für außergewöhnlich schmutzige Reparaturarbeiten.

2. Zu § 6 Nr. 1.14 BRTV:[3)]

Diese Bestimmung gilt auch für das Herstellen von farbigen Mischungen sowie für Arbeiten an Zerkleinerungsanlagen ohne wirksame Entstaubung.

3. Zu § 6 Nr. 1 BRTV gilt folgende Ergänzung:

Besondere Arbeiten in Fertigbaubetrieben:

a) Maschinelle Trockenschleif- und Trockensägearbeiten mit Staubentwicklung an Betonfertigteilen	0,77 €/Stunde
b) Sandstrahlarbeiten	
aa) im Werk	0,56 €/Stunde
bb) auf der Baustelle	0,97 €/Stunde

c) Anstreichen oder Auftragen von gesundheitsschädlichen Fluatier- und Anstrichmitteln auf Betonfertigteile 0,56 €/Stunde

d) Von Hand ausgeführte Auswascharbeiten an großformatigen Waschbetonfertigteilen 0,56 €/Stunde

IV.

Soweit in den Bestimmungen des BRTV der Begriff »Bau- oder Arbeitsstelle« verwendet wird, sind dem Feldfabriken, Werkplätze, Werkhallen und sonstige Arbeitsstätten gleichzusetzen. Abschnitt I bleibt hiervon unberührt.

V.

Dieser Tarifvertrag tritt am 1. März 1970 in Kraft.

Bonn/Frankfurt a. M., den 27. Januar 1970
Nürnberg, den 19. April 1979[4)]

Zentralverband des
Deutschen Baugewerbes e. V.,
Adenauer Allee 93,
5300 Bonn 2

Schäfer

Hauptverband der
Deutschen Bauindustrie e. V.,
Friedrich-Ebert-Anlage 38,
6000 Frankfurt a. M.

Brochier Dr. Voit

Industriegewerkschaft Bau-Steine-Erden,
Bockenheimer Landstraße 73–77, 6000 Frankfurt a. M.

Sperner Kneib

2) § 6 Nr. 1.11 BRTV in der am 19. April 1979 geltenden Fassung ist durch Änderungstarifvertrag zum BRTV vom 30. November 1995 in § 6 Nr. 1.2 BRTV aufgegangen. Abschnitt III Nr. 1 ist damit gegenstandslos geworden. § 6 Nr. 1.2 BRTV ist für Fertigbaubetriebe unmittelbar anwendbar.

3) § 6 Nr. 1.14 BRTV in der am 19. April 1979 geltenden Fassung ist durch Änderungstarifvertrag zum BRTV vom 30. November 1995 entfallen. Abschnitt III Nr. 2 ist dadurch gegenstandslos geworden.

4) Der Änderungstarifvertrag vom 19. April 1979 ist am 1. Mai 1979 in Kraft getreten.

Tarifvertrag zur Regelung der Löhne und Ausbildungsvergütungen im Baugewerbe im Gebiet der Bundesrepublik Deutschland mit Ausnahme der fünf neuen Länder und des Landes Berlin (TV Lohn/West) vom 14. Juni 2024

Zwischen

dem Zentralverband des Deutschen Baugewerbes e. V.,
Kronenstraße 55–58, 10117 Berlin,

dem Hauptverband der Deutschen Bauindustrie e. V.,
Kurfürstenstraße 129, 10785 Berlin,

und

der Industriegewerkschaft Bauen–Agrar–Umwelt,
Olof-Palme-Straße 19, 60439 Frankfurt a. M.,

wird folgender Tarifvertrag geschlossen:

§ 1
Geltungsbereich

(1) Räumlicher Geltungsbereich:

Das Gebiet der Bundesrepublik Deutschland mit Ausnahme der Länder Berlin, Brandenburg, Mecklenburg-Vorpommern, Sachsen, Sachsen-Anhalt und Thüringen.

(2) Betrieblicher Geltungsbereich:

Betriebe, die unter den betrieblichen Geltungsbereich des Bundesrahmentarifvertrages für das Baugewerbe (BRTV) in der jeweils geltenden Fassung fallen.

(3) Persönlicher Geltungsbereich:

Erfasst werden

1. gewerbliche Arbeitnehmer (Arbeiter),
2. zur Ausbildung für den Beruf eines Arbeiters Beschäftigte,

die eine nach den Vorschriften des Sechsten Buches Sozialgesetzbuch – Gesetzliche Rentenversicherung – (SGB VI) versicherungspflichtige Tätigkeit ausüben.

§ 2
Lohnregelung

(1) Ab dem 1. April 2024 beträgt der Ecklohn (Tarifstundenlohn der Lohngruppe 4 gemäß § 5 Nr. 1 BRTV) 21,15 Euro. Die am 30. April 2024 geltenden Tarifstundenlöhne werden mit Wirkung vom 1. Mai 2024 um 1,2 v. H. sowie um weitere 1,33 Euro pro Stunde, mit Wirkung vom 1. April 2025 um 4,2 v. H. und mit Wirkung vom 1. April 2026 um 3,9 v. H. erhöht. Der Ecklohn beträgt ab dem 1. Mai 2024 22,73 Euro, ab dem 1. April 2025 23,68 Euro und ab dem 1. April 2026 24,60 Euro.

(2) Der Arbeitnehmer erhält einen zusätzlichen Betrag in Höhe von 5,9 v. H. seines Tarifstundenlohnes (Bauzuschlag). Der Bauzuschlag wird gewährt zum Ausgleich der besonderen Belastungen, denen der Arbeitnehmer insbesondere durch den z. B. mit Wegstrecken verbundenen ständigen Wechsel der Baustelle (2,5 v. H.) und die Abhängigkeit von der Witterung außerhalb der gesetzlichen Schlechtwetterzeit (2,9 v. H.) sowie durch Lohneinbußen in der gesetzlichen Schlechtwetterzeit (0,5 v. H.) ausgesetzt ist.

(3) Der Bauzuschlag wird für jede lohnzahlungspflichtige Stunde, nicht jedoch für Leistungslohn-Mehrstunden (Plus-Stunden, Überschussstunden im Akkord) gewährt.

(4) Der Gesamttarifstundenlohn (GTL) setzt sich aus dem Tarifstundenlohn (TL) und dem Bauzuschlag (BZ) zusammen.

(5) Die Lohngruppe 2 a gilt für Arbeitnehmer, die bereits vor dem 1. September 2002 in der bisherigen Berufsgruppe V im Baugewerbe beschäftigt waren, unabhängig von einer Unterbrechung oder einem Wechsel ihres Arbeitsverhältnisses.

Die Lohngruppe 2 b gilt für Arbeitnehmer nach dreimonatiger Beschäftigung in der Lohngruppe 2 im Baugewerbe.

(6) Mit Wirkung vom **1. April 2024** gelten, soweit sich aus den nach Maßgabe dieses Tarifvertrages zu erstellenden Bezirkslohntarifverträgen (Lohntabellen) nicht etwas anderes ergibt, nachstehende Löhne:

	TL €	BZ €	GTL €
Lohngruppe 6	24,30	1,43	25,73
Lohngruppe 5	22,20	1,30	23,50
Lohngruppe 4	21,15	1,25	22,40
Lohngruppe 3	19,35	1,14	20,49
Lohngruppe 2 a	18,85	1,11	19,96
Lohngruppe 2 b	16,96	1,00	17,96
Fliesen-, Platten- und Mosaikleger der Lohngruppe 4	21,82	1,28	23,10
Baumaschinenführer der Lohngruppe 4	21,48	1,27	22,75

(7) Mit Wirkung vom **1. Mai 2024** gelten, soweit sich aus den nach Maßgabe dieses Tarifvertrages zu erstellenden Bezirkslohntarifverträgen (Lohntabellen) nicht etwas anderes ergibt, nachstehende Löhne:

	TL **€**	**BZ** **€**	**GTL** **€**
Lohngruppe 6	25,92	1,53	27,45
Lohngruppe 5	23,80	1,40	25,20
Lohngruppe 4	22,73	1,34	24,07
Lohngruppe 3	20,91	1,23	22,14
Lohngruppe 2 a	20,41	1,20	21,61
Lohngruppe 2 b	18,49	1,09	19,58
Lohngruppe 2	16,34	0,96	17,30
Lohngruppe 1	13,73	0,81	14,54
Fliesen-, Platten- und Mosaikleger der Lohngruppe 4	23,41	1,38	24,79
Baumaschinenführer der Lohngruppe 4	23,07	1,36	24,43

(8) Mit Wirkung vom **1. April 2025** gelten, soweit sich aus den nach Maßgabe dieses Tarifvertrages zu erstellenden Bezirkslohntarifverträgen (Lohntabellen) nicht etwas anderes ergibt, nachstehende Löhne:

	TL **€**	**BZ** **€**	**GTL** **€**
Lohngruppe 6	27,01	1,59	28,60
Lohngruppe 5	24,80	1,46	26,26
Lohngruppe 4	23,68	1,40	25,08
Lohngruppe 3	21,79	1,28	23,07
Lohngruppe 2 a	21,27	1,25	22,52
Lohngruppe 2 b	19,27	1,13	20,40
Lohngruppe 2	17,03	1,00	18,03
Lohngruppe 1	14,42	0,85	15,27
Fliesen-, Platten- und Mosaikleger der Lohngruppe 4	24,39	1,44	25,83
Baumaschinenführer der Lohngruppe 4	24,04	1,41	25,45

(9) Mit Wirkung vom **1. April 2026** gelten, soweit sich aus den nach Maßgabe dieses Tarifvertrages zu erstellenden Bezirkslohntarifverträgen (Lohntabellen) nicht etwas anderes ergibt, nachstehende Löhne:

	TL €	BZ €	GTL €
Lohngruppe 6	28,06	1,66	29,72
Lohngruppe 5	25,77	1,52	27,29
Lohngruppe 4	24,60	1,45	26,05
Lohngruppe 3	22,64	1,33	23,97
Lohngruppe 2 a	22,10	1,30	23,40
Lohngruppe 2 b	20,02	1,18	21,20
Lohngruppe 2	17,69	1,04	18,73
Lohngruppe 1	14,98	0,88	15,86
Fliesen-, Platten- und Mosaikleger der Lohngruppe 4	25,34	1,50	26,84
Baumaschinenführer der Lohngruppe 4	24,98	1,47	26,45

§ 3
Löhne für stationär beschäftigte Arbeitnehmer

(1) Arbeitnehmer, die in dem jeweiligen Lohnabrechnungszeitraum arbeitszeitlich überwiegend nicht auf Baustellen, sondern stationär, insbesondere in Bauhöfen und Werkstätten einschließlich Produktionsstätten für Fertigteile oder als Kraftfahrer der Bauhöfe und der Fahrdienste beschäftigt werden, erhalten den Tarifstundenlohn gemäß § 2 Abs. 6 bis 9, nicht jedoch den Bauzuschlag, soweit dadurch der jeweilige Mindestlohn nicht unterschritten wird. Für die auf Baustellen geleisteten Arbeitsstunden erhalten diese Arbeitnehmer den Tarifstundenlohn und den Bauzuschlag (Gesamttarifstundenlohn).

(2) Im Sonderlohngebiet Hamburg erhalten Arbeitnehmer in Fertigbaubetrieben einen jeweils um 0,04 € erhöhten Tarifstundenlohn bzw. Gesamttarifstundenlohn.

§ 4
Löhne für Stuck-, Putz- und Trockenbauarbeiten

(1) Stuckateure, die ihre Berufsausbildung in der Form der Stufenausbildung mit der obersten Stufe abgeschlossen haben, erhalten nach einjähriger Tätigkeit in ihrem Beruf den in Absatz 2 genannten Lohn der Stuckateure und Gipser, wenn sie überwiegend folgende Arbeiten ausführen:

- Ausführen von Stuckarbeiten, Anfertigen von Schablonen und Unterkonstruktionen sowie Ziehen und Ansetzen von Profilen;
- Aufreißen, Antragen und Modellieren von Antragestuck;
- Mischen, Schneiden, Antragen, Schleifen und Polieren von Stuckmarmor und Stuccolustro;
- Zeichnen, Aufreißen, Modellieren und Herstellen von Formen, Abgüssen, Architektur- und Geländemodellen sowie Dekorelementen.

(2) Der Lohn für die Stuckateure und Gipser der Lohngruppe 4 beträgt

	TL €	BZ €	GTL €
ab **1. April 2024**	21,82	1,28	23,10
ab **1. Mai 2024**	23,41	1,38	24,79
ab **1. April 2025**	24,39	1,44	25,83
ab **1. April 2026**	25,34	1,50	26,84

(3) In Betrieben, die überwiegend Arbeiten nach § 1 Abschnitt V Nr. 34 oder Nr. 37 BRTV (Stuck-, Putz und Trockenbauarbeiten) ausüben, haben Arbeitnehmer der Lohngruppen 3 und 4 für die Zeit der tatsächlichen Ausübung der folgenden Tätigkeiten

- Herstellen von Wänden und Decken im Trockenbau einschließlich Unterkonstruktionen,
- Herstellen und Sanieren von Innenputz (Trocken- und Nassputz),
- Sanieren von Außenputz,
- dünnlagige Beschichtungsarbeiten,
- Anbringen von Innendämmungen an oberster und unterster Geschossdecke und an Wänden

abweichend von § 2 Anspruch auf die nachstehenden Löhne:

ab **1. April 2024**

		GTL €
Lohngruppe 4		18,87
Lohngruppe 4	ab 10. Jahr der Tätigkeit	19,81
Lohngruppe 3		17,93

Die Betriebe teilen diesen Arbeitnehmern einmal im Jahr schriftlich mit, für welche Aufträge und für welchen Zeitraum die Tätigkeiten ausgeübt werden sollen.

Berechnungsgrundlage von Zuschlägen sind die vorstehenden Gesamttarifstundenlöhne, Berechnungsgrundlage des 13. Monatseinkommens dagegen die in § 2 ausgewiesenen Gesamttarifstundenlöhne.

§ 5
Löhne für das Holz- und Bautenschutzgewerbe

In Betrieben des Holz- und Bautenschutzgewerbes haben Arbeitnehmer der Lohngruppen 3 und 4 für die Zeit der tatsächlichen Ausübung der folgenden Tätigkeiten

- oberflächennahe Betonsanierungsarbeiten bei statisch nicht relevanter Schädigung,
- Abdichtungsarbeiten,
- Sanierputzarbeiten,
- Schimmelpilzbekämpfung

abweichend von § 2 Anspruch auf die nachstehenden Löhne:

ab **1. April 2024**

		GTL €
Lohngruppe 4		18,87
Lohngruppe 4	ab 10. Jahr der Tätigkeit	19,81
Lohngruppe 3		17,93

Die Betriebe teilen diesen Arbeitnehmern einmal im Jahr schriftlich mit, für welche Aufträge und für welchen Zeitraum die Tätigkeiten ausgeübt werden sollen.

Berechnungsgrundlage von Zuschlägen sind die vorstehenden Gesamttarifstundenlöhne, Berechnungsgrundlage des 13. Monatseinkommens dagegen die in § 2 ausgewiesenen Gesamttarifstundenlöhne.

§ 6
Löhne für das feuerungstechnische Gewerbe

(1) Die Löhne für Arbeitnehmer im feuerungstechnischen Gewerbe ergeben sich aus § 2 sowie aus dem Tarifvertrag über Feuerungsbauzuschläge im feuerungstechnischen Gewerbe. § 3 findet keine Anwendung.

(2) Werker haben für die Zeit ihrer Tätigkeit auf dem Schornstein Anspruch auf den Lohn des Fachwerkers im Schornsteinbau.

§ 7
Ausbildungsvergütungen

(1) Mit Wirkung vom **1. April 2024** beträgt die monatliche Ausbildungsvergütung

im ersten Ausbildungsjahr	935,00 €
im zweiten Ausbildungsjahr	1.230,00 €
im dritten Ausbildungsjahr	1.495,00 €
im vierten Ausbildungsjahr	1.580,00 €

im feuerungstechnischen Gewerbe jedoch

im ersten Ausbildungsjahr	935,00 €
im zweiten Ausbildungsjahr	1.273,00 €
im dritten Ausbildungsjahr	1.599,00 €

(2) Mit Wirkung vom **1. Mai 2024** beträgt die monatliche Ausbildungsvergütung

im ersten Ausbildungsjahr	1.080,00 €
im zweiten Ausbildungsjahr	1.300,00 €
im dritten Ausbildungsjahr	1.550,00 €
im vierten Ausbildungsjahr	1.650,00 €

im feuerungstechnischen Gewerbe jedoch

im ersten Ausbildungsjahr	1.080,00 €
im zweiten Ausbildungsjahr	1.343,00 €
im dritten Ausbildungsjahr	1.654,00 €

(3) Mit Wirkung vom **1. April 2026** beträgt die monatliche Ausbildungsvergütung

im ersten Ausbildungsjahr	1.122,00 €
im zweiten Ausbildungsjahr	1.351,00 €
im dritten Ausbildungsjahr	1.610,00 €
im vierten Ausbildungsjahr	1.714,00 €

im feuerungstechnischen Gewerbe jedoch

im ersten Ausbildungsjahr	1.122,00 €
im zweiten Ausbildungsjahr	1.395,00 €
im dritten Ausbildungsjahr	1.719,00 €

(4) Die monatliche Ausbildungsvergütung erhöht sich für Auszubildende, die eine Landes- oder Bundesfachklasse besuchen, im jeweiligen Ausbildungsjahr um 60,00 €.

§ 8
Bezirkslohntarifverträge (Lohntabellen)

Die Landes- bzw. Bezirksorganisationen der Tarifvertragsparteien sind verpflichtet, unverzüglich die Lohntarifverträge (Lohntabellen) ihres Gebietes nach Maßgabe dieses Tarifvertrages zu erstellen. In diese ist auch eine Sonderlohngruppe für Berufskraftfahrer aufzunehmen. Im Sonderlohngebiet Hamburg sind zudem Verhandlungen darüber zu führen, ob und wie die Lohnabstände, die sich aus den bisherigen Regelungen in den bisherigen Lohntarifverträgen für das Sonderlohngebiet Hamburg ergeben haben, erhalten bleiben.

§ 9
Durchführung des Vertrages

(1) Die Tarifvertragsparteien verpflichten sich, ihren Einfluss zur Durchführung und Aufrechterhaltung dieses Vertrages und der damit in Zusammenhang stehenden Lohn- und sonstigen Tarifverträge geltend zu machen.

(2) Die Tarifvertragsparteien verpflichten sich, bei Meinungsverschiedenheiten über die Auslegung dieses Tarifvertrages unverzüglich in Gespräche einzutreten.

(3) Die vertragschließenden Parteien dürfen im Rahmen des Geltungsbereichs dieses Tarifvertrages keine inhaltlich davon abweichenden Bestimmungen mit anderen Organisationen oder einzelnen Arbeitgebern treffen.

Für die Laufzeit dieses Tarifvertrages können jedoch durch Firmentarifvertrag von den in den §§ 2 und 4 Abs. 2 geregelten Löhnen um bis zu 4 v. H. abweichende Löhne vereinbart werden, wobei der höchste geltende Mindestlohn nicht unterschritten werden darf. Diese Löhne treten an die Stelle der Gesamttarifstundenlöhne. Bei Beendigung des Arbeitsverhältnisses aus betriebsbedingten Gründen hat der Arbeitnehmer jedoch für die letzten zwölf Monate des Bestehens des Arbeitsverhältnisses Anspruch auf den Gesamttarifstundenlohn der §§ 2 und 4 Abs. 2. Der Differenzbetrag wird mit Beendigung des Arbeitsverhältnisses fällig.

Die Löhne der stationär beschäftigten Arbeitnehmer gemäß § 3 Abs. 1 Satz 2 dürfen insgesamt nicht um mehr als 4 v. H. von dem Gesamttarifstundenlohn ihrer Lohngruppe gemäß § 2 Abs. 6 bis 9 abweichend vereinbart werden.

(4) Sofern im Maler- und Lackiererhandwerk Veränderungen der tariflichen Löhne erfolgen, werden die in § 4 Abs. 3 und § 5 geregelten Löhne entsprechend angepasst.

(5) In den Betrieben des Bauten- und Eisenschutzgewerbes behalten die Arbeitnehmer ihren sich aus dem Tarifvertrag zur Regelung der Löhne im Bauten- und Eisenschutzgewerbe vom 28. April 2011 ergebenden Lohnanspruch. Die sich aus dem vorgenannten Tarifvertrag ergebenden Löhne nehmen an tariflichen Lohnerhöhungen teil.

§ 10
Inkrafttreten und Laufdauer

(1) Dieser Tarifvertrag tritt am 1. April 2024 in Kraft und kann mit einer Frist von zwei Monaten zum Monatsende, erstmals zum 31. März 2027, schriftlich gekündigt werden.

(2) Eine Kündigung dieses Tarifvertrages gilt auch als Kündigung der aufgrund dieses Tarifvertrages erstellten Bezirkslohntarifverträge (Lohntabellen) der Landes- bzw. Bezirksorganisationen der Tarifvertragsparteien.

(3) Nach einer Kündigung haben die Tarifvertragsparteien innerhalb von zwei Wochen nach Zugang der Kündigung zu Verhandlungen zusammenzutreten und zu versuchen, zu einer Einigung zu gelangen.

Berlin/Frankfurt a. M., den 14. Juni 2024

Zentralverband des
Deutschen Baugewerbes e. V.,
Kronenstraße 55–58,
10117 Berlin

N o s t i t z

Hauptverband der
Deutschen Bauindustrie e. V.,
Kurfürstenstraße 129,
10785 Berlin

B e e k e

Industriegewerkschaft Bauen–Agrar–Umwelt,
Olof-Palme-Straße 19, 60439 Frankfurt a. M.

F e i g e r

B u r c k h a r d t

Protokollnotiz vom 14. Juni 2024 zu § 9 Abs. 3 TV Lohn/West

Die Tarifvertragsparteien vereinbaren zu § 9 Abs. 3 TV Lohn/West vom 14. Juni 2024 Folgendes:

1. Erklärt ein tarifgebundener Arbeitgeber oder die IG BAU, dass er bzw. sie einen Firmentarifvertrag abschließen möchte, der gemäß § 9 Abs. 3 Unterabs. 2 und 3 TV Lohn/West von den Bestimmungen des TV Lohn/West abweichen soll, hat die erklärende Partei gegen die andere Partei den Anspruch, darüber in Verhandlungen einzutreten.
2. Erklärt eine Partei, dass die Verhandlungen gemäß Ziffer 1 gescheitert sind, so haben beide Parteien das Recht, den Gegenstand der Verhandlungen den jeweiligen regionalen Organisationen der zentralen Tarifvertragsparteien und der IG BAU vorzulegen. Diese haben zu versuchen, den Konflikt einer Lösung zuzuführen.
3. Weder die Aufnahme von Verhandlungen über den Abschluss eines Firmentarifvertrages gemäß § 9 Abs. 3 TV Lohn/West noch das Scheitern dieser Verhandlungen berühren die bestehende Friedenspflicht nach dem TV Lohn/West. Eine Schlichtung nach dem Schlichtungsabkommen für das Baugewerbe in der Bundesrepublik Deutschland vom 12. März 1979 in der Fassung vom 26. März 1993 findet nicht statt.

Berlin/Frankfurt a. M., den 14. Juni 2024

Zentralverband des
Deutschen Baugewerbes e. V.,
Kronenstraße 55–58,
10117 Berlin

N o s t i t z

Hauptverband der
Deutschen Bauindustrie e. V.,
Kurfürstenstraße 129,
10785 Berlin

B e e k e

Industriegewerkschaft Bauen–Agrar–Umwelt,
Olof-Palme-Straße 19, 60439 Frankfurt a. M.

F e i g e r

B u r c k h a r d t

Tarifvertrag zur Regelung der Löhne und Ausbildungsvergütungen im Baugewerbe im Beitrittsgebiet mit Ausnahme des Landes Berlin (TV Lohn/Ost) vom 14. Juni 2024

Zwischen

dem Zentralverband des Deutschen Baugewerbes e. V.,
Kronenstraße 55–58, 10117 Berlin,

dem Hauptverband der Deutschen Bauindustrie e. V.,
Kurfürstenstraße 129, 10785 Berlin,

und

der Industriegewerkschaft Bauen–Agrar–Umwelt,
Olof-Palme-Straße 19, 60439 Frankfurt a. M.,

wird folgender Tarifvertrag geschlossen:

§ 1
Geltungsbereich

(1) Räumlicher Geltungsbereich:

Das Gebiet der Länder Brandenburg, Mecklenburg-Vorpommern, Sachsen, Sachsen-Anhalt und Thüringen.

(2) Betrieblicher Geltungsbereich:

Betriebe, die unter den betrieblichen Geltungsbereich des Bundesrahmentarifvertrages für das Baugewerbe (BRTV) in der jeweils geltenden Fassung fallen.

(3) Persönlicher Geltungsbereich:

Erfasst werden

1. gewerbliche Arbeitnehmer (Arbeiter),
2. zur Ausbildung für den Beruf eines Arbeiters Beschäftigte,

die eine nach den Vorschriften des Sechsten Buches Sozialgesetzbuch – Gesetzliche Rentenversicherung – (SGB VI) versicherungspflichtige Tätigkeit ausüben.

§ 2
Lohnregelung

(1) Ab dem 1. April 2024 beträgt der Ecklohn (Tarifstundenlohn der Lohngruppe 4 gemäß § 5 Nr. 1 BRTV) 20,47 Euro. Die am 30. April 2024 geltenden Tarifstundenlöhne werden mit Wirkung vom 1. Mai 2024 um 2,2 v. H. sowie weitere 1,33 Euro pro Stunde, mit Wirkung vom 1. April 2025 um 5,0 v. H. und mit Wirkung vom 1. April 2026 auf ein bundeseinheitliches Niveau gemäß Abs. 9 erhöht. Der Ecklohn beträgt ab dem 1. Mai 2024 22,25 Euro, ab dem 1. April 2025 23,36 Euro und ab dem 1. April 2026 24,60 Euro.

(2) Der Arbeitnehmer erhält einen zusätzlichen Betrag in Höhe von 5,9 v. H. seines Tarifstundenlohnes (Bauzuschlag). Der Bauzuschlag wird gewährt zum Ausgleich der besonderen Belastungen, denen der Arbeitnehmer insbesondere durch den z. B. mit Wegstrecken verbundenen ständigen Wechsel der Baustelle (2,5 v. H.) und die Abhängigkeit von der Witterung außerhalb der gesetzlichen Schlechtwetterzeit (2,9 v. H.) sowie durch Lohneinbußen in der gesetzlichen Schlechtwetterzeit (0,5 v. H.) ausgesetzt ist.

(3) Der Bauzuschlag wird für jede lohnzahlungspflichtige Stunde, nicht jedoch für Leistungslohn-Mehrstunden (Plus-Stunden, Überschussstunden im Akkord) gewährt.

(4) Der Gesamttarifstundenlohn (GTL) setzt sich aus dem Tarifstundenlohn (TL) und dem Bauzuschlag (BZ) zusammen.

(5) Die Lohngruppe 2 a gilt für Arbeitnehmer, die bereits vor dem 1. September 2002 in der bisherigen Berufsgruppe V im Baugewerbe beschäftigt waren, unabhängig von einer Unterbrechung oder einem Wechsel ihres Arbeitsverhältnisses.

(6) Mit Wirkung vom **1. April 2024** gelten nachstehende Löhne:

	TL	**BZ**	**GTL**
	€	**€**	**€**
Lohngruppe 6	23,53	1,38	24,91
Lohngruppe 5	21,53	1,27	22,80
Lohngruppe 4	20,47	1,20	21,67
Lohngruppe 3	18,78	1,11	19,89
Lohngruppe 2 a	18,26	1,08	19,34
Lohngruppe 2	14,45	0,85	15,30
Fliesen-, Platten- und Mosaikleger der Lohngruppe 4	21,14	1,24	22,38
Baumaschinenführer der Lohngruppe 4	20,81	1,22	22,03

(7) Mit Wirkung vom **1. Mai 2024** gelten nachstehende Löhne:

	TL €	**BZ** €	**GTL** €
Lohngruppe 6	25,38	1,49	26,87
Lohngruppe 5	23,33	1,38	24,71
Lohngruppe 4	22,25	1,31	23,56
Lohngruppe 3	20,52	1,21	21,73
Lohngruppe 2 a	19,99	1,18	21,17
Lohngruppe 2	16,10	0,94	17,04
Lohngruppe 1	13,73	0,81	14,54
Fliesen-, Platten- und Mosaikleger der Lohngruppe 4	22,94	1,35	24,29
Baumaschinenführer der Lohngruppe 4	22,60	1,33	23,93

(8) Mit Wirkung vom **1. April 2025** gelten nachstehende Löhne:

	TL €	**BZ** €	**GTL** €
Lohngruppe 6	26,65	1,57	28,22
Lohngruppe 5	24,50	1,44	25,94
Lohngruppe 4	23,36	1,38	24,74
Lohngruppe 3	21,55	1,27	22,82
Lohngruppe 2 a	20,99	1,23	22,22
Lohngruppe 2	16,91	0,99	17,90
Lohngruppe 1	14,42	0,85	15,27
Fliesen-, Platten- und Mosaikleger der Lohngruppe 4	24,09	1,42	25,51
Baumaschinenführer der Lohngruppe 4	23,73	1,40	25,13

(9) Mit Wirkung vom **1. April 2026** gelten nachstehende Löhne:

	TL €	**BZ** €	**GTL** €
Lohngruppe 6	28,06	1,66	29,72
Lohngruppe 5	25,77	1,52	27,29
Lohngruppe 4	24,60	1,45	26,05
Lohngruppe 3	22,64	1,33	23,97
Lohngruppe 2 a	22,10	1,30	23,40
Lohngruppe 2	17,69	1,04	18,73
Lohngruppe 1	14,98	0,88	15,86

	TL €	BZ €	GTL €
Fliesen-, Platten- und Mosaikleger der Lohngruppe 4	25,34	1,50	26,84
Baumaschinenführer der Lohngruppe 4	24,98	1,47	26,45

§ 3
Löhne für stationär beschäftigte Arbeitnehmer

Arbeitnehmer, die in dem jeweiligen Lohnabrechnungszeitraum arbeitszeitlich überwiegend nicht auf Baustellen, sondern stationär, insbesondere in Bauhöfen und Werkstätten einschließlich Produktionsstätten für Fertigteile oder als Kraftfahrer der Bauhöfe und der Fahrdienste beschäftigt werden, erhalten den Tarifstundenlohn gemäß § 2 Abs. 6 bis 9, nicht jedoch den Bauzuschlag, soweit dadurch der jeweilige Mindestlohn nicht unterschritten wird. Für die auf Baustellen geleisteten Arbeitsstunden erhalten diese Arbeitnehmer den Tarifstundenlohn und den Bauzuschlag (Gesamttarifstundenlohn).

§ 4
Löhne für Stuck-, Putz- und Trockenbauarbeiten

(1) Stuckateure, die ihre Berufsausbildung in der Form der Stufenausbildung mit der obersten Stufe abgeschlossen haben, erhalten nach einjähriger Tätigkeit in ihrem Beruf den in Absatz 2 genannten Lohn der Stuckateure und Gipser, wenn sie überwiegend folgende Arbeiten ausführen:

- Ausführen von Stuckarbeiten, Anfertigen von Schablonen und Unterkonstruktionen sowie Ziehen und Ansetzen von Profilen;
- Aufreißen, Antragen und Modellieren von Antragestuck;
- Mischen, Schneiden, Antragen, Schleifen und Polieren von Stuckmarmor und Stuccolustro;
- Zeichnen, Aufreißen, Modellieren und Herstellen von Formen, Abgüssen, Architektur- und Geländemodellen sowie Dekorelementen.

(2) Der Lohn für die Stuckateure und Gipser der Lohngruppe 4 beträgt

	TL €	BZ €	GTL €
ab **1. April 2024**	21,14	1,24	22,38
ab **1. Mai 2024**	22,94	1,35	24,29
ab **1. April 2025**	24,09	1,42	25,51
ab **1. April 2026**	25,34	1,50	26,84

(3) In Betrieben, die überwiegend Arbeiten nach § 1 Abschnitt V Nr. 34 oder Nr. 37 BRTV (Stuck-, Putz- und Trockenbauarbeiten) ausüben, haben Arbeitnehmer der Lohngruppen 3 und 4 für die Zeit der tatsächlichen Ausübung der folgenden Tätigkeiten

- Herstellen von Wänden und Decken im Trockenbau einschließlich Unterkonstruktionen,
- Herstellen und Sanieren von Innenputz (Trocken- und Nassputz),
- Sanieren von Außenputz,
- dünnlagige Beschichtungsarbeiten,
- Herstellen von Wärmedämmverbundsystemen,
- Anbringen von Innendämmungen an oberster und unterster Geschossdecke und an Wänden

abweichend von § 2 Anspruch auf die nachstehenden Löhne:

ab **1. April 2024**

	GTL €
Lohngruppe 4	18,44
Lohngruppe 3	17,52

Die Betriebe teilen diesen Arbeitnehmern einmal im Jahr schriftlich mit, für welche Aufträge und für welchen Zeitraum die Tätigkeiten ausgeübt werden sollen.

Berechnungsgrundlage von Zuschlägen sind die vorstehenden Gesamttarifstundenlöhne.

§ 5
Löhne für das Holz- und Bautenschutzgewerbe

In Betrieben des Holz- und Bautenschutzgewerbes haben Arbeitnehmer der Lohngruppen 3 und 4 für die Zeit der tatsächlichen Ausübung der folgenden Tätigkeiten

- oberflächennahe Betonsanierungsarbeiten bei statisch nicht relevanter Schädigung,
- Abdichtungsarbeiten,
- Sanierputzarbeiten,
- Schimmelpilzbekämpfung

abweichend von § 2 Anspruch auf die nachstehenden Löhne:

ab **1. April 2024**

	GTL **€**
Lohngruppe 4	18,44
Lohngruppe 3	17,52

Die Betriebe teilen diesen Arbeitnehmern einmal im Jahr schriftlich mit, für welche Aufträge und für welchen Zeitraum die Tätigkeiten ausgeübt werden sollen.

Berechnungsgrundlage von Zuschlägen sind die vorstehenden Gesamttarifstundenlöhne.

§ 6
Löhne für das feuerungstechnische Gewerbe

(1) Die Löhne für Arbeitnehmer im feuerungstechnischen Gewerbe ergeben sich aus § 2 sowie aus dem Tarifvertrag über Feuerungsbauzuschläge im feuerungstechnischen Gewerbe. § 3 findet keine Anwendung.

(2) Werker haben für die Zeit ihrer Tätigkeit auf dem Schornstein Anspruch auf den Lohn des Fachwerkers im Schornsteinbau.

§ 7
Beschäftigungssicherungsklausel

(1) Während der Laufzeit dieses Tarifvertrages können zur Sicherung der Beschäftigung der Arbeitnehmer, zur Verbesserung der Wettbewerbsfähigkeit der Betriebe sowie zur Stärkung des regionalen Baugewerbes durch freiwillige Betriebsvereinbarung oder, wenn kein Betriebsrat besteht, durch einzelvertragliche Vereinbarung von den in den §§ 2 und 4 Abs. 2 geregelten Löhnen um bis zu 4 v. H. abweichende Löhne vereinbart werden, wobei der höchste geltende Mindestlohn nicht unterschritten werden darf. Diese betrieblich vereinbarten Löhne treten an die Stelle der Gesamttarifstunden-

§ 10
Inkrafttreten und Laufdauer

(1) Dieser Tarifvertrag tritt am 1. April 2024 in Kraft und kann mit einer Frist von zwei Monaten zum Monatsende, erstmals zum 31. März 2027, schriftlich gekündigt werden.

(2) Nach einer Kündigung haben die Tarifvertragsparteien innerhalb von zwei Wochen nach Zugang der Kündigung zu Verhandlungen zusammenzutreten und zu versuchen, zu einer Einigung zu gelangen.

Berlin/Frankfurt a. M., den 14. Juni 2024

Zentralverband des
Deutschen Baugewerbes e. V.,
Kronenstraße 55–58,
10117 Berlin

Nostitz

Hauptverband der
Deutschen Bauindustrie e. V.,
Kurfürstenstraße 129,
10785 Berlin

Beeke

Industriegewerkschaft Bauen-Agrar-Umwelt,
Olof-Palme-Straße 19, 60439 Frankfurt a. M.

Feiger

Burckhardt

Tarifvertrag zur Regelung der Gehälter und Ausbildungsvergütungen für die Angestellten und Poliere des Baugewerbes im Gebiet der Bundesrepublik Deutschland mit Ausnahme der fünf neuen Länder, des Landes Berlin und des Freistaates Bayern (TV Gehalt/West) vom 14. Juni 2024

Zwischen

dem Zentralverband des Deutschen Baugewerbes e. V.,
Kronenstraße 55–58, 10117 Berlin,

dem Hauptverband der Deutschen Bauindustrie e. V.,
Kurfürstenstraße 129, 10785 Berlin,

und

der Industriegewerkschaft Bauen–Agrar–Umwelt,
Olof-Palme-Straße 19, 60439 Frankfurt a. M.,

wird folgender Tarifvertrag geschlossen:

§ 1
Geltungsbereich

(1) Räumlicher Geltungsbereich:

Das Gebiet der Bundesrepublik Deutschland mit Ausnahme der Länder Bayern, Berlin, Brandenburg, Mecklenburg-Vorpommern, Sachsen, Sachsen-Anhalt und Thüringen.

(2) Betrieblicher Geltungsbereich:

Betriebe, die unter den betrieblichen Geltungsbereich des Rahmentarifvertrages für die Angestellten und Poliere des Baugewerbes in der jeweils geltenden Fassung fallen.

(3) Persönlicher Geltungsbereich:

Erfasst werden

1. Angestellte,
2. Poliere sowie die in überbetrieblichen Ausbildungsstätten hauptberuflich als Ausbilder Beschäftigten, die unter den persönlichen Geltungsbereich des Rahmentarifver-

trages für die Angestellten und Poliere des Baugewerbes in der jeweils geltenden Fassung fallen,

3. zur Ausbildung für den Beruf eines Angestellten Beschäftigte,

die eine nach den Vorschriften des Sechsten Buches Sozialgesetzbuch – Gesetzliche Rentenversicherung – (SGB VI) versicherungspflichtige Tätigkeit ausüben.

§ 2
Gehaltsgruppen

Für die Gruppeneinteilung gelten die Bestimmungen des § 5 Nr. 2 des Rahmentarifvertrages für die Angestellten und Poliere des Baugewerbes in der jeweils geltenden Fassung.

§ 3
Gehaltssätze

(1) Ab **1. April 2024** gelten für die einzelnen Gehaltsgruppen die nachstehenden Gehälter und Zuschläge je Monat:

a) Angestellte und Poliere

	Gehalt €
Gruppe A I	2.495,00
Gruppe A II	2.875,00
Gruppe A III	3.297,00
Gruppe A IV	3.733,00
Gruppe A V	4.182,00
Gruppe A VI	4.647,00
Gruppe A VII	5.137,00
Gruppe A VIII	5.643,00
Gruppe A IX	6.294,00
Gruppe A X	7.039,00

b) Poliere im feuerungstechnischen Gewerbe

	Gehalt €
Feuerungs- und Ofenbau-Poliere, Koksofen- und Gaswerksofenbau-Poliere sowie Ofenmeister	5.702,00
in Hamburg	5.756,00

	Gehalt €
Schornsteinbau-Poliere	5.946,00
in Hamburg	5.995,00

(2) Ab **1. Mai 2024** gelten für die einzelnen Gehaltsgruppen die nachstehenden Gehälter und Zuschläge je Monat:

a) Angestellte und Poliere

	Gehalt €
Gruppe A I	2.755,00
Gruppe A II	3.140,00
Gruppe A III	3.567,00
Gruppe A IV	4.008,00
Gruppe A V	4.462,00
Gruppe A VI	4.933,00
Gruppe A VII	5.429,00
Gruppe A VIII	5.941,00
Gruppe A IX	6.600,00
Gruppe A X	7.353,00

b) Poliere im feuerungstechnischen Gewerbe

	Gehalt €
Feuerungs- und Ofenbau-Poliere, Koksofen- und Gaswerksofenbau-Poliere sowie Ofenmeister	6.000,00
in Hamburg	6.053,00
Schornsteinbau-Poliere	6.247,00
in Hamburg	6.295,00

(3) Ab **1. April 2025** gelten für die einzelnen Gehaltsgruppen die nachstehenden Gehälter und Zuschläge je Monat:

a) Angestellte und Poliere

	Gehalt €
Gruppe A I	2.871,00
Gruppe A II	3.272,00

	Gehalt €
Gruppe A III	3.717,00
Gruppe A IV	4.176,00
Gruppe A V	4.649,00
Gruppe A VI	5.140,00
Gruppe A VII	5.657,00
Gruppe A VIII	6.191,00
Gruppe A IX	6.877,00
Gruppe A X	7.662,00

b) Poliere im feuerungstechnischen Gewerbe

	Gehalt €
Feuerungs- und Ofenbau-Poliere, Koksofen- und Gaswerksofenbau-Poliere sowie Ofenmeister	6.252,00
in Hamburg	6.305,00
Schornsteinbau-Poliere	6.509,00
in Hamburg	6.557,00

(4) Ab **1. April 2026** gelten für die einzelnen Gehaltsgruppen die nachstehenden Gehälter je Monat:

a) Angestellte und Poliere

	Gehalt €
Gruppe A I	2.983,00
Gruppe A II	3.400,00
Gruppe A III	3.862,00
Gruppe A IV	4.339,00
Gruppe A V	4.830,00
Gruppe A VI	5.340,00
Gruppe A VII	5.878,00
Gruppe A VIII	6.432,00
Gruppe A IX	7.145,00
Gruppe A X	7.961,00

b) Poliere im feuerungstechnischen Gewerbe

	Gehalt €
Feuerungs- und Ofenbau-Poliere, Koksofen- und Gaswerksofenbau-Poliere sowie Ofenmeister	6.496,00
in Hamburg	6.549,00
Schornsteinbau-Poliere	6.763,00
in Hamburg	6.811,00

§ 4
Ausbildungsvergütungen

(1) Ab **1. April 2024** gelten für Auszubildende die nachstehenden Ausbildungsvergütungen je Monat:

im 1. Ausbildungsjahr	930,00 €
im 2. Ausbildungsjahr	1.108,00 €
im 3. Ausbildungsjahr	1.384,00 €

(2) Ab **1. Mai 2024** gelten für Auszubildende die nachstehenden Ausbildungsvergütungen je Monat:

im 1. Ausbildungsjahr	1.080,00 €
im 2. Ausbildungsjahr	1.200,00 €
im 3. Ausbildungsjahr	1.450,00 €

(3) Ab **1. April 2026** gelten für Auszubildende die nachstehenden Ausbildungsvergütungen je Monat:

im 1. Ausbildungsjahr	1.122,00 €
im 2. Ausbildungsjahr	1.247,00 €
im 3. Ausbildungsjahr	1.507,00 €

(4) Die monatliche Ausbildungsvergütung erhöht sich für Auszubildende, die eine Landes- oder Bundesfachklasse besuchen, im jeweiligen Ausbildungsjahr um 60,00 €.

§ 5
Inkrafttreten und Laufdauer

Dieser Tarifvertrag tritt am 1. April 2024 in Kraft. Er kann mit einer Frist von zwei Monaten zum Monatsende, erstmals zum 31. März 2027, schriftlich gekündigt werden.

Berlin/Frankfurt a. M., den 14. Juni 2024

Zentralverband des
Deutschen Baugewerbes e. V.,
Kronenstraße 55–58,
10117 Berlin

N o s t i t z

Hauptverband der
Deutschen Bauindustrie e. V.,
Kurfürstenstraße 129,
10785 Berlin

B e e k e

Industriegewerkschaft Bauen–Agrar–Umwelt,
Olof-Palme-Straße 19, 60439 Frankfurt a. M.

F e i g e r B u r c k h a r d t

Tarifvertrag zur Regelung der Gehälter und Ausbildungsvergütungen für die Angestellten und Poliere des Baugewerbes im Beitrittsgebiet mit Ausnahme des Landes Berlin (TV Gehalt/Ost) vom 14. Juni 2024

Zwischen

dem Zentralverband des Deutschen Baugewerbes e. V.,
Kronenstraße 55–58, 10117 Berlin,

dem Hauptverband der Deutschen Bauindustrie e. V.,
Kurfürstenstraße 129, 10785 Berlin,

und

der Industriegewerkschaft Bauen–Agrar–Umwelt,
Olof-Palme-Straße 19, 60439 Frankfurt a. M.,

wird folgender Tarifvertrag geschlossen:

§ 1
Geltungsbereich

(1) Räumlicher Geltungsbereich:

Das Gebiet der Länder Brandenburg, Mecklenburg-Vorpommern, Sachsen, Sachsen-Anhalt und Thüringen.

(2) Betrieblicher Geltungsbereich:

Betriebe, die unter den betrieblichen Geltungsbereich des Rahmentarifvertrages für die Angestellten und Poliere des Baugewerbes in der jeweils geltenden Fassung fallen.

(3) Persönlicher Geltungsbereich:

Erfasst werden

1. Angestellte,
2. Poliere sowie die in überbetrieblichen Ausbildungsstätten hauptberuflich als Ausbilder Beschäftigten, die unter den persönlichen Geltungsbereich des Rahmentarifvertrages für die Angestellten und Poliere des Baugewerbes in der jeweils geltenden Fassung fallen,
3. zur Ausbildung für den Beruf eines Angestellten Beschäftigte,

die eine nach den Vorschriften des Sechsten Buches Sozialgesetzbuch – Gesetzliche Rentenversicherung – (SGB VI) versicherungspflichtige Tätigkeit ausüben.

§ 2
Gehaltsgruppen

Für die Gruppeneinteilung gelten die Bestimmungen des § 5 Nr. 2 des Rahmentarifvertrages für die Angestellten und Poliere des Baugewerbes in der jeweils geltenden Fassung.

§ 3
Gehaltssätze

(1) Ab **1. April 2024** gelten für die einzelnen Gehaltsgruppen die nachstehenden Gehälter je Monat:

a) Angestellte und Poliere

	Gehalt €
Gruppe A I	2.417,00
Gruppe A II	2.791,00
Gruppe A III	3.196,00
Gruppe A IV	3.617,00
Gruppe A V	4.053,00
Gruppe A VI	4.504,00
Gruppe A VII	4.979,90
Gruppe A VIII	5.469,00
Gruppe A IX	6.098,00
Gruppe A X	6.819,00

b) Poliere im feuerungstechnischen Gewerbe

	Gehalt €
Feuerungs- und Ofenbau-Poliere, Koksofen- und Gaswerksofenbau-Poliere sowie Ofenmeister	5.529,00
Schornsteinbau-Poliere	5.760,00

(2) Ab 1. **Mai 2024** gelten für die einzelnen Gehaltsgruppen die nachstehenden Gehälter je Monat:

a) Angestellte und Poliere

	Gehalt €
Gruppe A I	2.700,00
Gruppe A II	3.082,00
Gruppe A III	3.496,00
Gruppe A IV	3.927,00
Gruppe A V	4.372,00
Gruppe A VI	4.833,00
Gruppe A VII	5.319,00
Gruppe A VIII	5.819,00
Gruppe A IX	6.462,00
Gruppe A X	7.199,00

b) Poliere im feuerungstechnischen Gewerbe

	Gehalt €
Feuerungs- und Ofenbau-Poliere, Koksofen- und Gaswerksofenbau-Poliere sowie Ofenmeister	5.881,00
Schornsteinbau-Poliere	6.117,00

(3) Ab **1. April 2025** gelten für die einzelnen Gehaltsgruppen die nachstehenden Gehälter je Monat:

a) Angestellte und Poliere

	Gehalt €
Gruppe A I	2.835,00
Gruppe A II	3.236,00
Gruppe A III	3.671,00
Gruppe A IV	4.123,00
Gruppe A V	4.591,00
Gruppe A VI	5.075,00
Gruppe A VII	5.585,00
Gruppe A VIII	6.110,00
Gruppe A IX	6.785,00
Gruppe A X	7.559,00

b) Poliere im feuerungstechnischen Gewerbe

	Gehalt €
Feuerungs- und Ofenbau-Poliere, Koksofen- und Gaswerksofenbau-Poliere sowie Ofenmeister	6.175,00
Schornsteinbau-Poliere	6.423,00

(4) Ab **1. April 2026** gelten für die einzelnen Gehaltsgruppen die nachstehenden Gehälter je Monat:

a) Angestellte und Poliere

	Gehalt €
Gruppe A I	2.983,00
Gruppe A II	3.400,00
Gruppe A III	3.862,00
Gruppe A IV	4.339,00
Gruppe A V	4.830,00
Gruppe A VI	5.340,00
Gruppe A VII	5.878,00
Gruppe A VIII	6.432,00
Gruppe A IX	7.145,00
Gruppe A X	7.961,00

b) Poliere im feuerungstechnischen Gewerbe

	Gehalt €
Feuerungs- und Ofenbau-Poliere, Koksofen- und Gaswerksofenbau-Poliere sowie Ofenmeister	6.496,00
Schornsteinbau-Poliere	6.763,00

§ 4
Ausbildungsvergütungen

(1) Ab **1. April 2024** gelten für Auszubildende die nachstehenden Ausbildungsvergütungen je Monat:

im 1. Ausbildungsjahr	873,00 €
im 2. Ausbildungsjahr	1.000,00 €
im 3. Ausbildungsjahr	1.219,00 €

(2) Ab **1. Mai 2024** gelten für Auszubildende die nachstehenden Ausbildungsvergütungen je Monat:

im 1. Ausbildungsjahr	1.080,00 €
im 2. Ausbildungsjahr	1.100,00 €
im 3. Ausbildungsjahr	1.350,00 €

(3) Ab **1. April 2026** gelten für Auszubildende die nachstehenden Ausbildungsvergütungen je Monat:

im 1. Ausbildungsjahr	1.122,00 €
im 2. Ausbildungsjahr	1.247,00 €
im 3. Ausbildungsjahr	1.507,00 €

(4) Die monatliche Ausbildungsvergütung erhöht sich für Auszubildende, die eine Landes- oder Bundesfachklasse besuchen, im jeweiligen Ausbildungsjahr um 60,00 €.

§ 5
Beschäftigungssicherungsklausel

(1) Während der Laufzeit dieses Tarifvertrages können zur Sicherung der Beschäftigung der Arbeitnehmer, zur Verbesserung der Wettbewerbsfähigkeit der Betriebe sowie zur Stärkung des regionalen Baugewerbes durch freiwillige Betriebsvereinbarung oder, wenn kein Betriebsrat besteht, durch einzelvertragliche Vereinbarung von den in § 3 geregelten Gehältern um bis zu 4 v. H. abweichende Gehälter vereinbart werden. Diese betrieblich vereinbarten Gehälter treten an die Stelle der Tarifgehälter. Der Ausgleichsbetrag nach § 3 Abs. 1 des Tarifvertrages über die Einführung neuer Gehaltsstrukturen für die Angestellten und Poliere des Baugewerbes vermindert sich entsprechend. Bei Beendigung des Arbeitsverhältnisses durch betriebsbedingte Kündigung des Arbeitgebers hat der Arbeitnehmer jedoch für die letzten drei Monate des Bestehens des Arbeitsverhältnisses Anspruch auf die in § 3 geregelten Gehälter und den unverminderten Ausgleichsbetrag. Der Differenzbetrag wird mit Beendigung des Arbeitsverhältnisses fällig.

(2) Der Zielsetzung des Absatzes 1 dienen insbesondere die Vermeidung von Kurzarbeit und von betriebsbedingten Kündigungen, die Übernahme von Auszubildenden und die Vermeidung der arbeitskostenbedingten Vergabe von Nachunternehmerleistungen.

(3) Über die Absicht, eine entsprechende Betriebsvereinbarung zu schließen, sollen die bezirklichen Organisationsvertreter der Tarifvertragsparteien rechtzeitig unterrichtet

werden; über den Abschluss einer entsprechenden Betriebsvereinbarung sind sie zu unterrichten. Die Betriebsvereinbarung wird mit ihrem Zugang bei den bezirklichen Organisationsvertretern wirksam, wenn diese nicht innerhalb einer Woche unter Angabe der Gründe schriftlich Einspruch einlegen. Zur Wahrung der Frist genügt die rechtzeitige Absendung des Einspruchs. Ein Einspruch kann nur mit einem Verstoß gegen die Zielsetzung dieser Beschäftigungssicherungsklausel begründet werden. Nach einem Einspruch wird die Betriebsvereinbarung erst durch erneute Beschlussfassung des Betriebsrates, die mit mindestens einer Dreiviertelmehrheit der Mitglieder des Betriebsrates – bei einem dreiköpfigen Betriebsrat mit einer Zweidrittelmehrheit – erfolgen muss, wirksam.

(4) Einzelvertragliche Vereinbarungen werden erst wirksam, wenn sie vom Arbeitnehmer nicht binnen einer Frist von einer Woche schriftlich widerrufen werden. Zur Wahrung der Frist genügt die rechtzeitige Absendung des Widerspruches.

§ 6
Inkrafttreten und Laufdauer

Dieser Tarifvertrag tritt am 1. April 2024 in Kraft. Er kann mit einer Frist von zwei Monaten zum Monatsende, erstmals zum 31. März 2027, schriftlich gekündigt werden.

Berlin/Frankfurt a. M., den 14. Juni 2024

Zentralverband des Deutschen Baugewerbes e. V., Kronenstraße 55–58, 10117 Berlin	Hauptverband der Deutschen Bauindustrie e. V., Kurfürstenstraße 129, 10785 Berlin
Nostitz	Beeke

Industriegewerkschaft Bauen–Agrar–Umwelt,
Olof-Palme-Straße 19, 60439 Frankfurt a. M.

Feiger	Burckhardt

Tarifvertrag
zur Einführung neuer Lohnstrukturen für die gewerblichen Arbeitnehmer des Baugewerbes vom 4. Juli 2002

Zwischen

dem Zentralverband des Deutschen Baugewerbes e.V.,
Kronenstraße 55–58, 10117 Berlin,

dem Hauptverband der Deutschen Bauindustrie e.V.,
Kurfürstenstraße 129, 10785 Berlin,

und

der Industriegewerkschaft Bauen-Agrar-Umwelt,
Olof-Palme-Straße 19, 60439 Frankfurt a.M.,

wird folgender Tarifvertrag geschlossen:

§ 1
Geltungsbereich

(1) Räumlicher Geltungsbereich:

Das Gebiet der Bundesrepublik Deutschland.

(2) Betrieblicher Geltungsbereich:

Betriebe, die unter den betrieblichen Geltungsbereich des Bundesrahmentarifvertrages für das Baugewerbe in der jeweils geltenden Fassung fallen.

(3) Persönlicher Geltungsbereich:

Gewerbliche Arbeitnehmer, die eine nach den Vorschriften des Sechsten Buches Sozialgesetzbuch – Gesetzliche Rentenversicherung – (SGB VI) versicherungspflichtige Tätigkeit ausüben.

§ 2
Übergang in die neuen Lohngruppen

(1) Zum Zeitpunkt des In-Kraft-Tretens des Bundesrahmentarifvertrages für das Baugewerbe vom 4. Juli 2002 gehen die gewerblichen Arbeitnehmer wie folgt in die neuen Lohngruppen über:

1.	**Berufsgruppen I bis VIII**	
1.1	Berufsgruppe I	in die Lohngruppe 6
1.2	Berufsgruppe II	in die Lohngruppe 5
1.3	Berufsgruppe III (III 1 – III 3)	in die Lohngruppe 4
1.4	Berufsgruppe IV (IV 1 – IV 4)	in die Lohngruppe 3
1.5	Berufsgruppe V (V 1 – V 3)	in die Lohngruppe 2
1.6	Berufsgruppe VI (VI 1, VI 2)	in die Lohngruppe 1
1.7	Berufsgruppe VII (VII 1, VII 2)	in die Lohngruppe 1
1.8	Berufsgruppe VIII	in die Lohngruppe 1
2.	**Berufsgruppen M I bis M VI**	
2.1	Berufsgruppe M I	in die Lohngruppe 6
2.2	Berufsgruppe M II (M II 1, M II 2)	in die Lohngruppe 5
2.3	Berufsgruppe M III (M III 1 – M III 4)	in die Lohngruppe 4
2.4	Berufsgruppe M IV (M IV 1 – M IV 3)	in die Lohngruppe 3
2.5	Berufsgruppe M V (M V 1 – M V 4)	in die Lohngruppe 2
2.6	Berufsgruppe M VI	in die Lohngruppe 1

(2) Absatz 1 gilt nicht für gewerbliche Arbeitnehmer im feuerungstechnischen Gewerbe sowie im Bauten- und Eisenschutzgewerbe.

§ 3
Lohnanspruch nach Übergang

(1) Ist der sich nach dem Übergang in die neue Lohnstruktur ergebende neue Gesamttarifstundenlohn niedriger als der bisherige Gesamttarifstundenlohn des gewerblichen Arbeitnehmers, so behält der Arbeitnehmer auch nach In-Kraft-Treten der neuen Lohnstruktur den Anspruch auf seinen bisherigen Gesamttarifstundenlohn (Besitzstandsregelung). Dieser nimmt an zukünftigen tariflichen Lohnerhöhungen teil. Die Tarifvertragsparteien veröffentlichen die sich hieraus ergebenden Löhne.

(2) Ist der sich nach dem Übergang in die neue Lohnstruktur ergebende Gesamttarifstundenlohn höher als der bisherige Gesamttarifstundenlohn des gewerblichen Arbeitnehmers, so erhält dieser vom Zeitpunkt der Einführung der neuen Lohnstruktur an den neuen Gesamttarifstundenlohn. Bei diesem Übergang können bisher freiwillig gewährte übertarifliche Zulagen nach den Grundsätzen der Rechtsprechung angerechnet werden.

(3) Für stationär beschäftigte Arbeitnehmer gelten die Absätze 1 und 2 entsprechend mit der Maßgabe, dass an die Stelle des Gesamttarifstundenlohnes der Tarifstundenlohn tritt, soweit dadurch der Mindestlohn nicht unterschritten wird.

§ 4
Inkrafttreten

Dieser Tarifvertrag tritt am 1. September 2002 in Kraft und kann mit einer Frist von sechs Monaten jeweils zum 31. Dezember, erstmals zum 31. Dezember 2006, gekündigt werden.

Berlin/Frankfurt a. M., den 4. Juli 2002

Zentralverband des Deutschen Baugewerbes e. V., Kronenstraße 55–58, 10117 Berlin	Hauptverband der Deutschen Bauindustrie e. V., Kurfürstenstraße 129, 10785 Berlin
Kahl	Bauer

Industriegewerkschaft Bauen–Agrar–Umwelt,
Olof-Palme-Straße 19, 60439 Frankfurt a. M.

Wiesehügel Laux

Löhne mit Besitzstand, § 3 Abs. 1 des Tarifvertrages zur Einführung neuer Lohnstrukturen für die gewerblichen Arbeitnehmer des Baugewerbes

	01.04.2023 bis 30.04.2024		
	TL	BZ	GTL
	€	€	€
TV Lohn West			
frühere Berufsgruppe VI	18,07	1,07	19,14
frühere Berufsgruppe VII 1	17,48	1,03	18,51
frühere Berufsgruppe VII 1 a	15,91	0,94	16,85
frühere Berufsgruppe VIII	15,70	0,92	16,62
frühere Berufsgruppe M VI	18,07	1,07	19,14

	01.05.2024 bis 31.03.2025		
	TL	BZ	GTL
	€	€	€
TV Lohn West			
frühere Berufsgruppe VI	19,62	1,15	20,77
frühere Berufsgruppe VII 1	19,02	1,12	20,14
frühere Berufsgruppe VII 1 a	17,43	1,03	18,46
frühere Berufsgruppe VIII	17,22	1,01	18,23
frühere Berufsgruppe M VI	19,62	1,15	20,77

	01.04.2025 bis 31.03.2026		
	TL	BZ	GTL
	€	€	€
TV Lohn West			
frühere Berufsgruppe VI	20,44	1,21	21,65
frühere Berufsgruppe VII 1	19,82	1,16	20,98
frühere Berufsgruppe VII 1 a	18,16	1,07	19,23
frühere Berufsgruppe VIII	17,94	1,06	19,00
frühere Berufsgruppe M VI	20,44	1,21	21,65

	01.04.2026 bis 31.03.2027		
	TL	BZ	GTL
	€	€	€
TV Lohn West			
frühere Berufsgruppe VI	21,24	1,25	22,49
frühere Berufsgruppe VII 1	20,59	1,21	21,80
frühere Berufsgruppe VII 1 a	18,87	1,11	19,98
frühere Berufsgruppe VIII	18,64	1,09	19,73
frühere Berufsgruppe M VI	21,24	1,25	22,49

	01.04.2023 bis 30.04.2024		
	TL	BZ	GTL
	€	€	€
TV Lohn Ost			
frühere Berufsgruppe VI	17,51	1,03	18,54
frühere Berufsgruppe VII 1	16,89	1,00	17,89
frühere Berufsgruppe VII 1 a	15,36	0,91	16,27
frühere Berufsgruppe VIII	15,24	0,90	16,14
frühere Berufsgruppe M VI	17,51	1,03	18,54

	01.05.2024 bis 31.03.2025		
	TL	BZ	GTL
	€	€	€
TV Lohn Ost			
frühere Berufsgruppe VI	19,23	1,13	20,36
frühere Berufsgruppe VII 1	18,59	1,10	19,69
frühere Berufsgruppe VII 1 a	17,03	1,00	18,03
frühere Berufsgruppe VIII	16,91	0,99	17,90
frühere Berufsgruppe M VI	19,23	1,13	20,36

	01.04.2025 bis 31.03.2026		
	TL	BZ	GTL
	€	€	€
TV Lohn Ost			
frühere Berufsgruppe VI	20,19	1,19	21,38
frühere Berufsgruppe VII 1	19,52	1,15	20,67
frühere Berufsgruppe VII 1 a	17,88	1,05	18,93
frühere Berufsgruppe VIII	17,76	1,04	18,80
frühere Berufsgruppe M VI	20,19	1,19	21,38

	01.04.2026 bis 31.03.2027		
	TL	BZ	GTL
	€	€	€
TV Lohn Ost			
frühere Berufsgruppe VI	21,24	1,25	22,49
frühere Berufsgruppe VII 1	20,59	1,21	21,80
frühere Berufsgruppe VII 1 a	18,87	1,11	19,98
frühere Berufsgruppe VIII	18,64	1,09	19,73
frühere Berufsgruppe M VI	21,24	1,25	22,49

	01.04.2023 bis 30.04.2024		
	TL	BZ	GTL
	€	€	€
TV Lohn Berlin			
frühere Berufsgruppe VI	17,95	1,06	19,01
frühere Berufsgruppe VII 1	17,31	1,02	18,33
frühere Berufsgruppe VII 1 a	15,70	0,92	16,62
frühere Berufsgruppe VIII	15,56	0,91	16,47
frühere Berufsgruppe M VI	17,95	1,06	19,01

	01.05.2024 bis 31.03.2025		
	TL	**BZ**	**GTL**
	€	**€**	**€**
TV Lohn Berlin			
frühere Berufsgruppe VI	19,50	1,15	20,65
frühere Berufsgruppe VII 1	18,85	1,11	19,96
frühere Berufsgruppe VII 1 a	17,22	1,01	18,23
frühere Berufsgruppe VIII	17,08	1,00	18,08
frühere Berufsgruppe M VI	19,50	1,15	20,65

	01.04.2025 bis 31.03.2026		
	TL	**BZ**	**GTL**
	€	**€**	**€**
TV Lohn Berlin			
frühere Berufsgruppe VI	20,32	1,19	21,51
frühere Berufsgruppe VII 1	19,64	1,16	20,80
frühere Berufsgruppe VII 1 a	17,94	1,06	19,00
frühere Berufsgruppe VIII	17,80	1,05	18,85
frühere Berufsgruppe M VI	20,32	1,19	21,51

	01.04.2026 bis 30.04.2027		
	TL	**BZ**	**GTL**
	€	**€**	**€**
TV Lohn Berlin			
frühere Berufsgruppe VI	21,24	1,25	22,49
frühere Berufsgruppe VII 1	20,59	1,21	21,80
frühere Berufsgruppe VII 1 a	18,87	1,11	19,98
frühere Berufsgruppe VIII	18,64	1,09	19,73
frühere Berufsgruppe M VI	21,24	1,25	22,49

Tarifvertrag zur Einführung neuer Gehaltsstrukturen für die Angestellten und Poliere des Baugewerbes vom 20. Dezember 2001

Zwischen

dem Zentralverband des Deutschen Baugewerbes e. V.,
Kronenstraße 55–58, 10117 Berlin,

dem Hauptverband der Deutschen Bauindustrie e. V.,
Kurfürstenstraße 129, 10785 Berlin,

und

der Industriegewerkschaft Bauen–Agrar–Umwelt,
Olof-Palme-Straße 19, 60439 Frankfurt a. M.,

wird folgender Tarifvertrag geschlossen:

§ 1
Geltungsbereich

(1) Räumlicher Geltungsbereich:

Das Gebiet der Bundesrepublik Deutschland.

(2) Betrieblicher Geltungsbereich:

Es gilt § 1 Abs. 2 des Rahmentarifvertrages für die technischen und kaufmännischen Angestellten und für die Poliere des Baugewerbes in der jeweils geltenden Fassung.

(3) Persönlicher Geltungsbereich:

Angestellte, die eine nach den Vorschriften des Sechsten Buches Sozialgesetzbuch – Gesetzliche Rentenversicherung – (SGB VI) versicherungspflichtige Tätigkeit ausüben und

a) als technische oder kaufmännische Angestellte
   – in überbetrieblichen Ausbildungsstätten jedoch nur die hauptberuflichen Ausbilder –

b) zur Ausbildung für den Beruf eines Angestellten

beschäftigt sind oder

c) als Poliere angestellt sind.

Ausgenommen sind die unter § 5 Abs. 2 und 3 des Betriebsverfassungsgesetzes fallenden Angestellten.

§ 2
Übergang in die neuen Gehaltsgruppen

Zum Zeitpunkt des Inkrafttretens des Tarifvertrages vom 20. Dezember 2001 zur Änderung des Rahmentarifvertrages für die technischen und kaufmännischen Angestellten und für die Poliere des Baugewerbes gehen die technischen und kaufmännischen Angestellten und die Poliere wie folgt in die neuen Gehaltsgruppen über:

1. Technische Angestellte

1.1 Gruppe T 1

im 1. Berufsjahr in dieser Gruppe	in die Gruppe A I
ab 3. Berufsjahr in dieser Gruppe	in die Gruppe A I

1.2 Gruppe T 2

im 1. Berufsjahr in dieser Gruppe	in die Gruppe A II
ab 3. Berufsjahr in dieser Gruppe	in die Gruppe A III
ab 5. Berufsjahr in dieser Gruppe	in die Gruppe A III

1.3 Gruppe T 3

im 1. Berufsjahr in dieser Gruppe	in die Gruppe A IV
ab 3. Berufsjahr in dieser Gruppe	in die Gruppe A V
ab 5. Berufsjahr in dieser Gruppe	in die Gruppe A V

1.4 Gruppe T 4

im 1. Berufsjahr in dieser Gruppe	in die Gruppe A VI
ab 3. Berufsjahr in dieser Gruppe	in die Gruppe A VII

1.5 Gruppe T 5

im 1. Berufsjahr in dieser Gruppe	in die Gruppe A VII
ab 3. Berufsjahr in dieser Gruppe	in die Gruppe A VII
ab 5. Berufsjahr in dieser Gruppe	in die Gruppe A VIII
ab 7. Berufsjahr in dieser Gruppe	in die Gruppe A VIII

1.6 Gruppe T 6

im 1. Berufsjahr in dieser Gruppe	in die Gruppe A IX
ab 3. Berufsjahr in dieser Gruppe	in die Gruppe A IX

1.7 Gruppe T 7

im 1. Berufsjahr in dieser Gruppe	in die Gruppe A X
ab 3. Berufsjahr in dieser Gruppe	in die Gruppe A X

2. Kaufmännische Angestellte

2.1 Gruppe K 1

im 1. Berufsjahr in dieser Gruppe	in die Gruppe A I
ab 3. Berufsjahr in dieser Gruppe	in die Gruppe A I

2.2 Gruppe K 2

im 1. Berufsjahr in dieser Gruppe	in die Gruppe A I
ab 3. Berufsjahr in dieser Gruppe	in die Gruppe A I
ab 5. Berufsjahr in dieser Gruppe	in die Gruppe A II

2.3 Gruppe K 3

im 1. Berufsjahr in dieser Gruppe	in die Gruppe A II
ab 3. Berufsjahr in dieser Gruppe	in die Gruppe A II
ab 5. Berufsjahr in dieser Gruppe	in die Gruppe A III

2.4 Gruppe K 4

im 1. Berufsjahr in dieser Gruppe	in die Gruppe A III
ab 3. Berufsjahr in dieser Gruppe	in die Gruppe A IV
ab 5. Berufsjahr in dieser Gruppe	in die Gruppe A IV

2.5 Gruppe K 5

im 1. Berufsjahr in dieser Gruppe	in die Gruppe A V
ab 3. Berufsjahr in dieser Gruppe	in die Gruppe A V
ab 5. Berufsjahr in dieser Gruppe	in die Gruppe A VI
ab 7. Berufsjahr in dieser Gruppe	in die Gruppe A VII

2.6 Gruppe K 6

im 1. Berufsjahr in dieser Gruppe	in die Gruppe A VIII
ab 3. Berufsjahr in dieser Gruppe	in die Gruppe A VIII

2.7 Gruppe K 7

im 1. Berufsjahr in dieser Gruppe	in die Gruppe A IX
ab 3. Berufsjahr in dieser Gruppe	in die Gruppe A X

3. Poliere

im 1. Berufsjahr als Polier	in die Gruppe A VII
ab 4. Berufsjahr als Polier	in die Gruppe A VII
ab 7. Berufsjahr als Polier	in die Gruppe A VIII

Der Übergang der hauptberuflichen Ausbilder in überbetrieblichen Ausbildungsstätten in die neue Gehaltsstruktur bleibt der betrieblichen Vereinbarung vorbehalten.

§ 3 Abs. 1 findet Anwendung.

§ 3
Übergangsregelung

(1) Ist das sich nach dem Übergang in die neuen Gehaltsgruppen ergebende Tarifgehalt niedriger als das bisherige Tarifgehalt des Angestellten, so erhält dieser in Höhe der Differenz einen Ausgleichsbetrag, der kaufmännisch auf volle Euro gerundet ist. Die Höhe des jeweiligen Ausgleichsbetrages ergibt sich aus dem Anhang zu diesem Tarifvertrag. Dieser Ausgleichsbetrag nimmt nicht an tariflichen Gehaltserhöhungen teil und ist nur auf Gehaltserhöhungen infolge einer Höhergruppierung anrechenbar. Der Ausgleichsbetrag geht jedoch in die Berechnungsgrundlage für das tarifliche 13. Monatseinkommen ein.

(2) Ist das sich nach dem Übergang in die neuen Gehaltsgruppen ergebende Tarifgehalt höher als das bisherige Tarifgehalt des Angestellten, so erhält dieser vom Zeitpunkt der Einführung der neuen Gehaltsstruktur an das neue Tarifgehalt. Bei diesem Übergang können bisher freiwillig gewährte übertarifliche Zulagen nach den Grundsätzen der Rechtsprechung angerechnet werden.

§ 4
Inkrafttreten

Dieser Tarifvertrag tritt am 1. März 2002 in Kraft und kann mit einer Frist von sechs Monaten jeweils zum 31. Dezember, erstmals zum 31. Dezember 2005, gekündigt werden.

Berlin/Frankfurt a. M., den 20. Dezember 2001

Zentralverband des
Deutschen Baugewerbes e. V.,
Kronenstraße 55–58,
10117 Berlin

Kahl

Hauptverband der
Deutschen Bauindustrie e. V.,
Kurfürstenstraße 129,
10785 Berlin

Bauer

Industriegewerkschaft Bauen–Agrar–Umwelt,
Olof-Palme-Straße 19, 60439 Frankfurt a. M.

Wiesehügel Laux

Anhang zum Tarifvertrag zur Einführung neuer Gehaltsstrukturen für die Angestellten und Poliere des Baugewerbes Ausgleichsbeträge (in €)

1. Tarifgebiet alte Bundesländer (ohne Bayern, Berlin, Hamburg)

bisherige Gehaltsgruppe	bisheriges Tarifgehalt	neue Gehaltsgruppe	neues Tarifgehalt	Differenz	gerundeter Ausgleichsbetrag
T 1/3	1.709,76	A I	1.519	- 190,76	191
T 2/1	1.887,69	A II	1.753	- 134,69	135
T 2/5	2.183,73	A III	2.009	- 174,73	175
T 3/1	2.330,98	A IV	2.276	- 54,98	55
T 3/5	2.616,28	A V	2.548	- 68,28	68
T 4/1	2.894,42	A VI	2.832	- 62,42	62
T 5/3	3.192,51	A VII	3.131	- 61,51	62
T 5/7	3.525,87	A VIII	3.439	- 86,87	87
T 6/3	4.001,37	A IX	3.835	- 166,37	166
K 2/3	1.575,29	A I	1.519	- 56,29	56
K 3/3	1.877,46	A II	1.753	- 124,46	124
K 3/5	2.110,10	A III	2.009	- 101,10	101
K 4/1	2.133,11	A III	2.009	- 124,11	124
K 4/5	2.311,55	A IV	2.276	- 35,55	36
K 5/3	2.701,16	A V	2.548	- 153,16	153
K 5/5	2.899,02	A VI	2.832	- 67,02	67
K 6/3	3.570,86	A VIII	3.439	- 131,86	132
P/4	3.227,79	A VII	3.131	- 96,79	97

2. Tarifgebiet neue Bundesländer (ohne Berlin-Ost)

bisherige Gehalts-gruppe	bisheriges Tarifgehalt	neue Gehalts-gruppe	neues Tarifgehalt	Differenz	gerundeter Ausgleichs-betrag
T 1/3	1.524,16	A I	1.355	- 169,16	169
T 2/1	1.683,68	A II	1.564	- 119,68	120
T 2/5	1.948,02	A III	1.793	- 155,02	155
T 3/1	2.078,40	A IV	2.030	- 48,40	48
T 3/5	2.332,51	A V	2.273	- 59,51	60
T 4/1	2.582,02	A VI	2.526	- 56,02	56
T 5/3	2.846,36	A VII	2.793	- 53,36	53
T 5/7	3.143,93	A VIII	3.068	- 75,93	76
T 6/3	3.568,31	A IX	3.421	- 147,31	147
K 2/3	1.404,52	A I	1.355	- 49,52	50
K 3/3	1.673,97	A II	1.564	- 109,97	110
K 3/5	1.882,07	A III	1.793	- 89,07	89
K 4/1	1.902,01	A III	1.793	- 109,01	109
K 4/5	2.061,53	A IV	2.030	- 31,53	32
K 5/3	2.408,70	A V	2.273	- 135,70	136
K 5/5	2.585,60	A VI	2.526	- 59,60	60
K 6/3	3.184,33	A VIII	3.068	- 116,33	116
P/4	2.879,08	A VII	2.793	- 86,08	86

3. Tarifgebiet Hamburg

bisherige Gehalts-gruppe	bisheriges Tarifgehalt	neue Gehalts-gruppe	neues Tarifgehalt	Differenz	gerundeter Ausgleichs-betrag
T 1/3	1.714,87	A I	1.519	– 195,87	196
T 2/1	1.892,80	A II	1.753	– 139,80	140
T 2/5	2.191,40	A III	2.009	– 182,40	182
T 3/1	2.338,65	A IV	2.276	– 62,65	63
T 3/5	2.623,95	A V	2.548	– 75,95	76
T 4/1	2.904,65	A VI	2.832	– 72,65	73
T 5/3	3.202,73	A VII	3.131	– 71,73	72
T 5/7	3.538,65	A VIII	3.439	– 99,65	100
T 6/3	4.014,15	A IX	3.835	– 179,15	179
T 7/3	4.300,99	A X	4.289	– 11,99	12
K 2/1	1.523,65	A I	1.519	– 4,65	5
K 2/3	1.580,40	A I	1.519	– 61,40	61
K 3/3	1.885,13	A II	1.753	– 132,13	132
K 3/5	2.117,77	A III	2.009	– 108,77	109
K 4/1	2.140,78	A III	2.009	– 131,78	132
K 4/5	2.319,22	A IV	2.276	– 43,22	43
K 5/3	2.708,82	A V	2.548	– 160,82	161
K 5/5	2.909,25	A VI	2.832	– 77,25	77
K 6/3	3.581,09	A VIII	3.439	– 142,09	142
P/4	3.238,01	A VII	3.131	– 107,01	107

4. Tarifgebiet Berlin

bisherige Gehalts-gruppe	bisheriges Tarifgehalt	neue Gehalts-gruppe	neues Tarifgehalt	Differenz	gerundeter Ausgleichs-betrag
T 1/3	1.692,38	A I	1.504	- 188,38	188
T 2/1	1.869,79	A II	1.736	- 133,79	134
T 2/5	2.162,76	A III	1.990	- 172,76	173
T 3/1	2.307,97	A IV	2.254	- 53,97	54
T 3/5	2.590,20	A V	2.523	- 67,20	67
T 4/1	2.866,30	A VI	2.804	- 62,30	62
T 5/3	3.160,81	A VII	3.100	- 60,81	61
T 5/7	3.491,61	A VIII	3.405	- 86,61	87
T 6/3	3.962,51	A IX	3.798	- 164,51	165
K 2/3	1.559,95	A I	1.504	- 55,95	56
K 3/3	1.858,55	A II	1.736	- 122,55	123
K 3/5	2.089,14	A III	1.990	- 99,14	99
K 4/1	2.111,64	A III	1.990	- 21,64	22
K 4/5	2.289,57	A IV	2.254	- 35,57	36
K 5/3	2.674,57	A V	2.523	- 151,57	152
K 5/5	2.870,90	A VI	2.804	- 66,90	67
K 6/3	3.535,58	A VIII	3.405	- 130,58	131
P/4	3.196,09	A VII	3.100	- 96,09	96

Tarifvertrag zur Regelung der Gehälter und Ausbildungsvergütungen für die Angestellten des Baugewerbes in Bayern vom 14. Juni 2024

Zwischen

dem Bayerischen Bauindustrieverband e. V.,
Oberanger 32, 80331 München,

dem Verband baugewerblicher Unternehmer Bayerns e. V.,
Bavariaring 31, 80336 München,

dem Verband der Zimmerer- und Holzbauunternehmer in Bayern e. V.,
Eisenacher Straße 17, 80804 München

einerseits und

der Industriegewerkschaft Bauen – Agrar – Umwelt,
Olof-Palme-Straße 19, 60439 Frankfurt a. M.

andererseits

wird nachstehender Tarifvertrag abgeschlossen:

Er gilt in Verbindung mit dem Rahmentarifvertrag für die Angestellten und Poliere des Baugewerbes im Gebiet der Bundesrepublik Deutschland in der jeweils geltenden Fassung.

§ 1
Geltungsbereich

(1) Räumlicher Geltungsbereich:

Das Gebiet des Freistaates Bayern.

(2) Betrieblicher Geltungsbereich:

Die in § 1 Abs. 2 des Rahmentarifvertrages für die Angestellten und Poliere des Baugewerbes im Gebiet der Bundesrepublik Deutschland in der jeweils geltenden Fassung aufgeführten Baubetriebe.

(3) Persönlicher Geltungsbereich:

Erfasst werden:

1. Angestellte,
2. zur Ausbildung für den Beruf eines Angestellten Beschäftigte,

die eine nach den Vorschriften des Sechsten Buches Sozialgesetzbuch – gesetzliche Rentenversicherung – (SGB VI) versicherungspflichtige Tätigkeit ausüben.

§ 2
Gehaltsgruppen

Für die Gruppeneinteilung gelten die Bestimmungen des § 5 Nr. 2 des Rahmentarifvertrages für die Angestellten und Poliere des Baugewerbes in der jeweils geltenden Fassung.

§ 3
Gehaltssätze und Ausbildungsvergütungen

(1) Ab **1. April 2024** gelten für die einzelnen Gehaltsgruppen die nachstehenden Gehälter je Monat:

	Gehalt €
Gruppe A I	2.495,00
Gruppe A II	2.875,00
Gruppe A III	3.297,00
Gruppe A IV	3.733,00
Gruppe A V	4.182,00
Gruppe A VI	4.647,00
Gruppe A VII	5.137,00
Gruppe A VIII	5.643,00
Gruppe A IX	6.294,00
Gruppe A X	7.039,00

(2) Ab **1. Mai 2024** gelten für die einzelnen Gehaltsgruppen die nachstehenden Gehälter je Monat:

	Gehalt €
Gruppe A I	2.755,00
Gruppe A II	3.140,00
Gruppe A III	3.567,00
Gruppe A IV	4.008,00
Gruppe A V	4.462,00
Gruppe A VI	4.933,00
Gruppe A VII	5.429,00
Gruppe A VIII	5.941,00
Gruppe A IX	6.600,00
Gruppe A X	7.353,00

(3) Ab **1. April 2025** gelten für die einzelnen Gehaltsgruppen die nachstehenden Gehälter je Monat:

	Gehalt €
Gruppe A I	2.871,00
Gruppe A II	3.272,00
Gruppe A III	3.717,00
Gruppe A IV	4.176,00
Gruppe A V	4.649,00
Gruppe A VI	5.140,00
Gruppe A VII	5.657,00
Gruppe A VIII	6.191,00
Gruppe A IX	6.877,00
Gruppe A X	7.662,00

(4) Ab **1. April 2026** gelten für die einzelnen Gehaltsgruppen die nachstehenden Gehälter je Monat:

	Gehalt €
Gruppe A I	2.983,00
Gruppe A II	3.400,00
Gruppe A III	3.862,00
Gruppe A IV	4.339,00
Gruppe A V	4.830,00
Gruppe A VI	5.340,00
Gruppe A VII	5.878,00
Gruppe A VIII	6.432,00
Gruppe A IX	7.145,00
Gruppe A X	7.961,00

(5) Für Auszubildende gelten die nachstehenden Ausbildungsvergütungen je Monat:

ab 1. April 2024

im 1. Ausbildungsjahr	930,00 €
im 2. Ausbildungsjahr	1.108,00 €
im 3. Ausbildungsjahr	1.384,00 €

ab 1. Mai 2024

im 1. Ausbildungsjahr	1.080,00 €
im 2. Ausbildungsjahr	1.200,00 €
im 3. Ausbildungsjahr	1.450,00 €

ab 1. April 2026

im 1. Ausbildungsjahr	1.122,00 €
im 2. Ausbildungsjahr	1.247,00 €
im 3. Ausbildungsjahr	1.507,00 €

Die monatliche Ausbildungsvergütung erhöht sich für Auszubildende, die eine Landes- oder Bundesfachklasse besuchen, im jeweiligen Ausbildungsjahr um 60,00 €.

§ 4
Besitzstandsregelung

Für Angestellte, die vor dem 1. März 2002 eingestellt wurden, gilt Folgendes:

(1) Ist das sich nach dem Übergang in die neuen Gehaltsgruppen ergebende Tarifgehalt niedriger als das bisherige Tarifgehalt des Angestellten, so erhält dieser in Höhe der Differenz einen Ausgleichsbetrag. Die Höhe des jeweiligen Ausgleichsbetrages ergibt sich aus dem Anhang zu diesem Tarifvertrag. Dieser Ausgleichsbetrag nimmt nicht an tariflichen Gehaltserhöhungen teil und ist nur auf Gehaltserhöhungen infolge einer Höhergruppierung anrechenbar. Der Ausgleichsbetrag geht jedoch in die Berechnungsgrundlage für das tarifliche 13. Monatseinkommen ein.

(2) Ist das sich nach dem Übergang in die neuen Gehaltsgruppen ergebende Tarifgehalt höher als das bisherige Tarifgehalt des Angestellten, so erhält dieser vom Zeitpunkt der Einführung der neuen Gehaltsstruktur an das neue Tarifgehalt. Bei diesem Übergang können bisher freiwillig gewährte übertarifliche Zulagen nach den Grundsätzen der Rechtsprechung angerechnet werden.

§ 5
Inkrafttreten und Vertragsdauer

Dieser Tarifvertrag tritt am 1. April 2024 in Kraft. Er kann mit einer Frist von zwei Monaten zum Monatsende, erstmals zum 31. März 2027, schriftlich gekündigt werden.

§ 6
Schlussbestimmung

Mit Inkrafttreten dieses Tarifvertrages tritt der Tarifvertrag zur Regelung der Gehälter und Ausbildungsvergütungen für die Angestellten des Baugewerbes in Bayern vom 5. November 2021 außer Kraft.

München/Frankfurt a. M., den 14. Juni 2024

Bayerischer Bauindustrieverband e.V.
Oberanger 32, 80331 München
Schmölzl Schmid

Verband baugewerblicher Unternehmer Bayerns e.V.
Bavariaring 31, 80336 München
Goebel Demharter

Verband der Zimmerer- und Holzbauunternehmer in Bayern e.V.
Eisenacher Straße 17, 80804 München
Aicher Gajewski

Industriegewerkschaft Bauen – Agrar – Umwelt
Olof-Palme-Straße 19, 60439 Frankfurt a. M.
Feiger Burckhardt

Anhang zu § 4

Gehälter der kaufmännischen Angestellten des Baugewerbes in Bayern ab 1. April 2024

Einstellung vor dem 1.4.1998

bisherige Gehaltsgruppe	neue Gehaltsgruppe	neues Tarifgehalt €	Ausgleichsbetrag*) €	neues Tarifgehalt einschließlich Ausgleichsbetrag €
K 1/1	A I	2.495,–	–	2.495,–
K 1/3	A I	2.495,–	155,–	2.650,–
K 2/1	A I	2.495,–	–	2.495,–
K 2/3	A I	2.495,–	65,–	2.560,–
K 2/5	A II	2.875,–	146,–	3.021,–
K 3/1	A II	2.875,–	–	2.875,–
K 3/3	A II	2.875,–	124,–	2.999,–
K 3/5	A III	3.297,–	101,–	3.398,–
K 4/1	A III	3.297,–	124,–	3.421,–
K 4/3	A IV	3.733,–	–	3.733,–
K 4/5	A IV	3.733,–	180,–	3.913,–
K 5/1	A V	4.182,–	237,–	4.419,–
K 5/5	A VI	4.647,–	67,–	4.714,–
K 5/7	A VII	5.137,–	37,–	5.174,–
K 6	A VIII	5.643,–	272,–	5.915,–
K 7	A X	7.039,–	–	7.039,–

*) aufgrund des Gehaltstarifvertrages vom 28. Februar 2002

Gehälter der technischen Angestellten des Baugewerbes in Bayern ab 1. April 2024

Einstellung vor dem 1.4.1998

bisherige Gehalts-gruppe	neue Gehalts-gruppe	neues Tarifgehalt €	Ausgleichs-betrag*) €	neues Tarifgehalt einschließlich Ausgleichsbetrag €
T 1/1	A I	2.495,–	–	2.495,–
T 1/3	A I	2.495,–	269,–	2.764,–
T 2/1	A II	2.875,–	135,–	3.010,–
T 2/3	A III	3.297,–	62,–	3.359,–
T 2/5	A III	3.297,–	207,–	3.504,–
T 3/1	A IV	3.733,–	55,–	3.788,–
T 3/3	A V	4.182,–	–	4.182,–
T 3/5	A V	4.182,–	68,–	4.250,–
T 4/1	A VI	4.647,–	62,–	4.709,–
T 4/3	A VII	5.137,–	–	5.137,–
T 5/1	A VII	5.137,–	228,–	5.365,–
T 5/5	A VIII	5.643,–	–	5.643,–
T 5/7	A VIII	5.643,–	296,–	5.939,–
T 6	A IX	6.294,–	365,–	6.659,–
T 7	A X	7.039,	133,–	7.172,–

*) aufgrund des Gehaltstarifvertrages vom 28. Februar 2002

Bisherige Gruppe TH
Für Angestellte, die vor dem 1. März 1998 eingestellt und vor dem 1. März 1998 in die bisherige Gruppe TH 4. Berufsjahr eingestuft wurden, beträgt das Gehalt 6.771,35 €.

Gehälter der kaufmännischen Angestellten des Baugewerbes in Bayern ab 1. April 2024

Einstellung nach dem 31.3.1998

bisherige Gehaltsgruppe	neue Gehaltsgruppe	neues Tarifgehalt €	Ausgleichsbetrag*) €	neues Tarifgehalt einschließlich Ausgleichsbetrag €
K 1/1	A I	2.495,–	–	2.495,–
K 1/3	A I	2.495,–	–	2.495,–
K 2/1	A I	2.495,–	–	2.495,–
K 2/3	A I	2.495,–	56,–	2.551,–
K 2/5	A II	2.875,–	–	2.875,–
K 3/1	A II	2.875,–	–	2.875,–
K 3/3	A II	2.875,–	124,–	2.999,–
K 3/5	A III	3.297,–	101,–	3.398,–
K 4/1	A III	3.297,–	124,–	3.421,–
K 4/3	A IV	3.733,–	–	3.733,–
K 4/5	A IV	3.733,–	61,–	3.794,–
K 5/1	A V	4.182,–	–	4.182,–
K 5/3	A V	4.182,–	153,–	4.335,–
K 5/5	A VI	4.647,–	67,–	4.714,–
K 5/7	A VII	5.137,–	–	5.137,–
K 6/1	A VIII	5.643,–	–	5.643,–
K 6/3	A VIII	5.643,–	157,–	5.800,–
K 7/1	A IX	6.294,–	–	6.294,–
K 7/3	A X	7.039,–	–	7.039,–

*) aufgrund des Gehaltstarifvertrages vom 28. Februar 2002

Gehälter der technischen Angestellten des Baugewerbes in Bayern ab 1. April 2024

Einstellung nach dem 31.3.1998

bisherige Gehalts-gruppe	neue Gehalts-gruppe	neues Tarifgehalt €	Ausgleichs-betrag*) €	neues Tarifgehalt einschließlich Ausgleichsbetrag €
T 1/1	A I	2.495,–	–	2.495,–
T 1/3	A I	2.495,–	191,–	2.686,–
T 2/1	A II	2.875,–	135,–	3.010,–
T 2/3	A III	3.297,–	–	3.297,–
T 2/5	A III	3.297,–	175,–	3.472,–
T 3/1	A IV	3.733,–	55,–	3.788,–
T 3/3	A V	4.182,–	–	4.182,–
T 3/5	A V	4.182,–	68,–	4.250,–
T 4/1	A VI	4.647,–	62,–	4.709,–
T 4/3	A VII	5.137,–	–	5.137,–
T 5/1	A VII	5.137,–	–	5.137,–
T 5/3	A VII	5.137,–	62,–	5.199,–
T 5/5	A VIII	5.643,–	–	5.643,–
T 5/7	A VIII	5.643,–	112,–	5.755,–
T 6/1	A IX	6.294,–	–	6.294,–
T 6/3	A IX	6.294,–	192,–	6.486,–
T 7/1	A X	7.039,–	–	7.039,–
T 7/3	A X	7.039,–	25,–	7.064,–

*) aufgrund des Gehaltstarifvertrages vom 28. Februar 2002

Gehälter der kaufmännischen Angestellten des Baugewerbes in Bayern ab 1. Mai 2024

Einstellung vor dem 1.4.1998

bisherige Gehalts-gruppe	neue Gehalts-gruppe	neues Tarifgehalt €	Ausgleichs-betrag*) €	neues Tarifgehalt einschließlich Ausgleichsbetrag €
K 1/1	A I	2.755,–	–	2.755,–
K 1/3	A I	2.755,–	155,–	2.910,–
K 2/1	A I	2.755,–	–	2.755,–
K 2/3	A I	2.755,–	65,–	2.820,–
K 2/5	A II	3.140,–	146,–	3.286,–
K 3/1	A II	3.140,–	–	3.140,–
K 3/3	A II	3.140,–	124,–	3.264,–
K 3/5	A III	3.567,–	101,–	3.668,–
K 4/1	A III	3.567,–	124,–	3.691,–
K 4/3	A IV	4.008,–	–	4.008,–
K 4/5	A IV	4.008,–	180,–	4.188,–
K 5/1	A V	4.462,–	237,–	4.699,–
K 5/5	A VI	4.933,–	67,–	5.000,–
K 5/7	A VII	5.429,–	37,–	5.466,–
K 6	A VIII	5.941,–	272,–	6.213,–
K 7	A X	7.353,–	–	7.353,–

*) aufgrund des Gehaltstarifvertrages vom 28. Februar 2002

Gehälter der technischen Angestellten des Baugewerbes in Bayern ab 1. Mai 2024

Einstellung vor dem 1.4.1998

bisherige Gehaltsgruppe	neue Gehaltsgruppe	neues Tarifgehalt €	Ausgleichsbetrag*) €	neues Tarifgehalt einschließlich Ausgleichsbetrag €
T 1/1	A I	2.755,–	–	2.755,–
T 1/3	A I	2.755,–	269,–	3.024,–
T 2/1	A II	3.140,–	135,–	3.275,–
T 2/3	A III	3.567,–	62,–	3.629,–
T 2/5	A III	3.567,–	207,–	3.774,–
T 3/1	A IV	4.008,–	55,–	4.063,–
T 3/3	A V	4.462,–	–	4.462,–
T 3/5	A V	4.462,–	68,–	4.530,–
T 4/1	A VI	4.933,–	62,–	4.995,–
T 4/3	A VII	5.429,–	–	5.429,–
T 5/1	A VII	5.429,–	228,–	5.657,–
T 5/5	A VIII	5.941,–	–	5.941,–
T 5/7	A VIII	5.941,–	296,–	6.237,–
T 6	A IX	6.600,–	365,–	6.965,–
T 7	A X	7.353,–	133,–	7.486,–

*) aufgrund des Gehaltstarifvertrages vom 28. Februar 2002

Bisherige Gruppe TH
Für Angestellte, die vor dem 1. März 1998 eingestellt und vor dem 1. März 1998 in die bisherige Gruppe TH 4. Berufsjahr eingestuft wurden, beträgt das Gehalt 7.082,61 €.

Gehälter der kaufmännischen Angestellten des Baugewerbes in Bayern ab 1. Mai 2024

Einstellung nach dem 31.3.1998

bisherige Gehalts-gruppe	neue Gehalts-gruppe	neues Tarifgehalt €	Ausgleichs-betrag*) €	neues Tarifgehalt einschließlich Ausgleichsbetrag €
K 1/1	A I	2.755,–	–	2.755,–
K 1/3	A I	2.755,–	–	2.755,–
K 2/1	A I	2.755,–	–	2.755,–
K 2/3	A I	2.755,–	56,–	2.811,–
K 2/5	A II	3.140,–	–	3.140,–
K 3/1	A II	3.140,–	–	3.140,–
K 3/3	A II	3.140,–	124,–	3.264,–
K 3/5	A III	3.567,–	101,–	3.668,–
K 4/1	A III	3.567,–	124,–	3.691,–
K 4/3	A IV	4.008,–	–	4.008,–
K 4/5	A IV	4.008,–	61,–	4.069,–
K 5/1	A V	4.462,–	–	4.462,–
K 5/3	A V	4.462,–	153,–	4.615,–
K 5/5	A VI	4.933,–	67,–	5.000,–
K 5/7	A VII	5.429,–	–	5.429,–
K 6/1	A VIII	5.941,–	–	5.941,–
K 6/3	A VIII	5.941,–	157,–	6.098,–
K 7/1	A IX	6.600,–	–	6.600,–
K 7/3	A X	7.353,–	–	7.353,–

*) aufgrund des Gehaltstarifvertrages vom 28. Februar 2002

Gehälter der technischen Angestellten des Baugewerbes in Bayern ab 1. Mai 2024

Einstellung nach dem 31.3.1998

bisherige Gehalts-gruppe	neue Gehalts-gruppe	neues Tarifgehalt €	Ausgleichs-betrag*) €	neues Tarifgehalt einschließlich Ausgleichsbetrag €
T 1/1	A I	2.755,–	–	2.755,–
T 1/3	A I	2.755,–	191,–	2.946,–
T 2/1	A II	3.140,–	135,–	3.275,–
T 2/3	A III	3.567,–	–	3.567,–
T 2/5	A III	3.567,–	175,–	3.742,–
T 3/1	A IV	4.008,–	55,–	4.063,–
T 3/3	A V	4.462,–	–	4.462,–
T 3/5	A V	4.462,–	68,–	4.530,–
T 4/1	A VI	4.933,–	62,–	4.995,–
T 4/3	A VII	5.429,–	–	5.429,–
T 5/1	A VII	5.429,–	–	5.429,–
T 5/3	A VII	5.429,–	62,–	5.491,–
T 5/5	A VIII	5.941,–	–	5.941,–
T 5/7	A VIII	5.941,–	112,–	6.053,–
T 6/1	A IX	6.600,–	–	6.600,–
T 6/3	A IX	6.600,–	192,–	6.792,–
T 7/1	A X	7.353,–	–	7.353,–
T 7/3	A X	7.353,–	25,–	7.378,–

*) aufgrund des Gehaltstarifvertrages vom 28. Februar 2002

Gehälter der kaufmännischen Angestellten des Baugewerbes in Bayern ab 1. April 2025

Einstellung vor dem 1.4.1998

bisherige Gehalts-gruppe	neue Gehalts-gruppe	neues Tarifgehalt €	Ausgleichs-betrag*) €	neues Tarifgehalt einschließlich Ausgleichsbetrag €
K 1/1	A I	2.871,–	–	2.871,–
K 1/3	A I	2.871,–	155,–	3.026,–
K 2/1	A I	2.871,–	–	2.871,–
K 2/3	A I	2.871,–	65,–	2.936,–
K 2/5	A II	3.272,–	146,–	3.418,–
K 3/1	A II	3.272,–	–	3.272,–
K 3/3	A II	3.272,–	124,–	3.396,–
K 3/5	A III	3.717,–	101,–	3.818,–
K 4/1	A III	3.717,–	124,–	3.841,–
K 4/3	A IV	4.176,–	–	4.176,–
K 4/5	A IV	4.176,–	180,–	4.356,–
K 5/1	A V	4.649,–	237,–	4.886,–
K 5/5	A VI	5.140,–	67,–	5.207,–
K 5/7	A VII	5.567,–	37,–	5.694,–
K 6	A VIII	6.191,–	272,–	6.463,–
K 7	A X	7.662,–	–	7.662,–

*) aufgrund des Gehaltstarifvertrages vom 28. Februar 2002

Gehälter der technischen Angestellten des Baugewerbes in Bayern ab 1. April 2025

Einstellung vor dem 1.4.1998

bisherige Gehalts-gruppe	neue Gehalts-gruppe	neues Tarifgehalt €	Ausgleichs-betrag*) €	neues Tarifgehalt einschließlich Ausgleichsbetrag €
T 1/1	A I	2.871,–	–	2.871,–
T 1/3	A I	2.871,–	269,–	3.140,–
T 2/1	A II	3.272,–	135,–	3.407,–
T 2/3	A III	3.717,–	62,–	3.779,–
T 2/5	A III	3.717,–	207,–	3.924,–
T 3/1	A IV	4.176,–	55,–	4.231,–
T 3/3	A V	4.649,–	–	4.649,–
T 3/5	A V	4.649,–	68,–	4.717,–
T 4/1	A VI	5.140,–	62,–	5.202,–
T 4/3	A VII	5.657,–	–	5.657,–
T 5/1	A VII	5.657,–	228,–	5.885,–
T 5/5	A VIII	6.191,–	–	6.191,–
T 5/7	A VIII	6.191,–	296,–	6.487,–
T 6	A IX	6.877,–	365,–	7.242,–
T 7	A X	7.662,–	133,–	7.795,–

*) aufgrund des Gehaltstarifvertrages vom 28. Februar 2002

Bisherige Gruppe TH
Für Angestellte, die vor dem 1. März 1998 eingestellt und vor dem 1. März 1998 in die bisherige Gruppe TH 4. Berufsjahr eingestuft wurden, beträgt das Gehalt 7.380,08 €.

Gehälter der kaufmännischen Angestellten des Baugewerbes in Bayern ab 1. April 2025

Einstellung nach dem 31.3.1998

bisherige Gehalts-gruppe	neue Gehalts-gruppe	neues Tarifgehalt €	Ausgleichs-betrag*) €	neues Tarifgehalt einschließlich Ausgleichsbetrag €
K 1/1	A I	2.871,–	–	2.871,–
K 1/3	A I	2.871,–	–	2.871,–
K 2/1	A I	2.871,–	–	2.871,–
K 2/3	A I	2.871,–	56,–	2.927,–
K 2/5	A II	3.272,–	–	3.272,–
K 3/1	A II	3.272,–	–	2.819,–
K 3/3	A II	3.272,–	124,–	3.396,–
K 3/5	A III	3.717,–	101,–	3.818,–
K 4/1	A III	3.717,–	124,–	3.841,–
K 4/3	A IV	4.176,–	–	4.176,–
K 4/5	A IV	4.176,–	61,–	4.237,–
K 5/1	A V	4.649,–	–	4.649,–
K 5/3	A V	4.649,–	153,–	4.802,–
K 5/5	A VI	5.140,–	67,–	5.207,–
K 5/7	A VII	5.657,–	–	5.657,–
K 6/1	A VIII	6.191,–	–	6.191,–
K 6/3	A VIII	6.191,–	157,–	6.348,–
K 7/1	A IX	6.877,–	–	6.877,–
K 7/3	A X	7.662,–	–	7.662,–

*) aufgrund des Gehaltstarifvertrages vom 28. Februar 2002

Gehälter der technischen Angestellten des Baugewerbes in Bayern ab 1. April 2025

Einstellung nach dem 31.3.1998

bisherige Gehalts-gruppe	neue Gehalts-gruppe	neues Tarifgehalt €	Ausgleichs-betrag*) €	neues Tarifgehalt einschließlich Ausgleichsbetrag €
T 1/1	A I	2.871,–	–	2.871,–
T 1/3	A I	2.871,–	191,–	3.062,–
T 2/1	A II	3.272,–	135,–	3.407,–
T 2/3	A III	3.717,–	–	3.717,–
T 2/5	A III	3.717,–	175,–	3.892,–
T 3/1	A IV	4.176,–	55,–	4.231,–
T 3/3	A V	4.649,–	–	4.649,–
T 3/5	A V	4.649,–	68,–	4.717,–
T 4/1	A VI	5.140,–	62,–	5.202,–
T 4/3	A VII	5.657,–	–	5.657,–
T 5/1	A VII	5.657,–	–	5.657,–
T 5/3	A VII	5.657,–	62,–	5.719,–
T 5/5	A VIII	6.191,–	–	6.191,–
T 5/7	A VIII	6.191,–	112,–	6.303,–
T 6/1	A IX	6.877,–	–	6.877,
T 6/3	A IX	6.877,–	192,	7.069,–
T 7/1	A X	7.662,–	–	6.901,–
T 7/3	A X	7.662,–	25,–	7.687,–

*) aufgrund des Gehaltstarifvertrages vom 28. Februar 2002

Gehälter der kaufmännischen Angestellten des Baugewerbes in Bayern ab 1. April 2026

Einstellung vor dem 1.4.1998

bisherige Gehalts-gruppe	neue Gehalts-gruppe	neues Tarifgehalt €	Ausgleichs-betrag*) €	neues Tarifgehalt einschließlich Ausgleichsbetrag €
K 1/1	A I	2.983,–	–	2.983,–
K 1/3	A I	2.983,–	155,–	3.138,–
K 2/1	A I	2.983,–	–	2.983,–
K 2/3	A I	2.983,–	65,–	3.048,–
K 2/5	A II	3.400,–	146,–	3.546,–
K 3/1	A II	3.400,–	–	3.400,–
K 3/3	A II	3.400,–	124,–	3.524,–
K 3/5	A III	3.862,–	101,–	3.963,–
K 4/1	A III	3.862,–	124,–	3.986,–
K 4/3	A IV	4.339,–	–	4.339,–
K 4/5	A IV	4.339,–	180,–	4.519,–
K 5/1	A V	4.830,–	237,–	5.067,–
K 5/5	A VI	5.340,–	67,–	5.407,–
K 5/7	A VII	5.878,–	37,–	5.915,–
K 6	A VIII	6.432,–	272,–	6.707,–
K 7	A X	7.961,–	–	7.961,–

*) aufgrund des Gehaltstarifvertrages vom 28. Februar 2002

Gehälter der technischen Angestellten des Baugewerbes in Bayern ab 1. April 2026

Einstellung vor dem 1.4.1998

bisherige Gehalts-gruppe	neue Gehalts-gruppe	neues Tarifgehalt €	Ausgleichs-betrag*) €	neues Tarifgehalt einschließlich Ausgleichsbetrag €
T 1/1	A I	2.983,–	–	2.983,–
T 1/3	A I	2.983,–	269,–	3.252,–
T 2/1	A II	3.400,–	135,–	3.535,–
T 2/3	A III	3.862,–	62,–	3.924,–
T 2/5	A III	3.862,–	207,–	4.069,–
T 3/1	A IV	4.339,–	55,–	4.394,–
T 3/3	A V	4.830,–	–	4.830,–
T 3/5	A V	4.830,–	68,–	4.898,–
T 4/1	A VI	5.340,–	62,–	5.402,–
T 4/3	A VII	5.878,–	–	5.878,–
T 5/1	A VII	5.878,–	228,–	6.106,–
T 5/5	A VIII	6.432,–	–	6.432,–
T 5/7	A VIII	6.432,–	296,–	6.728,–
T 6	A IX	7.145,–	365,–	7.510,–
T 7	A X	7.961,–	133,–	8.094,–

*) aufgrund des Gehaltstarifvertrages vom 28. Februar 2002

Bisherige Gruppe TH
Für Angestellte, die vor dem 1. März 1998 eingestellt und vor dem 1. März 1998 in die bisherige Gruppe TH 4. Berufsjahr eingestuft wurden, beträgt das Gehalt 7.667,90 €.

Gehälter der kaufmännischen Angestellten des Baugewerbes in Bayern ab 1. April 2026

Einstellung nach dem 31.3.1998

bisherige Gehaltsgruppe	neue Gehaltsgruppe	neues Tarifgehalt €	Ausgleichsbetrag*) €	neues Tarifgehalt einschließlich Ausgleichsbetrag €
K 1/1	A I	2.983,–	–	2.983,–
K 1/3	A I	2.983,–	–	2.983,–
K 2/1	A I	2.983,–	–	2.983,–
K 2/3	A I	2.983,–	56,–	3.039,–
K 2/5	A II	3.400,–	–	3.400,–
K 3/1	A II	3.400,–	–	3.400,–
K 3/3	A II	3.400,–	124,–	3.524,–
K 3/5	A III	3.862,–	101,–	3.963,–
K 4/1	A III	3.862,–	124,–	3.986,–
K 4/3	A IV	4.339,–	–	4.399,–
K 4/5	A IV	4.339,–	61,–	4.400,–
K 5/1	A V	4.830,–	–	4.830,–
K 5/3	A V	4.830,–	153,–	4.983,–
K 5/5	A VI	5.340,–	67,–	5.407,–
K 5/7	A VII	5.878,–	–	5.878,–
K 6/1	A VIII	6.432,–	–	6.432,–
K 6/3	A VIII	6.432,–	157,–	6.589,–
K 7/1	A IX	7.145,–	–	7.145,–
K 7/3	A X	7.961,–	–	7.961,–

*) aufgrund des Gehaltstarifvertrages vom 28. Februar 2002

Gehälter der technischen Angestellten des Baugewerbes in Bayern ab 1. April 2026

Einstellung nach dem 31.3.1998

bisherige Gehalts-gruppe	neue Gehalts-gruppe	neues Tarifgehalt €	Ausgleichs-betrag*) €	neues Tarifgehalt einschließlich Ausgleichsbetrag €
T 1/1	A I	2.983,–	–	2.983,–
T 1/3	A I	2.983,–	191,–	3.174,–
T 2/1	A II	3.400,–	135,–	3.535,–
T 2/3	A III	3.862,–	–	3.862,–
T 2/5	A III	3.862,–	175,–	4.037,–
T 3/1	A IV	4.339,–	55,–	4.394,–
T 3/3	A V	4.830,–	–	4.830,–
T 3/5	A V	4.830,–	68,–	4.898,–
T 4/1	A VI	5.340,–	62,–	5.402,–
T 4/3	A VII	5.878,–	–	5.878,–
T 5/1	A VII	5.878,–	–	5.878,–
T 5/3	A VII	5.878,–	62,–	5.940,–
T 5/5	A VIII	6.432,–	–	6.432,–
T 5/7	A VIII	6.432,–	112,–	6.543,–
T 6/1	A IX	7.145,–	–	7.145,–
T 6/3	A IX	7.145,–	192,–	7.337,–
T 7/1	A X	7.961,–	–	7.961,–
T 7/3	A X	7.961,	25,–	7.986,–

*) aufgrund des Gehaltstarifvertrages vom 28. Februar 2002

Tarifvereinbarung über die Gehaltsregelung für die Poliere des Baugewerbes in Bayern vom 14. Juni 2024

Zwischen

dem Bayerischen Bauindustrieverband e. V.,
Oberanger 32, 80331 München,

dem Verband baugewerblicher Unternehmer Bayerns e. V.,
Bavariaring 31, 80336 München,

dem Verband der Zimmerer- und Holzbauunternehmer in Bayern e. V.,
Eisenacher Straße 17, 80804 München

einerseits und

der Industriegewerkschaft Bauen – Agrar – Umwelt,
Olof-Palme-Straße 19, 60439 Frankfurt/Main

andererseits

wird nachstehende Tarifvereinbarung abgeschlossen:

Sie gilt in Verbindung mit dem Rahmentarifvertrag für die Angestellten und Poliere des Baugewerbes im Gebiet der Bundesrepublik Deutschland in der jeweiligen Fassung:

§ 1
Geltungsbereich

(1) Räumlicher Geltungsbereich:

Das Gebiet des Freistaates Bayern.

(2) Betrieblicher Geltungsbereich:

Die in § 1 Abs. 2 des Rahmentarifvertrages für die Angestellten und Poliere des Baugewerbes im Gebiet der Bundesrepublik Deutschland in der jeweils geltenden Fassung aufgeführten Baubetriebe.

(3) Persönlicher Geltungsbereich:

Poliere, die unter den persönlichen Geltungsbereich des Rahmentarifvertrages für die Angestellten und Poliere des Baugewerbes der Bundesrepublik Deutschland in der jeweils geltenden Fassung fallen sowie Meister im Fertigbau.

§ 2
Gehaltssätze

(1) Poliere sind nach § 5 Nr. 2 des Rahmentarifvertrages für die Angestellten und Poliere des Baugewerbes in der jeweils geltenden Fassung einzustufen.

(2) Ab 1. April 2011 erhalten alle zum 31. März 2011 bereits beschäftigten Poliere einen Zuschlag von 85 € monatlich als Festbetrag. Dieser Festbetrag wird bei zukünftigen Tariferhöhungen nicht berücksichtigt. Er zählt allerdings bei der Berechnung der sonstigen Leistungen nach dem Tarifvertrag. Ab 1. April 2011 neu eingestellte Poliere erhalten einen einheitlichen Zuschlag von 42,50 € monatlich als Festbetrag. Für diesen Festbetrag gilt Satz 2 sinngemäß.

(3) Ab **1. April 2024** gelten für Poliere die nachstehenden Gehälter und Zuschläge je Monat (Euro):

a) Poliere – Einstellung vor dem 1. April 2011

Gehaltsgruppe	Tarifgehalt	Festbetrag	Tarifgehalt einschließlich Festbetrag
A VII	5.137,–	85,–	5.222,–
A VIII	5.643,–	85,–	5.728,–

b) Poliere – Einstellung nach dem 31. März 2011

Gehaltsgruppe	Tarifgehalt	Festbetrag	Tarifgehalt einschließlich Festbetrag
A VII	5.137,	42,50	5.179,50
A VIII	5.643,–	42,50	5.685,50

c) Poliere im feuerungstechnischen Gewerbe

	Tarifgehalt
Feuerungs- und Ofenbau-Poliere, Koksofen- und Gaswerksofenbau-Poliere sowie Ofenmeister	5.702,00
Schornsteinbau-Poliere	5.946,00

(4) Ab **1. Mai 2024** gelten für Poliere die nachstehenden Gehälter und Zuschläge je Monat (Euro):

a) Poliere – Einstellung vor dem 1. April 2011

Gehaltsgruppe	Tarifgehalt	Festbetrag	Tarifgehalt einschließlich Festbetrag
A VII	5.429,–	85,–	5.514,–
A VIII	5.941,–	85,–	6.026,–

b) Poliere – Einstellung nach dem 31. März 2011

Gehaltsgruppe	Tarifgehalt	Festbetrag	Tarifgehalt einschließlich Festbetrag
A VII	5.429,–	42,50	5.471,50
A VIII	5.941,–	42,50	5.983,50

c) Poliere im feuerungstechnischen Gewerbe

	Tarifgehalt
Feuerungs- und Ofenbau-Poliere, Koksofen- und Gaswerksofenbau-Poliere sowie Ofenmeister	6.000,–
Schornsteinbau-Poliere	6.247,–

(5) Ab **1. April 2025** gelten für Poliere die nachstehenden Gehälter und Zuschläge je Monat (Euro):

a) Poliere – Einstellung vor dem 1. April 2011

Gehaltsgruppe	Tarifgehalt	Festbetrag	Tarifgehalt einschließlich Festbetrag
A VII	5.657,–	85,–	5.742,–
A VIII	6.191,–	85,–	6.276,–

b) Poliere – Einstellung nach dem 31. März 2011

Gehaltsgruppe	Tarifgehalt	Festbetrag	Tarifgehalt einschließlich Festbetrag
A VII	5.657,–	42,50	5.699,50
A VIII	6.191,–	42,50	6.233,50

c) Poliere im feuerungstechnischen Gewerbe

	Tarifgehalt
Feuerungs- und Ofenbau-Poliere, Koksofen- und Gaswerksofenbau-Poliere sowie Ofenmeister	6.252,–
Schornsteinbau-Poliere	6.509,–

(6) Ab **1. April 2026** gelten für Poliere die nachstehenden Gehälter je Monat (Euro):

a) Poliere – Einstellung vor dem 1. April 2011

Gehaltsgruppe	Tarifgehalt	Festbetrag	Tarifgehalt einschließlich Festbetrag
A VII	5.878,–	85,–	5.963,–
A VIII	6.432,–	85,–	6.517,–

b) Poliere – Einstellung nach dem 31. März 2011

Gehaltsgruppe	Tarifgehalt	Festbetrag	Tarifgehalt einschließlich Festbetrag
A VII	5.878,–	42,50	5.920,50
A VIII	6.432,–	42,50	6.474,50

c) Poliere im feuerungstechnischen Gewerbe

	Tarifgehalt
Feuerungs- und Ofenbau Poliere, Koksofen- und Gaswerksofenbau-Poliere sowie Ofenmeister	6.496,–
Schornsteinbau-Poliere	6.763,–

§ 3
Besitzstandsregelung

Für Poliere, nicht jedoch für Poliere im feuerungstechnischen Gewerbe, die bereits vor dem 1. März 2002 eingestellt wurden, gilt Folgendes:

(1) Poliere der bisherigen Gehaltsgruppe Poliere, 4. Berufsjahr, erhalten einen Ausgleichsbetrag, weil ihr Tarifgehalt bisher höher war. Im Übrigen gilt § 3 des Tarifvertrages zur Einführung neuer Gehaltsstrukturen für die Angestellten und Poliere des Baugewerbes vom 20. Dezember 2001.

(2) Ab **1. April 2024** gelten für diese Poliere die nachstehenden Gehälter und Zuschläge je Monat (Euro):

bisherige Gehalts-gruppe	Gehalts-gruppe	Tarif-gehalt	Fest-betrag	Aus-gleichs-betrag	Tarifgehalt einschließlich Festbetrag und Ausgleichsbetrag
P/1	A VII	5.137,–	85,–	–	5.222,–
P/4	A VII	5.137,–	85,–	97,–	5.319,–
P/7	A VIII	5.643,–	85,–	–	5.728,–

(3) Ab **1. Mai 2024** gelten für diese Poliere die nachstehenden Gehälter und Zuschläge je Monat (Euro):

bisherige Gehalts-gruppe	Gehalts-gruppe	Tarif-gehalt	Fest-betrag	Aus-gleichs-betrag	Tarifgehalt einschließlich Festbetrag und Ausgleichsbetrag
P/1	A VII	5.429,–	85,–	–	5.514,–
P/4	A VII	5.429,–	85,–	97,–	5.611,–
P/7	A VIII	5.941,–	85,–	–	6.026,–

(4) Ab **1. April 2025** gelten für diese Poliere die nachstehenden Gehälter und Zuschläge je Monat (Euro):

bisherige Gehalts-gruppe	Gehalts-gruppe	Tarif-gehalt	Fest-betrag	Aus-gleichs-betrag	Tarifgehalt einschließlich Festbetrag und Ausgleichsbetrag
P/1	A VII	5.657,–	85,–	–	5.742,–
P/4	A VII	5.657,–	85,–	97,–	5.839,–
P/7	A VIII	6.191,–	85,–	–	6.276,–

(5) Ab **1. April 2026** gelten für diese Poliere die nachstehenden Gehälter je Monat (Euro):

bisherige Gehalts-gruppe	Gehalts-gruppe	Tarif-gehalt	Fest-betrag	Aus-gleichs-betrag	Tarifgehalt einschließlich Fest-betrag und Ausgleichsbetrag
P/1	A VII	5.878,–	85,–	–	5.963,–
P/4	A VII	5.878,–	85,–	97,–	6.060,–
P/7	A VIII	6.432,–	85,–	–	6.517,–

§ 4
Inkrafttreten und Vertragsdauer

Diese Tarifvereinbarung tritt am 1. April 2024 in Kraft. Sie kann mit einer Frist von zwei Monaten zum Monatsende, erstmals zum 31. März 2027, schriftlich gekündigt werden.

§ 5
Schlussbestimmung

Mit Inkrafttreten dieser Tarifvereinbarung tritt die Tarifvereinbarung über die Gehaltsregelung für die Poliere des Baugewerbes in Bayern vom 5. November 2021 außer Kraft.

München/Frankfurt a. M., den 14. Juni 2024

Bayerischer Bauindustrieverband e.V.
Oberanger 32, 80331 München
Schmölzl Schmid

Verband baugewerblicher Unternehmer Bayerns e.V.
Bavariaring 31, 80336 München
Goebel Demharter

Verband der Zimmerer- und Holzbauunternehmer in Bayern e.V.
Eisenacher Straße 17, 80804 München
Aicher Kirst

Industriegewerkschaft Bauen – Agrar – Umwelt
Olof-Palme-Straße 19, 60439 Frankfurt a. M.
Feiger Burckhardt

Tarifvertrag zur Regelung der Gehälter und Ausbildungsvergütungen für die Angestellten und Poliere des Baugewerbes im Gebiet des Landes Berlin (TV Gehalt/Berlin) vom 14. Juni 2024

Zwischen

dem Bauindustrieverband Ost e. V.,
Karl-Marx-Straße 27, 14482 Potsdam,

dem Landesverband Bauhandwerk Brandenburg und Berlin e. V.,
Otto-Erich-Straße 11–13, 14482 Potsdam,

und

der Industriegewerkschaft Bauen – Agrar – Umwelt,
Olof-Palme-Straße 19, 60439 Frankfurt a. M.,

wird folgender Tarifvertrag geschlossen:

§ 1
Geltungsbereich

(1) Räumlicher Geltungsbereich:

Das Gebiet des Landes Berlin.

(2) Betrieblicher Geltungsbereich:

Betriebe, die unter den betrieblichen Geltungsbereich des Rahmentarifvertrages für die Angestellten und Poliere des Baugewerbes in der jeweils geltenden Fassung fallen.

(3) Persönlicher Geltungsbereich:

Erfasst werden

1. Angestellte,
2. Poliere sowie die in überbetrieblichen Ausbildungsstätten hauptberuflich als Ausbilder Beschäftigten, die unter den persönlichen Geltungsbereich des Rahmentarifvertrages für die Angestellten und Poliere des Baugewerbes in der jeweils geltenden Fassung fallen,
3. zur Ausbildung für den Beruf eines Angestellten Beschäftigte,

die eine nach den Vorschriften des Sechsten Buches Sozialgesetzbuch – Gesetzliche Rentenversicherung – (SGB VI) versicherungspflichtige Tätigkeit ausüben.

§ 2
Gehaltsgruppen

Für die Gruppeneinteilung gelten die Bestimmungen des § 5 Nr. 2 des Rahmentarifvertrages für die Angestellten und Poliere des Baugewerbes in der jeweils geltenden Fassung.

§ 3
Gehaltssätze

(1) Ab **1. April 2024** gelten für die einzelnen Gehaltsgruppen die nachstehenden Gehälter je Monat:

a) Angestellte und Poliere

	Gehalt €
Gruppe A I	2.465,00
Gruppe A II	2.848,00
Gruppe A III	3.265,00
Gruppe A IV	3.698,00
Gruppe A V	4.139,00
Gruppe A VI	4.599,00
Gruppe A VII	5.085,00
Gruppe A VIII	5.586,00
Gruppe A IX	6.232,00
Gruppe A X	6.967,00

b) Poliere im feuerungstechnischen Gewerbe

	Gehalt €
Feuerungs- und Ofenbau-Poliere, Koksofen- und Gaswerksofenbau Poliere sowie Ofenmeister	5.649,00
Schornsteinbau-Poliere	5.887,00

(2) Ab **1. Mai 2024** gelten für die einzelnen Gehaltsgruppen die nachstehenden Gehälter je Monat:

a) Angestellte und Poliere

	Gehalt **€**
Gruppe A I	2.725,00
Gruppe A II	3.112,00
Gruppe A III	3.534,00
Gruppe A IV	3.972,00
Gruppe A V	4.419,00
Gruppe A VI	4.884,00
Gruppe A VII	5.376,00
Gruppe A VIII	5.883,00
Gruppe A IX	6.537,00
Gruppe A X	7.281,00

b) Poliere im feuerungstechnischen Gewerbe

	Gehalt **€**
Feuerungs- und Ofenbau-Poliere, Koksofen- und Gaswerksofenbau-Poliere sowie Ofenmeister	5.947,00
Schornsteinbau-Poliere	6.188,00

(3) Ab **1. April 2025** gelten für die einzelnen Gehaltsgruppen die nachstehenden Gehälter je Monat:

a) Angestellte und Poliere

	Gehalt **€**
Gruppe A I	2.839,00
Gruppe A II	3.243,00
Gruppe A III	3.682,00
Gruppe A IV	4.139,00
Gruppe A V	4.605,00
Gruppe A VI	5.089,00
Gruppe A VII	5.602,00
Gruppe A VIII	6.130,00
Gruppe A IX	6.812,00
Gruppe A X	7.587,00

b) Poliere im feuerungstechnischen Gewerbe

	Gehalt €
Feuerungs- und Ofenbau-Poliere, Koksofen- und Gaswerksofenbau-Poliere sowie Ofenmeister	6.197,00
Schornsteinbau-Poliere	6.448,00

(4) Ab **1. April 2026** gelten für die einzelnen Gehaltsgruppen die nachstehenden Gehälter je Monat:

a) Angestellte und Poliere

	Gehalt €
Gruppe A I	2.983,00
Gruppe A II	3.400,00
Gruppe A III	3.862,00
Gruppe A IV	4.339,00
Gruppe A V	4.830,00
Gruppe A VI	5.340,00
Gruppe A VII	5.878,00
Gruppe A VIII	6.432,00
Gruppe A IX	7.145,00
Gruppe A X	7.961,00

b) Poliere im feuerungstechnischen Gewerbe

	Gehalt €
Feuerungs- und Ofenbau-Poliere, Koksofen- und Gaswerksofenbau-Poliere sowie Ofenmeister	6.496,00
Schornsteinbau-Poliere	6.763,00

§ 4
Ausbildungsvergütungen

Auszubildende erhalten nachstehende monatliche **Ausbildungsvergütungen.**

Mit Wirkung vom **1. April 2024** beträgt die monatliche Ausbildungsvergütung:

im 1. Ausbildungsjahr	877,00 €
im 2. Ausbildungsjahr	996,00 €
im 3. Ausbildungsjahr	1.238,00 €

Mit Wirkung vom **1. Mai 2024** beträgt die monatliche Ausbildungsvergütung:

im 1. Ausbildungsjahr	1.080,00 €
im 2. Ausbildungsjahr	1.150,00 €
im 3. Ausbildungsjahr	1.400,00 €

Mit Wirkung vom **1. April 2026** beträgt die monatliche Ausbildungsvergütung:

im 1. Ausbildungsjahr	1.122,00 €
im 2. Ausbildungsjahr	1.247,00 €
im 3. Ausbildungsjahr	1.507,00 €

Die monatliche Ausbildungsvergütung erhöht sich für Auszubildende, die eine Landes- oder Bundesfachklasse besuchen, im jeweiligen Ausbildungsjahr um 60,00 €.

§ 5
Inkrafttreten und Laufdauer

Dieser Tarifvertrag tritt am 1. April 2024 in Kraft. Er kann mit einer Frist von zwei Monaten zum Monatsende, erstmals zum 31. März 2027, schriftlich gekündigt werden.

Potsdam/Frankfurt a. M., den 14. Juni 2024

Bauindustrieverband
Ost e. V.,
Karl-Marx-Straße 27,
14482 Potsdam

Jörg Muschol

Landesverband Bauhandwerk
Brandenburg und Berlin e. V.,
Otto-Erich-Straße 11–13,
14482 Potsdam

Ralf Schumann

Industriegewerkschaft Bauen – Agrar – Umwelt,
Olof-Palme-Straße 19, 60439 Frankfurt a. M.

Robert Feiger

Carsten Burckhardt

Tarifvertrag zur Regelung der Löhne und Ausbildungsvergütungen im Baugewerbe im Gebiet des Landes Berlin (TV Lohn/Berlin) vom 14. Juni 2024

Zwischen

dem Bauindustrieverband Ost e. V.,
Karl-Marx-Straße 27, 14482 Potsdam,

dem Landesverband Bauhandwerk Brandenburg und Berlin e. V.,
Otto-Erich-Straße 11–13, 14482 Potsdam,

und

der Industriegewerkschaft Bauen – Agrar – Umwelt,
Olof-Palme-Straße 19, 60439 Frankfurt a. M.,

wird folgender Tarifvertrag geschlossen:

§ 1 Geltungsbereich

(1) Räumlicher Geltungsbereich:

Das Gebiet des Landes Berlin.

(2) Betrieblicher Geltungsbereich:

Betriebe, die unter den betrieblichen Geltungsbereich des Bundesrahmentarifvertrages für das Baugewerbe (BRTV) in der jeweils geltenden Fassung fallen.

(3) Persönlicher Geltungsbereich:

Erfasst werden

1. gewerbliche Arbeitnehmer (Arbeiter),

2. zur Ausbildung für den Beruf eines Arbeiters Beschäftigte,

die eine nach den Vorschriften des Sechsten Buches Sozialgesetzbuch – Gesetzliche Rentenversicherung – (SGB VI) versicherungspflichtige Tätigkeit ausüben.

§ 2
Lohnregelung

(1) Ab dem 1. April 2024 beträgt der Ecklohn (Tarifstundenlohn der Lohngruppe 4 gemäß § 5 Nr. 1 BRTV) 20,88 Euro. Die am 30. April 2024 geltenden Tarifstundenlöhne werden mit Wirkung vom 1. Mai 2024 um 1,2 v. H. sowie um weitere 1,33 Euro, mit Wirkung vom 1. April 2025 um 4,2 v. H. und mit Wirkung vom 1. April 2026 auf ein bundeseinheitliches Niveau gem. Abs. 9 erhöht. Der Ecklohn beträgt ab dem 1. Mai 2024 22,46 Euro, ab dem 1. April 2025 23,40 Euro und ab dem 1. April 2026 24,60 Euro.

(2) Der Arbeitnehmer erhält einen zusätzlichen Betrag in Höhe von 5,9 v. H. seines Tarifstundenlohnes (Bauzuschlag). Der Bauzuschlag wird gewährt zum Ausgleich der besonderen Belastungen, denen der Arbeitnehmer insbesondere durch den z. B. mit Wegstrecken verbundenen ständigen Wechsel der Baustelle (2,5 v. H.) und die Abhängigkeit von der Witterung außerhalb der gesetzlichen Schlechtwetterzeit (2,9 v. H.) sowie durch Lohneinbußen in der gesetzlichen Schlechtwetterzeit (0,5 v. H.) ausgesetzt ist.

(3) Der Bauzuschlag wird für jede lohnzahlungspflichtige Stunde, nicht jedoch für Leistungslohn-Mehrstunden (Plus-Stunden, Überschussstunden im Akkord) gewährt.

(4) Der Gesamttarifstundenlohn (GTL) setzt sich aus dem Tarifstundenlohn (TL) und dem Bauzuschlag (BZ) zusammen.

(5) Die Lohngruppe 2 a gilt für Arbeitnehmer, die bereits vor dem 1. September 2002 in der bisherigen Berufsgruppe V im Baugewerbe beschäftigt waren, unabhängig von einer Unterbrechung oder einem Wechsel ihres Arbeitsverhältnisses.

Die Lohngruppe 2 b gilt für Arbeitnehmer nach dreimonatiger Beschäftigung in der Lohngruppe 2 im Baugewerbe.

(6) Mit Wirkung vom **1. April 2024** gelten nachstehende Löhne:

	TL €	BZ €	GTL €
Lohngruppe 6	24,00	1,42	25,42
Lohngruppe 5	22,00	1,30	23,30
Lohngruppe 4	20,88	1,23	22,11
Lohngruppe 3	19,16	1,13	20,29
Lohngruppe 2 a	18,66	1,10	19,76
Lohngruppe 2 b	16,77	0,98	17,75
Lohngruppe 2	14,68	0,87	15,55
Lohngruppe 1	12,13	0,72	12,85

	TL €	BZ €	GTL €
Fliesen-, Platten- und Mosaikleger der Lohngruppe 4	21,62	1,28	22,90
Putzer mit Facharbeiterausbildung der Lohngruppe 4	21,42	1,26	22,68
Baumaschinenführer der Lohngruppe 4	21,31	1,25	22,56

(7) Mit Wirkung vom **1. Mai 2024** gelten nachstehende Löhne:

	TL €	BZ €	GTL €
Lohngruppe 6	25,62	1,51	27,13
Lohngruppe 5	23,59	1,39	24,98
Lohngruppe 4	22,46	1,33	23,79
Lohngruppe 3	20,72	1,22	21,94
Lohngruppe 2 a	20,21	1,19	21,40
Lohngruppe 2 b	18,30	1,08	19,38
Lohngruppe 2	16,19	0,95	17,14
Lohngruppe 1	13,73	0,81	14,54
Fliesen-, Platten- und Mosaikleger der Lohngruppe 4	23,21	1,36	24,57
Putzer mit Facharbeiterausbildung der Lohngruppe 4	23,01	1,35	24,36
Baumaschinenführer der Lohngruppe 4	22,90	1,35	24,25

(8) Mit Wirkung vom **1. April 2025** gelten nachstehende Löhne:

	TL €	BZ €	GTL €
Lohngruppe 6	26,70	1,57	28,27
Lohngruppe 5	24,58	1,45	26,03
Lohngruppe 4	23,40	1,38	24,78
Lohngruppe 3	21,59	1,27	22,86
Lohngruppe 2 a	21,06	1,24	22,30
Lohngruppe 2 b	19,07	1,12	20,19
Lohngruppe 2	16,87	0,99	17,86
Lohngruppe 1	14,42	0,85	15,27

	TL €	BZ €	GTL €
Fliesen-, Platten- und Mosaikleger der Lohngruppe 4	24,18	1,43	25,61
Putzer mit Facharbeiterausbildung der Lohngruppe 4	23,98	1,41	25,39
Baumaschinenführer der Lohngruppe 4	23,86	1,41	25,27

(9) Mit Wirkung vom **1. April 2026** gelten nachstehende Löhne:

	TL €	BZ €	GTL €
Lohngruppe 6	28,06	1,66	29,72
Lohngruppe 5	25,77	1,52	27,29
Lohngruppe 4	24,60	1,45	26,05
Lohngruppe 3	22,64	1,33	23,97
Lohngruppe 2 a	22,10	1,30	23,40
Lohngruppe 2 b	20,02	1,18	21,20
Lohngruppe 2	17,69	1,04	18,73
Lohngruppe 1	14,98	0,88	15,86
Fliesen-, Platten- und Mosaikleger der Lohngruppe 4	25,34	1,50	26,84
Putzer mit Facharbeiterausbildung der Lohngruppe 4	24,92	1,47	26,39
Baumaschinenführer der Lohngruppe 4	24,98	1,47	26,45

(10) Auszubildende erhalten nachstehende monatliche **Ausbildungsvergütungen.**

Mit Wirkung vom **1. April 2024** beträgt die monatliche Ausbildungsvergütung:

im ersten Ausbildungsjahr	883,00 €
im zweiten Ausbildungsjahr	1.102,00 €
im dritten Ausbildungsjahr	1.336,00 €
im vierten Ausbildungsjahr	1.406,00 €

Mit Wirkung vom **1. Mai 2024** beträgt die monatliche Ausbildungsvergütung:

im ersten Ausbildungsjahr	1.080,00 €
im zweiten Ausbildungsjahr	1.250,00 €
im dritten Ausbildungsjahr	1.500,00 €
im vierten Ausbildungsjahr	1.600,00 €

Mit Wirkung vom **1. April 2026** beträgt die monatliche Ausbildungsvergütung:

im ersten Ausbildungsjahr	1.122,00 €
im zweiten Ausbildungsjahr	1.351,00 €
im dritten Ausbildungsjahr	1.610,00 €
im vierten Ausbildungsjahr	1.714,00 €

Die monatliche Ausbildungsvergütung erhöht sich für Auszubildende, die eine Landes- oder Bundesfachklasse besuchen, im jeweiligen Ausbildungsjahr um 60,00 €.

§ 3
Löhne für stationär beschäftigte Arbeitnehmer

Arbeitnehmer, die in dem jeweiligen Lohnabrechnungszeitraum arbeitszeitlich überwiegend nicht auf Baustellen, sondern stationär, insbesondere in Bauhöfen und Werkstätten einschließlich Produktionsstätten für Fertigteile oder als Kraftfahrer der Bauhöfe und der Fahrdienste beschäftigt werden, erhalten den Tarifstundenlohn gemäß § 2 Abs. 6 bis 9, nicht jedoch den Bauzuschlag, soweit dadurch der jeweilige Mindestlohn nicht unterschritten wird. Für die auf Baustellen geleisteten Arbeitsstunden erhalten diese Arbeitnehmer den Tarifstundenlohn und den Bauzuschlag (Gesamttarifstundenlohn).

§ 4
Löhne für Stuck-, Putz- und Trockenbauarbeiten

(1) Stuckateure, die ihre Berufsausbildung in der Form der Stufenausbildung mit der obersten Stufe abgeschlossen haben, erhalten nach einjähriger Tätigkeit in ihrem Beruf den in Absatz 2 genannten Lohn der Stuckateure und Gipser, wenn sie überwiegend folgende Arbeiten ausführen:

- Ausführen von Stuckarbeiten, Anfertigen von Schablonen und Unterkonstruktionen sowie Ziehen und Ansetzen von Profilen;
- Aufreißen, Antragen und Modellieren von Antragestuck;
- Mischen, Schneiden, Antragen, Schleifen und Polieren von Stuckmarmor und Stuccolustro;
- Zeichnen, Aufreißen, Modellieren und Herstellen von Formen, Abgüssen, Architektur- und Geländemodellen sowie Dekorelementen.

(2) Der Lohn für die Stuckateure und Gipser der Lohngruppe 4 beträgt:

	TL €	BZ €	GTL €
ab **1. April 2024**	21,61 €	1,27 €	22,88 €
ab **1. Mai 2024**	23,20 €	1,36 €	24,56 €
ab **1. April 2025**	24,17 €	1,43 €	25,60 €
ab **1. April 2026**	25,34 €	1,50 €	26,84 €

(3) In Betrieben, die überwiegend Arbeiten nach § 1 Abschnitt V Nr. 34 oder Nr. 37 BRTV (Stuck-, Putz- und Trockenbauarbeiten) ausüben, haben Arbeitnehmer der Lohngruppen 3 und 4 für die Zeit der tatsächlichen Ausübung der folgenden Tätigkeiten

- Herstellen von Wänden und Decken im Trockenbau einschließlich Unterkonstruktionen,
- Herstellen und Sanieren von Innenputz (Trocken- und Nassputz),
- Sanieren von Außenputz,
- dünnlagige Beschichtungsarbeiten,
- Herstellen von Wärmedämmverbundsystemen,
- Anbringen von Innendämmungen an oberster und unterster Geschossdecke und an Wänden

abweichend von § 2 Anspruch auf die nachstehenden Löhne:

ab **1. April 2024**

	GTL €
Lohngruppe 4	18,44
Lohngruppe 3	17,52

Die Betriebe teilen diesen Arbeitnehmern einmal im Jahr schriftlich mit, für welchen Auftrag und für welchen Zeitraum die Tätigkeiten ausgeübt werden sollen.

Berechnungsgrundlage von Zuschlägen sind die vorstehenden Gesamttarifstundenlöhne, Berechnungsgrundlage des 13. Monatseinkommens dagegen die in § 2 ausgewiesenen Gesamttarifstundenlöhne.

Sobald im Maler- und Lackiererhandwerk Veränderungen der tariflichen Löhne erfolgen, werden die in § 4 Abs. 3 geregelten Löhne entsprechend angepasst.

§ 5
Löhne für das Holz- und Bautenschutzgewerbe

In Betrieben des Holz- und Bautenschutzgewerbes haben Arbeitnehmer der Lohngruppen 3 und 4 für die Zeit der tatsächlichen Ausübung der folgenden Tätigkeiten

- oberflächennahe Betonsanierungsarbeiten bei statisch nicht relevanter Schädigung,
- Abdichtungsarbeiten,
- Sanierputzarbeiten,
- Schimmelpilzbekämpfung

abweichend von § 2 Anspruch auf die nachstehenden Löhne:

ab **1. April 2024**

	GTL €
Lohngruppe 4	18,44
Lohngruppe 3	17,52

Die Betriebe teilen diesen Arbeitnehmern einmal im Jahr schriftlich mit, für welchen Auftrag und für welchen Zeitraum die Tätigkeiten ausgeübt werden sollen.

Berechnungsgrundlage von Zuschlägen sind die vorstehenden Gesamttarifstundenlöhne, Berechnungsgrundlage des 13. Monatseinkommens dagegen die in § 2 ausgewiesenen Gesamttarifstundenlöhne.

Sobald im Maler- und Lackiererhandwerk Veränderungen der tariflichen Löhne erfolgen, werden die in § 5 geregelten Löhne entsprechend angepasst.

§ 6
Löhne für das feuerungstechnische Gewerbe

(1) Die Lohne fur Arbeitnehmer im feuerungstechnischen Gewerbe ergeben sich aus § 2 sowie aus dem Tarifvertrag über Feuerungsbauzuschläge im feuerungstechnischen Gewerbe. § 3 findet keine Anwendung.

(2) Werker haben für die Zeit ihrer Tätigkeit auf dem Schornstein Anspruch auf den Lohn des Fachwerkers im Schornsteinbau.

(3) Auszubildende im feuerungstechnischen Gewerbe erhalten nachstehende monatliche **Ausbildungsvergütungen.**

Monatliche Ausbildungsvergütungen im feuerungstechnischen Gewerbe mit Wirkung vom **1. April 2024:**

im ersten Ausbildungsjahr	838,00 €
im zweiten Ausbildungsjahr	1.140,00 €
im dritten Ausbildungsjahr	1.429,00 €

Monatliche Ausbildungsvergütungen im feuerungstechnischen Gewerbe mit Wirkung vom **1. Mai 2024:**

im ersten Ausbildungsjahr	1.080,00 €
im zweiten Ausbildungsjahr	1.293,00 €
im dritten Ausbildungsjahr	1.604,00 €

Monatliche Ausbildungsvergütungen im feuerungstechnischen Gewerbe mit Wirkung vom **1. April 2026:**

im ersten Ausbildungsjahr	1.122,00 €
im zweiten Ausbildungsjahr	1.395,00 €
im dritten Ausbildungsjahr	1.719,00 €

Die monatliche Ausbildungsvergütung erhöht sich für Auszubildende, die eine Landes- oder Bundesfachklasse besuchen, im jeweiligen Ausbildungsjahr um 60,00 €.

§ 7
Löhne für das Bauten- und Eisenschutzgewerbe

In den Betrieben des Bauten- und Eisenschutzgewerbes behalten die Arbeitnehmer ihren sich aus dem Tarifvertrag zur Regelung der Löhne im Bauten- und Eisenschutzgewerbe vom 28. April 2011 ergebenden Lohnanspruch. Die sich aus dem vorgenannten Tarifvertrag ergebenden Löhne nehmen an tariflichen Lohnerhöhungen teil.

§ 8 Inkrafttreten und Laufdauer

Dieser Tarifvertrag tritt am 1. April 2024 in Kraft und kann mit einer Frist von zwei Monaten zum Monatsende, erstmals zum 31. März 2027, schriftlich gekündigt werden.

Potsdam/Frankfurt a. M., den 14. Juni 2024

Bauindustrieverband Ost e. V.,
Karl-Marx-Straße 27,
14482 Potsdam

Jörg Muschol

Wolfgang Finck

Landesverband Bauhandwerk Brandenburg und Berlin e. V.,
Otto-Erich-Straße 11–13,
14482 Potsdam

Ralf Schumann

Industriegewerkschaft Bauen – Agrar – Umwelt,
Olof-Palme-Straße 19, 60439 Frankfurt a. M.

Robert Feiger

Carsten Burckhardt

Tarifvertrag zur Sicherung des Standortes Berlin für das Baugewerbe (TV Standortsicherung Berlin) vom 14. Juni 2024

Zwischen

dem Bauindustrieverband Ost e. V.,
Karl-Marx-Straße 27, 14482 Potsdam,

dem Landesverband Bauhandwerk Brandenburg und Berlin e. V.,
Otto-Erich-Straße 11–13, 14482 Potsdam,

und

der Industriegewerkschaft Bauen – Agrar – Umwelt,
Olof-Palme-Straße 19, 60439 Frankfurt a. M.,

wird folgender Tarifvertrag geschlossen:

§ 1
Geltungsbereich

(1) Räumlicher Geltungsbereich:

Das Gebiet des Landes Berlin.

(2) Betrieblicher Geltungsbereich:

Betriebe, die unter den betrieblichen Geltungsbereich des Bundesrahmentarifvertrages für das Baugewerbe (BRTV) in der jeweils geltenden Fassung fallen.

(3) Persönlicher Geltungsbereich:

Erfasst werden

1. gewerbliche Arbeitnehmer (Arbeiter),
2. Angestellte,

die eine nach den Vorschriften des Sechsten Buches Sozialgesetzbuch – Gesetzliche Rentenversicherung – (SGB VI) versicherungspflichtige Tätigkeit ausüben.

§ 2
Wettbewerbs- und Beschäftigungssicherungsklausel

Für die Laufzeit der Lohn- und Gehaltstarifverträge für das Baugewerbe im Gebiet des Landes Berlin vom 14. Juni 2024 können aufgrund der besonderen Wettbewerbssituation in Berlin durch Haustarifverträge zwischen der Industriegewerkschaft Bauen – Agrar – Umwelt und Betrieben mit Betriebssitz in Berlin sowie mit in Berlin ansässigen Niederlassungen Löhne und Gehälter vereinbart werden, die von den in diesen Tarifverträgen geregelten Löhnen und Gehältern um bis zu 6 v. H., abweichen.

Diese Haustarifverträge bedürfen der Zustimmung desjenigen Mitgliedsverbandes der vertragsschließenden Arbeitgeberverbände, dem der Betrieb bzw. die Niederlassung als Mitglied angehört. In diesen Haustarifverträgen sind Maßnahmen zur Beschäftigungssicherung und Regelungen zur Heranführung an die Tariflöhne und -gehälter zu vereinbaren. Weiterhin sind in diesen Haustarifverträgen Regelungen zu einem Nachteilsausgleich zu treffen.

§ 3
Laufdauer

Dieser Tarifvertrag tritt am 14. Juni 2024 in Kraft. Eine Kündigung des Tarifvertrages zur Regelung der Löhne und Ausbildungsvergütungen im Baugewerbe im Gebiet des Landes Berlin vom 5. November 2021 gilt auch als Kündigung dieses Tarifvertrages. Dieser Tarifvertrag tritt mit Ablauf der Kündigungsfrist ohne Nachwirkung außer Kraft.

Potsdam/Frankfurt a. M., den 14. Juni 2024

Bauindustrieverband Ost e. V., Karl-Marx-Straße 27, 14482 Potsdam

Jörg Muschol

Landesverband Bauhandwerk Brandenburg und Berlin e. V., Otto-Erich-Straße 11–13, 14482 Potsdam

Ralf Schumann

Industriegewerkschaft Bauen – Agrar – Umwelt, Olof-Palme-Straße 19, 60439 Frankfurt a. M.

Robert Feiger

Carsten Burckhardt

Tarifvertrag über die Gewährung eines 13. Monatseinkommens im Baugewerbe vom 21. Mai 1997

in der Fassung vom 26. Mai 1999, 4. Juli 2002, 29. Oktober 2003, 1. Juni 2018 und 30. Januar 2023

Zwischen

dem Zentralverband des Deutschen Baugewerbes e. V.,
Kronenstraße 55–58, 10117 Berlin,

dem Hauptverband der Deutschen Bauindustrie e. V.,
Kurfürstenstraße 129, 10785 Berlin,

und

der Industriegewerkschaft Bauen–Agrar–Umwelt,
Olof-Palme-Straße 19, 60439 Frankfurt a. M.,

wird folgender Tarifvertrag geschlossen:

§ 1
Geltungsbereich

(1) Räumlicher Geltungsbereich:

Das Gebiet der Bundesrepublik Deutschland, bis zum Ablauf des 31. Dezember 2019 mit Ausnahme des Beitrittsgebiets.

(2) Betrieblicher Geltungsbereich:

Betriebe, die unter den betrieblichen Geltungsbereich des Bundesrahmentarifvertrages für das Baugewerbe in der jeweils geltenden Fassung fallen, bis zum 31. Dezember 2019 mit Ausnahme der Mitgliedsbetriebe des Baugewerbeverbandes Schleswig-Holstein und der Verbände baugewerblicher Unternehmer Niedersachsen, Hessen und im Lande Bremen.

(3) Persönlicher Geltungsbereich:

Erfasst werden

1. gewerbliche Arbeitnehmer (Arbeiter),
2. zur Ausbildung für den Beruf eines Arbeiters Beschäftigte,

die eine nach den Vorschriften des Sechsten Buches Sozialgesetzbuch – gesetzliche Rentenversicherung – (SGB VI) versicherungspflichtige Tätigkeit ausüben.

§ 2
13. Monatseinkommen

(1) Arbeitnehmer, deren Arbeitsverhältnis am 30. November des laufenden Kalenderjahres (Stichtag) mindestens zwölf Monate (Bezugszeitraum) ununterbrochen besteht, haben Anspruch auf ein 13. Monatseinkommen in folgender Höhe:

ab dem Jahr 2018	das 93-fache,
im Jahr 2020	das 103-fache,
im Jahr 2021	das 113-fache und
ab dem Jahr 2022	das 123-fache

ihres in der Lohntabelle ausgewiesenen Gesamttarifstundenlohnes.

Durch freiwillige Betriebsvereinbarung oder, wenn kein Betriebsrat besteht, durch einzelvertragliche Vereinbarung kann eine von Satz 1 abweichende Höhe des 13. Monatseinkommens vereinbart werden, wobei ein Betrag von 780,00 € (Mindestbetrag) nicht unterschritten werden darf.

(2) Arbeitnehmer, deren Arbeitsverhältnis am Stichtag noch nicht zwölf, jedoch mindestens drei Monate ununterbrochen besteht, haben für jeden vollen Beschäftigungsmonat, den sie bis zum Stichtag ununterbrochen im Betrieb zurückgelegt haben, Anspruch auf ein Zwölftel des 13. Monatseinkommens gemäß Absatz 1.

(3) Arbeitnehmer, deren Arbeitsverhältnis vor dem Stichtag

a) durch ordentliche Kündigung des Arbeitgebers oder

b) durch Fristablauf oder

c) durch Kündigung des Arbeitnehmers nach Eintritt eines Insolvenzereignisses (§ 165 Abs. 1 SGB III) oder um die Voraussetzungen für den Bezug einer Rente aus der gesetzlichen Sozialversicherung zu schaffen oder

d) im gegenseitigen Einvernehmen

beendet wird und zum Zeitpunkt des Ausscheidens mindestens drei Monate bestanden hat, haben für jeden vollen Beschäftigungsmonat, den sie seit dem 1. Dezember des vergangenen Kalenderjahres ununterbrochen im Betrieb zurückgelegt haben, Anspruch auf ein Zwölftel des 13. Monatseinkommens gemäß Absatz 1. Stirbt ein Arbeitnehmer, so ist an den Ehegatten oder, falls der Arbeitnehmer nicht verheiratet war, an die Unterhaltsberechtigten ein anteiliges 13. Monatseinkommen nach Maßgabe des Satzes 1 zu zahlen.

(4) Ist die in den Absätzen 2 und 3 vorausgesetzte ununterbrochene Beschäftigung von mindestens drei Monaten Dauer nicht erfüllt, so werden zum Erreichen dieser Anspruchsvoraussetzung Teilbeschäftigungszeiten innerhalb der letzten zwölf Monate vor dem 30. November des laufenden Kalenderjahres zusammengerechnet, wenn die jeweilige Unterbrechung nicht länger als sechs Monate gedauert hat.

(5) Anspruch auf ein 13. Monatseinkommen gemäß den Absätzen 1 bis 3 haben nur diejenigen Arbeitnehmer, die im Bezugszeitraum eine Arbeitsleistung von mindestens 10 Arbeitstagen erbracht haben oder wegen witterungsbedingten Arbeitsausfalls, kurzarbeitsbedingten Arbeitsausfalls oder krankheitsbedingter Arbeitsunfähigkeit, die auf einen Arbeitsunfall bei ihrer Tätigkeit zurückzuführen ist, nicht erbringen konnten.

(6) Ruht das Arbeitsverhältnis wegen der Inanspruchnahme des gesetzlichen Erziehungsurlaubs oder wegen der Vereinbarung unbezahlten Urlaubs im Bezugszeitraum, so verringert sich das 13. Monatseinkommen für jeden angefangenen Kalendermonat des Ruhens des Arbeitsverhältnisses um ein Zwölftel; das gilt jedoch nicht für den Monat, in dem die Arbeit wieder aufgenommen wird. Arbeitnehmer, deren Arbeitsverhältnis während des gesamten Bezugszeitraumes ruht, haben keinen Anspruch; § 3 bleibt unberührt. Satz 1 gilt nicht bei Vereinbarung unbezahlten Urlaubs zum Zweck einer betriebsbezogenen beruflichen Fortbildung.

§ 2a

Für Arbeitnehmer in den Mitgliedsbetrieben des Baugewerbeverbandes Schleswig-Holstein und der Verbände baugewerblicher Unternehmer Niedersachsen, Hessen und im Lande Bremen sowie in allen Betrieben im Beitrittsgebiet gilt abweichend von § 2 Abs. 1 Satz 1

im Jahr 2020	das 18-fache,
im Jahr 2021	das 36-fache und
ab dem Jahr 2022	das 54-fache

ihres in der Lohntabelle ausgewiesenen Gesamttarifstundenlohnes sowie abweichend von § 2 Abs. 1 Satz 2 ein Mindestbetrag von 390,00 € im Jahr 2021 und von 500,00 € ab dem Jahr 2022, der nicht unterschritten werden darf.

§ 3
Ansprüche während des Grundwehr- oder Zivildienstes und nach Wiederaufnahme der Arbeit

(1) Arbeitnehmer, die am Stichtag (§ 2 Abs. 1) Grundwehr- oder Zivildienst leisten, haben keinen Anspruch auf das 13. Monatseinkommen bzw. den Betrag gemäß § 5.

(2) Arbeitnehmer, die vor dem zweiten Stichtag nach ihrer Einberufung unverzüglich im Anschluss an den Grundwehr- oder Zivildienst die Arbeit in ihrem bisherigen Betrieb wieder aufgenommen haben und deren Arbeitsverhältnis bis zum zweiten Stichtag ununterbrochen besteht, haben Anspruch auf ein 13. Monatseinkommen gemäß § 2 Abs. 1. Endet das Arbeitsverhältnis vor dem zweiten Stichtag (Satz 1), so gilt § 2 Abs. 3 mit der Maßgabe, dass für jeden vollen Monat der Betriebszugehörigkeit seit dem 1. Dezember des Vorjahres Anspruch auf ein Zwölftel des Betrages gemäß § 2 Abs. 1 besteht.

(3) Arbeitnehmer, die am zweiten Stichtag nach ihrer Einberufung noch Grundwehr- oder Zivildienst leisten und unverzüglich im Anschluss an den Grundwehr- oder Zivildienst die Arbeit in ihrem bisherigen Betrieb wieder aufgenommen haben, haben Anspruch auf ein 13. Monatseinkommen gemäß § 2 Abs. 1. Der Anspruch setzt voraus, dass der Arbeitnehmer das Arbeitsverhältnis bis zum Ende des auf den Monat der Wiederaufnahme der Arbeit folgenden Monats nicht durch eigene Kündigung beendet hat. § 2 Abs. 3 bleibt unberührt.

(4) Arbeitnehmer, die vor dem ersten Stichtag nach ihrer Einberufung unverzüglich im Anschluss an den Grundwehr- oder Zivildienst die Arbeit in ihrem bisherigen Betrieb wieder aufgenommen haben und deren Arbeitsverhältnis bis zum Stichtag ununterbrochen besteht, haben Anspruch auf ein 13. Monatseinkommen gemäß § 2 Abs. 1. Dieser Anspruch wird für jeden Monat, in welchem der Arbeitnehmer Wehr- oder Zivildienst geleistet hat, um ein Zwölftel gekürzt. Die Kürzung erfolgt nicht für den Monat, in dem die Arbeit wieder aufgenommen wird. Endet das Arbeitsverhältnis vor dem Stichtag, so besteht nach Maßgabe des § 2 Abs. 3 für jeden vollen Monat seit dem 01. Dezember des Vorjahres, in dem das Arbeitsverhältnis nicht geruht hat, Anspruch auf ein Zwölftel des 13. Monatseinkommens.

§ 4
Teilzeitbeschäftigte

Ist die vereinbarte Arbeitszeit geringer als die tarifliche, so mindert sich die Höhe des 13. Monatseinkommens im Verhältnis der vereinbarten wöchentlichen Arbeitszeit zur tariflichen wöchentlichen Arbeitszeit. Ändert sich die vereinbarte Arbeitszeit innerhalb des Bezugszeitraumes, ist für die Höhe des 13. Monatseinkommens nicht die am Stichtag, sondern die in jedem einzelnen Kalendermonat vereinbarte Arbeitszeit anteilig zugrunde zu legen.

§ 5
Auszubildende

(1) Auszubildende haben nach Maßgabe des § 2 Anspruch auf ein 13. Monatseinkommen in folgender Höhe:

ab dem Jahr 2018	301,66 €,
im Jahr 2020	330,00 €,
im Jahr 2021	360,00 € und
ab dem Jahr 2022	390,00 €.

Bei Abschluss einer Betriebsvereinbarung oder einer einzelvertraglichen Vereinbarung über das 13. Monatseinkommen darf ein Betrag von 170,00 € nicht unterschritten werden.

(2) Endet das Ausbildungsverhältnis vor dem Stichtag, so besteht für jeden angefangenen Ausbildungsmonat nach dem letzten Stichtag Anspruch auf ein Zwölftel des in Abs. 1 Satz 1 genannten Betrages, wenn

a) im Anschluss an das Ausbildungsverhältnis ein Arbeitsverhältnis im Ausbildungsbetrieb aufgenommen und bis zum Stichtag fortgesetzt oder vor dem Stichtag durch ordentliche Kündigung des Arbeitgebers, durch Fristablauf oder einvernehmlich beendet wird, oder

b) der Auszubildende im Anschluss an das Ausbildungsverhältnis nicht als Arbeitnehmer im Ausbildungsbetrieb eingestellt wird, obgleich er die Begründung eines Arbeitsverhältnisses angeboten hat.

§ 5a

Abweichend von § 5 Abs. 1 Satz 1 gilt in Betrieben nach § 2a ein 13. Monatseinkommen in folgender Höhe:

im Jahr 2020	60,00 €
im Jahr 2021	120,00 €
ab dem Jahr 2022	170,00 €.

§ 6
Fälligkeit

(1) Das 13. Monatseinkommen, das zum Stichtag berechnet wird, ist je zur Hälfte zusammen mit der Zahlung des Lohnes bzw. der Ausbildungsvergütung für den Monat November und für den Monat April des Folgejahres auszuzahlen; das gilt auch für den Teilanspruch aus dem Ausbildungsverhältnis, wenn das sich an das Ausbildungsverhältnis anschließende Arbeitsverhältnis nicht vor dem Stichtag endet. Bei Abschluss einer Betriebsvereinbarung oder einer einzelvertraglichen Vereinbarung über das 13. Monatseinkommen erfolgt abweichend von Satz 1 die Auszahlung mit dem Lohn bzw. der Ausbildungsvergütung für den Monat November in Höhe von mindestens 520,00 €, für Auszubildende mindestens 170,00 €; dies gilt auch, wenn die beabsichtigte Vereinbarung am 30. November noch nicht abgeschlossen ist.

(2) Das bei Beendigung des Arbeitsverhältnisses bzw. Ausbildungsverhältnisses zu zahlende 13. Monatseinkommen wird am 15. des Monats fällig, der auf den Monat folgt, in dem das Arbeitsverhältnis bzw. Ausbildungsverhältnis beendet wurde; das gilt auch für den Teilanspruch aus dem Ausbildungsverhältnis (§ 5 Abs. 2 Buchst. a).

(3) Das 13. Monatseinkommen gemäß § 3 Abs. 3 ist je zur Hälfte mit der Lohnzahlung für den Monat, welcher dem Monat der Wiederaufnahme der Arbeit folgt, und mit der Lohnzahlung für den darauffolgenden Monat April auszuzahlen.

§ 7
Anrechenbarkeit

Das 13. Monatseinkommen und der Betrag gemäß § 5 oder § 5a können auf betrieblich gewährtes Weihnachtsgeld, 13. Monatseinkommen oder Zahlungen, die diesen Charakter haben, angerechnet werden.

§ 8
Inkrafttreten und Laufdauer

Dieser Tarifvertrag tritt am 1. Mai 1997*) in Kraft. Er kann mit einer Frist von drei Monaten zum Monatsende, erstmals zum 31. Dezember 2024, schriftlich gekündigt werden.

Frankfurt a. M., den 21. Mai 1997
Berlin/Frankfurt a. M., den 26. Mai 1999
Berlin/Frankfurt a. M., den 4. Juli 2002
Berlin/Frankfurt a. M., den 29. Oktober 2003
Berlin/Frankfurt a. M., den 1. Juni 2018
Berlin/Frankfurt a. M., den 30. Januar 2023

Zentralverband des Deutschen Baugewerbes e. V., Kronenstraße 55–58, 10117 Berlin

N o s t i t z

Hauptverband der Deutschen Bauindustrie e. V., Kurfürstenstraße 129, 10785 Berlin

B e e k e

Industriegewerkschaft Bauen–Agrar–Umwelt, Olof-Palme-Straße 19, 60439 Frankfurt a. M.

S c h a u m B u r c k h a r d t

*) Der Änderungstarifvertrag vom 26. Mai 1999 ist am 1. Juli 1999 in Kraft getreten.
Der Änderungstarifvertrag vom 4. Juli 2002 ist am 1. September 2002 in Kraft getreten.
Der Änderungstarifvertrag vom 29. Oktober 2003 ist am 1. November 2003 in Kraft getreten.
Der Änderungstarifvertrag vom 1. Juni 2018 ist am 1. März 2018 in Kraft getreten.
Der Änderungstarifvertrag vom 30. Januar 2023 ist am 1. Januar 2023 in Kraft getreten.

Tarifvertrag über die Gewährung eines 13. Monatseinkommens für die Angestellten des Baugewerbes vom 21. Mai 1997

in der Fassung vom 26. Mai 1999, 27. Februar 2002, 4. Juli 2002, 29. Oktober 2003, 1. Juni 2018 und 30. Januar 2023

Zwischen

dem Zentralverband des Deutschen Baugewerbes e. V., Kronenstraße 55–58, 10117 Berlin,

dem Hauptverband der Deutschen Bauindustrie e. V., Kurfürstenstraße 129, 10785 Berlin,

und

der Industriegewerkschaft Bauen–Agrar–Umwelt, Olof-Palme-Straße 19, 60439 Frankfurt a. M.,

wird folgender Tarifvertrag geschlossen:

§ 1 Geltungsbereich

(1) Räumlicher Geltungsbereich:

Das Gebiet der Bundesrepublik Deutschland, bis zum Ablauf des 31. Dezember 2019 mit Ausnahme des Beitrittsgebiets.

(2) Betrieblicher Geltungsbereich:

Betriebe, die unter den betrieblichen Geltungsbereich des Rahmentarifvertrages für die Angestellten und Poliere des Baugewerbes in der jeweils geltenden Fassung fallen, bis zum 31. Dezember 2019 mit Ausnahme der Mitgliedsbetriebe des Baugewerbeverbandes Schleswig-Holstein und der Verbände baugewerblicher Unternehmer Niedersachsen, Hessen und im Lande Bremen.

(3) Persönlicher Geltungsbereich:

Erfasst werden:

1. Angestellte und Poliere,
2. zur Ausbildung für den Beruf eines Angestellten Beschäftigte,

die eine nach den Vorschriften des Sechsten Buches Sozialgesetzbuch – Gesetzliche Rentenversicherung – (SGB VI) versicherungspflichtige Tätigkeit ausüben.

Nicht erfasst werden die unter § 5 Abs. 2 und 3 des Betriebsverfassungsgesetzes fallenden Personen.

§ 2
13. Monatseinkommen

(1) Arbeitnehmer, deren Arbeitsverhältnis am 30. November des laufenden Kalenderjahres (Stichtag) mindestens zwölf Monate (Bezugszeitraum) ununterbrochen besteht, haben Anspruch auf ein 13. Monatseinkommen in folgender Höhe:

ab dem Jahr 2018	in Höhe von 55 v.H. ihres Tarifgehalts,
im Jahr 2020	in Höhe von 60 v.H. ihres Tarifgehalts,
im Jahr 2021	in Höhe von 66 v.H. ihres Tarifgehalts und
ab dem Jahr 2022	in Höhe von 72 v.H. ihres Tarifgehalts.

Das 13. Monatseinkommen ist kaufmännisch auf den nächsten vollen Euro-Betrag auf- oder abzurunden.

Durch freiwillige Betriebsvereinbarung oder, wenn kein Betriebsrat besteht, durch einzelvertragliche Vereinbarung kann eine von Satz 1 abweichende Höhe des 13. Monatseinkommens vereinbart werden, wobei ein Betrag von 780,00 € (Mindestbeitrag) nicht unterschritten werden darf.

(2) Arbeitnehmer, deren Arbeitsverhältnis am Stichtag noch nicht zwölf Monate ununterbrochen besteht, haben für jeden vollen Beschäftigungsmonat, den sie bis zum Stichtag ununterbrochen im Betrieb zurückgelegt haben, Anspruch auf ein Zwölftel des 13. Monatseinkommens gemäß Absatz 1, wenn das Beschäftigungsverhältnis am Stichtag mindestens drei Monate ununterbrochen besteht.

(3) Arbeitnehmer, deren Arbeitsverhältnis vor dem Stichtag endet, haben für jeden vollen Beschäftigungsmonat, den sie seit dem letzten Stichtag ununterbrochen im Betrieb zurückgelegt haben, Anspruch auf ein Zwölftel des 13. Monatseinkommens gemäß Absatz 1, wenn das Beschäftigungsverhältnis im Zeitpunkt des Ausscheidens mindestens drei Monate ununterbrochen bestanden hat. Ein Anspruch besteht nicht, wenn das Arbeitsverhältnis durch außerordentliche Kündigung des Arbeitgebers beendet wurde oder wenn der Arbeitnehmer ohne wichtigen Grund ohne Einhaltung der Kündigungsfrist aus dem nicht einvernehmlich aufgehobenen Arbeitsverhältnis ausgeschieden ist. Stirbt ein Arbeitnehmer, so ist an den Ehegatten oder, falls der Arbeitnehmer nicht verheiratet war, an die Unterhaltsberechtigten ein anteiliges 13. Monatseinkommen nach Maßgabe des Satzes 1 zu zahlen.

(4) Anspruch auf ein 13. Monatseinkommen gemäß den Absätzen 1 bis 3 haben nur diejenigen Arbeitnehmer, die im Bezugszeitraum eine Arbeitsleistung von mindestens 10 Arbeitstagen erbracht haben oder wegen kurzarbeitsbedingten Arbeitsausfalls und/ oder krankheitsbedingter Arbeitsunfähigkeit, die auf einen Arbeitsunfall bei ihrer Tätigkeit zurückzuführen ist, nicht erbringen konnten.

(5) Ruht das Arbeitsverhältnis wegen der Inanspruchnahme des gesetzlichen Erziehungsurlaubs oder wegen der Vereinbarung unbezahlten Urlaubs im Bezugszeitraum, so verringert sich das 13. Monatseinkommen für jeden angefangenen Kalendermonat des Ruhens des Arbeitsverhältnisses um ein Zwölftel; das gilt jedoch nicht für den Monat, in dem die Arbeit wieder aufgenommen wird. Arbeitnehmer, deren Arbeitsverhältnis während des gesamten Bezugszeitraumes ruht, haben keinen Anspruch; § 3 bleibt unberührt. Satz 1 gilt nicht bei Vereinbarung unbezahlten Urlaubs zum Zwecke einer betriebsbezogenen beruflichen Fortbildung.

§ 2a

Arbeitnehmer in den Mitgliedsbetrieben des Baugewerbeverbandes Schleswig-Holstein und der Verbände baugewerblicher Unternehmer Niedersachsen, Hessen und im Lande Bremen sowie in allen Betrieben im Beitrittsgebiet erhalten abweichend von § 2 Abs. 1 Satz 1 ein 13. Monatseinkommen

im Jahr 2020	in Höhe von 10 v.H. ihres Tarifgehalts,
im Jahr 2021	in Höhe von 21 v.H. ihres Tarifgehalts und
ab dem Jahr 2022	in Höhe von 32 v.H. ihres Tarifgehalts.

Abweichend von § 2 Abs. 1 Satz 3 gilt ein Mindestbetrag von 390,00 € im Jahr 2021 und von 500,00 € ab dem Jahr 2022, der nicht unterschritten werden darf.

§ 3
Ansprüche während des Grundwehr- oder Zivildienstes und nach Wiederaufnahme der Arbeit

(1) Arbeitnehmer, die am Stichtag (§ 2 Abs. 1 Satz 1) Grundwehr- oder Zivildienst leisten, haben keinen Anspruch auf das 13. Monatseinkommen bzw. den Betrag gemäß § 5.

(2) Arbeitnehmer, die vor dem zweiten Stichtag nach ihrer Einberufung unverzüglich im Anschluss an den Grundwehr- oder Zivildienst die Arbeit in ihrem bisherigen Betrieb wieder aufgenommen haben und deren Arbeitsverhältnis bis zum zweiten Stichtag ununterbrochen besteht, haben Anspruch auf ein 13. Monatseinkommen gemäß § 2 Abs. 1. Endet das Arbeitsverhältnis vor dem zweiten Stichtag (Satz 1), so besteht für jeden vollen Monat der Betriebszugehörigkeit seit dem 1. Dezember des Vorjahres Anspruch auf ein Zwölftel des 13. Monatseinkommens. § 2 Abs. 3 Satz 2 findet Anwendung.

(3) Arbeitnehmer, die am zweiten Stichtag nach ihrer Einberufung noch Grundwehr- oder Zivildienst leisten und unverzüglich im Anschluss an den Grundwehr- oder Zivildienst die Arbeit in ihrem bisherigen Betrieb wieder aufgenommen haben, haben Anspruch auf ein 13. Monatseinkommen gemäß § 2 Abs. 1. Der Anspruch setzt voraus, dass der Arbeitnehmer bis zum Ende des auf den Monat der Wiederaufnahme der Arbeit folgenden Monats das Arbeitsverhältnis nicht gekündigt hat. § 2 Abs. 3 bleibt unberührt.

(4) Arbeitnehmer, die vor dem ersten Stichtag nach ihrer Einberufung unverzüglich im Anschluss an den Grundwehr- oder Zivildienst die Arbeit in ihrem bisherigen Betrieb wieder aufgenommen haben und deren Arbeitsverhältnis bis zum Stichtag ununterbrochen besteht, haben Anspruch auf ein 13. Monatseinkommen gemäß § 2 Abs. 1. Dieser Anspruch wird für jeden Monat, in welchem der Arbeitnehmer Wehr- oder Zivildienst geleistet hat, um ein Zwölftel gekürzt. Die Kürzung erfolgt nicht für den Monat, in dem die Arbeit wieder aufgenommen wird. Endet das Arbeitsverhältnis vor dem Stichtag, so besteht für jeden vollen Monat seit dem 1. Dezember des Vorjahres, in dem das Arbeitsverhältnis nicht geruht hat, Anspruch auf ein Zwölftel des 13. Monatseinkommens. § 2 Abs. 3 Satz 2 findet Anwendung.

§ 4
Teilzeitbeschäftigte

Ist die vereinbarte Arbeitszeit geringer als die tarifliche, so mindert sich die Höhe des 13. Monatseinkommens im Verhältnis der vereinbarten wöchentlichen Arbeitszeit zur tariflichen wöchentlichen Arbeitszeit. Ändert sich die vereinbarte Arbeitszeit innerhalb des Bezugszeitraumes, ist für die Höhe des 13. Monatseinkommens nicht die am Stichtag, sondern die in jedem einzelnen Kalendermonat vereinbarte Arbeitszeit anteilig zugrunde zu legen.

§ 5
Auszubildende

Auszubildende haben nach Maßgabe des § 2 Anspruch auf ein 13. Monatseinkommen in folgender Höhe:

ab dem Jahr 2018	301,66 €,
im Jahr 2020	330,00 €,
im Jahr 2021	360,00 € und
ab dem Jahr 2022	390,00 €.

Bei Abschluss einer Betriebsvereinbarung oder einer einzelvertraglichen Vereinbarung über das 13. Monatseinkommen darf ein Betrag von 170,00 € nicht unterschritten werden.

§ 5a

Abweichend von § 5 Satz 1 gilt in Betrieben nach § 2a ein 13. Monatseinkommen in folgender Höhe:

im Jahr 2020	60,00 €,
im Jahr 2021	120,00 € und
ab dem Jahr 2022	170,00 €.

§ 6
Fälligkeit

(1) Das 13. Monatseinkommen, das zum Stichtag berechnet wird, ist je zur Hälfte zusammen mit der Zahlung des Gehalts bzw. der Ausbildungsvergütung für den Monat November und für den Monat April des Folgejahres auszuzahlen. Bei Abschluss einer Betriebsvereinbarung oder einer einzelvertraglichen Vereinbarung über das 13. Monatseinkommen erfolgt abweichend von Satz 1 die Auszahlung mit dem Gehalt bzw. der Ausbildungsvergütung für den Monat November in Höhe von mindestens 520,00 €, für Auszubildende mindestens 170,00 €; dies gilt auch, wenn die beabsichtigte Vereinbarung am 30. November noch nicht abgeschlossen ist.

(2) Das bei Beendigung des Arbeitsverhältnisses bzw. Ausbildungsverhältnisses zu zahlende 13. Monatseinkommen wird am 15. des Monats fällig, der auf den Monat folgt, in dem das Arbeitsverhältnis bzw. Ausbildungsverhältnis beendet wurde.

(3) Das 13. Monatseinkommen gemäß § 3 Abs. 3 ist je zur Hälfte mit dem Gehalt für den Monat, welcher dem Monat der Wiederaufnahme der Arbeit folgt, und mit dem Gehalt für den darauffolgenden Monat April auszuzahlen.

§ 7
Anrechenbarkeit

Das 13. Monatseinkommen und der Betrag gemäß § 5 oder § 5a können auf betrieblich gewährtes Weihnachtsgeld, 13. Monatseinkommen oder Zahlungen, die diesen Charakter haben, angerechnet werden.

§ 8
Inkrafttreten und Laufdauer

Dieser Tarifvertrag tritt am 1. Mai 1997*) in Kraft. Er kann mit einer Frist von drei Monaten zum Monatsende, erstmals zum 31. Dezember 2024, schriftlich gekündigt werden.

Frankfurt a. M., den 21. Mai 1997
Berlin/Frankfurt a. M., den 26. Mai 1999
Berlin/Frankfurt a. M., den 27. Februar 2002
Berlin/Frankfurt a. M., den 4. Juli 2002
Berlin/Frankfurt a. M., den 29. Oktober 2003
Berlin/Frankfurt a. M., den 1. Juni 2018
Berlin/Frankfurt a. M., den 30. Januar 2023

Zentralverband des Deutschen Baugewerbes e. V., Kronenstraße 55–58, 10117 Berlin

N o s t i t z

Hauptverband der Deutschen Bauindustrie e. V., Kurfürstenstraße 129, 10785 Berlin

B e e k e

Industriegewerkschaft Bauen–Agrar–Umwelt, Olof-Palme-Straße 19, 60439 Frankfurt a. M.

S c h a u m B u r c k h a r d t

---

*) Der Änderungstarifvertrag vom 26. Mai 1999 ist am 1. Juli 1999 in Kraft getreten.
Der Änderungstarifvertrag vom 27. Februar 2002 ist am 1. April 2002 in Kraft getreten.
Der Änderungstarifvertrag vom 4. Juli 2002 ist am 1. September 2002 in Kraft getreten.
Der Änderungstarifvertrag vom 29. Oktober 2003 ist am 1. November 2003 in Kraft getreten.
Der Änderungstarifvertrag vom 1. Juni 2018 ist am 1. März 2018 in Kraft getreten.
Der Änderungstarifvertrag vom 30. Januar 2023 ist am 1. Januar 2023 in Kraft getreten.

Tarifvertrag über die Gewährung vermögenswirksamer Leistungen zu Gunsten der gewerblichen Arbeitnehmer im Baugewerbe vom 24. August 2020

Zwischen

dem Zentralverband des Deutschen Baugewerbes e. V.,
Kronenstraße 55–58, 10117 Berlin,

dem Hauptverband der Deutschen Bauindustrie e. V.,
Kurfürstenstraße 129, 10785 Berlin,

und

der Industriegewerkschaft Bauen–Agrar–Umwelt,
Olof-Palme-Straße 19, 60439 Frankfurt a. M.,

wird folgender Tarifvertrag geschlossen:

§ 1
Geltungsbereich

(1) Räumlicher Geltungsbereich:

Das Gebiet derjenigen Länder der Bundesrepublik Deutschland und des Landes Berlin, in denen das Grundgesetz vor dem 3. Oktober 1990 galt.

(2) Betrieblicher Geltungsbereich:

Betriebe, die unter den betrieblichen Geltungsbereich des Bundesrahmentarifvertrages für das Baugewerbe in der jeweils geltenden Fassung fallen. Nicht erfasst werden Betriebe, die überwiegend Bauten- und Eisenschutzarbeiten verrichten.

(3) Persönlicher Geltungsbereich:

Erfasst werden

1. gewerbliche Arbeitnehmer (Arbeiter),
2. zur Ausbildung für den Beruf eines Arbeiters Beschäftigte,

die eine nach den Vorschriften des Sechsten Buches Sozialgesetzbuch – Gesetzliche Rentenversicherung – (SGB VI) versicherungspflichtige Tätigkeit ausüben.

§ 2
Voraussetzungen für die Gewährung vermögenswirksamer Leistungen

1. Der Arbeitgeber ist verpflichtet, dem Arbeitnehmer monatlich eine vermögenswirksame Leistung im Sinne des Gesetzes zur Förderung der Vermögensbildung der Arbeitnehmer in der jeweils geltenden Fassung in Höhe von 0,13 € je geleistete Arbeitsstunde (Arbeitgeberzulage) zu gewähren, wenn der Arbeitnehmer gleichzeitig 0,02 € je geleistete Arbeitsstunde aus seinem Arbeitslohn (Eigenleistung) im Wege der Umwandlung vom Arbeitgeber vermögenswirksam anlegen lässt.

2. Der Arbeitgeber ist verpflichtet, dem Auszubildenden monatlich eine vermögenswirksame Leistung im Sinne des Gesetzes zur Förderung der Vermögensbildung der Arbeitnehmer in der jeweils geltenden Fassung in Höhe von 23,52 € pro Monat (Arbeitgeberzulage) zu gewähren, wenn der Auszubildende gleichzeitig mindestens 3,07 € aus seiner monatlichen Ausbildungsvergütung im Wege der Umwandlung vom Arbeitgeber vermögenswirksam anlegen lässt.

Mit der Gewährung der vermögenswirksamen Leistung des Arbeitgebers ist die auf Überstunden jeglicher Art entfallende vermögenswirksame Leistung pauschal abgegolten.

Von der Monatspauschale sind für jeden Fehltag ohne Rücksicht auf dessen Ursache abzuziehen: bei Aufteilung der tariflichen wöchentlichen Arbeitszeit

auf 5 Arbeitstage 1,18 €,
auf 6 Arbeitstage 1,02 €.

Tage, an denen der Auszubildende in einer überbetrieblichen Ausbildungsstätte des Baugewerbes ausgebildet wird, sind keine Fehltage im Sinne von Satz 3.

3. Die vermögenswirksame Leistung des Arbeitgebers ist erstmalig vom Beginn des Lohnabrechnungszeitraumes an zu zahlen, der dem Lohnabrechnungszeitraum folgt, in dem der Arbeitnehmer alle Verfahrensvoraussetzungen gemäß § 5 Nr. 2 dieses Tarifvertrages erfullt hat. Dies gilt fur die Auszubildenden entsprechend.

§ 3
Wahlmöglichkeit

Die Verpflichtung des Arbeitgebers nach § 2 entfällt, wenn dem Arbeitnehmer nach Maßgabe der §§ 2 bis 11 des Tarifvertrages über eine Zusatzrente im Baugewerbe (TV TZR) eine Versorgungszusage erteilt wird.

§ 4
Anrechenbarkeit bisher gewährter vermögenswirksamer Leistungen des Arbeitgebers

Hat der Arbeitgeber aufgrund des Gesetzes zur Förderung der Vermögensbildung der Arbeitnehmer in der jeweils geltenden Fassung vermögenswirksame Leistungen im gleichen Kalenderjahr gewährt, so können diese Leistungen auf die nach diesem Tarifvertrag zu gewährenden Leistungen angerechnet werden.

§ 5
Verfahren

1. Die Eigenleistung des Arbeitnehmers bzw. des Auszubildenden und die vermögenswirksame Leistung des Arbeitgebers sind gemeinsam anzulegen.

2. Der Arbeitnehmer bzw. der Auszubildende hat dem Arbeitgeber die Art der gewählten Anlage und das Unternehmen oder Institut mit der Nummer des Kontos anzugeben, auf das die vermögenswirksamen Leistungen überwiesen werden sollen. Der Arbeitnehmer bzw. der Auszubildende hat diese Angaben auf Verlangen des Arbeitgebers schriftlich zu machen.

3. Für die Umwandlungserklärung ist die Erteilung einer Vollmacht ausgeschlossen.

4. Der Arbeitgeber hat die Eigenleistung und die Arbeitgeberzulage in der Lohnabrechnung (vgl. § 5 Nr. 7 – Lohnabrechnung – des Bundesrahmentarifvertrages für das Baugewerbe) gesondert auszuweisen und zu Gunsten des Arbeitnehmers an die von diesem bezeichnete Stelle monatlich abzuführen. Dies gilt für die Auszubildenden entsprechend.

§ 6
Verjährung

Der Anspruch auf die vermögenswirksame Leistung des Arbeitgebers verjährt in zwei Jahren. Die Verjährungsfrist beginnt mit dem Schluss des Kalenderjahres, in dem der Anspruch auf die vermögenswirksame Leistung des Arbeitgebers entstanden ist.

Die Bestimmungen des § 14 des Bundesrahmentarifvertrages für das Baugewerbe und des § 16 des Tarifvertrages über die Berufsbildung im Baugewerbe (Ausschlussfristen) gelten nicht für Ansprüche aus diesem Tarifvertrag.

§ 7
Inkrafttreten und Laufdauer

1. Dieser Tarifvertrag tritt am 1. September 2020 in Kraft. Mit Inkrafttreten dieses Tarifvertrages tritt der Tarifvertrag über die Gewährung vermögenswirksamer Leistungen zugunsten der gewerblichen Arbeitnehmer im Baugewerbe vom 1. April 1971 in der Fassung vom 7. November 1974, 25. Juni 1980, 12. November 1984 und 15. Mai 2001 außer Kraft.

2. Der Tarifvertrag kann mit einer Frist von sechs Monaten zum Jahresende, erstmals zum 31. Dezember 2021, gekündigt werden.

Berlin/Frankfurt a. M., den 24. August 2020

Zentralverband des
Deutschen Baugewerbes e. V.,
Kronenstraße 55–58,
10117 Berlin

N o s t i t z

Hauptverband der
Deutschen Bauindustrie e. V.,
Kurfürstenstraße 129,
10785 Berlin

B e e k e

Industriegewerkschaft Bauen–Agrar–Umwelt,
Olof-Palme-Straße 19, 60439 Frankfurt a. M.

F e i g e r B u r c k h a r d t

Tarifvertrag
über die Gewährung vermögenswirksamer Leistungen für die Angestellten und Poliere des Baugewerbes vom 24. August 2020

Zwischen

dem Zentralverband des Deutschen Baugewerbes e. V.,
Kronenstraße 55–58, 10117 Berlin,

dem Hauptverband der Deutschen Bauindustrie e. V.,
Kurfürstenstraße 129, 10785 Berlin,

und

der Industriegewerkschaft Bauen–Agrar–Umwelt,
Olof-Palme-Straße 19, 60439 Frankfurt a. M.,

wird folgender Tarifvertrag geschlossen:

§ 1
Geltungsbereich

(1) Räumlicher Geltungsbereich:

Das Gebiet derjenigen Länder der Bundesrepublik Deutschland und des Landes Berlin, in denen das Grundgesetz vor dem 3. Oktober 1990 galt.

(2) Betrieblicher Geltungsbereich:

Betriebe, die unter den betrieblichen Geltungsbereich des Rahmentarifvertrages für die technischen und kaufmännischen Angestellten und für die Poliere des Baugewerbes in der jeweils geltenden Fassung fallen.

(3) Persönlicher Geltungsbereich:

Angestellte, die eine nach den Vorschriften des Sechsten Buches Sozialgesetzbuch – Gesetzliche Rentenversicherung – (SGB VI) versicherungspflichtige Tätigkeit ausüben und

a) als technische oder kaufmännische Angestellte oder
b) zur Ausbildung für den Beruf eines Angestellten oder
c) als Poliere beschäftigt sind.

Ausgenommen sind die unter § 5 Absätze 2 und 3 des Betriebsverfassungsgesetzes fallenden Angestellten.

§ 2
Voraussetzungen für die Gewährung vermögenswirksamer Leistungen

1. Der Arbeitgeber ist verpflichtet, dem Angestellten monatlich eine vermögenswirksame Leistung im Sinne des Gesetzes zur Förderung der Vermögensbildung der Arbeitnehmer in der jeweils geltenden Fassung, in Höhe von 23,52 € pro Monat (Arbeitgeberzulage) zu gewähren, wenn der Angestellte gleichzeitig mindestens 3,07 € aus seinem Monatsgehalt (Eigenleistung) im Wege der Umwandlung vom Arbeitgeber vermögenswirksam anlegen lässt.

Mit der Gewährung der vermögenswirksamen Leistung des Arbeitgebers ist die auf Überstunden jeglicher Art entfallende vermögenswirksame Leistung pauschal abgegolten.

Von der Monatspauschale sind für jeden Fehltag ohne Rücksicht auf dessen Ursache abzuziehen: bei Aufteilung der tariflichen wöchentlichen Arbeitszeit

auf 5 Arbeitstage 1,18 €,
auf 6 Arbeitstage 1,02 €.

2. Die vermögenswirksame Leistung des Arbeitgebers ist erstmalig vom Beginn des Monats an zu zahlen, der dem Monat folgt, in dem der Angestellte alle Verfahrensvoraussetzungen gemäß § 5 Nr. 2 dieses Tarifvertrages erfüllt hat.

3. Die Bestimmungen der Nrn. 1 und 2 gelten für die Auszubildenden entsprechend. Tage, an denen der Auszubildende in einer überbetrieblichen Ausbildungsstätte de Baugewerbes ausgebildet wird, sind keine Fehltage im Sinne von Nr. 1 Satz 3.

§ 3
Wahlmöglichkeit

Die Verpflichtung des Arbeitgebers nach § 2 entfällt, wenn dem Angestellten nach Maßgabe der §§ 2 bis 11 des Tarifvertrages über eine Zusatzrente im Baugewerbe (TV TZR) eine Versorgungszusage erteilt wird.

§ 4
Anrechenbarkeit bisher gewährter vermögenswirksamer Leistungen des Arbeitgebers

Hat der Arbeitgeber aufgrund des Gesetzes zur Förderung der Vermögensbildung der Arbeitnehmer in der jeweils geltenden Fassung vermögenswirksame Leistungen im gleichen Kalenderjahr gewährt, so können diese Leistungen auf die nach diesem Tarifvertrag zu gewährenden Leistungen angerechnet werden.

§ 5
Verfahren

1. Die Eigenleistung des Angestellten bzw. des Auszubildenden und die vermögenswirksame Leistung des Arbeitgebers sind gemeinsam anzulegen.

2. Der Angestellte bzw. der Auszubildende hat dem Arbeitgeber die Art der gewählten Anlage und das Unternehmen oder Institut mit der Nummer des Kontos anzugeben, auf das die vermögenswirksamen Leistungen überwiesen werden sollen. Der Angestellte bzw. der Auszubildende hat diese Angaben auf Verlangen des Arbeitgebers schriftlich zu machen.

3. Für die Umwandlungserklärung ist die Erteilung einer Vollmacht ausgeschlossen.

4. Der Arbeitgeber hat die Eigenleistung des Angestellten und die Arbeitgeberzulage in der Gehaltsabrechnung gesondert auszuweisen und zugunsten des Angestellten an die von diesem bezeichnete Stelle grundsätzlich monatlich abzuführen; Arbeitgeber und Angestellter können auch eine vierteljährliche Abführung vereinbaren.

5. Die Bestimmung der Nr. 4 gilt für die Auszubildenden entsprechend.

6. Über die Höhe der abgeführten Beträge ist bei Ausscheiden aus dem Arbeitsverhältnis, bei Fortdauer des Arbeitsverhältnisses über den 31. Dezember des Jahres hinaus nach Beendigung des Kalenderjahres eine Bescheinigung auszustellen und dem Angestellten bzw. Auszubildenden auszuhändigen.

§ 6
Verjährung

Der Anspruch auf die vermögenswirksame Leistung des Arbeitgebers verjährt in drei Jahren. Die Verjährungsfrist beginnt mit dem Schluss des Kalenderjahres, in dem der Anspruch auf die vermögenswirksame Leistung des Arbeitgebers entstanden ist.

Die Bestimmungen des § 13 des Rahmentarifvertrages für die technischen und kaufmännischen Angestellten und für die Poliere des Baugewerbes sowie des § 16 des Tarifvertrages über die Berufsbildung im Baugewerbe (Ausschlussfristen) gelten nicht für die Ansprüche aus diesem Tarifvertrag.

§ 7
Inkrafttreten und Laufdauer

1. Dieser Tarifvertrag tritt am 1. September 2020 in Kraft. Mit Inkrafttreten dieses Tarifvertrages tritt der Tarifvertrag über die Gewährung vermögenswirksamer Leistungen für die Angestellten und Poliere des Baugewerbes vom 1. April 1971 in der Fassung vom 6. März 1975, 25. Juni 1980, 12. November 1984, 15. Mai 2001 und 19. März 2002 außer Kraft.

2. Der Tarifvertrag kann mit einer Frist von sechs Monaten zum Jahresende, erstmals zum 31. Dezember 2021, gekündigt werden.

Berlin/Frankfurt a. M., den 24. August 2020

Zentralverband des
Deutschen Baugewerbes e. V.,
Kronenstraße 55–58,
10117 Berlin

N o s t i t z

Hauptverband der
Deutschen Bauindustrie e. V.,
Kurfürstenstraße 129,
10785 Berlin

B e e k e

Industriegewerkschaft Bauen–Agrar–Umwelt,
Olof-Palme-Straße 19, 60439 Frankfurt a. M.

F e i g e r B u r c k h a r d t

Tarifvertrag zur Gewährung einer Inflationsausgleichsprämie im Baugewerbe (TV Inflationsausgleichsprämie) vom 30. Januar 2023

Zwischen

dem Zentralverband des Deutschen Baugewerbes e. V.,
Kronenstraße 55–58, 10117 Berlin,

dem Hauptverband der Deutschen Bauindustrie e. V.,
Kurfürstenstraße 129, 10785 Berlin,

und

der Industriegewerkschaft Bauen – Agrar – Umwelt,
Olof-Palme-Straße 19, 60439 Frankfurt a. M.,

wird folgender Tarifvertrag geschlossen:

§ 1
Geltungsbereich

(1) Räumlicher Geltungsbereich:

Das Gebiet der Bundesrepublik Deutschland.

(2) Betrieblicher Geltungsbereich:

Betriebe, die unter den betrieblichen Geltungsbereich des Tarifvertrages über das Sozialkassenverfahren im Baugewerbe (VTV) in der jeweils geltenden Fassung fallen.

(3) Persönlicher Geltungsbereich:

Erfasst werden:

1. Angestellte und Poliere,
2. gewerbliche Arbeitnehmer (Arbeiter),
3. zur Ausbildung für den Beruf eines Angestellten Beschäftigte,
4. zur Ausbildung für den Beruf eines Arbeiters Beschäftigte,

die eine nach den Vorschriften des Sechsten Buches Sozialgesetzbuch – Gesetzliche Rentenversicherung – (SGB VI) versicherungspflichtige Tätigkeit ausüben.

§ 2
Inflationsausgleichsprämie

(1) Zur Abmilderung der gestiegenen Verbraucherpreise zahlen Arbeitgeber den gewerblichen Arbeitnehmern, Angestellten und Polieren zusätzlich zum ohnehin geschuldeten Entgelt eine Inflationsausgleichsprämie gemäß § 3 Nr. 11c EStG und § 1 SvEV in Höhe von insgesamt 500,00 €, zahlbar bis spätestens 30. September 2023, und weiteren insgesamt 500,00 €, zahlbar bis spätestens 30. September 2024.

(2) Auszubildende erhalten zusätzlich zur ohnehin geschuldeten Ausbildungsvergütung eine Inflationsausgleichsprämie gemäß § 3 Nr. 11c EStG und § 1 SvEV in Höhe von 150,00 €, zahlbar bis spätestens 30. September 2023 und weiteren insgesamt 150,00 €, zahlbar bis spätestens 30. September 2024.

(3) Die Zahlungen können auch ratierlich erfolgen. Der Anspruch ist ab dem 26. Oktober 2022 erfüllbar.

(4) Die Inflationsausgleichsprämie ist nicht beitragspflichtig zu den Sozialkassenverfahren.

(5) Ist die vereinbarte Arbeitszeit geringer als die tarifliche, so mindert sich die Inflationsausgleichsprämie im Verhältnis der vereinbarten wöchentlichen Arbeitszeit zur tariflichen Arbeitszeit. Gewerbliche Arbeitnehmer und Angestellte in Altersteilzeit erhalten unabhängig von der konkreten Verteilung der Arbeitszeit die Hälfte der jeweiligen Inflationsausgleichsprämie.

(6) Für jeden vollen Kalendermonat im Zeitraum Februar 2023 bis Dezember 2024, in dem kein Beschäftigungs- oder Ausbildungsverhältnis im Geltungsbereich besteht, vermindert sich die Inflationsausgleichsprämie um ein Dreiundzwanzigstel.

§ 3
Durchführung des Vertrages

(1) Durch Haustarifvertrag können zusätzlich zu der in § 2 geregelten Inflationsausgleichsprämie Leistungen zur Abmilderung der Inflation vereinbart werden; diese Möglichkeit berührt nicht die Friedenspflicht nach diesem Tarifvertrag.

(2) Die Tarifvertragsparteien verpflichten sich, gemeinsam die Allgemeinverbindlichkeit dieses Tarifvertrages durch das Bundesministerium für Arbeit und Soziales zu beantragen.

(3) Dieser Tarifvertrag berührt nicht das Recht der Tarifvertragsparteien zur Durchführung von Arbeitskampfmaßnahmen, wenn die Friedenspflicht für die Entgelttarifverträge (Lohn- und Gehaltstarifverträge) für das Baugewerbe endet.

§ 4
Inkrafttreten und Laufdauer

Dieser Tarifvertrag tritt am 1. Februar 2023 in Kraft und endet ohne Nachwirkung am 31. Dezember 2024.

Berlin/Frankfurt a.M., den 30. Januar 2023

Zentralverband des
Deutschen Baugewerbes e. V.,
Kronenstraße 55–58,
10117 Berlin

Nostitz

Hauptverband der
Deutschen Bauindustrie e. V.,
Kurfürstenstraße 129,
10785 Berlin

Beeke

Industriegewerkschaft Bauen–Agrar–Umwelt,
Olof-Palme-Straße 19, 60439 Frankfurt a. M.

Schaum Burckhardt

Tarifvertrag über eine Zusatzrente im Baugewerbe (TV TZR) vom 15. Mai 2001

in der Fassung vom 27. Februar 2002 und 31. März 2005

Zwischen

dem Zentralverband des Deutschen Baugewerbes e. V.,
Kronenstraße 55–58, 10117 Berlin,

dem Hauptverband der Deutschen Bauindustrie e. V.,
Kurfürstenstraße 129, 10785 Berlin,

und

der Industriegewerkschaft Bauen–Agrar–Umwelt,
Olof-Palme-Straße 19, 60439 Frankfurt a. M.,

wird folgender Tarifvertrag geschlossen:

§ 1 Geltungsbereich

(1) Räumlicher Geltungsbereich:

Das Gebiet der Bundesrepublik Deutschland.

(2) Betrieblicher Geltungsbereich:

Betriebe, die unter den betrieblichen Geltungsbereich des Bundesrahmentarifvertrages für das Baugewerbe in der jeweils geltenden Fassung fallen.

(3) Persönlicher Geltungsbereich:

Erfasst werden

1. gewerbliche Arbeitnehmer (Arbeiter),
2. Angestellte und Poliere,
3. zur Ausbildung für den Beruf eines Arbeiters oder Angestellten Beschäftigte im Sinne des § 1 Abs. 3 BBTV (Auszubildende),

die eine nach den Vorschriften des Sechsten Buches Sozialgesetzbuch – Gesetzliche Rentenversicherung (SGB VI) – versicherungspflichtige Tätigkeit ausüben.

Ausgenommen sind die unter § 5 Abs. 2 Nrn. 1 bis 4 und Abs. 3 des Betriebsverfassungsgesetzes fallenden Personen sowie gewerbliche Arbeitnehmer in Betrieben, die überwiegend Bauten- und Eisenschutzarbeiten ausführen.

§ 2
Tarifliche Zusatzrente – TZR –

(1) Die Arbeitnehmer haben zur Finanzierung von Altersversorgungsleistungen im Sinne des § 1 des Gesetzes zur Verbesserung der betrieblichen Altersversorgung (BetrAVG) Anspruch auf einen Betrag (Arbeitgeberanteil) in Höhe von 30,68 € für jeden Kalendermonat, wenn sie zugleich eine Eigenleistung in Höhe von 9,20 € im Wege der Entgeltumwandlung erbringen und den monatlichen Gesamtbetrag in Höhe von 39,88 € vom Arbeitgeber für diesen Zweck verwenden lassen.

(2) Arbeitnehmer in einem Betrieb mit Sitz in einem der Länder Brandenburg, Mecklenburg-Vorpommern, Sachsen, Sachsen-Anhalt und Thüringen haben abweichend von Abs. 1 für einen Gesamtbetrag in Höhe von 13,30 € Anspruch auf einen Arbeitgeberanteil in Höhe von 10,23 € bei einer Eigenleistung in Höhe von 3,07 €.

(3) Der Anspruch gemäß den Absätzen 1 und 2 mindert sich für jeden Arbeitstag, an dem ein Anspruch auf Entgelt oder Entgeltfortzahlung nicht besteht,

im Falle des Abs. 1 um 1,53 €,
im Falle des Abs. 2 um 0,51 €.

Der Anspruch besteht jedoch während der gesetzlichen Dienstpflicht in voller Höhe, wobei der Arbeitgeber seine Verpflichtung zur Beitragszahlung erfüllt hat, wenn er aufgrund einer Vereinbarung mit dem Versorgungsträger seinen Erstattungsanspruch gemäß § 14a ArbPlSchG an diesen abgetreten hat.

(4) Ist die vereinbarte Arbeitszeit geringer als die tarifliche, so mindern sich die in den Absätzen 1 bis 3 genannten Beträge im Verhältnis der vereinbarten wöchentlichen Arbeitszeit zur tariflichen wöchentlichen Arbeitszeit. Das gilt entsprechend bei Altersteilzeit.

(5) Der Arbeitnehmer kann im Wege der Umwandlung zukünftigen Entgelts auch eine höhere als die in den Absätzen 1 und 2 genannte Eigenleistung oder eine zusätzliche einmalige Eigenleistung für die Altersversorgung bei dem gewählten Versorgungsträger mit dessen Zustimmung erbringen, wenn dadurch im Kalenderjahr ein Betrag von 4 v. H. der Beitragsbemessungsgrenze in der Rentenversicherung der Arbeiter und Angestellten nicht überschritten wird. Zusätzlich zu diesem Höchstbetrag können durch Vereinbarung zwischen Arbeitgeber und Arbeitnehmer Beiträge zur Finanzierung einer Altersversorgungsleistung auf Basis einer Entgeltumwandlung, die vom Arbeitgeber aufgrund einer nach dem 31. Dezember 2004 erteilten Versorgungszusage geleistet werden, bis zur Höhe von 1.800,00 € steuerfrei umgewandelt werden.

(6) Die Umwandlung der Urlaubsvergütung, der Urlaubsabgeltung und der Entschädigung nach § 8 BRTV sowie die Umwandlung des Mindestlohnes ist ausgeschlossen.

Würde die Entgeltumwandlung zu einer Unterschreitung des Mindestlohnes führen, so besteht der Anspruch auf Anlage des Arbeitgeberanteils ohne eine Eigenleistung des Arbeitnehmers.

(7) Für jeden Kalendermonat ist der Gesamtbetrag im Folgemonat abzuführen. Davon abweichend können Arbeitgeber und Arbeitnehmer mit Zustimmung des Versorgungsträgers auch eine vierteljährliche, halbjährliche oder jährliche Zahlungsweise vereinbaren.

(8) Der Anspruch besteht nur, wenn der Arbeitnehmer auf seinen Anspruch auf eine Arbeitgeberzulage zu den vermögenswirksamen Leistungen in der für ihn tarifvertraglich geltenden Höhe verzichtet.

§ 3
Durchführungswege

(1) Der Gesamtbetrag kann im Einvernehmen zwischen Arbeitgeber und Arbeitnehmer für alle nach § 1 BetrAVG zulässigen Formen der betrieblichen Altersversorgung verwendet werden. Ist der Arbeitgeber zur Anlage des Gesamtbetrages bei der Zusatzversorgungskasse des Baugewerbes bereit, so ist die Altersversorgung dort durchzuführen. Anderenfalls kann der Arbeitnehmer eine Anlage des Gesamtbetrages bei der Zusatzversorgungskasse des Baugewerbes verlangen.

(2) Der Arbeitnehmer kann den einmaligen Wechsel von einem anderen Versorgungsträger, der bisher die Altersversorgung nach diesem Tarifvertrag durchgeführt hat, zu der Zusatzversorgungskasse des Baugewerbes verlangen. Der Wechsel kann frühestens zu dem Zeitpunkt gefordert werden, zu welchem der Vertrag mit dem Versorgungsträger eine Kündigung mit Übertragung der für den Arbeitnehmer angelegten Beträge zuzüglich der auf diese entfallenden Überschussanteile oder eine Beitragsfreistellung ohne eine Pflicht zur Erstattung des Rückkaufwertes zulässt. Ein Wechsel des Arbeitnehmers aus den Durchführungswegen unmittelbare Versorgungszusage oder Unterstützungskasse zu der Zusatzversorgungskasse des Baugewerbes ist jedoch nur innerhalb von fünf Jahren seit Erteilung der Versorgungszusage möglich; bereits erworbene Anwartschaften bleiben erhalten. § 6 Abs. 2 gilt entsprechend.

§ 4
Erstattung der Pauschalsteuer

Der Arbeitnehmer kann bei den Durchführungswegen Pensionskasse, Pensionsfonds und Direktversicherung die individuelle Versteuerung seiner Eigenleistung verlangen. Hat der Arbeitgeber für eine Versorgungszusage vor dem 1. Januar 2005 bei dem Durchführungsweg Direktversicherung für den Arbeitgeberanteil die pauschale Versteuerung gewählt, so kann er mit dem Arbeitnehmer die vollständige oder teilweise Erstattung der Pauschalsteuer durch den Arbeitnehmer vereinbaren. Dasselbe gilt, wenn der Arbeitgeber auch die pauschale Versteuerung der Eigenleistung des Arbeitnehmers wählt, weil dieser nicht die individuelle Versteuerung verlangt hat.

§ 5
Verhältnis zu bestehenden betrieblichen Altersversorgungszusagen

(1) Hat der Arbeitgeber vor dem 1. Juni 2001 eine betriebliche Altersversorgungszusage im Sinne des § 1 BetrAVG erteilt, hat der Arbeitnehmer nur dann den Anspruch nach §§ 2 Abs. 1 bis 4 und 3 Abs. 1, wenn er auf die Fortführung dieser Versorgungszusage wirksam verzichtet. In diesem Fall besteht der Anspruch des Arbeitnehmers frühestens ab dem Zeitpunkt, zu dem sich der Arbeitgeber ggf. von seinen Zahlungsverpflichtungen gegenüber einem Versorgungsträger bzw. aus seiner Rückdeckungsversicherung befreien kann.

(2) Bei einem Verzicht nach Absatz 1 bleibt die bis zum Wirksamwerden des Verzichts bereits erworbene Anwartschaft erhalten. Soweit diese noch nicht unverfallbar ist, richtet sich der Eintritt der Unverfallbarkeit nach den gesetzlichen oder vertraglichen Regelungen. Die Höhe der Anwartschaft entspricht bei dem Durchführungsweg Direktversicherung der von dem Versicherer aufgrund des Versicherungsvertrages zu erbringenden Versicherungsleistung und bei dem Durchführungsweg Pensionskasse der von dieser aufgrund des Geschäftsplanes oder der Geschäftsunterlagen zu erbringenden Leistung. Bei den Durchführungswegen unmittelbare Versorgungszusage und Unterstützungskasse gilt § 2 Abs. 1 Satz 1 und Abs. 5a BetrAVG entsprechend, wobei an die Stelle des Zeitpunktes des Ausscheidens aus dem Betrieb der Zeitpunkt des Wirksamwerdens des Verzichtes tritt.

(3) Auf Verlangen des Arbeitnehmers hat der Arbeitgeber diesem die Höhe seiner zum Zeitpunkt des Wirksamwerdens des Verzichtes bestehenden Anwartschaft mitzuteilen. Ein Anspruch auf Ermittlung des der bisherigen Versorgungszusage entsprechenden fiktiven monatlichen Beitrages besteht nicht.

(4) Abweichend von Abs. 1 kann durch Betriebsvereinbarung oder einzelvertraglich vereinbart werden, dass bei Fortführung einer vor dem 1. Juni 2001 erteilten betrieblichen Altersversorgungszusage ein Anspruch nach Maßgabe des § 2 besteht, wobei die Höhe des Arbeitgeberanteils sich nach der durchschnittlichen Höhe des Anspruchs des Arbeitnehmers auf die Arbeitgeberzulage zu den tariflichen vermögenswirksamen Leistungen in den letzten zwölf Monaten vor der Vereinbarung richtet. In der Betriebsvereinbarung kann auch eine betriebseinheitliche Höhe des Arbeitgeberanteils festgelegt werden.

§ 6
Unverfallbarkeit

(1) Von dem Zeitpunkt der Erteilung der Versorgungszusage an bleibt dem Arbeitnehmer, der vor Eintritt des Versorgungsfalles aus dem Arbeits- oder Ausbildungsverhältnis ausscheidet, die jeweils erreichte Anwartschaft auf die versprochene Versorgungsleistung erhalten, ohne dass die in § 1b Abs. 1 BetrAVG genannten Unverfallbarkeitsvoraussetzungen erfüllt sein müssen (sofortige Unverfallbarkeit).

(2) Die Berechnung der unverfallbaren Anwartschaft auf Versorgungsleistungen erfolgt in den Durchführungswegen Pensionskasse, Pensionsfonds und Direktversicherung auf der Grundlage sämtlicher bis zum Ausscheiden des Arbeitnehmers für ihn verwendeten Beträge zuzüglich der auf diese entfallenden Überschussanteile. In den Durchführungswegen unmittelbare Versorgungszusage und Unterstützungskasse findet § 2 Abs. 5a BetrAVG in der Fassung des Altersvermögensgesetzes bereits ab 1. Juni 2001 entsprechende Anwendung.

§ 7
Anpassung der Versorgungsleistungen

In allen nach § 1 BetrAVG zulässigen Formen der betrieblichen Altersversorgung mit Ausnahme der unmittelbaren Versorgungszusage und der Unterstützungskasse, wenn diese nicht kongruent rückgedeckt sind, sind sämtliche Überschussanteile vom Zeitpunkt der Erteilung der Versorgungszusage an ausschließlich zur Erhöhung der Versorgungsleistungen zu verwenden. Werden in diesen Fällen die Überschussanteile nach Maßgabe des Satzes 1 verwendet, findet § 16 BetrAVG keine Anwendung.

§ 8
Auszahlung der Versorgungsleistungen

Abfindungen nach § 3 BetrAVG und Rentenzahlungen, in denen mehr als drei Monatsrenten zusammengefasst werden, sind ausgeschlossen.

§ 9
Verfahren

(1) Will der Arbeitnehmer den Anspruch auf Altersversorgungsleistungen nach § 2 geltend machen, so hat er dies dem Arbeitgeber spätestens am Ersten des Kalendermonats vor dem Monat, für welchen der monatliche Gesamtbetrag erstmals erbracht werden soll, mitzuteilen. Diese Mitteilung hat sein Einverständnis mit einer Entgeltumwandlung in Höhe der Eigenleistung zu enthalten.

(2) Der Gesamtbetrag für die Altersversorgung ist in der Lohn- bzw. Gehaltsabrechnung gesondert auszuweisen.

(3) In allen nach § 1 BetrAVG zulässigen Formen der betrieblichen Altersversorgung ist dem Arbeitnehmer von dem Versorgungsträger eine jährliche Bescheinigung mit den Angaben nach § 92 EStG zu erteilen.

§ 10
Betriebsrentengesetz

(1) Die §§ 1a, 2 und 3 BetrAVG finden keine Anwendung.

(2) § 4 BetrAVG findet mit der Maßgabe Anwendung, dass an die Stelle des § 2 BetrAVG § 6 dieses Tarifvertrages und an die Stelle des § 16 Abs. 3 Nr. 2 BetrAVG § 7 Satz 1 dieses Tarifvertrages treten.

§ 11
Verjährung

Die Ansprüche auf die Leistungen nach diesem Tarifvertrag verjähren in zwei Jahren. Die Verjährungsfrist beginnt mit dem Schluss des Kalenderjahres, in dem der Anspruch auf die jeweilige Leistung entstanden ist. Die Bestimmungen des § 15 des Bundesrahmentarifvertrages für das Baugewerbe, des § 13 des Rahmentarifvertrages für die Angestellten und Poliere des Baugewerbes und des § 16 des Tarifvertrages über die Berufsbildung im Baugewerbe (Ausschlussfristen) gelten für Ansprüche aus diesem Tarifvertrag nicht.

§ 12
Entgeltumwandlung

Unabhängig von einer Geltendmachung des Anspruches nach § 2 können Arbeitgeber und Arbeitnehmer vereinbaren, dass zukünftige Entgeltansprüche des Arbeitnehmers durch Entgeltumwandlung für dessen betriebliche Altersversorgung verwendet werden. Die §§ 4 sowie 6 bis 11 mit Ausnahme des § 9 Abs. 1 finden entsprechende Anwendung.

§ 13
Inkrafttreten und Laufdauer

Dieser Tarifvertrag tritt am 1. Juni 2001*), in den in § 2 Abs. 2 genannten Ländern jedoch erst mit Beginn seiner Allgemeinverbindlichkeit, in Kraft. Er kann mit einer Frist von drei Monaten, erstmals zum 31. März 2004, gekündigt werden.

Berlin/Frankfurt a. M., den 15. Mai 2001
Berlin/Frankfurt a. M., den 27. Februar 2002
Berlin/Frankfurt a. M., den 31. März 2005

Zentralverband des
Deutschen Baugewerbes e. V.,
Kronenstraße 55–58,
10117 Berlin

D u p r é

Hauptverband der
Deutschen Bauindustrie e. V.,
Kurfürstenstraße 129,
10785 Berlin

B a u e r

Industriegewerkschaft Bauen–Agrar–Umwelt,
Olof-Palme-Straße 19, 60439 Frankfurt a. M.

W i e s e h ü g e l

L a u x

*) Der Änderungstarifvertrag vom 27. Februar 2002 ist am 1. März 2002 in Kraft getreten.
Der Änderungstarifvertrag vom 31. März 2005 ist am 1. April 2005 in Kraft getreten.

Tarifvertrag über eine zusätzliche Altersversorgung im Baugewerbe (TZA Bau) vom 28. September 2018

in der Fassung vom 7. Januar 2022 und 13. Dezember 2023

Zwischen

dem Zentralverband des Deutschen Baugewerbes e. V.,
Kronenstraße 55–58, 10117 Berlin,

dem Hauptverband der Deutschen Bauindustrie e. V.,
Kurfürstenstraße 129, 10785 Berlin,

und

der Industriegewerkschaft Bauen–Agrar–Umwelt,
Olof-Palme-Straße 19, 60439 Frankfurt a. M.,

wird folgender Tarifvertrag über die Gewährung von zusätzlichen Altersversorgungsleistungen (Tarifrente Bau, Rentenbeihilfe) abgeschlossen:

Inhaltsverzeichnis

Abschnitt I: Allgemeine Bestimmungen

§ 1 Geltungsbereich
§ 2 Zusatzversorgungskasse des Baugewerbes
§ 3 Altersversorgungsleistungen

Abschnitt II: Tarifrente Bau

§ 4 Leistungsarten
§ 5 Eintritt des Versicherungsfalles
§ 6 Wartezeit
§ 7 Beitragszusage
§ 8 Leistungshöhe
§ 9 Unverfallbarkeit
§ 10 Todesfallleistungen

Abschnitt III: Rentenbeihilfe

§ 11 Leistungen
§ 12 Leistungsvoraussetzungen
§ 13 Leistungshöhe
§ 14 Unverfallbarkeit

§ 15 Sicherung der Ansprüche
§ 16 Finanzierung der Leistungen
§ 17 Überschussverwendung

Abschnitt IV: Übergangsregelungen

§ 18 Unverfallbarkeit
§ 19 Günstigkeitsvergleich

Abschnitt V: Finanzierung

§ 20 Beiträge

Abschnitt VI: Gemeinsame Bestimmungen

§ 21 Leistungsgewährung
§ 22 Nachweise
§ 23 Verfügungsverbot
§ 24 Verjährung

Abschnitt VII: Schlussbestimmungen

§ 25 Erfüllungsort und Gerichtsstand
§ 26 Verhältnis zu betrieblichen Altersversorgungszusagen
§ 27 Betriebsrentengesetz
§ 28 Allgemeinverbindlicherklärung
§ 29 Inkrafttreten und Laufdauer

Abschnitt I
Allgemeine Bestimmungen

§ 1
Geltungsbereich

(1) Räumlicher Geltungsbereich:

Das Gebiet der Bundesrepublik Deutschland.

(2) Betrieblicher Geltungsbereich:

Betriebe, die unter den betrieblichen Geltungsbereich des Tarifvertrages über das Sozialkassenverfahren im Baugewerbe (VTV) in der jeweils geltenden Fassung fallen, sowie im Land Berlin Betriebe, die Betonwaren, Betonfertigteile und Betonwerkstein einschließlich Terrazzowaren herstellen.

(3) Persönlicher Geltungsbereich:

Erfasst werden

1. gewerbliche Arbeitnehmer,
2. Angestellte mit Ausnahme der unter § 5 Abs. 2 Nrn. 1 bis 4 und Abs. 3 des Betriebsverfassungsgesetzes fallenden Personen und der geringfügig Beschäftigten im Sinne von § 8 des Vierten Buches Sozialgesetzbuch (SGB IV),
3. Auszubildende im Sinne von § 1 Abs. 3 Satz 1 des Tarifvertrages über die Berufsbildung im Baugewerbe (BBTV) in der jeweils geltenden Fassung.

§ 2
Zusatzversorgungskasse des Baugewerbes

Die Gewährung der zusätzlichen Altersversorgungsleistungen an ehemalige Arbeitnehmer des Baugewerbes und deren Finanzierung erfolgt über die Zusatzversorgungskasse des Baugewerbes (ZVK-Bau) als gemeinsame Einrichtung der Tarifvertragsparteien.

§ 3
Altersversorgungsleistungen

(1) Anspruch auf eine Tarifrente Bau nach Maßgabe der Bestimmungen des Abschnittes II dieses Tarifvertrages erwerben:

1. Arbeitnehmer in Betrieben mit Sitz im Gebiet der Bundesrepublik Deutschland mit Ausnahme der Länder Brandenburg, Mecklenburg-Vorpommern, Sachsen, Sachsen-Anhalt und Thüringen sowie des Ostteils des Landes Berlin, die
   a) nach dem 31. Dezember 2015 (Stichtag) erstmals in das Baugewerbe eintreten oder
   b) an diesem Stichtag das 50. Lebensjahr noch nicht vollendet haben,
2. Arbeitnehmer in Betrieben mit Sitz in den Ländern Brandenburg, Mecklenburg-Vorpommern, Sachsen, Sachsen-Anhalt und Thüringen sowie im Ostteil des Landes Berlin,
3. Auszubildende.

(2) Anspruch auf eine Rentenbeihilfe nach Maßgabe der Bestimmungen des Abschnittes III dieses Tarifvertrages haben Arbeitnehmer in Betrieben mit Sitz im Gebiet der Bundesrepublik Deutschland mit Ausnahme der Länder Brandenburg, Mecklenburg-Vorpommern, Sachsen, Sachsen-Anhalt und Thüringen sowie des Ostteils des Landes Berlin, die vor dem 1. Januar 2016 bereits im Baugewerbe beschäftigt waren und am Stichtag bereits das 50. Lebensjahr vollendet haben.

(3) Ist der Versicherungsfall vor dem 1. Januar 2016 eingetreten, ergeben sich die Ansprüche auf eine Rentenbeihilfe aus Abschnitt III dieses Tarifvertrages.

Abschnitt II
Tarifrente Bau

§ 4
Leistungsarten

Die ZVK-Bau gewährt für Beschäftigungszeiträume vor dem 1. Januar 2024 aus einer Beitragszusage mit Mindestleistung, für Beschäftigungszeiträume ab dem 1. Januar 2024 aus einer beitragsorientierten Leistungszusage als Tarifrente Bau folgende Leistungen:

1. Altersrente,
2. Erwerbsminderungsrente,
3. Unfallrente.

§ 5
Eintritt des Versicherungsfalles

(1) Anspruch auf die Altersrente besteht, wenn der Arbeitnehmer einen Tatbestand erfüllt, der einen Anspruch auf eine gesetzliche Altersrente begründet.

(2) Anspruch auf die Erwerbsminderungsrente besteht, wenn der Arbeitnehmer nach Erfüllung der Wartezeit einen Tatbestand erfüllt, der einen Anspruch auf eine Rente wegen voller Erwerbsminderung nach dem SGB VI begründet.

(3) Anspruch auf die Unfallrente besteht, wenn der Arbeitnehmer nach Erfüllung der Wartezeit einen Tatbestand erfüllt, der einen Anspruch auf eine Rente aus der gesetzlichen Unfallversicherung wegen einer Minderung der Erwerbsfähigkeit von mindestens 50 v.H. begründet.

(4) Anspruch auf die Leistungen nach § 4 besteht auch dann, wenn der Arbeitnehmer einen Tatbestand erfüllt, der einen Anspruch auf vergleichbare Rentenleistungen eines berufsständischen Versorgungswerkes begründet.

(5) Die ZVK-Bau gewährt Leistungen grundsätzlich erst ab dem Zeitpunkt des Wegfalls des Erwerbseinkommens.

§ 6
Wartezeit

Die für die Gewährung einer Erwerbsminderungs- oder Unfallrente erforderliche Wartezeit ist nach insgesamt 36 Monaten des Bestehens von Arbeitsverhältnissen in Betrieben im Sinne des § 1 Abs. 2 erfüllt. Bis zum 31. Dezember 2015 erfüllte Wartezeiten gemäß § 4 Abs. 2 des Tarifvertrages über Rentenbeihilfen im Baugewerbe (TVR) werden bei Arbeitnehmern im Sinne des § 3 Abs. 1 Nr. 1 angerechnet.

§ 7
Beitragszusage

(1) Den Arbeitnehmern wird für den Erwerb von Versorgungsbausteinen für die Tarifrente Bau folgender monatlicher Beitrag zugesagt:

1. für gewerbliche Arbeitnehmer im Sinne des § 3 Abs. 1 Nr. 1

   ab 1. Januar 2016 2,2 v. H.,
   ab 1. Januar 2018 1,6 v. H.,
   ab 1. Januar 2020 1,8 v. H.,
   ab 1. Januar 2022 2,0 v. H. sowie
   ab 1. Januar 2024 2,3 v. H.

   des Bruttolohnes im Sinne des § 15 Abs. 4 VTV;

2. für Angestellte im Sinne des § 3 Abs. 1 Nr. 1

   ab 1. Januar 2016 46,00 €,
   ab 1. Januar 2018 33,50 €,
   ab 1. Januar 2020 38,00 €,
   ab 1. Januar 2022 42,00 € sowie
   ab 1. Januar 2024 48,00 €;

3. für gewerbliche Arbeitnehmer im Sinne des § 3 Abs. 1 Nr. 2

   ab 1. Januar 2016 0,6 v. H.,
   ab 1. Januar 2017 0,8 v. H.,
   ab 1. Januar 2020 1,0 v. H.,
   ab 1. Januar 2022 1,1 v. H. sowie
   ab 1. Januar 2024 1,4 v. H.

   des Bruttolohnes im Sinne des § 15 Abs. 4 VTV;

4. für Angestellte im Sinne des § 3 Abs. 1 Nr. 2

   ab 1. Januar 2016 25,00 €,
   ab 1. Juni 2022 27,50 € sowie
   ab 1. Januar 2024 35,00 €;

5. für Auszubildende

   ab 1. Januar 2016 20,00 €

(2) Die Beitragszusage für die in Abs. 1 Nrn. 1 bis 4 genannten Arbeitnehmer ändert sich, wenn und soweit die Anteile des Beitragsaufkommens für die Finanzierung der Tarifrente Bau nach § 20 Abs. 4 neu festgelegt werden.

§ 8
Leistungshöhe

(1) Für jeden monatlichen Beitrag wird entsprechend dem Geschäftsplan ein Versorgungsbaustein erworben. Aus den während der Anwartschaftsphase von der ZVK-Bau erzielten Überschüssen werden zusätzliche Versorgungsbausteine gebildet. Davon abweichend oder ergänzend kann die ZVK-Bau in der Satzung eine Beteiligung an den von ihr während der Anwartschaftsphase erzielten Überschüssen in Form eines widerruflichen Schlussüberschussanteils vorsehen. Wird der Geschäftsplan aufgrund von Änderungen der Rechnungsgrundlagen nach Maßgabe der Satzung angepasst, sind die geänderten Rechnungsgrundlagen nur für Beiträge zu verwenden, die nach Inkrafttreten der Änderung an die ZVK-Bau gemäß § 20 abzuführen sind.

(2) Die Altersrente wird aus der Summe der bis zum Eintritt des Versicherungsfalles angesammelten Versorgungsbausteine berechnet. Sie erhöht sich um die in der Satzung des ZVK-Bau vorgesehene Schlussüberschusszuteilung.

(3) Die Erwerbsminderungs- und die Unfallrente werden aus der Summe der bis zum Eintritt des Versicherungsfalles angesammelten Versorgungbausteine zuzüglich derjenigen Versorgungsbausteine berechnet, die aus dem durchschnittlichen monatlichen Beitrag der letzten 36 Monate vor Eintritt des Versicherungsfalles bis zur Vollendung des 62. Lebensjahres des Arbeitnehmers ermittelt werden. Zeiten des Bezuges von Kranken- oder Verletztengeld bleiben mit der Folge unberücksichtigt, dass der Beginn des 36-Monatszeitraums entsprechend vorverlegt wird. Abs. 2 Satz 2 gilt enstprechend.

(4) Die Mindestleistung entspricht der Summe der für die Zeiträume bis zum 31. Dezember 2023 gezahlten monatlichen Beiträge im Sinne des § 7 abzüglich der für den biometrischen Risikoausgleich erforderlichen Beitragsanteile.

(5) Für diejenigen Monate, für die die geschuldeten Beiträge nicht oder nicht vollständig gezahlt und von der ZVK-Bau nicht beigetrieben werden können, werden dem Arbeitnehmer bei nachgewiesener Insolvenz des Arbeitgebers bis zu drei Versorgungsbausteine gutgeschrieben.

(6) Die laufenden Renten werden jährlich in Abhängigkeit vom Bilanzergebnis der ZVK-Bau sowie dem Risikoverlauf entsprechend dem Geschäftsplan angepasst.

§ 9
Unverfallbarkeit

Scheidet ein Arbeitnehmer vor Eintritt des Versicherungsfalles aus dem Geltungsbereich dieses Tarifvertrages aus, so behält er seine Anwartschaft auf die Tarifrente Bau, ohne dass die gesetzlichen Unverfallbarkeitsvoraussetzungen erfüllt sein müssen (sofortige Unverfallbarkeit).

§ 10
Todesfallleistungen

(1) Verstirbt der Arbeitnehmer vor Eintritt des Versicherungsfalles, zahlt die ZVK-Bau die für die Tarifrente Bau gezahlten Beiträge bis zu der niedrigeren der sich aus dem Steuer- und Aufsichtsrecht ergebenden Höchstgrenzen als Einmalbetrag an die Hinterbliebenen aus.

(2) Verstirbt der Arbeitnehmer innerhalb von 60 Monaten nach Eintritt des Versicherungsfalles, erhalten die Hinterbliebenen die Leistung in unveränderter Höhe weiter, bis unter Berücksichtigung der bereits gewährten Leistungen insgesamt 60 Monatsrenten gewährt wurden.

(3) Anspruchsberechtigt ist die Witwe oder der Lebenspartner des Verstorbenen bzw. der Witwer oder die Lebenspartnerin der Verstorbenen. Hinterlässt der bzw. die Verstorbene nur Waisen, so sind die waisenrentenberechtigten Kinder des bzw. der Verstorbenen anspruchsberechtigt. Mehrere anspruchsberechtigte Waisen erhalten die Leistung zu gleichen Teilen.

Abschnitt III
Rentenbeihilfe

§ 11
Leistungen

(1) Die ZVK-Bau gewährt folgende Leistungen:

a) Beihilfe zur gesetzlichen Altersrente;

b) Beihilfe zur gesetzlichen Rente wegen Erwerbsminderung;

c) Beihilfe zur Rente aus der gesetzlichen Unfallversicherung, wenn eine Minderung der Erwerbsfähigkeit von mindestens 50 v. H. vorliegt.

(2) In Fällen, in denen ein gesetzlicher Rentenversicherungsträger eine Befreiung von der Versicherungspflicht anerkannt hat, stehen Versorgungsleistungen oder der Eintritt des Versicherungsfalles aufgrund einer die Befreiung begründenden Versorgung oder Versicherung den in Abs. 1 genannten Renten gleich. Die Leistungspflicht entsteht jedoch frühestens, wenn der von der Versicherungspflicht befreite Arbeitnehmer einen Tatbestand erfüllt, der ohne die Befreiung gegenüber dem gesetzlichen Rentenversicherungsträger einen Rentenanspruch nach Abs. 1 begründen würde.

(3) Die Gewährung von Beihilfen zu Renten, die aufgrund der gesetzlichen Sonderregelung für Bergleute gezahlt werden, ist ausgeschlossen.

(4) Hinterbliebene von Versicherten, die bereits am 31. Dezember 2015 (Stichtag) Anspruch auf eine Beihilfe der ZVK-Bau hatten, haben Anspruch auf eine Einmalzahlung in Höhe von 920,35 € als Hinterbliebenengeld. Für diesen Anspruch gelten § 12 Abs. 1 und § 11 Abs. 2 entsprechend.

Hinterbliebene von Versicherten, die am Stichtag lediglich einen Anspruch auf einen unverfallbaren Teil der Rentenbeihilfe hatten, haben Anspruch auf eine Einmalzahlung in Höhe von

92,05 € nach 60 Monaten,
184,05 € nach 120 Monaten,
460,15 € nach 240 Monaten,
736,25 € nach 360 Monaten

Wartezeit (§ 12 Abs. 2) des Versicherten.

Anspruchsberechtigt ist die Witwe bzw. der Witwer des Versicherten. Hinterlässt der Versicherte nur Waisen, so sind die minderjährigen Kinder des Versicherten anspruchsberechtigt, wobei das Hinterbliebenengeld an den gesetzlichen Vertreter auszuzahlen ist. Mehrere anspruchsberechtigte Waisen erhalten das Hinterbliebenengeld anteilig.

§ 12
Leistungsvoraussetzungen

(1) Eine Leistungspflicht der ZVK-Bau tritt ein (Versicherungsfall), wenn ein versicherter Arbeitnehmer

a) einen Tatbestand erfüllt, der einen gesetzlichen Rentenanspruch (§ 11 Abs. 1) begründet, und

b) die allgemeine sowie die besondere Wartezeit erfüllt ist oder die Voraussetzungen der Unverfallbarkeit der Anwartschaft gegeben sind.

Die Wartezeit ist nicht erforderlich, wenn der Versicherungsfall auf einen Arbeitsunfall oder eine Berufskrankheit zurückzuführen ist, der Versicherte den Unfall oder die Berufskrankheit während des Bestehens eines Arbeitsverhältnisses zu einem Betrieb im Sinne des § 1 Abs. 2 erlitten bzw. sich zugezogen hat und der zuständige gesetzliche Unfallversicherungsträger den Unfall bzw. die Berufskrankheit anerkannt hat.

Eine Leistungspflicht der ZVK-Bau tritt auch dann ein, wenn der Versicherte vor Eintritt des Versicherungsfalls aus einem Betrieb im Sinne des § 1 Abs. 2 sowie des § 2 Teil II Nr. 2 der Satzung der ZVK-Bau ausgeschieden ist und innerhalb von zwölf Monaten nach seinem Ausscheiden die Voraussetzungen des Satzes 1 erfüllt sind.

(2) Die allgemeine Wartezeit beträgt 220 Monate. Als allgemeine Wartezeit gelten

a) Zeiten einer Tätigkeit als gewerblicher Arbeitnehmer oder als Angestellter in einem Betrieb im Sinne des § 1 Abs. 2 sowie des § 2 Teil II Nr. 2 der Satzung der ZVK-Bau mit Sitz im Gebiet der Bundesrepublik Deutschland mit Ausnahme der Länder Brandenburg, Mecklenburg-Vorpommern, Sachsen, Sachsen-Anhalt und Thüringen sowie des Ostteils des Landes Berlin;

b) Zeiten eines Ausbildungsverhältnisses im Sinne des § 1 Abs. 3 Satz 1 BBTV;

c) Zeiten der Tätigkeit in einem Betrieb nach § 1 Abs. 2, für welche ein Weiterversicherungsvertrag nach Maßgabe der Satzung der ZVK-Bau abgeschlossen wurde;

d) Zeiten der gesetzlichen Dienstpflicht im Sinne des § 9 Abs. 2 VTV;

e) Zeiten eines Ausbildungsverhältnisses und Tätigkeitszeiten in Betrieben, die vom Geltungsbereich der Tarifverträge über die Zusatzversorgung im Dachdeckerhandwerk, im Maler- und Lackiererhandwerk, im Gerüstbaugewerbe, in der Steine- und Erden-Industrie und im Betonsteinhandwerk in Bayern sowie im Steinmetz- und Steinbildhauerhandwerk erfasst werden, bis zu einer Dauer von 180 Monaten, sofern sie nach diesen Tarifverträgen als Wartezeiten gelten und eine Wartezeit nach Buchst. a) bis d) von mindestens 60 Monaten erfüllt ist.

Soweit eine tarifvertragliche Beitragspflicht gegenüber der ZVK-Bau besteht, gelten Tätigkeitszeiten nur dann als Wartezeiten, wenn der Arbeitgeber die entsprechenden Beiträge entrichtet oder im Falle der gesetzlichen Dienstpflicht des Arbeitnehmers seine Verpflichtung zur Beitragszahlung durch Abtretung seines Erstattungsanspruches nach § 14a ArbPlSchG erfüllt hat.

(3) Von der allgemeinen Wartezeit müssen wenigstens 60 Monate innerhalb der letzten neun Jahre vor dem Zeitpunkt liegen, zu dem der Tatbestand des Abs. 1 Buchst. a) oder die Bau- bzw. Fachuntauglichkeit eingetreten ist (besondere Wartezeit). Versicherte, die über diesen Zeitpunkt hinaus tätig sind, erfüllen die besondere Wartezeit auch durch Tätigkeitszeiten nach diesem Zeitpunkt. Auf die besondere Wartezeit sowie auf die Wartezeit von 60 Monaten nach Abs. 2 Buchst. e) werden Zeiten der krankheitsbedingten Arbeitsunfähigkeit, der Arbeitslosigkeit oder der baufachbezogenen Berufsförderung zur Vermeidung von Arbeitslosigkeit nach dem SGB III bis zu insgesamt 30 Monaten angerechnet.

(4) Der Versicherte verliert seine erworbenen Anwartschaften im Falle des Ausscheidens aus einem Betrieb im Sinne des § 1 Abs. 2 sowie § 2 Teil II Nr. 2 der Satzung der ZVK-Bau wegen Bau- bzw. Fachuntauglichkeit nicht.

§ 13
Leistungshöhe

(1) Die Beihilfe zur gesetzlichen Altersrente beträgt nach Erfüllung der allgemeinen Wartezeit (§ 12 Abs. 2) monatlich 59,90 €, wenn der Versicherte bei Eintritt des Versicherungsfalles das 65. Lebensjahr vollendet hat. Sie erhöht sich nach einer Wartezeit von

240 Monaten auf monatlich	72,15 €,
330 Monaten auf monatlich	80,40 €,
440 Monaten auf monatlich	88,70 €.

(2) Tritt der Versicherungsfall vor Vollendung des 65. Lebensjahres des Versicherten ein, so vermindert sich die Beihilfe nach Abs. 1 bei Eintritt des Versicherungsfalles

nach Vollendung des 64. Lebensjahres um monatlich	1,60 €,
nach Vollendung des 63. Lebensjahres um monatlich	3,20 €,
nach Vollendung des 62. Lebensjahres um monatlich	4,80 €,

nach Vollendung des 61. Lebensjahres um monatlich	6,40 €,
nach Vollendung des 60. Lebensjahres um monatlich	8,00 €.

(3) Tritt der Versicherungsfall nach Vollendung des 65. Lebensjahres ein, so erhöht sich die Beihilfe nach Abs. 1 für jedes weitere volle Beschäftigungsjahr in Betrieben im Sinne des § 1 Abs. 2 sowie des § 2 Teil II Nr. 2 der Satzung der ZVK-Bau um monatlich 3,30 €.

(4) Die Beihilfe zur gesetzlichen Rente wegen Erwerbsminderung und zur Rente aus der gesetzlichen Unfallversicherung beträgt nach Erfüllung der allgemeinen Wartezeit monatlich 51,90 €, wenn der Versicherungsfall vor Vollendung des 60. Lebensjahres eintritt. Sie erhöht sich nach einer Wartezeit von

240 Monaten auf monatlich	64,15 €,
330 Monaten auf monatlich	72,40 €,
440 Monaten auf monatlich	80,70 €.

Tritt der Versicherungsfall nach Vollendung des 60. Lebensjahres ein, richtet sich die Höhe der Beihilfe nach Abs. 1 und 2.

In den Fällen des § 12 Abs. 1 Satz 2 entfällt die Voraussetzung der allgemeinen Wartezeit.

(5) In den Fällen des § 12 Abs. 2 Buchst. e) werden Leistungen der dort genannten Zusatzversorgungskassen auf die Leistungen der ZVK-Bau angerechnet.

(6) Die vorstehenden Absätze finden auch in den Fällen des § 12 Abs. 1 Satz 3 Anwendung.

(7) Für Versicherungsfälle, die vor dem 1. Januar 2003 eingetreten sind, ergeben sich die Beihilfen zur Altersrente, zur Berufs- oder Erwerbsunfähigkeitsrente und zur Rente aus der gesetzlichen Unfallversicherung aus dem Tarifvertrag über eine zusätzliche Alters- und Invalidenbeihilfe im Baugewerbe (TVA) vom 28. Februar 1979 in der Fassung vom 14. Dezember 2001 und dem Tarifvertrag über eine Ergänzungsbeihilfe für langjährige Zugehörigkeit zum Baugewerbe (TVE) vom 30. September 1998 in der Fassung vom 14. Dezember 2001 mit der Maßgabe, dass diese Beihilfen für Rentenbezugszeiten bis zum 31. Dezember 2002 in voller Höhe gezahlt und für Rentenbezugszeiten ab 1. Januar 2003 um 5 v. H. durch entsprechende Kürzung der Ergänzungsbeihilfen vermindert werden.

§ 14
Unverfallbarkeit

(1) Scheidet ein Versicherter vor Eintritt des Versicherungsfalles nach § 12 Abs. 1 Buchst. a) aus einem Betrieb im Sinne des § 1 Abs. 2 sowie des § 2 Teil II Nr. 2 der Satzung der ZVK-Bau aus, so bleiben ihm die Anwartschaften auf den unverfallbaren Teil der Beihilfen erhalten, wenn der Versicherte bei seinem Ausscheiden

a) das 21. Lebensjahr vollendet hat und

b) mindestens drei Jahre in einem Arbeitsverhältnis zu ein und demselben Arbeitgeber gestanden hat.

(2) Der unverfallbare Teil der Beihilfen zur gesetzlichen Altersrente, zur gesetzlichen Rente wegen Erwerbsminderung und zur Rente aus der gesetzlichen Unfallversicherung beträgt nach einer Wartezeit (§ 12 Abs. 2) von

36 Monaten	10 v. H.,
120 Monaten	17 v. H.,
180 Monaten	20 v. H.,
240 Monaten	50 v. H.,
360 Monaten	80 v. H.

der Beihilfen nach § 13. Für die Berechnung des unverfallbaren Teils der Beihilfen nach einer Wartezeit von weniger als 220 Monaten sind die Beihilfen des § 13 nach Erfüllung der allgemeinen Wartezeit zugrunde zu legen.

§ 15
Sicherung der Ansprüche

Die Ansprüche der Versicherten bleiben auch dann unberührt, wenn die Beiträge durch die ZVK-Bau nicht beigetrieben werden können.

§ 16
Finanzierung der Leistungen

Die Teilleistungen

a) der Beihilfen nach § 13 Abs. 1 bis 4 nach Erfüllung einer Wartezeit von 220 Monaten in Höhe von 11,61 €,

b) des nach § 14 Abs. 1 und 2 zu zahlenden unverfallbaren Teils der Beihilfen nach Erfüllung einer Wartezeit von

36 Monaten in Höhe von	1,16 €,
120 Monaten in Höhe von	1,97 €,
180 Monaten in Höhe von	2,32 €,
240 Monaten in Höhe von	5,81 €,
360 Monaten in Höhe von	9,29 €

werden aufgrund eines Beschlusses der Hauptversammlung unmittelbar aus der Rückstellung für Beitragsrückerstattung finanziert.

§ 17
Überschussverwendung

(1) Die erzielten Überschüsse der ZVK-Bau werden nach Auffüllung oder Wiederauffüllung der Verlustrücklage der Rückstellung für Beitragsrückerstattung zugewiesen.

(2) Soweit die Rückstellung für Beitragsrückerstattung nicht zur Sicherung der Solvabilität oder zur Finanzierung der Teilleistungen nach § 16 benötigt wird, wird sie zum

Aufbau eines Kapitalstocks mit dem Ziel verwendet, die bisher im Umlageverfahren finanzierten Teile der Beihilfe in ein Anwartschaftsdeckungsverfahren zu überführen. Ist dieses Ziel erreicht, werden diese Mittel zur weiteren Ausfinanzierung der Rentenbeihilfe herangezogen.

Abschnitt IV
Übergangsregelungen

§ 18
Unverfallbarkeit

Die in § 3 Abs. 1 Nr. 1 Buchst. b genannten Arbeitnehmer haben Anspruch auf den unverfallbaren Teil der Rentenbeihilfe, wenn sie am Stichtag das 25. Lebensjahr vollendet und mindestens fünf Jahre in einem Arbeitsverhältnis zu ein und demselben Arbeitgeber gestanden haben. Die Höhe der Anwartschaft ergibt sich aus § 14 Abs. 2.

§ 19
Günstigkeitsvergleich

Die nach § 11 Abs. 1 zu gewährenden Leistungen der in § 3 Abs. 1 Nr. 1 Buchst. b genannten Arbeitnehmer, die am Stichtag eine Anwartschaft auf einen unverfallbaren Teil der Rentenbeihilfe nach § 18 hatten, setzen sich aus dem unverfallbaren Teil der Rentenbeihilfe und der nach dem Stichtag erworbenen Tarifrente Bau zusammen, entsprechen aber mindestens der Höhe der Rentenbeihilfe, die sich nach Abschnitt III zum Zeitpunkt des Eintritts des Versicherungsfalles ergeben hätte.

Abschnitt V
Finanzierung

§ 20
Beiträge

(1) Zur Finanzierung der Altersversorgungsleistungen nach den Abschnitten II bis IV wird ein Beitrag erhoben, dessen Höhe für das Baugewerbe und für das Berliner Betonsteingewerbe jeweils in gesonderten Tarifverträgen (Verfahrenstarifverträge) festgelegt wird.

(2) Das von den in § 3 Abs. 1 Nr. 1 genannten Betrieben aufgebrachte Beitragsaufkommen wird wie folgt verwendet:

- für die dort genannten Arbeitnehmer anteilig zur Finanzierung der Tarifrente Bau und der Rentenbeihilfe,
- für die Arbeitnehmer, die am Stichtag das 50. Lebensjahr bereits vollendet haben, ausschließlich zur Finanzierung der Rentenbeihilfe,
- für die Auszubildenden ausschließlich zur Finanzierung der Tarifrente Bau.

(3) Das von den in § 3 Abs. 1 Nr. 2 genannten Betrieben aufgebrachte Beitragsaufkommen wird ausschließlich zur Finanzierung der Tarifrente Bau verwendet.

(4) Soweit höhere oder niedrigere Beitragsanteile zur Finanzierung der Rentenbeihilfe benötigt werden, kann durch Beschluss der Hauptversammlung der ZVK-Bau mit Zustimmung der Bundesanstalt für Finanzdienstleistungsaufsicht der Beitragsanteil für die Tarifrente Bau abweichend von § 7 neu festgelegt werden.

(5) Der Arbeitgeber hat dem Arbeitnehmer die an die ZVK-Bau abgeführten Beiträge in der Lohn- bzw. Gehaltsabrechnung zu bescheinigen.

(6) Die ZVK-Bau hat einen unmittelbaren Beitragsanspruch gegenüber dem Arbeitgeber. Das Verfahren wird in Verfahrenstarifverträgen geregelt.

Abschnitt VI
Gemeinsame Bestimmungen

§ 21
Leistungsgewährung

(1) Die Gewährung der Leistungen der ZVK-Bau erfolgt nur auf Antrag und nach Einreichung der für die Antragsbearbeitung erforderlichen Nachweise. Für den Antrag ist das von der ZVK-Bau zur Verfügung gestellte Formular zu verwenden.

(2) Die Leistungen der Tarifrente Bau einschließlich der Leistungen nach Abschnitt IV werden von dem Monat an, der dem Monat folgt, in dem der Versicherungsfall eingetreten ist, bis zum Ablauf des Kalendermonats, in dem die Leistungsvoraussetzungen entfallen, monatlich gewährt.

(3) Die Leistungen der Rentenbeihilfe werden von Beginn des Monats, der dem Monat folgt, in dem der Versicherungsfall eingetreten ist, bis zum Ablauf des Kalendervierteljahres, in dem die Leistungsvoraussetzungen entfallen, für jeweils drei Monate im Voraus gewährt.

(4) Die ZVK-Bau ist zur einmaligen Abfindung von unverfallbaren Teilen der Leistungen, deren monatlicher Leistungsbetrag im Zeitpunkt der Abfindung 1,0 v. H. der monatlichen Bezugsgröße gemäß § 18 SGB IV nicht übersteigt, berechtigt. Entsprechendes gilt auch für unverfallbare Anwartschaften im Sinne von §§ 9 und 14, sofern der Anwärter in den letzten fünf Jahren ununterbrochen nicht im Geltungsbereich dieses Tarifvertrages beschäftigt war.

(5) Zu Unrecht gewährte Leistungen können von der ZVK-Bau zurückgefordert werden.

§ 22
Nachweise

(1) Dem Antrag auf Gewährung der Leistungen sind folgende Nachweise beizufügen:

a) Wartezeitennachweis,

b) Rentenbescheid des jeweiligen Versicherungsträgers, aus dem hervorgeht, von welchem Zeitpunkt an der Arbeitnehmer Anspruch auf die gesetzliche Leistung hat,

c) für Todesfallleistungen die Sterbeurkunde des Verstorbenen,

d) im Falle der Befreiung von der gesetzlichen Rentenversicherungspflicht die Befreiungsbescheinigung und der Versicherungsschein bzw. der Bescheid über den Versorgungsbezug.

(2) Beantragt der Arbeitnehmer eine Wartezeitanrechnung nach § 12 Abs. 2 Buchst. e), so hat er einen Bescheid der betreffenden Zusatzversorgungskasse über die Festsetzung oder Ablehnung von Leistungen und über die dort anerkannte Wartezeit vorzulegen.

(3) Beantragt der Arbeitnehmer eine Aufrechterhaltung der Anwartschaften nach § 12 Abs. 4, so hat er eine Bescheinigung eines Amtsarztes über seine Bau- bzw. Fachuntauglichkeit vorzulegen. Bei Arbeitnehmern, die bei Eintritt der Bau- bzw. Fachuntauglichkeit das 60. Lebensjahr vollendet haben, genügt eine Bescheinigung des behandelnden Arztes. Die ZVK-Bau kann von dem Arbeitnehmer weitere Nachweise auf ihre Kosten verlangen.

(4) Jeder Empfänger einer Leistung wegen Erwerbsminderung hat im jeweils ersten Kalendervierteljahr einen Nachweis des Fortbestehens seiner Erwerbsminderung durch Vorlage der entsprechenden Unterlagen aus der Renten oder Unfallversicherung zu er bringen. Ist der Leistungsberechtigte durch einen gesetzlichen Rentenversicherungsträger von der Versicherungspflicht befreit worden, ist der Nachweis über das Fortbestehen der Erwerbsminderung durch das Zeugnis eines Amtsarztes zu führen.

(5) Jeder Leistungsberechtigte hat im jeweils dritten Kalendervierteljahr einen Lebensnachweis zu erbringen.

(6) Werden die Nachweise innerhalb einer von der ZVK-Bau gesetzten Frist nicht oder nicht vollstandig erbracht, so ruht die Leistung, ohne dass eine Nachzahlung erfolgt. Die ZVK-Bau kann bei Vorliegen besonderer Umstände eine Nachzahlung ganz oder teilweise gewähren.

(7) Ereignisse, die sich auf die Gewährung oder Bemessung der Leistungen auswirken, sind der ZVK-Bau unverzüglich anzuzeigen.

§ 23
Verfügungsverbot

Die Leistungsansprüche sind nicht vererblich und dürfen nicht übertragen, beliehen, veräußert, abgetreten oder verpfändet werden. Die Inanspruchnahme eines Rückkaufwertes ist ausgeschlossen.

§ 24
Verjährung

Die Leistungsansprüche verjähren in fünf Jahren. Die Verjährungsfrist beginnt mit dem Schluss des Jahres, in dem die Leistung verlangt werden konnte.

Abschnitt VII
Schlussbestimmungen

§ 25
Erfüllungsort und Gerichtsstand

(1) Erfüllungsort und Gerichtsstand für Ansprüche der ZVK-Bau gegen Arbeitgeber und deren Arbeitnehmer sowie für Ansprüche der Arbeitgeber und Arbeitnehmer gegen die ZVK-Bau ist Wiesbaden.

(2) Abweichend von Abs. 1 ist Berlin Gerichtsstand für Ansprüche der ZVK-Bau gegen Arbeitgeber mit Betriebssitz in den Ländern Berlin, Brandenburg, Mecklenburg-Vorpommern, Sachsen, Sachsen-Anhalt und Thüringen.

§ 26
Verhältnis zu betrieblichen Altersversorgungszusagen

Die Leistungen der ZVK-Bau können auf Leistungen aus betrieblichen Altersversorgungszusagen angerechnet werden.

§ 27
Betriebsrentengesetz

Die §§ 1a, § 2, § 2a Abs. 1, 3 und 4, § 3 mit Ausnahme des Abs. 2 Satz 3, § 4, § 5, § 16, § 18a Satz 1, § 27 und § 28 BetrAVG finden keine Anwendung.

§ 28
Allgemeinverbindlicherklärung

Die Tarifvertragsparteien verpflichten sich, gemeinsam die Allgemeinverbindlicherklärung dieses Tarifvertrages zu beantragen.

§ 29
Inkrafttreten und Laufdauer

(1) Dieser Tarifvertrag tritt am 1. Januar 2024 in Kraft.

(2) Er kann mit einer Frist von sechs Monaten zum 31. Dezember, erstmals zum 31. Dezember 2024 gekündigt werden.

Berlin/Frankfurt a. M., den 28. September 2018
Berlin/Frankfurt a. M., den 7. Januar 2022
Berlin/Frankfurt a. M., den 13. Dezember 2023

Zentralverband des Deutschen Baugewerbes e. V., Kronenstraße 55–58, 10117 Berlin

N o s t i t z

Hauptverband der Deutschen Bauindustrie e. V., Kurfürstenstraße 129, 10785 Berlin

B e e k e

Industriegewerkschaft Bauen–Agrar–Umwelt, Olof-Palme-Straße 19, 60439 Frankfurt a. M.

F e i g e r

B u r c k h a r d t

Tarifvertrag über das Sozialkassenverfahren im Baugewerbe (VTV) vom 28. September 2018

in der Fassung vom 29. Januar 2021, 7. Januar 2022, 10. November 2022 und 13. Dezember 2023

Zwischen

dem Zentralverband des Deutschen Baugewerbes e. V.,
Kronenstraße 55–58, 10117 Berlin,

dem Hauptverband der Deutschen Bauindustrie e. V.,
Kurfürstenstraße 129, 10785 Berlin,

und

der Industriegewerkschaft Bauen–Agrar–Umwelt,
Olof-Palme-Straße 19, 60439 Frankfurt a. M.,

wird folgender Tarifvertrag geschlossen:

Inhaltsverzeichnis

§ 1 Geltungsbereich

Abschnitt I Grundlagen

§ 2 Verfahrensgrundlagen
§ 3 Sozialkassen

Abschnitt II Meldungen

§ 4 Elektronische Meldungen
§ 5 Stammdaten
§ 6 Gewerbliche Arbeitnehmer
§ 7 Angestellte
§ 8 Versicherungsnachweis für Angestellte
§ 9 Dienstpflichtige Arbeitnehmer
§ 10 Auszubildende
§ 11 Ausbildungsnachweise

Abschnitt III Urlaubsverfahren

§ 12 Erstattung der Urlaubsvergütung
§ 13 Urlaubsabgeltung
§ 14 Entschädigung

Abschnitt IV Sozialkassenbeiträge

§ 15 Beitrag für gewerbliche Arbeitnehmer
§ 16 Beitrag für Angestellte und Auszubildende zur Finanzierung der Zusatzversorgung
§ 17 Beitrag für Angestellte zur weiteren Finanzierung des Berufsbildungsverfahrens
§ 18 Zahlung der Beiträge
§ 19 Spitzenausgleichsverfahren
§ 20 Verzug und Verzugszinsen

Abschnitt V Schlussbestimmungen

§ 21 Verfall und Verjährung
§ 22 Kosten von Zahlungen
§ 23 Erfüllungsort und Gerichtsstand
§ 24 Prüfungsrecht
§ 25 Rückforderung von Leistungen
§ 26 Auskünfte
§ 27 Anpassung des Sozialkassenbeitrages
§ 28 Einzug und Erlass des Sozialkassenbeitrages
§ 29 Durchführung der Verfahren
§ 30 Rechtswahl
§ 31 Inkrafttreten und Laufdauer

§ 1
Geltungsbereich

(1) Räumlicher Geltungsbereich

Das Gebiet der Bundesrepublik Deutschland.

(2) Betrieblicher Geltungsbereich

Betriebe des Baugewerbes. Das sind alle Betriebe, die unter einen der nachfolgenden Abschnitte I bis IV fallen.

Abschnitt I

Betriebe, die nach ihrer durch die Art der betrieblichen Tätigkeiten geprägten Zweckbestimmung und nach ihrer betrieblichen Einrichtung gewerblich Bauten aller Art erstellen.

Abschnitt II

Betriebe, die, soweit nicht bereits unter Abschnitt I erfasst, nach ihrer durch die Art der betrieblichen Tätigkeiten geprägten Zweckbestimmung und nach ihrer betrieblichen Einrichtung gewerblich bauliche Leistungen erbringen, die – mit oder ohne Lieferung von Stoffen oder Bauteilen – der Erstellung, Instandsetzung, Instandhaltung, Änderung oder Beseitigung von Bauwerken dienen.

Abschnitt III

Betriebe, die, soweit nicht bereits unter Abschnitt I oder II erfasst, nach ihrer durch die Art der betrieblichen Tätigkeiten geprägten Zweckbestimmung und nach ihrer betrieblichen Einrichtung – mit oder ohne Lieferung von Stoffen oder Bauteilen – gewerblich sonstige bauliche Leistungen erbringen.

Abschnitt IV

Betriebe, in denen die nachstehend aufgeführten Arbeiten ausgeführt werden:

1. Aufstellen von Gerüsten und Bauaufzügen;
2. Bauten- und Eisenschutzarbeiten;
3. Technische Dämm-(Isolier-)Arbeiten, insbesondere solche an technischen Anlagen, soweit nicht unter Abschnitt II oder III erfasst, einschließlich von Dämm-(Isolier-) Arbeiten an und auf Land-, Luft- und Wasserfahrzeugen.
4. Erfasst werden auch solche Betriebe, die im Rahmen eines mit einem oder mehreren Betrieben des Baugewerbes bestehenden Zusammenschlusses – unbeschadet der gewählten Rechtsform – für die angeschlossenen Betriebe des Baugewerbes entweder ausschließlich oder überwiegend die kaufmännische Verwaltung, den Vertrieb, Planungsarbeiten, Laborarbeiten oder Prüfarbeiten übernehmen oder ausschließlich oder in nicht unerheblichem Umfang (zumindest zu einem Viertel der betrieblichen Arbeitszeit) den Bauhof und/oder die Werkstatt betreiben, soweit diese Betriebe nicht von einem spezielleren Tarifvertrag erfasst werden.

Abschnitt V

Zu den in den Abschnitten I bis III genannten Betrieben gehören z. B. diejenigen, in denen Arbeiten der nachstehend aufgeführten Art ausgeführt werden:

1. Abdichtungsarbeiten gegen Feuchtigkeit;
2. Aptierungs- und Drainierungsarbeiten, wie das Entwässern von Grundstücken und urbar zu machenden Bodenflächen einschließlich der Grabenräumungs- und Faschinierungsarbeiten, des Verlegens von Drainagerohrleitungen sowie des Herstellens von Vorflut- und Schleusenanlagen;
3. Asbestsanierungsarbeiten an Bauwerken und Bauwerksteilen (z. B. Entfernen, Verfestigen, Beschichten von Asbestprodukten);
4. Bautrocknungsarbeiten, d. h. Arbeiten, die unter Einwirkung auf das Gefüge des Mauerwerks der Entfeuchtung dienen, auch unter Verwendung von Kunststoffen oder chemischen Mitteln sowie durch Einbau von Kondensatoren;
5. Beton- und Stahlbetonarbeiten einschließlich Betonschutz- und Betonsanierungsarbeiten sowie Armierungsarbeiten;
6. Bohrarbeiten;

7. Brunnenbauarbeiten;
8. chemische Bodenverfestigungen;
9. Dämm-(Isolier-)Arbeiten (z.B. Wärme-, Kälte-, Schallschutz-, Schallschluck-, Schallverbesserungs-, Schallveredelungsarbeiten) einschließlich Anbringung von Unterkonstruktionen;
10. Erdbewegungsarbeiten (Wegebau-, Meliorations-, Landgewinnungs-, Deichbauarbeiten, Wildbach- und Lawinenverbau, Sportanlagenbau sowie Errichtung von Schallschutzwällen und Seitenbefestigungen an Verkehrswegen);
11. Estricharbeiten (unter Verwendung von Zement, Asphalt, Anhydrit, Magnesit, Gips, Kunststoffen oder ähnlichen Stoffen);
12. Fassadenbauarbeiten;
13. Fertigbauarbeiten: Einbauen oder Zusammenfügen von Fertigbauteilen zur Erstellung, Instandsetzung, Instandhaltung oder Änderung von Bauwerken; ferner das Herstellen von Fertigbauteilen, wenn diese zum überwiegenden Teil durch den Betrieb, einen anderen Betrieb desselben Unternehmens oder innerhalb von Unternehmenszusammenschlüssen – unbeschadet der gewählten Rechtsform – durch den Betrieb mindestens eines beteiligten Gesellschafters zusammengefügt oder eingebaut werden;
14. Feuerungs- und Ofenbauarbeiten;
15. Fliesen-, Platten- und Mosaik-Ansetz- und Verlegearbeiten;
16. Fugarbeiten an Bauwerken, insbesondere Verfugung von Verblendmauerwerk und von Anschlüssen zwischen Einbauteilen und Mauerwerk sowie dauerelastische und dauerplastische Verfugungen aller Art;
17. Glasstahlbetonarbeiten sowie Vermauern und Verlegen von Glasbausteinen;
18. Gleisbauarbeiten;
19. Herstellen von nicht lagerfähigen Baustoffen, wie Beton- und Mörtelmischungen (Transportbeton und Fertigmörtel), wenn mit dem überwiegenden Teil der hergestellten Baustoffe die Baustellen des herstellenden Betriebes, eines anderen Betriebes desselben Unternehmens oder innerhalb von Unternehmenszusammenschlüssen – unbeschadet der gewählten Rechtsform – die Baustellen des Betriebes mindestens eines beteiligten Gesellschafters versorgt werden;
20. Hochbauarbeiten;
21. Holzschutzarbeiten an Bauteilen;
22. Kanalbau-(Sielbau-)Arbeiten;
23. Maurerarbeiten;
24. Rammarbeiten;
25. Rohrleitungsbau-, Rohrleitungstiefbau-, Kabelleitungstiefbauarbeiten und Bodendurchpressungen;

26. Schachtbau- und Tunnelbauarbeiten;
27. Schalungsarbeiten;
28. Schornsteinbauarbeiten;
29. Spreng-, Abbruch- und Enttrümmerungsarbeiten;
30. Stahlbiege- und -flechtarbeiten, soweit sie zur Erbringung anderer baulicher Leistungen des Betriebes ausgeführt werden;
31. Stakerarbeiten;
32. Straßenbauarbeiten (Stein-, Asphalt-, Beton-, Schwarzstraßenbauarbeiten, Fahrbahnmarkierungsarbeiten, ferner Herstellen und Aufbereiten des Mischgutes, sofern mit dem überwiegenden Teil des Mischgutes der Betrieb, ein anderer Betrieb desselben Unternehmens oder innerhalb von Unternehmenszusammenschlüssen – unbeschadet der gewählten Rechtsform – der Betrieb mindestens eines beteiligten Gesellschafters versorgt wird) sowie Pflasterarbeiten aller Art;
33. Straßenwalzarbeiten;
34. Stuck-, Putz-, Gips- und Rabitzarbeiten, einschließlich des Anbringens von Unterkonstruktionen und Putzträgern;
35. Terrazzoarbeiten;
36. Tiefbauarbeiten;
37. Trocken- und Montagebauarbeiten (z. B. Wand- und Deckeneinbau bzw. -verkleidungen, Montage von Baufertigteilen), einschließlich des Anbringens von Unterkonstruktionen und Putzträgern;
38. Verlegen von Bodenbelägen in Verbindung mit anderen baulichen Leistungen;
39. Vermieten von Baumaschinen mit Bedienungspersonal, wenn die Baumaschinen mit Bedienungspersonal zur Erbringung baulicher Leistungen eingesetzt werden;
40. Wärmedämmverbundsystemarbeiten;
41. Wasserwerksbauarbeiten, Wasserhaltungsarbeiten, Wasserbauarbeiten (z. B. Wasserstraßenbau, Wasserbeckenbau, Schleusenanlagenbau);
42. Zimmerarbeiten und Holzbauarbeiten, die im Rahmen des Zimmergewerbes ausgeführt werden.

Abschnitt VI

Betriebe, soweit in ihnen die unter den Abschnitten I bis V genannten Leistungen überwiegend erbracht werden, fallen grundsätzlich als Ganzes unter diesen Tarifvertrag. Betrieb im Sinne dieses Tarifvertrages ist auch eine selbstständige Betriebsabteilung. Als solche gilt auch eine Gesamtheit von Arbeitnehmern, die außerhalb der stationären Betriebsstätte eines nicht von den Abschnitten I bis IV erfassten Betriebes baugewerbliche Arbeiten ausführt.

Werden in Betrieben des Baugewerbes in selbstständigen Abteilungen andere Arbeiten ausgeführt, so werden diese Abteilungen dann nicht von diesem Tarifvertrag erfasst, wenn sie von einem spezielleren Tarifvertrag erfasst werden.

Abschnitt VII

Nicht erfasst werden Betriebe

1. des Betonwaren und Terrazzowaren herstellenden Gewerbes,
2. des Dachdeckerhandwerks,
3. des Gerüstbaugewerbes, deren Tätigkeit sich überwiegend auf die gewerbliche Erstellung von Gerüsten erstreckt,
4. des Glaserhandwerks,
5. des Herd- und Ofensetzerhandwerks, soweit nicht Arbeiten der in Abschn. IV oder V aufgeführten Art ausgeführt werden,
6. des Maler- und Lackiererhandwerks, soweit nicht Arbeiten der in Abschn. IV oder V aufgeführten Art ausgeführt werden,
7. der Naturstein- und Naturwerksteinindustrie, soweit nicht Arbeiten der in Abschn. I bis V aufgeführten Art ausgeführt werden,
8. der Nassbaggerei, die von dem Rahmentarifvertrag des Nassbaggergewerbes erfasst werden,
9. des Parkettlegerhandwerks,
10. der Säurebauindustrie,
11. des Schreinerhandwerks sowie der holzbe- und -verarbeitenden Industrie, soweit nicht Fertigbau-, Dämm-(Isolier-), Trockenbau- und Montagebauarbeiten oder Zimmerarbeiten ausgeführt werden,
12. des Klempnerhandwerks, des Gas- und Wasserinstallationsgewerbes, des Elektroinstallationsgewerbes, des Zentralheizungsbauer- und Lüftungsbauergewerbes sowie des Klimaanlagenbaues, soweit nicht Arbeiten der in Abschn. IV oder V aufgeführten Art ausgeführt werden,
13. des Steinmetzhandwerks, soweit die in § 1 Nr. 2.1 des Tarifvertrages über eine überbetriebliche Alters- und Invalidenbeihilfe im Steinmetz- und Steinbildhauerhandwerk vom 1. Dezember 1986 in der Fassung vom 28. August 1992 aufgeführten Tätigkeiten überwiegend ausgeübt werden.

(3) Persönlicher Geltungsbereich

Erfasst werden

1. gewerbliche Arbeitnehmer,
2. Angestellte, die eine nach den Vorschriften des Sechsten Buches Sozialgesetzbuch – Gesetzliche Rentenversicherung – (SGB VI) versicherungspflichtige Tätigkeit ausüben,

3. dienstpflichtige Arbeitnehmer, die bis zur Einberufung zur Ableistung ihrer gesetzlichen Dienstpflicht eine nach den Vorschriften des SGB VI versicherungspflichtige Tätigkeit ausgeübt haben,
4. Auszubildende, die in einem anerkannten Ausbildungsverhältnis im Sinne des Berufsbildungstarifvertrages ausgebildet werden und eine nach den Vorschriften des SGB VI versicherungspflichtige Tätigkeit ausüben.

Nicht erfasst werden die unter § 5 Abs. 2 Nrn. 1 bis 4 und Abs. 3 des Betriebsverfassungsgesetzes fallenden Personen sowie – im Gebiet der fünf neuen Bundesländer und des Ostteils des Landes Berlin – die in Satz 1 Nrn. 2 und 3 aufgeführten Arbeitnehmer. Nicht erfasst werden zudem Angestellte, die eine geringfügige Beschäftigung im Sinne des § 8 des Vierten Buches Sozialgesetzbuch (SGB IV) ausüben.

Abschnitt I
Grundlagen

§ 2
Verfahrensgrundlagen

Grundlagen des Sozialkassenverfahrens sind § 8 des Bundesrahmentarifvertrages für das Baugewerbe (BRTV), die Urlaubsregelung für die gewerblichen Arbeitnehmer des Baugewerbes in Bayern (Urlaubsregelung Bayern), § 20 des Tarifvertrages über eine zusätzliche Altersversorgung im Baugewerbe (TZA Bau) und § 2 des Tarifvertrages über Sozialaufwandserstattung im Berliner Baugewerbe.

§ 3
Sozialkassen

(1) Die Urlaubs- und Lohnausgleichskasse der Bauwirtschaft (ULAK) mit Sitz in Wiesbaden erbringt Leistungen im Urlaubs- und Berufsbildungsverfahren und hat Anspruch auf die zur Finanzierung dieser Verfahren festgesetzten Beiträge. Für Betriebe mit Sitz im Freistaat Bayern erbringt die Gemeinnützige Urlaubskasse des Bayerischen Baugewerbes e. V. (UKB) mit Sitz in München anstelle der ULAK die Leistungen im Urlaubsverfahren; sie hat gegenüber diesen Betrieben Anspruch auf den zur Finanzierung des Urlaubsverfahrens festgesetzten Beitrag. Für Betriebe mit Sitz im Land Berlin erbringt die Sozialkasse des Berliner Baugewerbes (Soka-Berlin) anstelle der ULAK die in Satz 1 beschriebenen Leistungen; sie hat gegenüber diesen Betrieben Anspruch auf die zur Finanzierung dieser Leistungen festgesetzten Beiträge. Bestimmungen dieses Tarifvertrages, in denen auf die ULAK Bezug genommen wird, gelten mit Ausnahme dieses Paragraphen bei Zuständigkeit der UKB oder der Soka-Berlin entsprechend.

(2) Die Zusatzversorgungskasse des Baugewerbes (ZVK-Bau) mit Sitz in Wiesbaden gewährt zusätzliche Leistungen zu den gesetzlichen Renten. Sie hat gegenüber den Betrieben Anspruch auf die zur Finanzierung dieser Leistungen festgesetzten Beiträge.

(3) Die ULAK zieht als Einzugsstelle ihre eigenen Beiträge einschließlich Nebenforderungen und diejenigen der ZVK-Bau, der UKB und der Soka-Berlin ein. Für vor dem 1. Januar 2010 entstandene und von der ZVK-Bau gerichtlich geltend gemachte Ansprüche bleibt die ZVK-Bau Einzugsstelle.

(4) Die Kosten des gemeinsamen Beitragseinzuges werden von den in Abs. 3 genannten Kassen entsprechend dem Verhältnis der für sie einzuziehenden Beiträge zu den insgesamt von der ULAK zu erhebenden Beiträgen getragen. Die ULAK hat Anspruch auf monatliche Abschlagszahlungen.

(5) Erlangt die ULAK Kenntnis von der bevorstehenden bzw. bereits erfolgten Auf- nahme einer baugewerblichen Tätigkeit eines Betriebes in Deutschland, so hat sie den Arbeitgeber – und spätestens sobald entsprechende Meldungen des Arbeitgebers nach Abschnitt II erfolgt sind, die bei ihm beschäftigten Arbeitnehmer – unverzüglich über ihre Rechte und Pflichten aus den Sozialkassenverfahren zu informieren. Dies kann auch durch einen Hinweis auf die Internetseite der SOKA-BAU erfolgen. Die Pflichten des Arbeitgebers aus den Sozialkassenverfahren bestehen unabhängig von einer solchen Information.

(6) Arbeitnehmer, Auszubildende und Bezieher von Leistungen nach dem Tarifvertrag über eine zusätzliche Altersversorgung im Baugewerbe (TZA Bau) haben der Einzugsstelle ihre jeweils aktuelle E-Mail-Adresse zum Zwecke der Durchführung der Sozialkassenverfahren mitzuteilen.

Abschnitt II
Meldungen

§ 4
Elektronische Meldungen

(1) Jeder Arbeitgeber hat seine Mitteilungspflichten gegenüber der zuständigen Kasse über den von dieser eingerichteten Onlineservice zu erfüllen (elektronisches Meldeverfahren).

(2) Auf Antrag des Arbeitgebers hat die zuständige Kasse den Arbeitgeber von der Pflicht zur elektronischen Meldung zu befreien, wenn er nachweist, dass diese für ihn wirtschaftlich oder persönlich unzumutbar ist. Bis zur Entscheidung über seinen Antrag bleibt der Arbeitgeber zur nichtelektronischen Meldung berechtigt.

(3) Die vom Arbeitgeber abgegebenen elektronischen Meldungen sind ohne Unterschrift bindend. Nichtelektronische Meldungen bedürfen der Bestätigung ihrer Vollständigkeit und Richtigkeit durch Unterschrift des Arbeitgebers.

(4) Die zuständige Kasse kann mit Arbeitgebern Vereinbarungen abschließen, aufgrund derer diese für ihren Betrieb und ihre Arbeitnehmer an dem automatisierten Verfahren gemäß § 110 SGB IV teilnehmen.

(5) Die Regelungen der Absätze 1, 3 und 4 gelten auch für Betriebe, die keine gewerblichen Arbeitnehmer beschäftigen.

§ 5
Stammdaten

(1) Vor Aufnahme einer baugewerblichen Tätigkeit ist jeder Betrieb, auch wenn er keine gewerblichen Arbeitnehmer beschäftigt, verpflichtet, sich bei der für ihn zuständigen Kasse zu melden und dieser folgende Stammdaten mitzuteilen:

1. Name, Rechtsform und gesetzliche Vertreter des Unternehmens
2. Anschrift am Hauptbetriebssitz, ggf. davon abweichende inländische Zustelladresse, Telefonnummer, Telefaxnummer, E-Mail-Adresse
3. inländische oder, soweit nicht vorhanden, ausländische Bankverbindung
4. Art der betrieblichen Tätigkeiten
5. Betriebsnummer bei der Bundesagentur für Arbeit

(2) Der Arbeitgeber ist verpflichtet, der für ihn zuständigen Kasse unmittelbar vor Aufnahme der Tätigkeit eines Arbeitnehmers seines Betriebes mitzuteilen:

1. Name, Vorname, Geburtsdatum, Geburtsort und Adresse des Hauptwohnsitzes des gewerblichen Arbeitnehmers
2. ggf. die Schwerbehinderteneigenschaft
3. die bei der Einzugsstelle registrierte Arbeitnehmer-Nummer, soweit sie bereits vergeben wurde
4. soweit vorhanden inländische oder ausländische Bankverbindung des Arbeitnehmers
5. Art der Tätigkeit und Tätigkeitsschlüssel nach dem Schlüsselverzeichnis der Bundesagentur für Arbeit
6. Zeitpunkt der Aufnahme der Tätigkeit
7. steuerliche Identifikationsnummer gemäß § 139b AO

(3) In den Fällen, in denen die ULAK Beiträge zu den Systemen der sozialen Sicherheit und die Lohnsteuer bei der Gewährung von Leistungen im Urlaubsverfahren abzuführen hat, ist der Arbeitgeber verpflichtet, zusätzlich mitzuteilen:

1. die Einzugsstelle und deren Adresse, an welche die Beiträge zu den Systemen der sozialen Sicherheit abgeführt werden sowie die Nummern, unter welchen der Arbeitgeber und der Arbeitnehmer bei dieser Einzugsstelle geführt werden
2. das Finanzamt und dessen Adresse, an welches die Lohnsteuer abgeführt wird, sowie die Steuernummern des Arbeitgebers und des Arbeitnehmers

(4) Sofern ein Arbeitgeber mit Betriebssitz im Ausland von einer dortigen Urlaubskasse erfasst wird und eine Freistellung vom deutschen Urlaubskassenverfahren begehrt, hat er den Namen und die Adresse der ausländischen Urlaubskasse, die von dieser vergebenen Betriebskonto- und Arbeitnehmer-Nummern, ferner eine Bescheinigung der ausländischen Urlaubskasse über die während der Entsendezeit bestehende Verpflichtung

zur Beitragszahlung zu übersenden. Sofern ein Arbeitgeber mit Betriebssitz im Ausland eine Anrechnung der am Betriebssitz von ihm für dieses Kalenderjahr an den Arbeitnehmer gewährten Urlaubsleistungen begehrt, hat er die am Betriebssitz gültige Dauer des Jahresurlaubs, den Beginn des Arbeitsverhältnisses, die dem Arbeitnehmer dort für das laufende Kalenderjahr gewährten Urlaubstage, das darauf bezogene Urlaubsentgelt und zusätzliche Urlaubsgeld in jeweiliger Landeswährung mitzuteilen.

(5) Der Arbeitgeber ist verpflichtet, der für ihn zuständigen Kasse Änderungen und Ergänzungen der gemäß Absätze 1 bis 4 zu meldenden Daten unverzüglich mitzuteilen.

§ 6
Gewerbliche Arbeitnehmer

(1) Der Arbeitgeber hat der ULAK für jeden Kalendermonat bis zum 15. des folgenden Monats mitzuteilen:

1. beitragspflichtiger Bruttolohn und die diesem zugrunde liegenden lohnzahlungspflichtigen Stunden
2. Zeitpunkt des Ausscheidens des Arbeitnehmers
3. Beschäftigungstage, soweit kein voller Beschäftigungsmonat vorliegt
4. gewährte Urlaubstage und gewährte Urlaubsvergütung, soweit darauf bereits ein tariflicher Anspruch bestand
5. Anzahl der Ausfallstunden wegen Arbeitsunfähigkeit ohne Lohnanspruch
6. Anzahl der Ausfallstunden, für die der Arbeitnehmer Kurzarbeitergeld oder Saison-Kurzarbeitergeld bezogen hat.

Die monatlichen Meldungen sind mit den Werten „Null" abzugeben, wenn ein Arbeitnehmer weder Bruttolohn erzielt hat noch für ihn Beschäftigungstage angefallen sind.

Für die Berechnung der Mindesturlaubsvergütung hat der Arbeitgeber den Bruttostundenlohn (GTL) ohne Zuschläge mitzuteilen.

(2) Sofern der Arbeitgeber nicht verpflichtet ist, am elektronischen Meldeverfahren teilzunehmen, erhält er von der ULAK zusammen mit den Meldeformularen monatlich einen Summenbeleg, auf dem folgende Angaben einzutragen sind:

1. Summe aller beitragspflichtigen Bruttolöhne
2. Summe aller erstattungsfähigen Urlaubsvergütungen
3. Summe aller erstattungsfähigen Ausbildungsvergütungen
4. Zahl der beigefügten Meldeformulare für gewerbliche Arbeitnehmer
5. Zahl der beigefügten Meldeformulare für Auszubildende
6. Zahl der beigefügten Korrekturmeldungen

Der Summenbeleg ist zu unterschreiben und für jeden Monat zusammen mit den Meldeformularen spätestens bis zum 15. des folgenden Monats an die ULAK einzusenden.

(3) Die ULAK erfasst die von dem Arbeitgeber gemeldeten aktuellen Monatswerte und teilt dem Arbeitgeber für jeden Arbeitnehmer die sich daraus ergebenden kumulierten Werte sowie die noch verfügbaren Urlaubsansprüche des Arbeitnehmers für das laufende Kalenderjahr mit.

(4) Bei Beendigung des Arbeitsverhältnisses ist dem Arbeitnehmer durch den Arbeitgeber ein unterschriebener Ausdruck der elektronischen Meldung oder eine unterschriebene Kopie des Meldeformulars für den laufenden Monat mit den aktuellen Monatswerten auszuhändigen.

(5) Berichtigungen von bereits gemeldeten Daten sind als Korrekturen zu kennzeichnen und für jeden Monat gesondert vorzunehmen. Eine Berichtigung kann längstens bis zum 30. September des auf das Urlaubsjahr folgenden Jahres, im Falle der Beendigung des Arbeitsverhältnisses und für den Fall, dass ein Arbeitnehmer nicht mehr von dem Bundesrahmentarifvertrag für das Baugewerbe erfasst wird, ohne dass sein Arbeitsverhältnis endet, längstens bis zum 15. des zweiten auf den Monat der Beendigung folgenden Monats vorgenommen werden; ist ein zu niedriger beitragspflichtiger Bruttolohn gemeldet worden, so hat eine Korrektur auch nach Ablauf dieser Fristen zu erfolgen.

Ist eine vom Arbeitgeber dem Arbeitnehmer nach Beendigung des Arbeitsverhältnisses ausgehändigte Meldung später infolge einer Berichtigung durch diesen früheren Arbeitgeber unrichtig geworden, so hat die ULAK eine berichtigte Meldung an den neuen Arbeitgeber zu senden. Eine Kopie dieser berichtigten Meldung ist dem Arbeitnehmer auszuhändigen.

(6) Für Arbeitnehmer im Auslernjahr sowie für Arbeitnehmer, die im laufenden Jahr das 18. Lebensjahr vollendet haben, sind für den ersten Meldemonat des folgenden Kalenderjahres die Resturlaubsvergütungsansprüche sowie die Daten gemäß Abs. 1 zu melden. Sofern der Arbeitgeber nicht verpflichtet ist, am elektronischen Meldeverfahren teilzunehmen, hat er das dafür vorgesehene Meldeformular auszufüllen und an die ULAK zurückzusenden.

(7) Nach Ablauf eines jeden Kalenderjahres übersendet die ULAK dem Arbeitgeber für jeden Arbeitnehmer einen Arbeitnehmerkontoauszug mit folgenden Daten:

1. Beschäftigungszeit
2. Beschäftigungstage
3. beitragspflichtiger Bruttolohn
4. Prozentsatz der Urlaubsvergütung
5. Anspruch auf Urlaubsvergütung
6. Anzahl der Ausfallstunden und daraus errechnete Mindesturlaubsvergütung

7. gewährte Urlaubstage und gewährte Urlaubsvergütung aus dem Resturlaubsanspruch des dem abgelaufenen Kalenderjahr vorausgehenden Jahres und der verbleibende Restanspruch (Entschädigungsanspruch)
8. gewährte Urlaubstage und gewährte Urlaubsvergütung aus dem abgelaufenen Kalenderjahr und der verbleibende Restanspruch

(8) Der Arbeitgeber hat die Daten einschließlich der Arbeitnehmeradresse zu prüfen und der ULAK umgehend Korrekturen mitzuteilen. Die ULAK stellt sodann dem Arbeitnehmer den Arbeitnehmerkontoauszug zur Verfügung.

(9) Wird der ULAK nach Beendigung des Arbeitsverhältnisses eines Arbeitnehmers nicht innerhalb von drei Monaten die Begründung eines neuen Arbeitsverhältnisses zu einem Baubetrieb gemeldet, übersendet sie dem Arbeitnehmer einen Arbeitnehmerkontoauszug, aus dem sich die entsprechenden Daten (Abs. 7) bis zur Beendigung des Arbeitsverhältnisses ergeben. Das gilt auch dann, wenn dieser Tarifvertrag auf das Arbeitsverhältnis eines Arbeitnehmers keine Anwendung mehr findet und dieser Arbeitnehmer nicht innerhalb von drei Monaten erneut mit einem Arbeitsverhältnis von diesem Tarifvertrag erfasst wird.

(10) Enthält der Arbeitnehmerkontoauszug der ULAK unrichtige oder unvollständige Angaben, so hat der Arbeitnehmer gegenüber dem Arbeitgeber Anspruch auf Berichtigung nach Abs. 5 innerhalb von zwei Monaten nach Erhalt des Arbeitnehmerkontoauszuges. Kommt der Arbeitgeber dieser Verpflichtung nicht nach, so ist der Arbeitnehmer unter Vorlage eines seinen Anspruch gegen den Arbeitgeber auf Berichtigung der Daten gemäß Abs. 7 rechtskräftig feststellenden Urteils berechtigt, die Ergänzung bzw. Berichtigung seines Arbeitnehmerkontos durch die ULAK zu verlangen, wenn die Zwangsvollstreckung aus dem Urteil wirtschaftlich unzweckmäßig ist. Auf die Rechtskraft des Urteils kann verzichtet werden, wenn es öffentlich zugestellt werden müsste.

Die ULAK stellt sodann dem Arbeitnehmer einen berichtigten Arbeitnehmerkontoauszug zur Verfügung.

(11) Bei Einberufung zur Ableistung der gesetzlichen Dienstpflicht ist vom Arbeitgeber der Beginn der Dienstpflicht zu melden.

(12) Arbeitgeber mit Betriebssitz im Freistaat Bayern und im Land Berlin, die ihre Meldepflichten nicht ordnungsgemäß erfüllt haben, haben der Einzugsstelle monatlich (Abrechnungszeitraum) spätestens bis zum 15. des folgenden Monats folgende Angaben zu machen:

1. Name, Anschrift und Betriebskontonummer
2. Bruttolohnsumme für den Abrechnungszeitraum
3. Sozialkassenbeitrag für gewerbliche Arbeitnehmer
4. Zahl aller von diesem Tarifvertrag erfassten gewerblichen Arbeitnehmer des Betriebes

Die UKB und die Soka-Berlin sind verpflichtet, die in Satz 1 genannten Daten unverzüglich an die Einzugsstelle weiterzuleiten.

§ 7
Angestellte

(1) Der Arbeitgeber ist verpflichtet, der Einzugsstelle unmittelbar vor Aufnahme der Tätigkeit eines Angestellten seines Betriebes mitzuteilen:

1. Name, Vorname, Geburtsdatum und Adresse des Hauptwohnsitzes des Angestellten
2. Zeitpunkt der Aufnahme der Tätigkeit
3. die bei der Einzugsstelle registrierte Arbeitnehmer-Nummer, soweit sie bereits vergeben wurde
4. die steuerliche Identifikationsnummer (IdNr) gemäß § 139b AO

(2) Der Arbeitgeber hat zudem für jeden Angestellten bis zum 15. des folgenden Monats nur mitzuteilen:

1. Anzahl der Arbeitstage, soweit eine Beschäftigung, aber kein voller Beschäftigungsmonat vorliegt
2. Zeitpunkt des Beschäftigungsendes

§ 8
Versicherungsnachweis für Angestellte

(1) Nach Ablauf eines jeden Kalenderjahres oder bei Beendigung des Arbeitsverhältnisses übersendet die ZVK-Bau dem Arbeitgeber für jeden Angestellten eine Bescheinigung über die gemeldeten Daten.

(2) Der Arbeitgeber hat die Daten einschließlich der Arbeitnehmeradresse zu prüfen und der Einzugsstelle umgehend Korrekturen mitzuteilen. Die ZVK-Bau übersendet sodann die Bescheinigung an die Angestellten.

(3) § 6 Abs. 10 gilt entsprechend mit der Maßgabe, dass an die Stelle der ULAK die ZVK-Bau tritt.

§ 9
Dienstpflichtige Arbeitnehmer

(1) Der Arbeitgeber hat für jeden Arbeitnehmer während der Ableistung der gesetzlichen Dienstpflicht der Einzugsstelle mitzuteilen:

1. Name, Vorname, Geburtsdatum, Geburtsort und Adresse des Hauptwohnsitzes des Dienstpflichtigen
2. Beginn der Dienstzeit

3. Zeitpunkt des Dienstzeitendes
4. die steuerliche Identifikationsnummer (IdNr) gemäß § 139b AO

(2) Als gesetzliche Dienstpflicht gelten der freiwillige Wehrdienst und der Bundesfreiwilligendienst.

(3) Bei Beendigung der Dienstzeit übersendet die ZVK-Bau dem Arbeitgeber für jeden Arbeitnehmer eine Bescheinigung über die gemeldeten Daten. Der Arbeitgeber hat die Daten einschließlich der Arbeitnehmeradresse zu prüfen und der Einzugsstelle umgehend Korrekturen mitzuteilen. Die ZVK-Bau übersendet die Bescheinigung sodann an den Arbeitnehmer.

(4) Bei Angestellten hat der Arbeitgeber auch die Wartezeit für das laufende Kalenderjahr bis zum Beginn der Dienstzeit an die Einzugsstelle zu melden.

§ 10
Auszubildende

(1) Für jeden Auszubildenden, der sich in einem anerkannten Ausbildungsverhältnis im Sinne des Berufsbildungstarifvertrages befindet, hat der Ausbildungsbetrieb der ULAK vor Beginn der Ausbildung eine von der Handwerkskammer oder der Industrie- und Handelskammer bestätigte Abschrift des Ausbildungsvertrages zu übersenden. Soweit nicht bereits im Ausbildungsvertrag enthalten, hat der Arbeitgeber der Einzugsstelle mitzuteilen:

1. Name, Vorname, Geburtsdatum, Geburtsort und Adresse des Hauptwohnsitzes des Auszubildenden
2. Ausbildungsberuf
3. Zeitpunkt des Ausbildungsbeginns und des vereinbarten Ausbildungsendes
4. eine vorangegangene Berufsausbildung und deren Bezeichnung
5. vereinbarte Ausbildungsvergütung
6. soweit vorhanden die Arbeitnehmer-Nummer des Auszubildenden
7. die steuerliche Identifikationsnummer (IdNr) gemäß § 139b AO

(2) Der Arbeitgeber hat der ULAK bis zum 15. des Folgemonats mitzuteilen:

1. Höhe der gezahlten Ausbildungsvergütungen für die Monate, für die Erstattung begehrt wird
2. Verlängerung der Ausbildungszeit
3. Zeitpunkt und Grund (Abschluss oder Abbruch der Ausbildung, Wechsel des Ausbildungsbetriebes) der Beendigung des Ausbildungsverhältnisses
4. Weiterbeschäftigung des Auszubildenden nach Beendigung der Ausbildung
5. gewährter Urlaub im Auslernjahr

(3) Das Meldeverfahren für Auszubildende gilt nicht für Arbeitgeber mit Betriebssitz im Land Berlin.

§ 11
Ausbildungsnachweise

(1) Die ULAK bescheinigt dem Ausbildungsbetrieb vor Beginn der ersten überbetrieblichen Ausbildungsmaßnahme jedes Auszubildenden die nach § 10 Abs. 1 Ziff. 1 bis 4 sowie Ziff. 6 gemeldeten Daten.

(2) Nach Beendigung des Ausbildungsverhältnisses übersendet die ULAK dem Arbeitgeber für jeden Auszubildenden eine Bescheinigung über die Dauer des gemeldeten Ausbildungsverhältnisses sowie die im Auslernjahr während des Ausbildungsverhältnisses entstandenen und gewährten Urlaubstage.

(3) Der Arbeitgeber hat die in den Bescheinigungen nach Abs. 1 und 2 enthaltenen Angaben zu prüfen und der ULAK umgehend Korrekturen mitzuteilen. Die ULAK übersendet diese Bescheinigungen sodann an den Auszubildenden.

(4) Die Erstattung von Kosten der überbetrieblichen Ausbildung setzt die Vorlage der Bescheinigung nach Abs. 1 bei der Ausbildungsstätte vor Beginn der ersten überbetrieblichen Ausbildungsmaßnahme jedes Auszubildenden voraus.

Abschnitt III
Urlaubsverfahren

§ 12
Erstattung der Urlaubsvergütung

(1) Die ULAK erstattet dem Arbeitgeber durch Banküberweisung oder Gutschrift auf dem Beitragskonto nach § 18 Abs. 2 monatlich die von ihm an den Arbeitnehmer ausgezahlte Urlaubsvergütung sowie in den Fällen des § 8 Nr. 11.1 und Nr. 12.1 BRTV die ausgezahlte Urlaubsabgeltung, soweit auf diese nach den tarifvertraglichen Bestimmungen ein Anspruch bestand. Die Erstattung erfolgt aufgrund vollständiger und ordnungsgemäßer Meldung der Daten gemäß §§ 5, 6. Sie setzt die Versicherung des Arbeitgebers voraus, dass die gemeldeten Urlaubsvergütungen bzw. Urlaubsabgeltungen unter Beachtung der tarifvertraglichen Bestimmungen tatsächlich an die Arbeitnehmer ausgezahlt wurden und mit den Lohnkonten sowie den Lohnabrechnungen übereinstimmen.

(2) Wird ein Arbeitgeber rückwirkend zur Meldung und Beitragszahlung herangezogen, so besteht Anspruch auf Erstattung der den Arbeitnehmern in den rückwirkend erfassten Abrechnungszeiträumen gewährten Urlaubsvergütungen, höchstens jedoch in Höhe der in § 8 BRTV für den jeweiligen Abrechnungszeitraum festgelegten Leistungen und nur für solche Abrechnungszeiträume, für die Beiträge entrichtet worden sind. Auf diesen Erstattungsanspruch weist die Einzugsstelle den Arbeitgeber bei der rückwirkenden Heranziehung hin.

(3) Die ULAK erstattet dem Arbeitgeber die gemäß § 8 Nr. 13 BRTV anzurechnende Urlaubsvergütung zum Zeitpunkt der Gewährung von Urlaub, der Beendigung der Entsendezeit, des Wechsels des Arbeitgebers oder nach Ablauf des Kalenderjahres. Dieser Anspruch ist ausgeschlossen, wenn er nicht vor der ersten Gewährung von Urlaub durch einen Folgearbeitgeber oder vor der Auszahlung von Urlaubsabgeltung bzw. Entschädigung geltend gemacht wird.

§ 13
Urlaubsabgeltung

(1) Die ULAK zahlt dem Arbeitnehmer auf dessen Antrag die Urlaubsabgeltung gemäß § 8 Nr. 6.2 BRTV aus. Der Erbe hat seinen Anspruch auf Zahlung der Abgeltung eines vom Erblasser nicht genommenen Urlaubs gegen die ULAK unter Vorlage eines Erbscheines oder eines anderen geeigneten Nachweises der Erbberechtigung zu beantragen. § 14 Abs. 2 gilt entsprechend. Die Urlaubsabgeltung wird abzüglich des darauf entfallenden Arbeitnehmeranteils an dem Beitrag zu den Systemen der sozialen Sicherheit und abzüglich der Lohnsteuer, soweit die ULAK zur Abführung der Lohnsteuer berechtigt ist, ausgezahlt. Die ULAK ist zur Pauschalierung des Arbeitnehmeranteils an dem Beitrag zu den Systemen der sozialen Sicherheit berechtigt, es sei denn, dieser kann aufgrund der Angaben des Arbeitgebers oder des Arbeitnehmers ermittelt werden.

(2) Die ULAK zahlt den einbehaltenen Arbeitnehmeranteil an dem Beitrag zu den Systemen der sozialen Sicherheit an den Arbeitgeber und führt die Lohnsteuer an die zuständige Finanzbehörde ab. Ist die ULAK dazu ermächtigt, so führt sie den Arbeitnehmeranteil an dem Beitrag zu den Systemen der sozialen Sicherheit stattdessen an die zuständige Einzugsstelle ab.

(3) Die ULAK bescheinigt dem Arbeitgeber und dem Arbeitnehmer die Höhe der Urlaubsabgeltung, des an den Arbeitgeber gezahlten Arbeitnehmeranteils und der abgeführten Lohnsteuer.

(4) Hat die ULAK an den Arbeitgeber einen zu hohen oder einen zu niedrigen Arbeitnehmeranteil gezahlt, so hat ein entsprechender Ausgleich zwischen Arbeitgeber und Arbeitnehmer zu erfolgen.

(5) Auf den Erben nach § 8 Nr. 9 Halbsatz 1 Alternative 1 BRTV übergegangene Ansprüche auf Urlaubsvergütung bei Tod des Arbeitnehmers hat der Erbe unter Vorlage eines Erbscheines oder eines anderen geeigneten Nachweises der Erbberechtigung zu beantragen; dabei ist die vorhandene Bankverbindung anzugeben. Die Regelungen der vorstehenden Absätze zur lohnsteuer- und sozialversicherungsrechtlichen Behandlung der Urlaubsabgeltung für Zahlungen der ULAK an Erben für vererbte Ansprüche auf Urlaubsvergütung gelten entsprechend. § 14 Abs. 2 gilt entsprechend.

§ 14
Entschädigung

(1) Den Entschädigungsanspruch nach § 8 Nr. 8 BRTV hat der Arbeitnehmer, den Anspruch nach § 8 Nr. 9 Halbsatz 1 Alternative 3 BRTV hat der Erbe unter Vorlage eines Erbscheines oder eines anderen geeigneten Nachweises der Erbberechtigung schriftlich bei der ULAK zu beantragen; dabei ist eine vorhandene Bankverbindung anzugeben. Soweit die ULAK dazu berechtigt ist, führt sie die auf die Ansprüche nach Satz 1 entfallende Lohnsteuer an die zuständige Finanzbehörde ab.

(2) Dieser Antrag ist innerhalb des auf den Verfall der Urlaubsansprüche folgenden Kalenderjahres zu stellen. Bei einem Rechtsstreit über die Verpflichtung des Arbeitgebers zur Teilnahme an dem Urlaubskassenverfahren kann der Antrag noch innerhalb eines Jahres nach dessen rechtskräftigem Abschluss gestellt werden. Der Lauf der Frist nach § 8 Nr. 8 Satz 2 BRTV vom 28. September 2018 ist während eines Rechtsstreites aus Anlass der unterbliebenen Beitragszahlung gehemmt.

Abschnitt IV
Sozialkassenbeiträge

§ 15
Beitrag für gewerbliche Arbeitnehmer

(1) Der Arbeitgeber hat zur Finanzierung der tarifvertraglich festgelegten Leistungen als Sozialkassenbeitrag ab dem Jahr 2024 einen Gesamtbetrag von 18,7 v. H. der Summe der Bruttolöhne aller von diesem Tarifvertrag gemäß § 1 Abs. 3 Nr. 1 erfassten Arbeitnehmer des Betriebes (Bruttolohnsumme) an die Einzugsstelle abzuführen. Die darin enthaltenen Prozentsätze für das Urlaubsverfahren betragen 15,1 v. H., für das Berufsbildungsverfahren 2,2 v. H. und für die Zusatzversorgung 1,4 v. H.

(2) Der Arbeitgeber mit Betriebssitz in den Ländern Baden-Württemberg, Bayern, Bremen, Hamburg, Hessen, Niedersachsen, Nordrhein-Westfalen, Rheinland-Pfalz, Saarland und Schleswig-Holstein hat ab dem Jahr 2024 zur Finanzierung der tarifvertraglich festgelegten Leistungen abweichend von Abs. 1 als Sozialkassenbeitrag einen Gesamtbetrag von 20,5 v. H. der Bruttolohnsumme an die Einzugsstelle abzuführen. Die darin enthaltenen Prozentsätze für das Urlaubsverfahren betragen 15,1 v. H., für das Berufsbildungsverfahren 2,2 v. H. und für die Zusatzversorgung 3,2 v. H.

(3) Der Arbeitgeber mit Betriebssitz im Westteil des Landes Berlin hat zur Finanzierung der tarifvertraglich festgelegten Leistungen abweichend von Abs. 1 einen Gesamtbetrag von 25,65 v. H. der Bruttolohnsumme an die Einzugsstelle abzuführen. Die darin enthaltenen Prozentsätze für das Urlaubsverfahren betragen 15,1 v. H., für das Berufsbildungsverfahren 1,65 v. H. und für die Zusatzversorgung 3,2 v. H.

Der Arbeitgeber mit Betriebssitz im Ostteil des Landes Berlin hat zur Finanzierung der tarifvertraglich festgelegten Leistungen abweichend von Satz 1 ab dem Jahr 2024 einen

Gesamtbetrag von 23,85 v. H. der Bruttolohnsumme an die Einzugsstelle abzuführen. Die darin enthaltenen Prozentsätze für das Urlaubsverfahren betragen 15,1 v. H., für das Berufsbildungsverfahren 1,65 v. H. und für die Zusatzversorgung 1,4 v. H.

(4) Bruttolohn ist

a) der für die Berechnung der Lohnsteuer zugrunde zu legende und in die Lohnsteuerbescheinigung einzutragende Bruttoarbeitslohn einschließlich der Sachbezüge, die nicht pauschal nach § 40 EStG versteuert werden,

b) der nach §§ 40 a und 40 b und 52 Abs. 40 EStG pauschal zu versteuernde Bruttoarbeitslohn mit Ausnahme des Beitrages für die tarifliche Zusatzversorgung der Arbeitnehmer (Abs. 1 Satz 2, Abs. 2 Satz 2, Abs. 3 Satz 2 und 4 sowie Abs. 7), des Arbeitgeberanteils an der Finanzierung der Tariflichen Zusatzrente (§ 2 Absätze 1 bis 5 des Tarifvertrages über eine Zusatzrente im Baugewerbe) sowie des Beitrages zu einer Gruppen-Unfallversicherung;

Zum Bruttolohn gehören nicht das tarifliche 13. Monatseinkommen oder betriebliche Zahlungen mit gleichem Charakter (z. B. Weihnachtsgeld, Jahressonderzahlung), Urlaubsabgeltungen nach § 8 Nr. 6 BRTV und Abfindungen, die für die Beendigung des Arbeitsverhältnisses gezahlt werden.

Für Arbeitnehmern, die nicht dem deutschen Lohnsteuerrecht unterliegen, wird der Lohn einschließlich der Sachbezüge zugrunde gelegt, der nach Satz 1 bei Geltung des deutschen Steuerrechts unter Berücksichtigung von Satz 2 den Bruttolohn bildet.

(5) Kennt die Einzugsstelle die angefallene Bruttolohnsumme nicht, kann sie insoweit eine Schätzung vornehmen. Das gilt auch, wenn die Einzugsstelle weder die Anzahl der im Abrechnungszeitraum beschäftigten gewerblichen Arbeitnehmer noch die Zahl der von ihnen im Abrechnungszeitraum geleisteten Arbeitsstunden kennt. Für die Schätzung kann die Einzugsstelle unterstellen, dass

- jeder gewerbliche Arbeitnehmer den nach dem Tarifvertrag zur Regelung der Mindestlöhne im Baugewerbe im Gebiet der Bundesrepublik Deutschland (TV Mindestlohn) geschuldeten Mindestlohn erhalten hat, mindestens für 50 v. H. der Arbeitnehmer des Betriebes in Höhe des Mindestlohns 2,
- jeder gewerbliche Arbeitnehmer den vom Statistischen Bundesamt für die Bauwirtschaft ermittelten durchschnittlichen Bruttoarbeitslohn erhalten hat,
- Bruttoarbeitslöhne in Höhe von zwei Dritteln des Nettoumsatzes gezahlt wurde.

Die Einzugsstelle ist dazu berechtigt, auch andere Schätzgrundlagen zu verwenden. Die Meldepflichten des Arbeitgebers nach Abschnitt II bleiben unberührt.

(6) Erstattungsforderungen des Arbeitgebers einschließlich seiner Forderungen gemäß § 13 Abs. 2 Satz 1 sind mit der Maßgabe zweckgebunden, dass der Arbeitgeber über sie nur verfügen kann, wenn das bei der Einzugsstelle bestehende Beitragskonto einschließlich der darauf gebuchten Verzugszinsen und Kosten ausgeglichen ist und er seinen Meldepflichten

entsprochen hat. Eine Aufrechnung gegen bestehende Beitragsrückstände ist für den Arbeitgeber ausgeschlossen. §§ 366, 367 BGB finden keine Anwendung.

(7) Zur Finanzierung der Zusatzversorgung eines Dienstpflichtigen hat der Arbeitgeber einen monatlichen Beitrag von 15,00 €, der in Abs. 2 oder in Abs. 3 Unterabs. 1 genannte Arbeitgeber einen monatlichen Beitrag von 78,00 € an die Einzugsstelle abzuführen. Beginnt die Dienstzeit nicht am Ersten eines Monats bzw. endet sie nicht am Letzten eines Monats, so ist für jeden Kalendertag ein Dreißigstel des jeweiligen Betrages zu zahlen.

§ 16
Beitrag für Angestellte und Auszubildende zur Finanzierung der Zusatzversorgung

(1) Zur Finanzierung der Zusatzversorgung der Angestellten hat der Arbeitgeber für jeden Kalendermonat eines bestehenden Arbeitsverhältnisses der von diesem Tarifvertrag gemäß § 1 Abs. 3 Nr. 2 erfassten Angestellten, die nicht nur eine geringfügige Beschäftigung im Sinne von § 8 SGB IV ausüben, einen monatlichen Beitrag an die Einzugsstelle abzuführen.

(2) Der monatliche Beitrag beträgt für

a) Arbeitgeber mit Betriebssitz im Gebiet der alten Bundesländer und des Westteils des Landes Berlin 67,00 €,

b) Arbeitgeber mit Betriebssitz im Gebiet der neuen Bundesländer und des Ostteils des Landes Berlin 25,00 €, ab dem 1. Juni 2022 27,50 € und ab dem 1. Januar 2024 35,00 €.

(3) Beginnt das Arbeitsverhältnis nicht am Ersten eines Monats bzw. endet es nicht am Letzten eines Monats, so ist für jeden Arbeitstag ein Zwanzigstel des jeweiligen in Abs. 2 genannten Betrages zu zahlen. Während des Ruhens des Arbeitsverhältnisses besteht keine Beitragspflicht.

(4) Für Angestellte in einem zweiten Arbeitsverhältnis mit der Lohnsteuerklasse VI entfällt die Beitragspflicht auf Antrag des Arbeitgebers.

(5) Zur Finanzierung der Zusatzversorgung der Auszubildenden hat der Arbeitgeber für jeden Kalendermonat eines bestehenden Ausbildungsverhältnisses der von § 1 Abs. 3 des Tarifvertrages über die Berufsbildung im Baugewerbe erfassten Auszubildenden einen monatlichen Beitrag in Höhe von 20,00 € an die Einzugsstelle abzuführen.

(6) Zur Finanzierung der Zusatzversorgung eines Dienstpflichtigen hat der Arbeitgeber einen monatlichen Beitrag von 25,00 €, ab dem 1. Juni 2022 27,50 €, der in Abs. 2 Buchstabe a) genannte Arbeitgeber einen monatlichen Beitrag von 67,00 € an die Einzugsstelle abzuführen. Beginnt die Dienstzeit nicht am Ersten eines Monats bzw. endet sie nicht am Letzten eines Monats, so ist für jeden Kalendertag ein Dreißigstel des jeweiligen Betrages zu zahlen.

§ 17
Beitrag für Angestellte zur weiteren Finanzierung des Berufsbildungsverfahrens

(1) Zur Finanzierung der Berufsausbildung hat der Arbeitgeber für jeden Kalendermonat eines bestehenden Arbeitsverhältnisses der von diesem Tarifvertrag gemäß § 1 Abs. 3 Nr. 2 erfassten Angestellten, die nicht nur eine geringfügige Beschäftigung im Sinne von § 8 SGB IV ausüben, einen monatlichen Beitrag in Höhe von 18,00 € an die Einzugsstelle abzuführen.

(2) Beginnt das Arbeitsverhältnis nicht am Ersten eines Monats bzw. endet es nicht am Letzten eines Monats, so ist für jeden Arbeitstag ein Zwanzigstel des jeweiligen in Abs. 1 genannten Betrages zu zahlen. Während des Ruhens des Arbeitsverhältnisses besteht keine Beitragspflicht.

§ 18
Zahlung der Beiträge

(1) Der Sozialkassenbeitrag für gewerbliche Arbeitnehmer und die Beiträge zur Finanzierung der Berufsausbildung und der Zusatzversorgung der Angestellten sind für jeden Abrechnungszeitraum spätestens bis zum 28. des folgenden Monats bargeldlos an die Einzugsstelle zu zahlen. §§ 366, 367 BGB finden keine Anwendung.

(2) Die Einzugsstelle soll Erstattungen nach § 12 Abs. 1 dieses Tarifvertrages sowie nach §§ 19, 20 BBTV und nach §§ 3, 8 VTV Berufsbildung-Berlin dem Beitragskonto gutschreiben, wenn die fälligen Meldungen vollständig vorliegen und keine Zweifel an der Rechtmäßigkeit der geltend gemachten Erstattungen bestehen. Ist die Erstattung höher als die fällige Beitragsforderung, erstattet die ULAK dem Arbeitgeber den Differenzbetrag unter den in Satz 1 genannten Voraussetzungen. Die Sätze 1 und 2 finden auch Anwendung, wenn ein Arbeitgeber rückwirkend zur Meldung und Beitragszahlung heran gezogen wird.

(3) Der Arbeitgeber kann für die Zahlung der Beiträge, der Winterbeschäftigungs-Umlage sowie eventueller Verzugszinsen und Kosten ein Lastschriftmandat erteilen, aufgrund dessen die Einzugsstelle die Beiträge von seinem Bankkonto abbuchen darf. Die Einzugsstelle teilt die Abbuchung dem Arbeitgeber spätestens einen Tag vorher mit.

(4) Die Beiträge für die Zusatzversorgung der Dienstpflichtigen sind vom Arbeitgeber in einer Summe innerhalb von vier Wochen nach Beendigung der Dienstzeit an die Einzugsstelle zu zahlen. Mit rechtzeitiger Abtretung seines Erstattungsanspruchs nach § 14 a Arbeitsplatzschutzgesetz an die ZVK-Bau hat der Arbeitgeber seine Verpflichtung zur Beitragszahlung erfüllt. Die Abtretung ist auf dem von der ZVK-Bau zur Verfügung gestellten Formular schriftlich zu erklären und mit der Dienstzeitbescheinigung der Einzugsstelle zu übersenden.

(5) Soweit der Beitrag für die Zusatzversorgung nicht steuerfrei gezahlt wird, ist der Einzugsstelle spätestens zwei Monate nach Ablauf des Kalenderjahres oder nach Beendigung eines Arbeitsverhältnisses im Laufe des Kalenderjahres mitzuteilen, ob der Beitrag pauschal oder individuell besteuert wird.

(6) Die Einzugsstelle ist im Rahmen der tarifvertraglichen Bestimmungen zur Zusatzversorgung an die Weisungen der ZVK-Bau gebunden.

(7) Die Beiträge für die Zusatzversorgung der Auszubildenden zahlt die ULAK im Rahmen der Erstattung der Ausbildungsvergütung nach § 19 des Tarifvertrages über die Berufsbildung im Baugewerbe für den Arbeitgeber an die ZVK-Bau; damit ist die Beitragspflicht des Arbeitgebers nach § 16 Abs. 5 erfüllt.

§ 19
Spitzenausgleichsverfahren

(1) Im Spitzenausgleichsverfahren werden die Beitragsansprüche und die Erstattungsansprüche des Arbeitgebers abweichend von § 12 Abs. 1, § 18 Abs. 1 dieses Tarifvertrages sowie §§ 19, 20 BBTV und §§ 3, 8 VTV Berufsbildung-Berlin für jeweils vier aufeinander folgende Abrechnungszeiträume (Spitzenausgleichsintervalle) saldiert. § 387 BGB bleibt unberührt. Bei der Ermittlung des Saldos sind nur diejenigen Urlaubsvergütungen und Ausbildungsvergütungen zu berücksichtigen, die für das abgelaufene Spitzenausgleichsintervall nach § 6 ordnungsgemäß der ULAK gemeldet wurden. Die Kasse teilt dem Arbeitgeber den von ihr ermittelten Saldo nachrichtlich mit. Korrekturmeldungen für die Berichtigung von bereits gemeldeten Daten, die der ULAK nach dem 15. des auf das Spitzenausgleichsintervall folgenden Monats zugehen, werden für das Spitzenausgleichsintervall berücksichtigt, in dem sie abgegeben werden.

(2) Ergibt sich bei der nach Abs. 1 vorzunehmenden Berechnung ein Saldo zugunsten der Einzugsstelle, so ist der entsprechende Betrag spätestens bis zum letzten Tag des auf das Spitzenausgleichsintervall folgenden Monats bei der Einzugsstelle einzuzahlen. Ergibt sich dagegen ein Saldo zugunsten des Arbeitgebers, so zahlt die Einzugsstelle den entsprechenden Betrag unverzüglich an den Arbeitgeber. Führt der Arbeitgeber die Winterbeschäftigungs-Umlage über die Einzugsstelle ab, so ist diese berechtigt, den Betrag gemäß Satz 2 bis zur Höhe des an die Bundesagentur für Arbeit abzuführenden Umlagebetrages dem Winterbeschäftigungs-Umlagekonto gutzuschreiben.

(3) Die Einzugsstelle kann den Arbeitgeber zum Spitzenausgleichsverfahren zulassen. Die Zulassung setzt insbesondere voraus, dass der Arbeitgeber für die letzten zwölf Monate vor Eingang seiner Erklärung, an dem Spitzenausgleichsverfahren teilnehmen zu wollen, seine Meldungen und seine Beitragszahlungen vollständig und fristgerecht an die Einzugsstelle erbracht hat. Diese Voraussetzung ist auch erfüllt, wenn der Arbeitgeber innerhalb dieses Zeitraumes nur für einen Kalendermonat in Verzug war und nach Erinnerung seinen Verpflichtungen nachgekommen ist.

(4) Die Zulassung zum Spitzenausgleichsverfahren endet mit dem Tag, an dem

a) der Arbeitgeber gegenüber der Einzugsstelle mit seiner monatlichen Beitragsmeldung oder Beitragszahlung in Verzug kommt,

b) der Arbeitgeber gegenüber der ULAK mit seinen Meldeverpflichtungen nach §§ 5, 6 dieses Tarifvertrages, §§ 20, 21 BBTV oder § 3 a) Satz 2 VTV Berufsbildung-Berlin in Verzug kommt,

c) die Eröffnung eines Insolvenzverfahrens über das Vermögen des Arbeitgebers beantragt wurde, oder

d) der Arbeitgeber eine Erstattung von Urlaubsvergütungen beantragt, die er noch nicht an seine Arbeitnehmer gezahlt hat.

In den in den Buchstaben a) und b) genannten Fällen kann die Beendigung der Zulassung zum Spitzenausgleichsverfahren dadurch abgewendet werden, dass der Arbeitgeber den genannten Verpflichtungen nachträglich nachkommt. Die Einzugsstelle ist verpflichtet, den Arbeitgeber auf diese Möglichkeit hinzuweisen und ihm hierfür eine Frist von 14 Kalendertagen seit Absendung des entsprechenden Schreibens einzuräumen.

Mit der Beendigung des Spitzenausgleichsverfahrens ist der Saldo nach Abs. 1 zu bilden. Ergibt sich dabei ein Saldo zugunsten der Einzugsstelle, so ist der entsprechende Betrag spätestens bis zum letzten Tag des Monats, in dem die Zulassung des Arbeitgebers zum Spitzenausgleichsverfahren endet, bei der Einzugsstelle einzuzahlen. Ergibt sich dagegen ein Saldo zugunsten des Arbeitgebers, so zahlt die Einzugsstelle den entsprechenden Betrag unverzüglich an den Arbeitgeber aus. Hat die Einzugsstelle dem Arbeitgeber die 14-tägige Frist nach Abs. 4 Satz 3 eingeräumt, so ist sie erst nach Ablauf dieser Frist zur Überweisung des sich aus dem Saldo ergebenden Betrages verpflichtet. Für denjenigen Abrechnungszeitraum, für den ein Saldo wegen fehlender Beitragsmeldung nicht gebildet werden kann, ist der Sozialkassenbeitrag spätestens bis zum letzten Tag des auf diesen Abrechnungszeitraum folgenden Monats bei der Einzugsstelle einzuzahlen. Bis zur Erfüllung dieser Verpflichtung ist diese berechtigt, für jeden Abrechnungszeitraum, für den ein Saldo wegen fehlender Beitragsmeldung nicht gebildet werden kann, aus einem Saldo zugunsten des Arbeitgebers gemäß Satz 6 einen Betrag in Höhe des durchschnittlichen monatlichen Sozialkassenbeitrages der letzten zwölf Monate zurückzubehalten. Im Übrigen gilt Abs. 2 Satz 3.

(5) Der Arbeitgeber hat der Einzugsstelle mitzuteilen, ab welchem Zeitpunkt er an dem Spitzenausgleichsverfahren teilnehmen will und für wie viele Abrechnungszeiträume ein Spitzenausgleichsintervall gebildet werden soll. Eine Änderung der Spitzenausgleichsintervalle ist jeweils frühestens nach zwölf Monaten möglich. Die Erklärungen gemäß Satz 1 und 2 sind mit einer Ankündigungsfrist von sechs Wochen abzugeben. Eine Erklärung des Arbeitgebers zur Beendigung der Teilnahme an dem Spitzenausgleichsverfahren ist mit einer Frist von sechs Wochen zum Ende eines Spitzenausgleichsintervalls abzugeben.

§ 20
Verzug und Verzugszinsen

(1) Die zuständige Kasse hat Anspruch auf Verzugszinsen für das Jahr in Höhe von 0,9 v. H. der Beitragsforderung für jeden angefangenen Monat des Verzuges; diese sind an die Einzugsstelle zu zahlen.

(2) Bei Verzug nach Abs. 1 berechnen sich die Verzugszinsen aus dem gesamten nicht rechtzeitig gezahlten Beitrag. § 389 BGB findet keine Anwendung.

Abschnitt V
Schlussbestimmungen

§ 21
Verfall und Verjährung

(1) Die Ansprüche der zuständigen Kasse gegen den Arbeitgeber verfallen, wenn sie nicht innerhalb von drei Jahren seit Fälligkeit geltend gemacht worden sind. Abweichend hiervon verfallen Ansprüche der zuständigen Kasse gegen den Arbeitgeber, die bis zum Ablauf des Jahres 2014 fällig geworden sind, wenn sie nicht innerhalb von vier Jahren seit Fälligkeit geltend gemacht worden sind. Für den Beginn der Frist gilt § 199 BGB entsprechend. Der Verfall wird auch gehemmt, wenn die Ansprüche rechtzeitig bei Gericht anhängig gemacht wurden. Die Verfallfristen gelten nicht für Ansprüche aus unerlaubter Handlung.

(2) Ansprüche des Arbeitgebers auf Erstattung der Urlaubsvergütung verfallen zugunsten der zuständigen Kasse, wenn sie nicht bis zum 30. September des Kalenderjahres geltend gemacht worden sind, welches auf das Kalenderjahr folgt, in dem der Erstattungsanspruch entstanden ist. Im Falle der Beendigung des Arbeitsverhältnisses und im Falle der Fortsetzung des Arbeitsverhältnisses, ohne dass der Arbeitnehmer weiter von dem Bundesrahmentarifvertrag für das Baugewerbe erfasst wird, verfallen die Ansprüche jedoch bereits am 15. des zweiten auf den Monat der Beendigung folgenden Monats.

(3) Wird der Arbeitgeber rückwirkend zur Meldung und Beitragszahlung herangezogen, so beträgt die Verfallfrist in allen Fällen des Abs. 2 zwei Jahre. Sie beginnt mit Ablauf des Jahres, in dem die Einzugsstelle dem Arbeitgeber seine Beitragspflicht mitgeteilt hat, im Falle eines Rechtsstreits jedoch frühestens mit Ablauf des Jahres, in dem rechtskräftig oder durch übereinstimmende Erklärungen der Parteien festgestellt wird, dass der Betrieb von diesem Tarifvertrag erfasst wird.

(4) Die regelmäßige Verjährungsfrist für Ansprüche der Kassen gegen den Arbeitgeber und Ansprüche der Arbeitgeber gegenüber den Kassen beträgt drei Jahre. Abweichend hiervon beträgt die Verjährungsfrist für Ansprüche der Kassen gegen den Arbeitgeber und Ansprüche der Arbeitgeber gegenüber den Kassen, die bis zum Ablauf des Jahres

2014 fällig geworden sind, vier Jahre. Die Verjährungsfristen gelten nicht für Ansprüche aus unerlaubter Handlung.

§ 22
Kosten von Zahlungen

Zahlungen auf inländische Bankkonten erfolgen für den Empfänger kostenfrei. Werden Zahlungen ins Ausland erforderlich, so hat der Empfänger die Kosten zu tragen.

§ 23
Erfüllungsort und Gerichtsstand

(1) Erfüllungsort und Gerichtsstand für Ansprüche der ZVK-Bau und der ULAK gegen Arbeitgeber und deren Arbeitnehmer sowie für Ansprüche der Arbeitgeber und Arbeitnehmer gegen diese Kassen ist Wiesbaden. Dies gilt auch für Beitragsansprüche der UKB.

(2) Abweichend von Abs. 1 ist Berlin Gerichtsstand für Ansprüche der ZVK-Bau und der ULAK gegen Arbeitgeber mit Betriebssitz im Gebiet der fünf neuen Bundesländer und deren Arbeitnehmer sowie für Ansprüche dieser Arbeitgeber und Arbeitnehmer gegen diese Kassen.

(3) Abweichend von Abs. 1 ist Berlin Erfüllungsort und Gerichtsstand für Ansprüche der Kassen gegen Arbeitgeber mit Betriebssitz in Berlin und deren Arbeitnehmer sowie für Ansprüche dieser Arbeitgeber und Arbeitnehmer gegen diese Kassen.

(4) Die Absätze 1 bis 3 gelten auch für Ansprüche nach § 14 AEntG.

§ 24
Prüfungsrecht

Den Kassen ist auf Verlangen Einsicht in die für die Durchführung des Einzugs- und Erstattungsverfahrens notwendigen Unterlagen, auf Anforderung auch durch Übersendung von Kopien, zu gewähren. Ihnen sind außerdem alle erforderlichen Auskünfte zu erteilen.

§ 25
Rückforderung von Leistungen

Hat eine Kasse dem Arbeitgeber oder dem Arbeitnehmer gegenüber Leistungen erbracht, auf die dieser zum Zeitpunkt der Antragstellung keinen tarifvertraglichen Anspruch hatte oder die aufgrund unwahrer Angaben erfolgt sind, so ist die Kasse berechtigt, die von ihr gewährten Leistungen zurückzufordern und für die Zeit zwischen Leistungsgewährung und Rückzahlung Zinsen entsprechend § 20 zu fordern. Die bescheinigten Arbeitnehmeransprüche sind durch die Kasse entsprechend zu berichtigen.

§ 26
Auskünfte

Die Kassen sind verpflichtet, der Bundesagentur für Arbeit, deren Dienststellen und den Dienststellen der Zollverwaltung diejenigen Auskünfte zu erteilen, die zur Beurteilung der ordnungsgemäßen Teilnahme am Urlaubskassenverfahren benötigt werden.

§ 27
Anpassung des Sozialkassenbeitrages

Stellt sich nach Ablauf eines Kalenderjahres heraus, dass der Sozialkassenbeitrag zu hoch oder zu niedrig ist, um die tarifvertraglich festgelegten Leistungen zu decken, so hat auf Antrag einer der Tarifvertragsparteien für das nächste Kalenderjahr eine entsprechende Änderung zu erfolgen.

§ 28
Einzug und Erlass des Sozialkassenbeitrages

(1) Die Einzugsstelle hat die von ihr einzuziehenden Beiträge grundsätzlich rechtzeitig und vollständig zu erheben.

(2) Die zuständige Kasse ist berechtigt, Forderungen zu stunden und Ratenzahlungsvereinbarungen abzuschließen, wenn die rechtzeitige Erhebung mit erheblichen Härten des zur Beitragszahlung Verpflichteten verbunden wäre. Das gilt nicht für Beiträge für die Zusatzversorgung.

(3) Verzugszinsen darf die zuständige Kasse ganz oder teilweise erlassen, soweit ihre Durchsetzung nach Lage des einzelnen Falles unbillig erscheint.

(4) Die zuständige Kasse kann Ansprüche erlassen, wenn und soweit die Träger der Sozialversicherung gemäß § 76 Abs. 2 Nr. 3 SGB IV sowie die Finanzbehörden gemäß § 227 AO ihre Ansprüche erlassen. Der zur Beitragszahlung Verpflichtete hat nachzuweisen, dass und zu welchem Prozentsatz ihrer Forderungen die Träger der Sozialversicherung sowie die Finanzbehörden sich zu einem Erlass bereit erklärt haben. § 12 Abs. 2 Satz 3 TZA Bau findet keine Anwendung, soweit wegen des Erlasses Beiträge nicht entrichtet worden sind.

§ 29
Durchführung der Verfahren

(1) Der Verwaltungsrat der ULAK und der Aufsichtsrat der ZVK sind ermächtigt, paritätische Kommissionen einzusetzen, die über Fragen der Abwicklung und Durchführung der in diesem Tarifvertrag geregelten Sozialkassenverfahren vorbehaltlich des Abs. 3 auf der Grundlage der maßgeblichen tarifvertraglichen Bestimmungen entscheiden.

(2) Soweit die Bestimmungen dieses Tarifvertrages auslegungsbedürftig erscheinen, obliegt diese Tarifvertragsauslegung im Rahmen der in Abs. 1 genannten Aufgaben ebenfalls den paritätischen Kommissionen.

(3) Soweit die vorstehenden Bestimmungen lediglich technische Verfahrensvorschriften enthalten, sind die das Verfahren durchführenden Kassen befugt, solche Bestimmungen zu treffen, die durch eine Vereinfachung des Verfahrens die günstigsten Wirkungen für Arbeitgeber und Arbeitnehmer gewährleisten.

§ 30
Rechtswahl

Für die Durchführung der Verfahren nach diesem Tarifvertrag gilt deutsches Recht.

§ 31
Inkrafttreten und Laufdauer

Dieser Tarifvertrag tritt am 1. Januar 2024 in Kraft. Er kann mit einer Frist von sechs Monaten zum 31. Dezember, erstmals zum 31. Dezember 2024 gekündigt werden.

Berlin/Frankfurt a. M., 28. September 2018 / 29. Januar 2021 / 7. Januar 2022 / 10. November 2022 / 13. Dezember 2023

Zentralverband des Deutschen Baugewerbes e. V., Kronenstraße 55–58, 10117 Berlin

Nostitz

Hauptverband der Deutschen Bauindustrie e. V., Kurfürstenstraße 129, 10785 Berlin

Beeke

Industriegewerkschaft Bauen–Agrar–Umwelt, Olof-Palme-Straße 19, 60439 Frankfurt a. M.

Feiger Burckhardt

Tarifvertrag über Sozialaufwandserstattung im Berliner Baugewerbe – gewerbliche Arbeitnehmer – vom 17. Dezember 2002

Zwischen

der Fachgemeinschaft Bau Berlin und Brandenburg e. V.,
Nassauische Straße 15, 10717 Berlin,

dem Bauindustrieverband Berlin-Brandenburg e. V.,
Karl-Marx-Straße 27, 14482 Potsdam,

dem Landesverband Bauhandwerk Brandenburg und Berlin e. V.,
Am Schragen 26, 14469 Potsdam,

und

der Industriegewerkschaft Bauen-Agrar-Umwelt,
Olof-Palme-Straße 19, 60439 Frankfurt a. M.,

wird folgender Tarifvertrag geschlossen:

§1
Geltungsbereich

(1) Räumlicher Geltungsbereich:

Das Gebiet des Landes Berlin.

(2) Betrieblicher Geltungsbereich:

Betriebe, die unter den betrieblichen Geltungsbereich des Tarifvertrages über das Sozialkassenverfahren im Baugewerbe (VTV) in der jeweils geltenden Fassung fallen.

(3) Persönlicher Geltungsbereich:

Gewerbliche Arbeitnehmer (Arbeiter), die eine nach den Vorschriften des Sechsten Buches Sozialgesetzbuch – Gesetzliche Rentenversicherung – (SGB VI) versicherungspflichtige Tätigkeit ausüben.

§ 2
Sozialaufwandserstattungssatz

(1) Die Sozialkasse des Berliner Baugewerbes erstattet dem Arbeitgeber neben ausgezahlten Urlaubsvergütungen und Lohnausgleichsbeträgen nach den Bestimmungen des VTV einen Zuschlag auf die ausgezahlten Beträge als Ausgleich für die von ihm zu leistenden Sozialaufwendungen (Sozialaufwandserstattungssatz). Der Sozialaufwandserstattungssatz beträgt 45 % auf die ausgezahlten Urlaubsvergütungen und 20 % auf die ausgezahlten Lohnausgleichsbeträge.

(2) Sozialaufwandserstattung gemäß Abs. 1 wird auch auf Urlaubsvergütung gewährt, die von Betrieben mit Sitz im Land Berlin gezahlt wurde, aber im Geltungsbereich des Bundesrahmentarifvertrages für das Baugewerbe (BRTV) aufgrund von Beschäftigungszeiten der Arbeitnehmer außerhalb des Landes Berlin erworben wurden. Die Sozialaufwandserstattung ist zurückzuzahlen, wenn nicht mindestens 9 Tage Urlaubsanspruch durch zusammenhängende Beschäftigungen in Berlin erworben wurden, bevor wieder eine Beschäftigung in einem Betrieb im übrigen Bundesgebiet, der unter den Geltungsbereich des BRTV fällt, aufgenommen wird. Darüber hinaus erfolgt keine Sozialaufwandserstattung für die Auszahlung von Urlaubsvergütungs-Teilansprüchen, die durch Beschäftigung im übrigen Bundesgebiet erworben wurden. Betriebe aus dem übrigen Bundesgebiet erhalten für Urlaubsvergütungen, die auf Beschäftigungszeiten in Berliner Betrieben zurückgehen, keine Sozialaufwandserstattung. Verlegt ein Betrieb seinen Sitz aus Berlin in das übrige Bundesgebiet ohne aus dem betrieblichen Geltungsbereich dieses Tarifvertrages auszuscheiden, so hat er Anspruch auf Sozialaufwandserstattung auf Urlaubsvergütungsansprüche der zu dieser Zeit Beschäftigten, so als ob diese zum Zeitpunkt der Verlegung des Sitzes gewährt worden wären, soweit die Urlaubsvergütungsansprüche in diesem Betrieb vor der Verlegung des Sitzes zusammenhängend erworben wurden. Kein Anspruch besteht für die Arbeitnehmer, die bis zum Zeitpunkt der Verlegung aus dem Betrieb ausgeschieden sind.

(3) Soweit Arbeitgebern für witterungsbedingten Arbeitsausfall nach § 4 Nr. 6.4 BRTV der Anspruch auf Entschädigung verfallener Urlaubsansprüche abgetreten wurde, erstattet die Sozialkasse den Arbeitgebern 45 % des Abtretungsbetrages als Sozialaufwandserstattung.

§ 3
Beitragshöhe und -abführung

Der Beitrag zur Finanzierung der in § 2 geregelten Leistungen wird als Teil des Gesamtbeitrages nach den Bestimmungen des VTV erhoben.

§ 4
Verfallfrist

(1) Die Ansprüche der Sozialkasse gegen den Arbeitgeber verfallen, wenn sie nicht innerhalb von vier Jahren seit Fälligkeit geltend gemacht worden sind. Für den Beginn der Frist gilt § 199 BGB entsprechend.

(2) Abs. 1 gilt nicht für Ansprüche aus unerlaubter Handlung.

§ 5
Rückforderung von Leistungen

Hat die Sozialkasse dem Arbeitgeber gegenüber Leistungen erbracht, auf die dieser zum Abrechnungszeitpunkt keinen Anspruch hatte oder die aufgrund unwahrer Angaben erfolgt sind, so ist die Sozialkasse berechtigt, diese zurückzufordern und hat für die Zeit zwischen Leistungsgewährung und Rückzahlung Anspruch auf Verzugszinsen in gesetzlicher Höhe.

§ 6
Erfüllungsort und Gerichtsstand

Erfüllungsort und Gerichtsstand für Ansprüche der Sozialkasse gegen Arbeitgeber sowie für Ansprüche der Arbeitgeber gegen die Sozialkasse ist Berlin.

§ 7
Allgemeinverbindlicherklärung

Die Tarifvertragsparteien verpflichten sich, die Allgemeinverbindlicherklärung dieses Tarifvertrages unverzüglich zu beantragen.

§ 8
Inkrafttreten/Vertragsdauer

(1) Dieser Tarifvertrag tritt am 1. Juli 2003 in Kraft. Der Tarifvertrag kann mit einer Frist von 6 Monaten – jeweils zum 31. Dezember, erstmalig zum 31. Dezember 2004 – gekündigt werden.

(2) Der Tarifvertrag über die Sozialaufwandserstattung im Berliner Baugewerbe vom 5. Dezember 1997 tritt mit Ablauf des 30. Juni 2003 außer Kraft.

Berlin/Potsdam/Frankfurt a. M., den 17. Dezember 2002

Fachgemeinschaft Bau Berlin und
Brandenburg e. V.,
Nassauische Straße 15, 10717 Berlin

Landesverband Bauhandwerk
Brandenburg und Berlin e. V.,
Am Schragen 26, 14469 Potsdam

Bauindustrieverband Berlin-
Brandenburg e. V.,
Karl-Marx-Straße 27, 14482 Potsdam

Industriegewerkschaft
Bauen-Agrar-Umwelt,
Olof-Palme-Straße 19,
60439 Frankfurt a. M.

Vereinbarung über die Sozialkassenbeiträge im Gebiet des Landes Berlin vom 28. November 2018

Zwischen

der Fachgemeinschaft Bau Berlin und Brandenburg e. V.,
Nassauische Straße 15, 10717 Berlin,

dem Bauindustrieverband Ost e. V.,
Karl-Marx-Straße 27, 14482 Potsdam,

dem Landesverband Bauhandwerk Brandenburg und Berlin e. V.,
Otto-Erich-Straße 11–13, 14482 Potsdam,

und

der Industriegewerkschaft Bauen-Agrar-Umwelt.
Olof-Palme-Straße 19, 60439 Frankfurt a. M.,

wird folgendes vereinbart:

Die Sozialkassenbeiträge für das Land Berlin WEST werden mit Wirkung zum 1. Januar 2019 wie folgt festgelegt:

1. Im Gebiet von Berlin-West:

1.1	für Erstattung von Urlaubsvergütung	15,40 %	
1.2	für Sozialaufwandserstattung	5,70 %	
1.3	für Erstattung von Kosten der Berufsbildung	1,65 %	
1.4	für Zusatzversorgung (bzw. der von den Spitzenverbänden des Baugewerbes festgelegte Prozentsatz)	3,00 %	
Gesamtbeitrag =		**25,75 %**	**der Bruttolohnsumme**

Die Sozialkassenbeiträge für das Land Berlin OST werden mit Wirkung zum 1. Januar 2019 wie folgt festgelegt:

2. Im Gebiet von Berlin-Ost:

2.1	für Erstattung von Urlaubsvergütung	15,40 %	
2.2	für Sozialaufwandserstattung	5,70 %	
2.3	für Erstattung von Kosten der Berufsbildung	1,65 %	
2.4	für Zusatzversorgung (bzw. der von den Spitzenverbänden des Baugewerbes festgelegte Prozentsatz)	1,00 %	
Gesamtbeitrag =		**23,75 %**	**der Bruttolohnsumme**

und mit Wirkung zum 1. Januar 2020

3. Im Gebiet von Berlin-Ost:

3.1	für Erstattung von Urlaubsvergütung	15,40 %	
3.2	für Sozialaufwandserstattung	5,70 %	
3.3	für Erstattung von Kosten der Berufsbildung	1,65 %	
3.4	für Zusatzversorgung (bzw. der von den Spitzenverbänden des Baugewerbes festgelegte Prozentsatz)	1,10 %	
Gesamtbeitrag =		**23,85 %**	**der Bruttolohnsumme**

Berlin/Potsdam/Frankfurt a. M., den 28. November 2018

Fachgemeinschaft Bau Berlin
und Brandenburg e. V.,
Nassauische Straße 15, 10717 Berlin

Müller Gresitza

Landesverband Bauhandwerk
Brandenburg und Berlin e. V.,
Otto-Erich-Straße 11-13,
14482 Potsdam

Schumann

Bauindustrieverband Ost e. V.,
Karl-Marx-Straße 27, 14482 Potsdam

Momberg

Industriegewerkschaft
Bauen-Agrar-Umwelt,
Olof-Palme-Straße 19,
60439 Frankfurt a. M.

Feiger Schäfers

Tarifvertrag über zusätzliche Angaben im arbeitnehmerbezogenen Meldeverfahren im Berliner Baugewerbe (TV ZABB) vom 19. Mai 2006

Zwischen

der Fachgemeinschaft Bau Berlin und Brandenburg e. V.,
Nassauische Straße 15, 10717 Berlin,

dem Bauindustrieverband Berlin-Brandenburg e. V.,
Karl-Marx-Straße 27, 14482 Potsdam,

dem Landesverband Bauhandwerk Brandenburg und Berlin e. V.,
Röhrenstraße 6, 14480 Potsdam,

und

der Industriegewerkschaft Bauen-Agrar-Umwelt,
Olof-Palme-Straße 19, 60439 Frankfurt a. M.,

wird folgender Tarifvertrag geschlossen:

§ 1
Geltungsbereich

(1) Räumlicher Geltungsbereich:

Das Gebiet des Landes Berlin.

(2) Betrieblicher Geltungsbereich:

Betriebe, die unter den betrieblichen Geltungsbereich des Tarifvertrages über das Sozialkassenverfahren im Baugewerbe (VTV) in der jeweils geltenden Fassung fallen.

(3) Persönlicher Geltungsbereich:

Gewerbliche Arbeitnehmer (Arbeiter). die eine nach den Vorschriften des Sechsten Buches Sozialgesetzbuch – Gesetzliche Rentenversicherung – (SGB VI) versicherungspflichtige Tätigkeit ausüben.

§ 2
Zusätzliche Angaben im arbeitnehmerbezogenen Meldeverfahren

(1) Der Arbeitgeber hat der Sozialkasse des Berliner Baugewerbes (Soka-Berlin) auf den von ihr zur Verfügung stellenden Vordrucken für jeden Kalendermonat bis zum 15. des

Folgemonats neben den in § 6 Abs. 1 des Tarifvertrages über das Sozialkassenverfahren im Baugewerbe (VTV) genannten Meldepflichten noch folgende Daten für jeden Arbeitnehmer mitzuteilen:

1. die Anzahl der geleisteten Arbeitsstunden,
2. die mit der Lohnabrechnung zur Auszahlung gelangenden Arbeitsstunden,
3. die Eingruppierung in die Lohngruppe 1 oder 2 und höher gemäß § 5 Bundesrahmentarifvertrag für das Baugewerbe (BRTV),
4. den der Lohnabrechnung zu Grunde liegenden Bruttostundenlohn (GTL) ohne Zuschläge.

(2) Der Tarifvertrag über das Sozialkassenverfahren im Baugewerbe (VTV) bleibt unberührt.

§ 3
Prüfungsrecht

Beauftragten der Sozialkasse ist auf Verlangen Einsicht in die für die Durchführung des Verfahrens notwendigen Unterlagen zu gestatten.

§ 4
Allgemeinverbindlichkeit

Die Tarifvertragsparteien verpflichten sich, die Allgemeinverbindlicherklärung dieses Tarifvertrages unverzüglich zu beantragen.

§ 5
Inkrafttreten/Vertragsdauer

Dieser Tarifvertrag tritt am 1. Januar 2007, frühestens jedoch mit Beginn seiner Allgemeinverbindlichkeit, in Kraft. Er kann mit einer Frist von 6 Monaten – jeweils zum 31. Dezember, erstmalig zum 31. Dezember 2008 – gekündigt werden.

Berlin/Potsdam/Frankfurt a. M., den 19. Mai 2006

Fachgemeinschaft Bau Berlin und
Brandenburg e. V.,
Nassauische Straße 15, 10717 Berlin

Bauindustrieverband
Berlin-Brandenburg e. V.,
Karl-Marx-Straße 27, 14482 Potsdam

Landesverband Bauhandwerk
Brandenburg und Berlin e. V.,
Röhrenstraße 6, 14480 Potsdam

Industriegewerkschaft
Bauen-Agrar-Umwelt,
Olof-Palme-Straße 19,
60439 Frankfurt a. M.

Schlichtungsabkommen für das Baugewerbe in der Bundesrepublik Deutschland vom 12. März 1979

in der Fassung vom 26. März 1993

Zwischen

dem Zentralverband des Deutschen Baugewerbes e. V.,
Godesberger Allee 99, 5300 Bonn 2,

dem Hauptverband der Deutschen Bauindustrie e. V.,
Abraham-Lincoln-Straße 30, 6200 Wiesbaden,

und

der Industriegewerkschaft Bau–Steine–Erden,
Bockenheimer Landstraße 73–77, 6000 Frankfurt a. M.;

wird zur Regelung von Gesamtstreitigkeiten
folgendes Schlichtungsabkommen geschlossen:

§ 1
Voraussetzungen für die Durchführung eines Schlichtungsverfahrens

(1) Entsteht zwischen den Tarifvertragsparteien des Bundesrahmentarifvertrages für das Baugewerbe ein Streitfall, der zu Kampfmaßnahmen führen kann, so haben die Tarifvertragsparteien innerhalb von vierzehn Kalendertagen in Verhandlungen einzutreten und zu versuchen, zu einer Einigung zu gelangen.

(2) Erklärt eine der streitenden Tarifvertragsparteien der anderen, dass eine Einigung nicht zu erzielen sei, oder lehnt eine dieser Parteien es ab, weiter zu verhandeln, so ist ein Schlichtungsverfahren nach Maßgabe nachstehender Bestimmungen durchzuführen.

§ 2
Zentralschlichtungsstelle

(1) Die Zentralschlichtungsstelle besteht aus einem unparteiischen Vorsitzenden sowie aus je vier Beisitzern der Arbeitgeber- und der Arbeitnehmerseite. Jede Seite bestimmt einen dieser Beisitzer zum Obmann.

(2) Der unparteiische Vorsitzende ist stimmberechtigt.

(3) Auf Antrag einer der Vertragsparteien sind zwei unparteiische Beisitzer mit Stimmrecht hinzuzuziehen, von denen je einer von der Arbeitgeberseite und der Arbeitnehmerseite benannt wird.

§ 3
Berufung des unparteiischen Vorsitzenden

(1) Der unparteiische Vorsitzende wird jeweils auf die Dauer von drei Jahren gemeinsam von den Vertragsparteien berufen.

(2) Einigen sich die Vertragsparteien nicht innerhalb von vierzehn Kalendertagen nach Inkrafttreten dieses Abkommens auf die Person des unparteiischen Vorsitzenden, so sind sie verpflichtet, den Präsidenten des Bundesarbeitsgerichts zu bitten, nach Anhörung der Parteien dieses Abkommens einen Unparteiischen zu bestimmen.

(3) Abs. 2 gilt entsprechend, wenn sich die Parteien dieses Abkommens vierzehn Kalendertage vor Ablauf der Amtszeit nicht auf eine Wiederberufung eines Unparteiischen oder die Berufung eines anderen Unparteiischen einigen.

§ 4
Zuständigkeit der Zentralschlichtungsstelle

Die Zentralschlichtungsstelle ist als einzige Instanz zuständig für alle Streitigkeiten zwischen den Tarifvertragsparteien des Bundesrahmentarifvertrages für das Baugewerbe, die zu Kampfmaßnahmen führen können. Sie ist ferner zuständig als Berufungsinstanz gegen Entscheidungen der Schlichtungsstellen der Landesorganisationen der Tarifvertragsparteien des Bundesrahmentarifvertrages des Baugewerbes.

§ 5
Anrufung der Zentralschlichtungsstelle

(1) Die Zentralschlichtungsstelle kann durch eine der Tarifvertragsparteien des Bundesrahmentarifvertrages angerufen werden. Die Anrufung muss schriftlich bei dem Vorsitzenden erfolgen; gleichzeitig ist eine Abschrift des Schreibens den anderen Tarifvertragsparteien des Bundesrahmentarifvertrages für das Baugewerbe zuzuleiten.

(2) Die Zentralschlichtungsstelle hat innerhalb von sieben Kalendertagen nach Anrufung zusammenzutreten.

§ 6
Verhandlung und Beschlussfassung

(1) Die Verhandlungen der Zentralschlichtungsstelle sind nicht öffentlich.

(2) Die Beschlüsse der Zentralschlichtungsstelle werden mit einfacher Mehrheit gefasst. Stimmenthaltungen sind unzulässig.

(3) Die Zentralschlichtungsstelle ist auch dann zur Beschlussfassung berechtigt, wenn die Beisitzer einer Vertragspartei trotz schriftlicher Ladung ohne zwingenden Grund der Sitzung fernbleiben.

§ 7
Verfahren

(1) Die Zentralschlichtungsstelle hat durch Anhörung der Parteien oder deren Vertreter die Streitpunkte und die für ihre Beurteilung wesentlichen Verhältnisse klarzustellen.

(2) Die Zentralschlichtungsstelle hat in jedem Stadium des Verfahrens zu versuchen, eine Einigung der Parteien herbeizuführen.

(3) Kommt eine Einigung zu Stande, so ist sie in ihrem Wortlaut niederzuschreiben und von den Parteien zu unterzeichnen.

(4) Kommt keine Einigung zu Stande, so hat die Zentralschlichtungsstelle einen Schiedsspruch zu fällen. Er muss sich auf alle zwischen den Parteien strittigen Fragen erstrecken, vor seiner Verkündung schriftlich abgefasst und von den Mitgliedern der Zentralschlichtungsstelle, die an der Abstimmung teilgenommen haben, unterzeichnet werden.

(5) Im Anschluss an seine Verkündung ist der Schiedsspruch den Parteien auszuhändigen.

(6) Für die Annahme oder Ablehnung des Schiedsspruchs ist den Parteien eine Frist von vierzehn Kalendertagen zu setzen.

(7) Die Erklärung über Annahme oder Ablehnung ist von jeder Partei gegenüber der anderen Partei und dem Vorsitzenden der Zentralschlichtungsstelle abzugeben. Nichtabgabe einer Erklärung innerhalb der gesetzten Frist bedeutet Ablehnung.

(8) Die Annahme des Schiedsspruchs durch beide Parteien hat die Wirkung einer Gesamtvereinbarung.

§ 8
Bindende Wirkung des Schiedsspruchs

Einer Fristsetzung zur Annahme oder Ablehnung des Schiedsspruchs bedarf es nicht, wenn

a) die Parteien vereinbart haben, dass sie ihn im Voraus annehmen,

b) er einstimmig gefällt worden ist,

c) er unter Beteiligung unparteiischer Beisitzer gefällt und in ihm zum Ausdruck gebracht worden ist, dass er mit der Stimme des Vorsitzenden, den Stimmen der unparteiischen Beisitzer und mindestens zweier Parteibeisitzer jeder Seite zu Stande gekommen ist (qualifizierter Schiedsspruch).

§ 9
Scheitern des Schlichtungsverfahrens

Das Schlichtungsverfahren gilt als gescheitert, wenn die Zentralschlichtungsstelle nicht innerhalb einer Frist von vierzehn Kalendertagen nach ihrem ersten Zusammentreten einen Schiedsspruch gefällt hat oder wenn der Schiedsspruch abgelehnt worden ist.

§ 10
Kosten der Zentralschlichtungsstelle

(1) Die Kosten des Schlichtungsverfahrens sowie die aus der Berufung des unparteiischen Vorsitzenden entstandenen Kosten trägt jede Vertragsseite zur Hälfte.

(2) Die aus der Hinzuziehung von Beisitzern entstandenen Kosten trägt die sie bestellende Partei; ebenso trägt jede Partei die Kosten der von ihr geladenen Auskunftspersonen und Sachverständigen.

§ 11
Schlichtungsstellen

(1) Entsteht zwischen den Landesorganisationen der Tarifvertragsparteien des Bundesrahmentarifvertrages für das Baugewerbe ein Streitfall, der zu Kampfmaßnahmen führen kann, so haben die streitenden Landesorganisationen innerhalb von vierzehn Kalendertagen in Verhandlungen einzutreten und zu versuchen, zu einer Einigung zu gelangen.

(2) Erklärt eine der streitenden Tarifvertragsparteien der anderen, dass eine Einigung nicht zu erzielen sei, oder lehnt eine dieser Parteien es ab, weiter zu verhandeln, so ist nach Bildung einer Schlichtungsstelle ein Schlichtungsverfahren durchzuführen. § 2 gilt entsprechend.

§ 12
Berufung des unparteiischen Vorsitzenden der Schlichtungsstelle

Die streitenden Landesorganisationen haben im gegenseitigen Einvernehmen innerhalb von sieben Kalendertagen nach dem in § 11 Abs. 2 Satz 1 gegebenen Zeitpunkt einen unparteiischen Vorsitzenden zu berufen. Geschieht dies innerhalb der Frist nicht, so sind sie verpflichtet, den Präsidenten des jeweils zuständigen Landesarbeitsgerichts zu bitten, nach Anhörung der streitenden Parteien einen Unparteiischen zu bestimmen. Zuständiges Landesarbeitsgericht ist im Gebiet des Freistaates Bayern das Landesarbeitsgericht München, im Land Nordrhein-Westfalen das Landesarbeitsgericht Düsseldorf.

§ 13
Anrufung und Verfahren

(1) Für die Anrufung und das Verfahren vor den Schlichtungsstellen gelten die §§ 5 bis 9 entsprechend.

(2) Die Entscheidungen der Schlichtungsstelle sind schriftlich zu begründen. Dies gilt nicht im Falle des § 8.

§ 14
Berufung gegen die Entscheidung der Schlichtungsstelle

(1) Wird die Entscheidung einer Schlichtungsstelle von einer Partei abgelehnt, so kann die ablehnende Partei innerhalb einer Frist von sieben Kalendertagen nach Zustellung der Ablehnungserklärung an die andere Partei die Durchführung des Berufungsverfahrens vor der Zentralschlichtungsstelle als Berufungsinstanz beantragen.

(2) Der Antrag ist über den Zentralverband des Deutschen Baugewerbes und den Hauptverband der Deutschen Bauindustrie bzw. die Industriegewerkschaft Bau-Steine-Erden, Bundesvorstand, bei dem Vorsitzenden der Zentralschlichtungsstelle zu stellen.

(3) Die antragstellende Partei hat innerhalb von sieben Kalendertagen nach Antragstellung ihren begründeten Berufungsantrag bei dem Vorsitzenden der Zentralschlichtungsstelle einzureichen und gleichzeitig der Gegenpartei eine Abschrift zuzuleiten.

(4) Die Zentralschlichtungsstelle hat innerhalb von sieben Kalendertagen nach Eingang des Berufungsantrags zusammenzutreten.

§ 15
Kosten der Schlichtungsstellen

§ 10 gilt entsprechend.

§ 16
Friedenspflicht

Vor Beginn und während der Dauer von Verhandlungen sowie während des Laufes von Erklärungsfristen sind Durchführung von Urabstimmungen, Streiks, Aussperrungen oder sonstige Kampfmaßnahmen gegeneinander oder gegen Unterorganisationen des anderen Vertragsteils unzulässig. Das Gleiche gilt nach Anrufung der Schlichtungsstelle bzw. der Zentralschlichtungsstelle bis zum Abschluss des Schlichtungsverfahrens.

§ 17
Inkrafttreten und Laufdauer

Das Schlichtungsabkommen tritt am 1. April 1979*) in Kraft. Es kann mit einer Frist von drei Monaten, erstmals zum 31. März 1982, gekündigt werden. Danach kann es mit der gleichen Frist jeweils zum 30. September gekündigt werden.

Bonn, Wiesbaden, Frankfurt a. M., den 12. März 1979
Bonn, Wiesbaden, Frankfurt a. M., den 26. März 1993

Zentralverband des
Deutschen Baugewerbes e. V.,
Godesberger Allee 99,
5300 Bonn 2

Hochheim

Hauptverband der
Deutschen Bauindustrie e. V.,
Abraham-Lincoln-Straße 30,
6200 Wiesbaden

Küchler

Industriegewerkschaft Bau-Steine-Erden,
Bockenheimer Landstraße 73–77, 6000 Frankfurt a. M.

Köbele Laux

*) Durch das Änderungsabkommen vom 26. März 1993, das am 1. Februar 1993 in Kraft getreten ist, wurde das Beitrittsgebiet in den Geltungsbereich des Schlichtungsabkommens einbezogen.

Förderung der ganzjährigen Beschäftigung

Auszug aus dem Dritten Buch Sozialgesetzbuch – Arbeitsförderung – (SGB III) vom 24. März 1997 (BGBl. I S. 594) in der Fassung vom 6. Mai 2024

1. Kurzarbeitergeld

§ 95 SGB III
Anspruch

Arbeitnehmerinnen und Arbeitnehmer haben Anspruch auf Kurzarbeitergeld, wenn

1. ein erheblicher Arbeitsausfall mit Entgeltausfall vorliegt,
2. die betrieblichen Voraussetzungen erfüllt sind,
3. die persönlichen Voraussetzungen erfüllt sind und
4. der Arbeitsausfall der Agentur für Arbeit angezeigt worden ist.

Arbeitnehmerinnen und Arbeitnehmer in Betrieben nach § 101 Absatz 1 Nummer 1 haben in der Schlechtwetterzeit Anspruch auf Kurzarbeitergeld in Form des Saison-Kurzarbeitergeldes.

§ 96 SGB III
Erheblicher Arbeitsausfall

(1) Ein Arbeitsausfall ist erheblich, wenn

1. er auf wirtschaftlichen Gründen oder einem unabwendbaren Ereignis beruht,
2. er vorübergehend ist,
3. er nicht vermeidbar ist und
4. im jeweiligen Kalendermonat (Anspruchszeitraum) mindestens ein Drittel der in dem Betrieb beschäftigten Arbeitnehmerinnen und Arbeitnehmer von einem Entgeltausfall von jeweils mehr als 10 Prozent ihres monatlichen Bruttoentgelts betroffen ist; der Entgeltausfall kann auch jeweils 100 Prozent des monatlichen Bruttoentgelts betragen.

Bei den Berechnungen nach Satz 1 Nummer 4 sind Auszubildende nicht mitzuzählen.

(2) Ein Arbeitsausfall beruht auch auf wirtschaftlichen Gründen, wenn er durch eine Veränderung der betrieblichen Strukturen verursacht wird, die durch die allgemeine wirtschaftliche Entwicklung bedingt ist.

(3) Ein unabwendbares Ereignis liegt insbesondere vor, wenn ein Arbeitsausfall auf ungewöhnlichen, von dem üblichen Witterungsverlauf abweichenden Witterungsverhältnissen beruht. Ein unabwendbares Ereignis liegt auch vor, wenn ein Arbeitsausfall durch behördliche oder behördlich anerkannte Maßnahmen verursacht ist, die vom Arbeitgeber nicht zu vertreten sind.

(4) Ein Arbeitsausfall ist nicht vermeidbar, wenn in einem Betrieb alle zumutbaren Vorkehrungen getroffen wurden, um den Eintritt des Arbeitsausfalls zu verhindern. Als vermeidbar gilt insbesondere ein Arbeitsausfall, der

1. überwiegend branchenüblich, betriebsüblich oder saisonbedingt ist oder ausschließlich auf betriebsorganisatorischen Gründen beruht,
2. durch die Gewährung von bezahltem Erholungsurlaub ganz oder teilweise verhindert werden kann, soweit vorrangige Urlaubswünsche der Arbeitnehmerinnen und Arbeitnehmer der Urlaubsgewährung nicht entgegenstehen, oder
3. durch die Nutzung von im Betrieb zulässigen Arbeitszeitschwankungen ganz oder teilweise vermieden werden kann.

Die Auflösung eines Arbeitszeitguthabens kann von der Arbeitnehmerin oder dem Arbeitnehmer nicht verlangt werden, soweit es

1. vertraglich ausschließlich zur Überbrückung von Arbeitsausfällen außerhalb der Schlechtwetterzeit (§ 101 Absatz 1) bestimmt ist und den Umfang von 50 Stunden nicht übersteigt,
2. ausschließlich für die in § 7c Absatz 1 des Vierten Buches genannten Zwecke bestimmt ist,
3. zur Vermeidung der Inanspruchnahme von Saison-Kurzarbeitergeld angespart worden ist und den Umfang von 150 Stunden nicht übersteigt,
4. den Umfang von 10 Prozent der ohne Mehrarbeit geschuldeten Jahresarbeitszeit einer Arbeitnehmerin oder eines Arbeitnehmers übersteigt oder
5. länger als ein Jahr unverändert bestanden hat.

In einem Betrieb, in dem eine Vereinbarung über Arbeitszeitschwankungen gilt, nach der mindestens 10 Prozent der ohne Mehrarbeit geschuldeten Jahresarbeitszeit je nach Arbeitsanfall eingesetzt werden, gilt ein Arbeitsausfall, der im Rahmen dieser Arbeitszeitschwankungen nicht mehr ausgeglichen werden kann, als nicht vermeidbar.

§ 97 SGB III
Betriebliche Voraussetzungen

Die betrieblichen Voraussetzungen sind erfüllt, wenn in dem Betrieb mindestens eine Arbeitnehmerin oder ein Arbeitnehmer beschäftigt ist. Betrieb im Sinne der Vorschriften über das Kurzarbeitergeld ist auch eine Betriebsabteilung.

§ 98 SGB III
Persönliche Voraussetzungen

(1) Die persönlichen Voraussetzungen sind erfüllt, wenn

1. die Arbeitnehmerin oder der Arbeitnehmer nach Beginn des Arbeitsausfalls eine versicherungspflichtige Beschäftigung
   a) fortsetzt,
   b) aus zwingenden Gründen aufnimmt oder
   c) im Anschluss an die Beendigung eines Berufsausbildungsverhältnisses aufnimmt,
2. das Arbeitsverhältnis nicht gekündigt oder durch Aufhebungsvertrag aufgelöst ist und
3. die Arbeitnehmerin oder der Arbeitnehmer nicht vom Kurzarbeitergeldbezug ausgeschlossen ist.

(2) Die persönlichen Voraussetzungen sind auch erfüllt, wenn die Arbeitnehmerin oder der Arbeitnehmer während des Bezugs von Kurzarbeitergeld arbeitsunfähig wird, solange Anspruch auf Fortzahlung des Arbeitsentgelts im Krankheitsfall besteht oder ohne den Arbeitsausfall bestehen würde.

(3) Die persönlichen Voraussetzungen sind nicht erfüllt bei Arbeitnehmerinnen und Arbeitnehmern

1. während der Teilnahme an einer beruflichen Weiterbildungsmaßnahme mit Bezug von Arbeitslosengeld oder Übergangsgeld, wenn diese Leistung nicht für eine neben der Beschäftigung durchgeführte Teilzeitmaßnahme gezahlt wird,
2. während des Bezugs von Krankengeld sowie
3. während der Zeit, in der sie von einem privaten Krankenversicherungsunternehmen, von einem Beihilfeträger des Bundes, von einem sonstigen öffentlich-rechtlichen Träger von Kosten in Krankheitsfällen auf Bundesebene, von dem Träger der Heilfürsorge im Bereich des Bundes, von dem Träger der truppenärztlichen Versorgung oder von einem öffentlich-rechtlichen Träger von Kosten in Krankheitsfällen auf Landesebene, soweit Landesrecht dies vorsieht, Leistungen für den Ausfall von Arbeitseinkünften im Zusammenhang mit einer nach den §§ 8 und 8a des Transplantationsgesetzes erfolgenden Spende von Organen oder Geweben oder im Zusammenhang mit einer im Sinne von § 9 des Transfusionsgesetzes erfolgenden Spende von Blut zur Separation von Blutstammzellen oder anderen Blutbestandteilen beziehen.

(4) Die persönlichen Voraussetzungen sind auch nicht erfüllt, wenn und solange Arbeitnehmerinnen und Arbeitnehmer bei einer Vermittlung nicht in der von der Agentur für Arbeit verlangten und gebotenen Weise mitwirken. Arbeitnehmerinnen und Arbeitnehmer, die von einem erheblichen Arbeitsausfall mit Entgeltausfall betroffen sind, sind in die Vermittlungsbemühungen der Agentur für Arbeit einzubeziehen. Hat die Arbeitnehmerin oder der Arbeitnehmer trotz Belehrung über die Rechtsfolgen eine von der Agentur für Arbeit angebotene zumutbare Beschäftigung nicht angenommen oder nicht angetreten, ohne für dieses Verhalten einen wichtigen Grund zu haben, sind die Vorschriften über die Sperrzeit beim Arbeitslosengeld entsprechend anzuwenden.

§ 99 SGB III
Anzeige des Arbeitsausfalls

(1) Der Arbeitsausfall ist bei der Agentur für Arbeit, in deren Bezirk der Betrieb seinen Sitz hat, schriftlich oder elektronisch anzuzeigen. Die Anzeige kann nur vom Arbeitgeber oder der Betriebsvertretung erstattet werden. Der Anzeige des Arbeitgebers ist eine Stellungnahme der Betriebsvertretung beizufügen. Mit der Anzeige ist glaubhaft zu machen, dass ein erheblicher Arbeitsausfall besteht und die betrieblichen Voraussetzungen für das Kurzarbeitergeld erfüllt sind.

(2) Kurzarbeitergeld wird frühestens von dem Kalendermonat an geleistet, in dem die Anzeige über den Arbeitsausfall bei der Agentur für Arbeit eingegangen ist. Beruht der Arbeitsausfall auf einem unabwendbaren Ereignis, gilt die Anzeige für den entsprechenden Kalendermonat als erstattet, wenn sie unverzüglich erstattet worden ist.

(3) Die Agentur für Arbeit hat der oder dem Anzeigenden unverzüglich einen schriftlichen Bescheid darüber zu erteilen, ob auf Grund der vorgetragenen und glaubhaft gemachten Tatsachen ein erheblicher Arbeitsausfall vorliegt und die betrieblichen Voraussetzungen erfüllt sind.

§ 100 SGB III
Kurzarbeitergeld bei Arbeitskämpfen

(1) § 160 über das Ruhen des Anspruchs auf Arbeitslosengeld bei Arbeitskämpfen gilt entsprechend für den Anspruch auf Kurzarbeitergeld bei Arbeitnehmerinnen und Arbeitnehmern, deren Arbeitsausfall Folge eines inländischen Arbeitskampfes ist, an dem sie nicht beteiligt sind.

(2) Macht der Arbeitgeber geltend, der Arbeitsausfall sei die Folge eines Arbeitskampfes, so hat er dies darzulegen und glaubhaft zu machen. Der Erklärung ist eine Stellungnahme der Betriebsvertretung beizufügen. Der Arbeitgeber hat der Betriebsvertretung die für die Stellungnahme erforderlichen Angaben zu machen. Bei der Feststellung des Sachverhalts kann die Agentur für Arbeit insbesondere auch Feststellungen im Betrieb treffen.

(3) Stellt die Agentur für Arbeit fest, dass ein Arbeitsausfall entgegen der Erklärung des Arbeitgebers nicht Folge eines Arbeitskampfes ist, und liegen die Voraussetzungen für einen Anspruch auf Kurzarbeitergeld allein deshalb nicht vor, weil der Arbeitsausfall vermeidbar ist, wird das Kurzarbeitergeld insoweit geleistet, als die Arbeitnehmerin oder der Arbeitnehmer Arbeitsentgelt (Arbeitsentgelt im Sinne des § 115 des Zehnten Buches) tatsächlich nicht erhält. Bei der Feststellung nach Satz 1 hat die Agentur für Arbeit auch die wirtschaftliche Vertretbarkeit einer Fortführung der Arbeit zu berücksichtigen. Hat der Arbeitgeber das Arbeitsentgelt trotz des Rechtsübergangs mit befreiender Wirkung an die Arbeitnehmerin oder den Arbeitnehmer oder an einen Dritten gezahlt, hat die Empfängerin oder der Empfänger des Kurzarbeitergeldes dieses insoweit zu erstatten.

2. Saison-Kurzarbeitergeld

§ 101 SGB III
Saison-Kurzarbeitergeld

(1) Arbeitnehmerinnen und Arbeitnehmer haben in der Zeit vom 1. Dezember bis zum 31. März (Schlechtwetterzeit) Anspruch auf Saison-Kurzarbeitergeld, wenn

1. sie in einem Betrieb beschäftigt sind, der dem Baugewerbe oder einem Wirtschaftszweig angehört, der von saisonbedingtem Arbeitsausfall betroffen ist,
2. der Arbeitsausfall nach Absatz 5 erheblich ist und
3. die betrieblichen Voraussetzungen des § 97 sowie die persönlichen Voraussetzungen des § 98 erfüllt sind.

(2) Ein Betrieb des Baugewerbes ist ein Betrieb, der gewerblich überwiegend Bauleistungen auf dem Baumarkt erbringt. Bauleistungen sind alle Leistungen, die der Herstellung, Instandsetzung, Instandhaltung, Änderung oder Beseitigung von Bauwerken dienen. Ein Betrieb, der überwiegend Bauvorrichtungen, Baumaschinen, Baugeräte oder sonstige Baubetriebsmittel ohne Personal Betrieben des Baugewerbes gewerblich zur Verfügung stellt oder überwiegend Baustoffe oder Bauteile für den Markt herstellt, sowie ein Betrieb, der Betonentladegeräte gewerblich zur Verfügung stellt, ist kein Betrieb des Baugewerbes.

(3) Erbringt ein Betrieb Bauleistungen auf dem Baumarkt, wird vermutet, dass er ein Betrieb des Baugewerbes im Sinne des Absatzes 2 Satz 1 ist. Satz 1 gilt nicht, wenn gegenüber der Bundesagentur nachgewiesen wird, dass Bauleistungen arbeitszeitlich nicht überwiegen.

(4) Ein Wirtschaftszweig ist von saisonbedingtem Arbeitsausfall betroffen, wenn der Arbeitsausfall regelmäßig in der Schlechtwetterzeit auf witterungsbedingten oder wirtschaftlichen Gründen beruht.

(5) Ein Arbeitsausfall ist erheblich, wenn er auf witterungsbedingten oder wirtschaftlichen Gründen oder einem unabwendbaren Ereignis beruht, vorübergehend und nicht vermeidbar ist. Als nicht vermeidbar gilt auch ein Arbeitsausfall, der überwiegend branchenüblich, betriebsüblich oder saisonbedingt ist. Wurden seit der letzten Schlechtwetterzeit Arbeitszeitguthaben, die nicht mindestens ein Jahr bestanden haben, zu anderen Zwecken als zum Ausgleich für einen verstetigten Monatslohn, bei witterungsbedingtem Arbeitsausfall oder der Freistellung zum Zwecke der Qualifizierung aufgelöst, gelten im Umfang der aufgelösten Arbeitszeitguthaben Arbeitsausfälle als vermeidbar.

(6) Ein Arbeitsausfall ist witterungsbedingt, wenn

1. er ausschließlich durch zwingende Witterungsgründe verursacht ist und
2. an einem Arbeitstag mindestens eine Stunde der regelmäßigen betrieblichen Arbeitszeit ausfällt (Ausfalltag).

Zwingende Witterungsgründe liegen nur vor, wenn es auf Grund von atmosphärischen Einwirkungen (insbesondere Regen, Schnee, Frost) oder deren Folgewirkungen technisch unmöglich, wirtschaftlich unvertretbar oder für die Arbeitnehmerinnen und

Arbeitnehmer unzumutbar ist, die Arbeiten fortzuführen. Der Arbeitsausfall ist nicht ausschließlich durch zwingende Witterungsgründe verursacht, wenn er durch Beachtung der besonderen arbeitsschutzrechtlichen Anforderungen an witterungsabhängige Arbeitsplätze vermieden werden kann.

(7) Die weiteren Vorschriften über das Kurzarbeitergeld sind mit Ausnahme der Anzeige des Arbeitsausfalls nach § 99 anzuwenden.

3. Wintergeld/Erstattung der Beiträge zur Sozialversicherung

§ 102 SGB III
Ergänzende Leistungen

(1) Arbeitnehmerinnen und Arbeitnehmer haben Anspruch auf Wintergeld als Zuschuss-Wintergeld und Mehraufwands-Wintergeld und Arbeitgeber haben Anspruch auf Erstattung der von ihnen zu tragenden Beiträge zur Sozialversicherung, soweit für diese Zwecke Mittel durch eine Umlage aufgebracht werden.

(2) Zuschuss-Wintergeld wird in Höhe von bis zu 2,50 Euro je ausgefallener Arbeitsstunde gezahlt, wenn zu deren Ausgleich Arbeitszeitguthaben aufgelöst und die Inanspruchnahme des Saison-Kurzarbeitergeldes vermieden wird.

(3) Mehraufwands-Wintergeld wird in Höhe von 1,00 Euro für jede in der Zeit vom 15. Dezember bis zum letzten Kalendertag des Monats Februar geleistete berücksichtigungsfähige Arbeitsstunde an Arbeitnehmerinnen und Arbeitnehmer gezahlt, die auf einem witterungsabhängigen Arbeitsplatz beschäftigt sind. Berücksichtigungsfähig sind im Dezember bis zu 90 Arbeitsstunden, im Januar und Februar jeweils bis zu 180 Arbeitsstunden.

(4) Die von den Arbeitgebern allein zu tragenden Beiträge zur Sozialversicherung für Bezieherinnen und Bezieher von Saison-Kurzarbeitergeld werden auf Antrag erstattet.

(5) Die Absätze 1 bis 4 gelten im Baugewerbe ausschließlich für solche Arbeitnehmerinnen und Arbeitnehmer, deren Arbeitsverhältnis in der Schlechtwetterzeit nicht aus witterungsbedingten Gründen gekündigt werden kann.

§ 104 SGB III
Dauer

(1) Kurzarbeitergeld wird für den Arbeitsausfall für eine Dauer von längstens zwölf Monaten von der Agentur für Arbeit geleistet. Die Bezugsdauer gilt einheitlich für alle in einem Betrieb beschäftigten Arbeitnehmerinnen und Arbeitnehmer. Sie beginnt mit dem ersten Kalendermonat, für den in einem Betrieb Kurzarbeitergeld vom Arbeitgeber gezahlt wird.

(2) Wird innerhalb der Bezugsdauer für einen zusammenhängenden Zeitraum von mindestens einem Monat kein Kurzarbeitergeld gezahlt, verlängert sich die Bezugsdauer um diesen Zeitraum.

(3) Sind seit dem letzten Kalendermonat, für den Kurzarbeitergeld gezahlt worden ist, drei Monate vergangen und liegen die Voraussetzungen für einen Anspruch auf Kurzarbeitergeld erneut vor, beginnt eine neue Bezugsdauer.

(4) Saison-Kurzarbeitergeld wird abweichend von den Absätzen 1 bis 3 für die Dauer des Arbeitsausfalls während der Schlechtwetterzeit von der Agentur für Arbeit geleistet. Zeiten des Bezugs von Saison-Kurzarbeitergeld werden nicht auf die Bezugsdauer für das Kurzarbeitergeld angerechnet. Sie gelten nicht als Zeiten der Unterbrechung im Sinne des Absatzes 3.

4. Höhe und Berechnung des Kurzarbeitergeldes

§ 105 SGB III
Höhe

Das Kurzarbeitergeld beträgt

1. für Arbeitnehmerinnen und Arbeitnehmer, die beim Arbeitslosengeld die Voraussetzungen für den erhöhten Leistungssatz erfüllen würden, 67 Prozent,
2. für die übrigen Arbeitnehmerinnen und Arbeitnehmer 60 Prozent

der Nettoentgeltdifferenz im Anspruchszeitraum.

§ 106 SGB III
Nettoentgeltdifferenz

(1) Die Nettoentgeltdifferenz entspricht der Differenz zwischen

1. dem pauschalierten Nettoentgelt aus dem Soll-Entgelt und
2. dem pauschalierten Nettoentgelt aus dem Ist-Entgelt.

Soll-Entgelt ist das Bruttoarbeitsentgelt, das die Arbeitnehmerin oder der Arbeitnehmer ohne den Arbeitsausfall in dem Anspruchszeitraum erzielt hätte, vermindert um Entgelt für Mehrarbeit. Ist-Entgelt ist das Bruttoarbeitsentgelt, das die Arbeitnehmerin oder der Arbeitnehmer in dem Anspruchszeitraum tatsächlich erzielt hat, zuzüglich aller zustehenden Entgeltanteile. Arbeitsentgelt, das einmalig gezahlt wird, bleibt bei der Berechnung von Soll-Entgelt und Ist-Entgelt außer Betracht. Soll-Entgelt und Ist-Entgelt sind auf den nächsten durch 20 teilbaren Euro-Betrag zu runden. § 153 über die Berechnung des Leistungsentgelts beim Arbeitslosengeld gilt mit Ausnahme der Regelungen über den Zeitpunkt der Zuordnung der Lohnsteuerklassen und den Steuerklassenwechsel für die Berechnung der pauschalierten Nettoentgelte beim Kurzarbeitergeld entsprechend. Das Bundesministerium für Arbeit und Soziales wird ermächtigt, einen Programmablauf zur Berechnung der pauschalierten Nettoentgelte für das Kurzarbeitergeld im Bundesanzeiger bekannt zu machen.

(2) Erzielt die Arbeitnehmerin oder der Arbeitnehmer aus anderen als wirtschaftlichen Gründen kein Arbeitsentgelt, ist das Ist-Entgelt um den Betrag zu erhöhen, um den das Arbeitsentgelt aus diesen Gründen gemindert ist. Arbeitsentgelt, das unter Anrechnung des Kurzarbeitergeldes gezahlt wird, bleibt bei der Berechnung des Ist-Entgelts außer Betracht. Bei der Berechnung der Nettoentgeltdifferenz nach Absatz 1 bleiben auf Grund von kollektivrechtlichen Beschäftigungssicherungsvereinbarungen durchgeführte vorübergehende Änderungen der vertraglich vereinbarten Arbeitszeit außer Betracht; die Sätze 1 und 2 sind insoweit nicht anzuwenden.

(3) Erzielt die Arbeitnehmerin oder der Arbeitnehmer für Zeiten des Arbeitsausfalls ein Entgelt aus einer anderen während des Bezugs von Kurzarbeitergeld aufgenommenen Beschäftigung, selbständigen Tätigkeit oder Tätigkeit als mithelfende Familienangehörige oder mithelfender Familienangehöriger, ist das Ist-Entgelt um dieses Entgelt zu erhöhen.

(4) Lässt sich das Soll-Entgelt einer Arbeitnehmerin oder eines Arbeitnehmers in dem Anspruchszeitraum nicht hinreichend bestimmt feststellen, ist als Soll-Entgelt das Arbeitsentgelt maßgebend, das die Arbeitnehmerin oder der Arbeitnehmer in den letzten drei abgerechneten Kalendermonaten vor Beginn des Arbeitsausfalls in dem Betrieb durchschnittlich erzielt hat, vermindert um Entgelt für Mehrarbeit. Ist eine Berechnung nach Satz 1 nicht möglich, ist das durchschnittliche Soll-Entgelt einer vergleichbaren Arbeitnehmerin oder eines vergleichbaren Arbeitnehmers zugrunde zu legen. Änderungen der Grundlage für die Berechnung des Arbeitsentgelts sind zu berücksichtigen, wenn und solange sie auch während des Arbeitsausfalls wirksam sind.

(5) …

§ 106a
Erstattung der Sozialversicherungsbeiträge bei beruflicher Weiterbildung

(1) Dem Arbeitgeber werden von der Agentur für Arbeit auf Antrag für den jeweiligen Kalendermonat 50 Prozent der von ihm allein zu tragenden Beiträge zur Sozialversicherung in pauschalierter Form für Arbeitnehmerinnen und Arbeitnehmer erstattet, wenn diese

1. vor dem 31. Juli 2024 Kurzarbeitergeld beziehen und
2. an einer während der Kurzarbeit begonnenen beruflichen Weiterbildungsmaßnahme teilnehmen, die
   a) insgesamt mehr als 120 Stunden dauert und die Maßnahme und der Träger nach den Vorschriften des Fünften Kapitels zugelassen sind oder
   b) auf ein nach § 2 Absatz 1 des Aufstiegsfortbildungsförderungsgesetzes förderfähiges Fortbildungsziel vorbereitet und von einem für die Durchführung dieser Maßnahme nach § 2a des Aufstiegsfortbildungsförderungsgesetzes geeigneten Träger durchgeführt wird.

Die Erstattung erfolgt für die Zeit, in der die Arbeitnehmerin oder der Arbeitnehmer jeweils vom vorübergehenden Arbeitsausfall betroffen ist. Für die Pauschalierung wird die Sozialversicherungspauschale nach § 153 Absatz 1 Satz 2 Nummer 1 abzüglich des Beitrages zur Arbeitsförderung zu Grunde gelegt.

(2) Dem Arbeitgeber werden bis zum 31. Juli 2023 von der Agentur für Arbeit auf Antrag die Lehrgangskosten für Weiterbildungsmaßnahmen nach Absatz 1 Satz 1 Nummer 2 Buchstabe a für Betriebe mit weniger als zehn Beschäftigten zu 100 Prozent, mit zehn bis 249 Beschäftigten zu 50 Prozent, mit 250 und weniger als 2500 Beschäftigten zu 25 Prozent und für Betriebe mit 2500 oder mehr Beschäftigten zu 15 Prozent pauschal für die Zeit der Teilnahme der Arbeitnehmerin oder des Arbeitnehmers an dieser Maßnahme erstattet. Die Anwendung des § 82 ist ausgeschlossen.

(3) Ausgeschlossen von der Erstattung der Sozialversicherungsbeiträge nach Absatz 1 und der Erstattung der Lehrgangskosten nach Absatz 2 ist die Teilnahme an Maßnahmen, zu deren Durchführung der Arbeitgeber auf Grund bundes- oder landesrechtlicher Regelungen verpflichtet ist.

5. Verordnungsermächtigung

§ 109 SGB III
Verordnungsermächtigung

(1) Das Bundesministerium für Arbeit und Soziales wird ermächtigt, durch Rechtsverordnung, die nicht der Zustimmung des Bundesrates bedarf, die Wirtschaftszweige nach § 101 Absatz 1 Nummer 1 festzulegen. In der Regel sollen hierbei der fachliche Geltungsbereich tarifvertraglicher Regelungen berücksichtigt und die Tarifvertragsparteien vorher angehört werden.

(2) Das Bundesministerium für Arbeit und Soziales wird ermächtigt, auf Grundlage von Vereinbarungen der Tarifvertragsparteien durch Rechtsverordnung, die nicht der Zustimmung des Bundesrates bedarf, festzulegen, ob, in welcher Höhe und für welche Arbeitnehmerinnen und Arbeitnehmer die ergänzenden Leistungen nach § 102 Absatz 2 bis 4 in den Zweigen des Baugewerbes und den einzelnen Wirtschaftszweigen erbracht werden.

(3) Bei den Festlegungen nach den Absätzen 1 und 2 ist zu berücksichtigen, ob diese voraussichtlich in besonderem Maße dazu beitragen, die wirtschaftliche Tätigkeit in der Schlechtwetterzeit zu beleben oder die Beschäftigungsverhältnisse der von saisonbedingten Arbeitsausfällen betroffenen Arbeitnehmerinnen und Arbeitnehmer zu stabilisieren.

(4) Die Bundesregierung wird ermächtigt, für den Fall außergewöhnlicher Verhältnisse auf dem Arbeitsmarkt durch Rechtsverordnung, die nicht der Zustimmung des Bundesrates bedarf, die Bezugsdauer für das Kurzarbeitergeld über die gesetzliche Bezugsdauer hinaus bis zur Dauer von 24 Monaten zu verlängern. Die Rechtsverordnung ist zeitlich zu befristen.

(5) Die Bundesregierung wird ermächtigt, für den Fall außergewöhnlicher Verhältnisse auf dem Arbeitsmarkt durch Rechtsverordnung, die nicht der Zustimmung des Bundesrates bedarf,

1. abweichend von § 96 Absatz 1 Satz 1 Nummer 4 den Anteil der in dem Betrieb beschäftigten Arbeitnehmerinnen und Arbeitnehmer, die von einem Entgeltausfall von jeweils mehr als 10 Prozent ihres monatlichen Bruttoentgelts betroffen sein müssen, auf bis zu 10 Prozent herabzusetzen,
2. abweichend von § 96 Absatz 4 Satz 2 Nummer 2 die Vermeidbarkeit eines Arbeitsausfalls zu regeln, indem auf den vollständigen oder teilweisen Einsatz von Erholungsurlaub verzichtet wird,
3. abweichend von § 96 Absatz 4 Satz 2 Nummer 3 die Vermeidbarkeit eines Arbeitsausfalls zu regeln, indem auf den Einsatz von Arbeitszeitguthaben und negativen Arbeitszeitsalden vollständig oder teilweise verzichtet wird.

Die Rechtsverordnung ist zeitlich zu befristen. Die Ermächtigungen nach Satz 1 treten mit Ablauf des 30. Juni 2023 außer Kraft.

(6) …

6. Anzeigepflichten

§ 320 SGB III
Berechnungs-, Auszahlungs-, Aufzeichnungs- und Anzeigepflichten

(1) Der Arbeitgeber hat der Agentur für Arbeit auf Verlangen die Voraussetzungen für die Erbringung von Kurzarbeitergeld und Wintergeld nachzuweisen. Er hat diese Leistungen kostenlos zu errechnen und auszuzahlen. Dabei hat er beim Kurzarbeitergeld von den Lohnsteuerabzugsmerkmalen in dem maßgeblichen Antragszeitraum auszugehen; auf Grund einer Bescheinigung der für die Arbeitnehmerin oder den Arbeitnehmer zuständigen Agentur für Arbeit hat er den erhöhten Leistungssatz auch anzuwenden, wenn für ein Kind ein Kinderfreibetrag nicht als Lohnsteuerabzugsmerkmal gebildet ist.

(1a) Der Arbeitgeber hat der Agentur für Arbeit mit dem Antrag nach § 323 Absatz 3 und auf Verlangen die Voraussetzungen für die Erbringung von Qualifizierungsgeld nachzuweisen. Er hat diese Leistung kostenlos zu errechnen und nach Bewilligung durch die Agentur für Arbeit auszuzahlen.

(2) Die Insolvenzverwalterin oder der Insolvenzverwalter hat auf Verlangen der Agentur für Arbeit das Insolvenzgeld zu errechnen und auszuzahlen, wenn ihr oder ihm dafür geeignete Arbeitnehmerinnen oder Arbeitnehmer des Betriebs zur Verfügung stehen und die Agentur für Arbeit die Mittel für die Auszahlung des Insolvenzgeldes bereitstellt. Für die Abrechnung ist der von der Bundesagentur vorgesehene Vordruck zu benutzen. Kosten werden nicht erstattet.

(3) Arbeitgeber, in deren Betrieben Wintergeld geleistet wird, haben für jeden Arbeitstag während der Dauer der beantragten Förderung Aufzeichnungen über die im Betrieb oder auf der Baustelle geleisteten sowie die ausgefallenen Arbeitsstunden zu führen. Arbeitgeber, in deren Betrieben Saison-Kurzarbeitergeld geleistet wird, haben diese Aufzeichnungen für jeden Arbeitstag während der Schlechtwetterzeit zu führen. Die Aufzeichnungen nach Satz 1 und 2 sind vier Jahre aufzubewahren.

(4) …

(4a) Der Arbeitgeber hat der Agentur für Arbeit die Voraussetzungen für die Erbringung von Leistungen zur Förderung der Teilnahme an Transfermaßnahmen nachzuweisen. Auf Anforderung der Agentur für Arbeit hat der Arbeitgeber das Ergebnis von Maßnahmen zur Feststellung der Eingliederungsaussichten mitzuteilen.

(5) Arbeitgeber, in deren Betrieben ein Arbeitskampf stattfindet, haben bei dessen Ausbruch und Beendigung der Agentur für Arbeit unverzüglich Anzeige zu erstatten. Die Anzeige bei Ausbruch des Arbeitskampfes muss Name und Anschrift des Betriebes, Datum des Beginns der Arbeitseinstellung und Zahl der betroffenen Arbeitnehmerinnen und Arbeitnehmer enthalten. Die Anzeige bei Beendigung des Arbeitskampfes muss außer Name und Anschrift des Betriebes das Datum der Beendigung der Arbeitseinstellung, die Zahl der an den einzelnen Tagen betroffenen Arbeitnehmerinnen und Arbeitnehmer sowie die Zahl der durch Arbeitseinstellung ausgefallenen Arbeitstage enthalten.

7. Antrag und Fristen

§ 323 SGB III
Antragserfordernis

(1) …

(2) Kurzarbeitergeld, Leistungen zur Förderung der Teilnahme an Transfermaßnahmen und ergänzende Leistungen nach § 102 sind vom Arbeitgeber schriftlich oder elektronisch unter Beifügung einer Stellungnahme der Betriebsvertretung zu beantragen. Der Antrag kann auch von der Betriebsvertretung gestellt werden. Für den Antrag des Arbeitgebers auf Erstattung der Sozialversicherungsbeiträge und Lehrgangskosten für die Bezieherinnen und Bezieher von Kurzarbeitergeld gilt Satz 1 entsprechend mit der Maßgabe, dass die Erstattung ohne Stellungnahme des Betriebsrates beantragt werden kann. Mit einem Antrag auf Saison-Kurzarbeitergeld oder ergänzende Leistungen nach § 102 sind die Namen, Anschriften und Sozialversicherungsnummern der Arbeitnehmerinnen und Arbeitnehmer mitzuteilen, für die die Leistung beantragt wird. Saison-Kurzarbeitergeld oder ergänzende Leistungen nach § 102 sollen bis zum 15. des Monats beantragt werden, der dem Monat folgt, in dem die Tage liegen, für die die Leistungen beantragt werden. In den Fällen, in denen ein Antrag auf Kurzarbeitergeld, Saison-Kurzarbeitergeld, Erstattung der Sozialversicherungsbeiträge für die Bezieherinnen und Bezieher von Kurzarbeitergeld oder ergänzende Leistungen nach § 102 elektronisch gestellt wird, kann das Verfahren nach § 108 Absatz 1 des Vierten Buches genutzt werden.

§ 325 SGB III
Wirkung des Antrages

(1) …

(2) …

(3) Kurzarbeitergeld, die Erstattung von Sozialversicherungsbeiträgen und Lehrgangskosten für Bezieherinnen und Bezieher von Kurzarbeitergeld und ergänzende Leistungen nach § 102 sind für den jeweiligen Kalendermonat innerhalb einer Ausschlussfrist von drei Kalendermonaten zu beantragen; die Frist beginnt mit Ablauf des Monats, in dem die Tage liegen, für die die Leistungen beantragt werden.

8. Winterbeschäftigungs-Umlage

§ 354 SGB III
Grundsatz

Die Mittel für die ergänzenden Leistungen nach § 102 werden einschließlich der Verwaltungskosten und der sonstigen Kosten, die mit der Gewährung dieser Leistungen zusammenhängen, in den durch Verordnung nach § 109 Absatz 3 bestimmten Wirtschaftszweigen durch Umlage aufgebracht. Die Umlage wird unter Berücksichtigung von Vereinbarungen der Tarifvertragsparteien der Wirtschaftszweige von Arbeitgebern oder gemeinsam von Arbeitgebern sowie Arbeitnehmerinnen und Arbeitnehmern aufgebracht und getrennt nach Zweigen des Baugewerbes und weiteren Wirtschaftszweigen abgerechnet.

§ 355 SGB III
Höhe der Umlage

Die Umlage ist in den einzelnen Zweigen des Baugewerbes und in weiteren Wirtschaftszweigen, die von saisonbedingtem Arbeitsausfall betroffen sind, monatlich nach einem Prozentsatz der Bruttoarbeitsentgelte der dort beschäftigten Arbeitnehmerinnen und Arbeitnehmer, die ergänzende Leistungen nach § 102 erhalten können, zu erheben. Die Verwaltungskosten und die sonstigen Kosten können pauschaliert und für die einzelnen Wirtschaftszweige im Verhältnis der Anteile an den Ausgaben berücksichtigt werden.

§ 356 SGB III
Umlageabführung

(1) Die Arbeitgeber führen die Umlagebeträge über die gemeinsame Einrichtung ihres Wirtschaftszweiges oder über eine Ausgleichskasse ab. Dies gilt auch, wenn die Umlage gemeinsam von Arbeitgebern sowie Arbeitnehmerinnen und Arbeitnehmern aufgebracht wird; in diesen Fällen gelten § 28e Absatz 1 Satz 1 und § 28g des Vierten Buches entsprechend. Kosten werden der gemeinsamen Einrichtung oder der Ausgleichskasse nicht erstattet. Die Bundesagentur kann mit der gemeinsamen Einrichtung oder der Aus-

gleichskasse ein vereinfachtes Abrechnungsverfahren vereinbaren und dabei auf Einzelnachweise verzichten.

(2) Umlagepflichtige Arbeitgeber, auf die die Tarifverträge über die gemeinsamen Einrichtungen oder Ausgleichskassen keine Anwendung finden, führen die Umlagebeträge unmittelbar an die Bundesagentur ab. Sie haben der Bundesagentur die Mehraufwendungen für die Einziehung pauschal zu erstatten.

§ 357 SGB III
Verordnungsermächtigung

(1) Das Bundesministerium für Arbeit und Soziales wird ermächtigt, durch Rechtsverordnung

1. die Höhe der pauschalierten Verwaltungskosten, die von der Umlage in einzelnen Wirtschaftszweigen aufzubringen sind,
2. den jeweiligen Prozentsatz zur Berechnung der Umlage, eine gemeinsame Tragung der Umlage durch Arbeitgeber sowie Arbeitnehmerinnen und Arbeitnehmer und, bei gemeinsamer Tragung, die jeweiligen Anteile,
3. zur Berechnung der Umlage die umlagepflichtigen Bestandteile der Bruttoarbeitsentgelte in den einzelnen Zweigen des Baugewerbes und weiteren Wirtschaftszweigen, die von saisonbedingtem Arbeitsausfall betroffen sind,
4. die Höhe der Pauschale für die Mehraufwendungen in Fällen, in denen die Arbeitgeber ihre Umlagebeträge nicht über eine gemeinsame Einrichtung oder Ausgleichskasse abführen,
5. die Voraussetzungen zur Entrichtung der Umlagebeträge in längeren Abrechnungsintervallen und
6. das Nähere über die Zahlung und Einziehung der Umlage

festzulegen.

(2) Bei der Festsetzung des jeweiligen Prozentsatzes ist zu berücksichtigen, welche ergänzenden Leistungen nach § 102 in Anspruch genommen werden können. Der jeweilige Prozentsatz ist so festzusetzen, dass das Aufkommen aus der Umlage unter Berücksichtigung von eventuell bestehenden Fehlbeträgen oder Überschüssen für die einzelnen Wirtschaftszweige ausreicht, um den voraussichtlichen Bedarf der Bundesagentur für die Aufwendungen nach § 354 Satz 1 zu decken.

9. Sozialversicherung der Empfänger von Kurzarbeitergeld und Saison-Kurzarbeitergeld

Gesetzliche Krankenversicherung

Auszug aus dem Fünften Buch Sozialgesetzbuch –
Gesetzliche Krankenversicherung – (SGB V) (BGBl. I 1988 Seite 2477)

§ 192 SGB V
Fortbestehen der Mitgliedschaft Versicherungspflichtiger

(1) Die Mitgliedschaft Versicherungspflichtiger bleibt erhalten, solange

1. …

2. …

2a. …

3. …

4. Kurzarbeitergeld oder Qualifizierungsgeld nach dem Dritten Buch bezogen wird.

(2) …

§ 232 a SGB V
Beitragspflichtige Einnahmen der Bezieher von Arbeitslosengeld, Unterhaltsgeld oder Kurzarbeitergeld

(1) Als beitragspflichtige Einnahmen gelten …

(1a) …

(2) Soweit Kurzarbeitergeld oder Qualifizierungsgeld nach dem Dritten Buch gewährt wird, gelten als beitragspflichtige Einnahmen nach § 226 Absatz 1 Satz 1 Nr. 1 80 vom Hundert des Unterschiedsbetrages zwischen dem Soll-Entgelt und dem Ist-Entgelt nach § 106 des Dritten Buches beim Kurzarbeitergeld oder nach § 82b des Dritten Buches beim Qualifizierungsgeld.

(3) …

§ 249 SGB V
Tragung der Beiträge bei versicherungspflichtiger Beschäftigung

(1) …

(2) Der Arbeitgeber trägt den Beitrag allein für Beschäftigte, soweit Beiträge für Kurzarbeitergeld oder Qualifizierungsgeld zu zahlen sind.

(3) …

Gesetzliche Rentenversicherung

Auszug aus dem Sechsten Buch Sozialgesetzbuch –
Gesetzliche Rentenversicherung – (SGB VI) (BGBl. I 1990 Seite 1337)

§ 1 SGB VI
Beschäftigte

Versicherungspflichtig sind

1. Personen, die gegen Arbeitsentgelt oder zu ihrer Berufsausbildung beschäftigt sind; während des Bezuges von Kurzarbeitergeld oder von Qualifizierungsgeld nach dem Dritten Buch besteht die Versicherungspflicht fort.

2. …

§ 163 SGB VI
Sonderregelung für beitragspflichtige Einnahmen Beschäftigter

(1) bis **(5)** …

(6) Soweit Kurzarbeitergeld oder Qualifizierungsgeld geleistet wird, gilt als beitragspflichtige Einnahmen 80 vom Hundert des Unterschiedsbetrags zwischen dem Soll-Entgelt und dem Ist-Entgelt nach § 106 des Dritten Buches (Kurzarbeitergeld) oder nach § 82b des Dritten Buches (Qualifizierungsgeld).

(7) bis **(10)** …

§ 168 SGB VI
Beitragstragung bei Beschäftigten

(1) Die Beiträge werden getragen

1. …

1a. bei Arbeitnehmern, die Kurzarbeitergeld oder Qualifizierungsgeld beziehen, vom Arbeitgeber,

1b. …

Verordnung über die Betriebe des Baugewerbes, in denen die ganzjährige Beschäftigung zu fördern ist (Baubetriebe-Verordnung) vom 28. Oktober 1980 (BGBl. I S. 2033)

in der Fassung vom 20. Dezember 2011 (BGBl. 2011 I S. 2854)

Aufgrund des § 182 Abs. 2 in Verbindung mit Abs. 4 des Dritten Buches Sozialgesetzbuch – Arbeitsförderung – (Artikel 1 des Gesetzes vom 24. März 1997, BGBl. I S. 594, 595), der zuletzt durch Artikel 1 Nr. 14 des Gesetzes vom 24. April 2006 (BGBl. I S. 926) geändert worden ist, verordnet das Bundesministerium für Arbeit und Soziales:

§ 1
Zugelassene Betriebe

(1) Die ganzjährige Beschäftigung im Baugewerbe ist durch das Saison-Kurzarbeitergeld in Betrieben und Betriebsabteilungen zu fördern, die gewerblich überwiegend Bauleistungen (§ 101 Abs. 2 des Dritten Buches Sozialgesetzbuch) erbringen.

(2) Betriebe und Betriebsabteilungen im Sinne des Absatzes 1 sind solche, in denen insbesondere folgende Arbeiten verrichtet werden (Bauhauptgewerbe):

1. Abdichtungsarbeiten gegen Feuchtigkeit;
2. Aptierungs- und Drainierungsarbeiten, wie zum Beispiel das Entwässern von Grundstücken und urbar zu machenden Bodenflächen, einschließlich der Grabenräumungs- und Faschinierungsarbeiten, des Verlegens von Drainagerohrleitungen sowie des Herstellens von Vorflut- und Schleusenanlagen;

2a. Asbestsanierungsarbeiten an Bauwerken und Bauwerksteilen;

3. Bautrocknungsarbeiten, das sind Arbeiten, die unter Einwirkung auf das Gefüge des Mauerwerks der Entfeuchtung dienen, auch unter Verwendung von Kunststoffen oder chemischen Mitteln sowie durch Einbau von Kondensatoren;
4. Beton- und Stahlbetonarbeiten einschließlich Betonschutz- und Betonsanierungsarbeiten sowie Armierungsarbeiten;
5. Bohrarbeiten;
6. Brunnenbauarbeiten;
7. chemische Bodenverfestigungen;

8. Dämm-(Isolier-)Arbeiten, (das sind zum Beispiel Wärme-, Kälte-, Schallschutz-, Schallschluck-, Schallverbesserungs-, Schallveredelungsarbeiten) einschließlich Anbringung von Unterkonstruktionen sowie technische Dämm-(Isolier-)Arbeiten, insbesondere an technischen Anlagen und auf Land-, Luft- und Wasserfahrzeugen;
9. Erdbewegungsarbeiten, das sind zum Beispiel Wegebau-, Meliorations-, Landgewinnungs-, Deichbauarbeiten, Wildbach- und Lawinenverbau, Sportanlagenbau sowie Errichtung von Schallschutzwällen und Seitenbefestigungen an Verkehrswegen;
10. Estricharbeiten, das sind zum Beispiel Arbeiten unter Verwendung von Zement, Asphalt, Anhydrit, Magnesit, Gips, Kunststoffen oder ähnlichen Stoffen;
11. Fassadenbauarbeiten;
12. Fertigbauarbeiten: Einbauen oder Zusammenfügen von Fertigbauteilen zur Erstellung, Instandsetzung, Instandhaltung oder Änderung von Bauwerken; ferner das Herstellen von Fertigbauteilen, wenn diese zum überwiegenden Teil durch den Betrieb, einen anderen Betrieb desselben Unternehmens oder innerhalb von Unternehmenszusammenschlüssen – unbeschadet der Rechtsform – durch den Betrieb mindestens eines beteiligten Gesellschafters zusammengefügt oder eingebaut werden; nicht erfasst wird das Herstellen von Betonfertigteilen, Holzfertigteilen zum Zwecke des Errichtens von Holzfertigbauwerken und Isolierelementen in massiven, ortsfesten und auf Dauer eingerichteten Arbeitsstätten nach Art stationärer Betriebe; § 2 Nr. 12 bleibt unberührt;
13. Feuerungs- und Ofenbauarbeiten;
14. Fliesen-, Platten- und Mosaik-Ansetz- und Verlegearbeiten;

14a. Fugarbeiten an Bauwerken, insbesondere Verfugung von Verblendmauerwerk und von Anschlüssen zwischen Einbauteilen und Mauerwerk sowie dauerelastische und dauerplastische Verfugungen aller Art;

15. Glasstahlbetonarbeiten sowie Vermauern und Verlegen von Glasbausteinen;
16. Gleisbauarbeiten;
17. Herstellen von nicht lagerfähigen Baustoffen, wie zum Beispiel Beton- und Mörtelmischungen (Transportbeton und Fertigmörtel), wenn mit dem überwiegenden Teil der hergestellten Baustoffe die Baustellen des herstellenden Betriebes, eines anderen Betriebes desselben Unternehmens oder innerhalb von Unternehmenszusammenschlüssen – unbeschadet der Rechtsform – die Baustellen des Betriebes mindestens eines beteiligten Gesellschafters versorgt werden;
18. Hochbauarbeiten;
19. Holzschutzarbeiten an Bauteilen;
20. Kanalbau-(Sielbau-)Arbeiten;
21. Maurerarbeiten;

22. Rammarbeiten;
23. Rohrleitungsbau-, Rohrleitungstiefbau-, Kabelleitungstiefbauarbeiten und Bodendurchpressungen;
24. Schachtbau- und Tunnelbauarbeiten;
25. Schalungsarbeiten;
26. Schornsteinbauarbeiten;
27. Spreng-, Abbruch- und Enttrümmerungsarbeiten; nicht erfasst werden Abbruch- und Abwrackbetriebe, deren überwiegende Tätigkeit der Gewinnung von Rohmaterialien oder der Wiederaufbereitung von Abbruchmaterialien dient;
28. Stahlbiege- und -flechtarbeiten, soweit sie zur Erbringung anderer baulicher Leistungen des Betriebes oder auf Baustellen ausgeführt werden;
29. Stakerarbeiten;
30. Steinmetzarbeiten;
31. Straßenbauarbeiten, das sind zum Beispiel Stein-, Asphalt-, Beton-, Schwarzstraßenbauarbeiten, Pflasterarbeiten aller Art, Fahrbahnmarkierungsarbeiten; ferner Herstellen und Aufbereiten des Mischgutes, wenn mit dem überwiegenden Teil des Mischgutes der Betrieb, ein anderer Betrieb desselben Unternehmens oder innerhalb von Unternehmenszusammenschlüssen – unbeschadet der Rechtsform – der Betrieb mindestens eines beteiligten Gesellschafters versorgt wird;
32. Straßenwalzarbeiten;
33. Stuck-, Putz-, Gips- und Rabitzarbeiten, einschließlich des Anbringens von Unterkonstruktionen und Putzträgern;
34. Terrazzoarbeiten;
35. Tiefbauarbeiten;
36. Trocken- und Montagebauarbeiten (zum Beispiel Wand- und Deckeneinbau und -verkleidungen, Montage von Baufertigteilen) einschließlich des Anbringens von Unterkonstruktionen und Putzträgern;
37. Verlegen von Bodenbelägen in Verbindung mit anderen baulichen Leistungen;
38. Vermieten von Baumaschinen mit Bedienungspersonal, wenn die Baumaschinen mit Bedienungspersonal zur Erbringung baulicher Leistungen eingesetzt werden;

38a. Wärmedämmverbundsystemarbeiten;

39. Wasserwerksbauarbeiten, Wasserhaltungsarbeiten, Wasserbauarbeiten (zum Beispiel Wasserstraßenbau, Wasserbeckenbau, Schleusenanlagenbau);
40. Zimmerarbeiten und Holzbauarbeiten, die im Rahmen des Zimmergewerbes ausgeführt werden;
41. Aufstellen von Bauaufzügen.

(3) Betriebe und Betriebsabteilungen im Sinne des Absatzes 1 sind auch

1. Betriebe, die Gerüste aufstellen (Gerüstbauerhandwerk),
2. Betriebe des Dachdeckerhandwerks.

(4) Betriebe und Betriebsabteilungen im Sinne des Absatzes 1 sind ferner diejenigen des Garten- und Landschaftsbaues, in denen folgende Arbeiten verrichtet werden:

1. Erstellung von Garten-, Park- und Grünanlagen, Sport- und Spielplätzen sowie Friedhofsanlagen;
2. Erstellung der gesamten Außenanlagen im Wohnungsbau, bei öffentlichen Bauvorhaben, insbesondere an Schulen, Krankenhäusern, Schwimmbädern, Straßen-, Autobahn-, Eisenbahn-Anlagen, Flugplätzen, Kasernen;
3. Deich-, Hang-, Halden- und Böschungsverbau einschließlich Faschinenbau;
4. ingenieurbiologische Arbeiten aller Art;
5. Schutzpflanzungen aller Art;
6. Drainierungsarbeiten;
7. Meliorationsarbeiten;
8. Landgewinnungs- und Rekultivierungsarbeiten.

(5) Betriebe und Betriebsabteilungen im Sinne des Absatzes 1 sind von einer Förderung der ganzjährigen Beschäftigung durch das Saison-Kurzarbeitergeld ausgeschlossen, wenn sie zu einer abgrenzbaren und nennenswerten Gruppe gehören, bei denen eine Einbeziehung nach den Absätzen 2 bis 4 in der Schlechtwetterzeit nicht zu einer Belebung der wirtschaftlichen Tätigkeit oder zu einer Stabilisierung der Beschäftigungsverhältnisse der von saisonbedingten Arbeitsausfällen betroffenen Arbeitnehmer führt.

§ 2
Ausgeschlossene Betriebe

Nicht als förderfähige Betriebe im Sinne des § 1 Abs. 1 anzusehen sind Betriebe

1. des Bauten- und Eisenschutzgewerbes;
2. des Betonwaren und Terrazzowaren herstellenden Gewerbes, soweit nicht in Betriebsabteilungen nach deren Zweckbestimmung überwiegend Bauleistungen im Sinne des § 1 Abs. 1 und 2 ausgeführt werden;
3. der Fassadenreinigung;
4. der Fußboden- und Parkettlegerei;
5. des Glaserhandwerks;
6. des Installationsgewerbes, insbesondere der Klempnerei, des Klimaanlagenbaues, der Gas-, Wasser-, Heizungs-, Lüftungs- und Elektroinstallation, sowie des Blitzschutz- und Erdungsanlagenbaues;

7. des Maler- und Lackiererhandwerks, soweit nicht überwiegend Bauleistungen im Sinne des § 1 Abs. 1 und 2 ausgeführt werden;
8. der Naturstein- und Naturwerksteinindustrie und des Steinmetzhandwerks;
9. der Nassbaggerei;
10. des Kachelofen- und Luftheizungsbaues;
11. der Säurebauindustrie;
12. des Schreinerhandwerks sowie der Holz be- und verarbeitenden Industrie einschließlich der Holzfertigbauindustrie, soweit nicht überwiegend Fertigbau-, Dämm-(Isolier-), Trockenbau- und Montagebauarbeiten oder Zimmerarbeiten ausgeführt werden;
13. des reinen Stahl-, Eisen-, Metall- und Leichtmetallbaues sowie des Fahrleitungs-, Freileitungs-, Ortsnetz- und Kabelbaues;
14. und Betriebe, die Betonentladegeräte gewerblich zur Verfügung stellen.

Artikel 2

Diese Verordnung tritt am 1. Mai 2006 in Kraft.

Verordnung über ergänzende Leistungen zum Saison-Kurzarbeitergeld und die Aufbringung der erforderlichen Mittel zur Aufrechterhaltung der Beschäftigung in den Wintermonaten (Winterbeschäftigungs-Verordnung – WinterbeschV) vom 26. April 2006 (BGBl. 2006 I S. 1086)

in der Fassung vom 29. August 2023 (BGBl. 2023 I Nr. 237)

Auf Grund des § 182 Abs. 3 in Verbindung mit Abs. 4 und des § 357 Abs. 1 des Dritten Buches Sozialgesetzbuch – Arbeitsförderung – (Artikel 1 des Gesetzes vom 24. März 1997, BGBl. I S. 594, 595), die zuletzt durch Artikel 1 Nr. 14 und 30 des Gesetzes vom 24. April 2006 (BGBl. I S. 926) geändert worden sind, verordnet das Bundesministerium für Arbeit und Soziales:

§ 1
Leistungen

(1) Gewerbliche Arbeitnehmer von Betrieben

1. des Baugewerbes (§ 1 Abs. 2 der Baubetriebe-Verordnung),
2. des Gerüstbauerhandwerks (§ 1 Abs. 3 Nr. 1 der Baubetriebe-Verordnung),
3. des Dachdeckerhandwerks (§ 1 Abs. 3 Nr. 2 der Baubetriebe-Verordnung),
4. des Garten- und Landschaftsbaus (§ 1 Abs. 4 der Baubetriebe-Verordnung)

erhalten entsprechend bestehenden Vereinbarungen der Tarifvertragsparteien ergänzende Leistungen nach § 102 Absatz 2 bis 4 des Dritten Buches Sozialgesetzbuch.

(2) Das Zuschuss-Wintergeld beträgt 2,50 € je Stunde.

§ 2
Umlage

Die Mittel für die ergänzenden Leistungen sowie die Verwaltungskosten und sonstigen Kosten, die mit der Gewährung der ergänzenden Leistungen zusammenhängen, werden durch Umlage in den Betrieben nach § 1 Abs. 1 aufgebracht.

§ 3
Höhe und Aufbringung der Umlage

(1) Die Umlage beträgt in Betrieben

1. des Baugewerbes (§ 1 Abs. 2 der Baubetriebe-Verordnung) 2 Prozent,
2. des Gerüstbauerhandwerks (§ 1 Abs. 3 Nr. 1 der Baubetriebe-Verordnung) 1,9 Prozent,
3. des Dachdeckerhandwerks (§ 1 Abs. 3 Nr. 2 der Baubetriebe-Verordnung) 1,6 Prozent,
4. des Garten- und Landschaftsbaus (§ 1 Abs. 4 der Baubetriebe-Verordnung) 1,85 Prozent

der umlagepflichtigen Bruttoarbeitsentgelte der gewerblichen Arbeitnehmer.

(2) Die Umlage wird in Betrieben

1. nach Absatz 1 Nr. 1 anteilig durch die Arbeitgeber in Höhe von 1 Prozent und durch die Arbeitnehmer in Höhe von 0,6 Prozent aufgebracht; der Arbeitgeber hat den gesamten Umlagebetrag abzuführen.
2. nach Absatz 1 Nr. 2 allein durch die Arbeitgeber aufgebracht.
3. nach Absatz 1 Nr. 3 anteilig durch die Arbeitgeber in Höhe von 1 Prozent und durch die Arbeitnehmer in Höhe von 0,6 Prozent aufgebracht; der Arbeitgeber hat den gesamten Umlagebetrag abzuführen.
4. nach Absatz 1 Nr. 4 anteilig durch die Arbeitgeber in Höhe von 1,05 Prozent und durch die Arbeitnehmer in Höhe von 0,8 Prozent aufgebracht; der Arbeitgeber hat den gesamten Umlagebetrag abzuführen.

(3) Das umlagepflichtige Bruttoarbeitsentgelt ist der für die Berechnung der Lohnsteuer zugrunde zu legende Bruttoarbeitslohn einschließlich der Sachbezüge, die nicht pauschal nach § 40 des Einkommensteuergesetzes versteuert werden. Bei der Berechnung der umlagepflichtigen Bruttoarbeitsentgelte der Arbeitnehmer werden die nach den §§ 40a, 40b und 52 Abs. 52a des Einkommensteuergesetzes pauschal zu versteuernden Bruttoarbeitsentgelte berücksichtigt. Nicht berücksichtigt werden

1. der Beitrag zu einer Gruppen-Unfallversicherung,
2. die Anteile an der Finanzierung einer tariflichen Zusatzrente im Sinne des § 1 des Betriebsrentengesetzes,
3. in Betrieben nach Absatz 1 Nr. 1 das tarifliche 13. Monatseinkommen oder betriebliche Zahlungen mit gleichem Charakter, Urlaubsabgeltungen und Abfindungen wegen einer vom Arbeitgeber veranlassten oder gerichtlich ausgesprochenen Auflösung des Arbeitsverhältnisses und
4. in Betrieben nach Absatz 1 Nr. 2 das 13. Monatseinkommen oder betriebliche Zahlungen mit gleichem Charakter.

Umlagepflichtiges Bruttoarbeitsentgelt ist bei Arbeitnehmern, die nicht dem deutschen Lohnsteuerrecht unterliegen, der Bruttoarbeitlohn einschließlich der Sachbezüge nach

Satz 1, der bei Anwendung des deutschen Lohnsteuerrechts als Bruttoarbeitslohn gelten würde.

§ 4
Einzugsstellen

Die Bundesagentur für Arbeit (Bundesagentur) gibt im Bundesanzeiger bekannt, über welche gemeinsamen Einrichtungen oder Ausgleichskassen (Einzugsstellen) der Arbeitgeber die Umlagebeträge abführt und mit welchen Einzugsstellen sie ein vereinfachtes Abrechnungsverfahren vereinbart hat.

§ 5
Zahlung

(1) Die Umlagebeträge sind am 15. des Monats fällig, der dem Monat folgt, für den das Arbeitsentgelt zu zahlen ist. Umlagebeträge sind rechtzeitig gezahlt, wenn sie bis zu dem genannten Zeitpunkt bei den Einzugsstellen eingegangen sind.

(2) Die Einzugsstellen führen die eingezogene Umlage bis zum 20. des Monats oder entsprechend dem zwischen ihnen und der Bundesagentur vereinbarten vereinfachten Abrechnungsverfahren an die Bundesagentur ab.

(3) In Betrieben nach § 1 Absatz 1 Nummer 1

1. tritt an die Stelle der in Absatz 1 genannten Fälligkeit der 28. des Monats, der dem Monat folgt, für den das Arbeitsentgelt zu zahlen ist;
2. können Umlagebeträge in Abrechnungsintervallen bis zu längstens sechs Monaten gezahlt werden, wenn von dem umlagepflichtigen Arbeitgeber im Rahmen der Beitragsentrichtung zu den Einzugsstellen längere Abrechnungsintervalle in Anspruch genommen werden; in diesen Fällen tritt an die Stelle der in Nummer 1 genannten Fälligkeit der Zahlung die für die Beitragsentrichtung zu den Einzugsstellen sich ergebende Fälligkeit; können längere Abrechnungsintervalle vom Arbeitgeber gegenüber den Einzugsstellen nicht mehr in Anspruch genommen werden, gilt wieder die Fälligkeit nach Nummer 1.

(4) Arbeitgebern des Baugewerbes werden entrichtete Umlagebeträge, die auf Zeiten einer Beschäftigung von gewerblichen Arbeitnehmern auf Baustellen außerhalb des Geltungsbereiches des Dritten Buches Sozialgesetzbuch entfallen, auf Antrag für jeweils ein Kalenderjahr erstattet. Der Antrag ist innerhalb einer Ausschlussfrist von drei Kalendermonaten zu stellen; die Frist beginnt mit Ablauf des Kalenderjahres, in dem die Zeiten nach Satz 1 liegen. Ein zu erstattender Arbeitnehmeranteil steht dem Arbeitnehmer zu.

(5) Im Übrigen gelten die Vorschriften des Dritten und des Vierten Buches Sozialgesetzbuch über das Entstehen und die Fälligkeit der Beitragsansprüche, die Erhebung von Säumniszuschlägen, die Verjährung von Beitragsansprüchen, die Beitragserstattung, die Erhebung der Einnahmen, den Beitragsnachweis und die Berechnung und Zahlung des

Gesamtsozialversicherungsbeitrags entsprechend, soweit diese auf die Beiträge zur Arbeitsförderung anzuwenden sind und die Besonderheiten der Umlage nicht entgegenstehen.

§ 6
Melde- und Auskunftspflicht

(1) Der Arbeitgeber hat Beginn und Ende der Umlagepflicht der Bundesagentur unverzüglich zu melden. Die Meldepflicht besteht nicht, soweit der Arbeitgeber die Umlagebeträge über eine Einzugsstelle abführt und die Bundesagentur mit dieser Einzugsstelle ein vereinfachtes Abrechnungsverfahren vereinbart hat.

(2) Die Bundesagentur kann verlangen, dass der Arbeitgeber die Höhe der umlagepflichtigen Bruttoarbeitsentgelte seiner Arbeitnehmer, die ergänzende Leistungen erhalten können, und die Höhe der fälligen Umlagebeträge monatlich unter Verwendung des von der Bundesagentur vorgesehenen Vordrucks meldet.

(3) Der Arbeitgeber und die Einzugsstelle haben der Bundesagentur über alle Tatsachen Auskunft zu geben, die für die Einziehung der Umlage erheblich sind. Die Bundesagentur ist berechtigt, Grundstücke und Geschäftsräume des Arbeitgebers während der Geschäftszeit zu betreten und dort Einsicht in Geschäftsbücher, Geschäfts-, Lohn- oder vergleichbare Unterlagen zu nehmen, soweit dies für die Einziehung der Umlage erforderlich ist.

§ 7
Zuständigkeit

(1) Die Umlagebeträge sind an die Einzugsstellen der Wirtschaftszweige abzuführen, in denen die Winterbeschäftigung gefördert wird. Dies gilt auch für Unternehmen, deren Hauptbetriebssitz nicht im Geltungsbereich des Dritten Buches Sozialgesetzbuch liegt. In den Fällen des § 356 Abs. 2 Satz 1 des Dritten Buches Sozialgesetzbuch bestimmt die Bundesagentur durch Bekanntmachung im Bundesanzeiger, an welche Dienststellen die Umlage abzuführen ist.

(2) Zuständig für die Erstattung der Umlagebeträge nach § 5 Abs. 4 sind die Stellen, die für die Umlageerhebung gemäß Absatz 1 zuständig sind.

(3) Für die Meldungen nach § 6 Abs. 1 und 2 gilt Absatz 1 entsprechend.

§ 8
Erstattung von Mehraufwendungen

(1) Die Pauschale nach § 356 Abs. 2 Satz 2 des Dritten Buches Sozialgesetzbuch wird in Höhe von 10 Prozent des Umlagesatzes nach § 3 erhoben, wenn dieser mindestens 1,5 Prozent beträgt. Ist der Umlageprozentsatz geringer, beträgt die Pauschale 15 Prozent.

(2) Für die Erstattung der Mehraufwendungen an die Bundesagentur gelten die Vorschriften für den Einzug der Umlage entsprechend.

§ 9
Verwaltungskosten

(1) Die im Zusammenhang mit der Gewährung der ergänzenden Leistungen und dem Einzug der zur Finanzierung dieser Leistungen erhobenen Umlage entstehenden Verwaltungskosten sind der Bundesagentur von den Wirtschaftszweigen, in denen diese Leistungen in Anspruch genommen werden können, pauschaliert zu erstatten.

(2) Sie werden für diese Wirtschaftszweige im Verhältnis der Anteile an den Ausgaben getrennt festgestellt.

(3) Von den Betrieben nach § 1 Absatz 1 Nummer 1 werden die anteilig zu den Ausgaben für die ergänzenden Leistungen nach § 102 des Dritten Buches Sozialgesetzbuch berechneten Verwaltungskosten bis zu einer Höhe von maximal 17,5 Millionen € erstattet.

§ 10
Inkrafttreten, Außerkrafttreten

Diese Verordnung tritt am 1. Mai 2006 in Kraft.

Verordnung über Arbeitsstätten (Arbeitsstättenverordnung) vom 12. August 2004 (BGBl. I S. 2179)

in der Fassung vom 27. März 2024 (BGBl. 2024 I Nr. 109)

§ 1
Ziel, Anwendungsbereich

(1) Diese Verordnung dient der Sicherheit und dem Schutz der Gesundheit der Beschäftigten beim Einrichten und Betreiben von Arbeitsstätten.

(2) Für folgende Arbeitsstätten gelten nur § 5 und der Anhang Nummer 1.3:

1. Arbeitsstätten im Reisegewerbe und im Marktverkehr,
2. Transportmittel, die im öffentlichen Verkehr eingesetzt werden,
3. Felder, Wälder und sonstige Flächen, die zu einem land- oder forstwirtschaftlichen Betrieb gehören, aber außerhalb der von ihm bebauten Fläche liegen.

(3) Für Gemeinschaftsunterkünfte außerhalb des Geländes eines Betriebes oder einer Baustelle gelten nur

1. § 3,
2. § 3a und
3. Nummer 4.4 des Anhangs.

(4) Für Telearbeitsplätze gelten nur

1. § 3 bei der erstmaligen Beurteilung der Arbeitsbedingungen und des Arbeitsplatzes,
2. § 6 und der Anhang Nummer 6,

soweit der Arbeitsplatz von dem im Betrieb abweicht. Die in Satz 1 genannten Vorschriften gelten, soweit Anforderungen unter Beachtung der Eigenart von Telearbeitsplätzen auf diese anwendbar sind.

(5) Der Anhang Nummer 6 gilt nicht für

1. Bedienerplätze von Maschinen oder Fahrerplätze von Fahrzeugen mit Bildschirmgeräten,
2. tragbare Bildschirmgeräte für die ortsveränderliche Verwendung, die nicht regelmäßig an einem Arbeitsplatz verwendet werden,
3. Rechenmaschinen, Registrierkassen oder andere Arbeitsmittel mit einer kleinen Daten- oder Messwertanzeigevorrichtung, die zur unmittelbaren Benutzung des Arbeitsmittels erforderlich ist und
4. Schreibmaschinen klassischer Bauart mit einem Display.

(6) Diese Verordnung ist für Arbeitsstätten in Betrieben, die dem Bundesberggesetz unterliegen, nur für Bildschirmarbeitsplätze einschließlich Telearbeitsplätze anzuwenden.

(7) Das Bundeskanzleramt, das Bundesministerium des Innern, für Bau und Heimat, das Bundesministerium für Verkehr und digitale Infrastruktur, das Bundesministerium für Umwelt, Naturschutz und nukleare Sicherheit, das Bundesministerium der Verteidigung oder das Bundesministerium der Finanzen können, soweit sie hierfür jeweils zuständig sind, im Einvernehmen mit dem Bundesministerium für Arbeit und Soziales und, soweit nicht das Bundesministerium des Innern, für Bau und Heimat selbst zuständig ist, im Einvernehmen mit dem Bundesministerium des Innern, für Bau und Heimat Ausnahmen von den Vorschriften dieser Verordnung zulassen, soweit öffentliche Belange dies zwingend erfordern, insbesondere zur Aufrechterhaltung oder Wiederherstellung der öffentlichen Sicherheit. In diesem Fall ist gleichzeitig festzulegen, wie die Sicherheit und der Gesundheitsschutz der Beschäftigten nach dieser Verordnung auf andere Weise gewährleistet werden.

§ 2
Begriffsbestimmungen

(1) Arbeitsstätten sind:

1. Arbeitsräume oder andere Orte in Gebäuden auf dem Gelände eines Betriebes,
2. Orte im Freien auf dem Gelände eines Betriebes,
3. Orte auf Baustellen,

sofern sie zur Nutzung für Arbeitsplätze vorgesehen sind.

(2) Zur Arbeitsstätte gehören insbesondere auch:

1. Orte auf dem Gelände eines Betriebes oder einer Baustelle, zu denen Beschäftigte im Rahmen ihrer Arbeit Zugang haben,
2. Verkehrswege, Fluchtwege, Notausgänge, Lager-, Maschinen- und Nebenräume, Sanitärräume, Kantinen, Pausen- und Bereitschaftsräume, Erste-Hilfe-Räume, Unterkünfte sowie
3. Einrichtungen, die dem Betreiben der Arbeitsstätte dienen, insbesondere Sicherheitsbeleuchtungen, Feuerlöscheinrichtungen, Versorgungseinrichtungen, Beleuchtungsanlagen, raumlufttechnische Anlagen, Signalanlagen, Energieverteilungsanlagen, Türen und Tore, Fahrsteige, Fahrtreppen, Laderampen und Steigleitern.

(3) Arbeitsräume sind die Räume, in denen Arbeitsplätze innerhalb von Gebäuden dauerhaft eingerichtet sind.

(4) Arbeitsplätze sind Bereiche, in denen Beschäftigte im Rahmen ihrer Arbeit tätig sind.

(5) Bildschirmarbeitsplätze sind Arbeitsplätze, die sich in Arbeitsräumen befinden und die mit Bildschirmgeräten und sonstigen Arbeitsmitteln ausgestattet sind.

(6) Bildschirmgeräte sind Funktionseinheiten, zu denen insbesondere Bildschirme zur Darstellung von visuellen Informationen, Einrichtungen zur Datenein- und -ausgabe, sonstige Steuerungs- und Kommunikationseinheiten (Rechner) sowie eine Software zur Steuerung und Umsetzung der Arbeitsaufgabe gehören.

(7) Telearbeitsplätze sind vom Arbeitgeber fest eingerichtete Bildschirmarbeitsplätze im Privatbereich der Beschäftigten, für die der Arbeitgeber eine mit den Beschäftigten vereinbarte wöchentliche Arbeitszeit und die Dauer der Einrichtung festgelegt hat. Ein Telearbeitsplatz ist vom Arbeitgeber erst dann eingerichtet, wenn Arbeitgeber und Beschäftigte die Bedingungen der Telearbeit arbeitsvertraglich oder im Rahmen einer Vereinbarung festgelegt haben und die benötigte Ausstattung des Telearbeitsplatzes mit Mobiliar, Arbeitsmitteln einschließlich der Kommunikationseinrichtungen durch den Arbeitgeber oder eine von ihm beauftragte Person im Privatbereich des Beschäftigten bereitgestellt und installiert ist.

(8) Gemeinschaftsunterkünfte im Sinne dieser Verordnung sind Unterkünfte innerhalb oder außerhalb des Geländes eines Betriebes oder einer Baustelle, die

1. den Beschäftigten durch den Arbeitgeber oder auf dessen Veranlassung durch Dritte entgeltlich oder unentgeltlich zur Verfügung gestellt werden und
2. von mehreren Beschäftigten und insgesamt von mindestens vier Personen gemeinschaftlich genutzt werden.

(9) Einrichten ist das Bereitstellen und Ausgestalten der Arbeitsstätte. Das Einrichten umfasst insbesondere:

1. bauliche Maßnahmen oder Veranderungen,
2. das Ausstatten mit Maschinen, Anlagen, anderen Arbeitsmitteln und Mobiliar sowie mit Beleuchtungs-, Lüftungs-, Heizungs-, Feuerlösch- und Versorgungseinrichtungen,
3. das Anlegen und Kennzeichnen von Verkehrs- und Fluchtwegen sowie das Kennzeichnen von Gefahrenstellen und brandschutztechnischen Ausrüstungen und
4. das Festlegen von Arbeitsplätzen.

(10) Das Betreiben von Arbeitsstätten umfasst das Benutzen, Instandhalten und Optimieren der Arbeitsstätten sowie die Organisation und Gestaltung der Arbeit einschließlich der Arbeitsabläufe in Arbeitsstätten.

(11) Instandhalten ist die Wartung, Inspektion, Instandsetzung oder Verbesserung der Arbeitsstätten zum Erhalt des baulichen und technischen Zustandes.

(12) Stand der Technik ist der Entwicklungsstand fortschrittlicher Verfahren, Einrichtungen oder Betriebsweisen, der die praktische Eignung einer Maßnahme zur Gewährleistung der Sicherheit und zum Schutz der Gesundheit der Beschäftigten gesichert erscheinen lässt. Bei der Bestimmung des Stands der Technik sind insbesondere

vergleichbare Verfahren, Einrichtungen oder Betriebsweisen heranzuziehen, die mit Erfolg in der Praxis erprobt worden sind. Gleiches gilt für die Anforderungen an die Arbeitsmedizin und die Hygiene.

(13) Fachkundig ist, wer über die zur Ausübung einer in dieser Verordnung bestimmten Aufgabe erforderlichen Fachkenntnisse verfügt. Die Anforderungen an die Fachkunde sind abhängig von der jeweiligen Art der Aufgabe. Zu den Anforderungen zählen eine entsprechende Berufsausbildung, Berufserfahrung oder eine zeitnah ausgeübte entsprechende berufliche Tätigkeit. Die Fachkenntnisse sind durch Teilnahme an Schulungen auf aktuellem Stand zu halten.

§ 3
Gefährdungsbeurteilung

(1) Bei der Beurteilung der Arbeitsbedingungen nach § 5 des Arbeitsschutzgesetzes hat der Arbeitgeber zunächst festzustellen, ob die Beschäftigten Gefährdungen beim Einrichten und Betreiben von Arbeitsstätten ausgesetzt sind oder ausgesetzt sein können. Ist dies der Fall, hat er alle möglichen Gefährdungen der Sicherheit und der Gesundheit der Beschäftigten zu beurteilen und dabei die Auswirkungen der Arbeitsorganisation und der Arbeitsabläufe in der Arbeitsstätte zu berücksichtigen. Bei der Gefährdungsbeurteilung hat er die physischen und psychischen Belastungen sowie bei Bildschirmarbeitsplätzen insbesondere die Belastungen der Augen oder die Gefährdung des Sehvermögens der Beschäftigten zu berücksichtigen. Entsprechend dem Ergebnis der Gefährdungsbeurteilung hat der Arbeitgeber Maßnahmen zum Schutz der Beschäftigten gemäß den Vorschriften dieser Verordnung einschließlich ihres Anhangs nach dem Stand der Technik, Arbeitsmedizin und Hygiene festzulegen. Sonstige gesicherte arbeitswissenschaftliche Erkenntnisse sind zu berücksichtigen.

(2) Der Arbeitgeber hat sicherzustellen, dass die Gefährdungsbeurteilung fachkundig durchgeführt wird. Verfügt der Arbeitgeber nicht selbst über die entsprechenden Kenntnisse, hat er sich fachkundig beraten zu lassen.

(3) Der Arbeitgeber hat die Gefährdungsbeurteilung vor Aufnahme der Tätigkeiten zu dokumentieren. In der Dokumentation ist anzugeben, welche Gefährdungen am Arbeitsplatz auftreten können und welche Maßnahmen nach Absatz 1 Satz 4 durchgeführt werden müssen.

§ 3a
Einrichten und Betreiben von Arbeitsstätten

(1) Der Arbeitgeber hat dafür zu sorgen, dass Arbeitsstätten so eingerichtet und betrieben werden, dass Gefährdungen für die Sicherheit und die Gesundheit der Beschäftigten möglichst vermieden und verbleibende Gefährdungen möglichst gering gehalten werden. Beim Einrichten und Betreiben der Arbeitsstätten hat der Arbeitgeber die Maßnahmen nach § 3 Absatz 1 durchzuführen und dabei den Stand der Technik, Arbeits-

medizin und Hygiene, die ergonomischen Anforderungen sowie insbesondere die vom Bundesministerium für Arbeit und Soziales nach § 7 Absatz 4 bekannt gemachten Regeln und Erkenntnisse zu berücksichtigen. Bei Einhaltung der bekannt gemachten Regeln ist davon auszugehen, dass die in dieser Verordnung gestellten Anforderungen diesbezüglich erfüllt sind. Wendet der Arbeitgeber diese Regeln nicht an, so muss er durch andere Maßnahmen die gleiche Sicherheit und den gleichen Schutz der Gesundheit der Beschäftigten erreichen.

(2) Beschäftigt der Arbeitgeber Menschen mit Behinderungen, hat er die Arbeitsstätte so einzurichten und zu betreiben, dass die besonderen Belange dieser Beschäftigten im Hinblick auf die Sicherheit und den Schutz der Gesundheit berücksichtigt werden. Dies gilt insbesondere für die barrierefreie Gestaltung von Arbeitsplätzen, Sanitär-, Pausen- und Bereitschaftsräumen, Kantinen, Erste-Hilfe-Räumen und Unterkünften sowie den zugehörigen Türen, Verkehrswegen, Fluchtwegen, Notausgängen, Treppen und Orientierungssystemen, die von den Beschäftigten mit Behinderungen benutzt werden.

(3) Die zuständige Behörde kann auf schriftlichen Antrag des Arbeitgebers Ausnahmen von den Vorschriften dieser Verordnung einschließlich ihres Anhanges zulassen, wenn

1. der Arbeitgeber andere, ebenso wirksame Maßnahmen trifft oder
2. die Durchführung der Vorschrift im Einzelfall zu einer unverhältnismäßigen Härte führen würde und die Abweichung mit dem Schutz der Beschäftigten vereinbar ist.

Der Antrag des Arbeitgebers kann in Papierform oder elektronisch übermittelt werden. Bei der Beurteilung sind die Belange der kleineren Betriebe besonders zu berücksichtigen.

(4) Anforderungen in anderen Rechtsvorschriften, insbesondere im Bauordnungsrecht der Länder, gelten vorrangig, soweit sie über die Anforderungen dieser Verordnung hinausgehen.

§ 4
Besondere Anforderungen an das Betreiben von Arbeitsstätten

(1) Der Arbeitgeber hat die Arbeitsstätte instand zu halten und dafür zu sorgen, dass festgestellte Mängel unverzüglich beseitigt werden. Können Mängel, mit denen eine unmittelbare erhebliche Gefahr verbunden ist, nicht sofort beseitigt werden, hat er dafür zu sorgen, dass die gefährdeten Beschäftigten ihre Tätigkeit unverzüglich einstellen.

(2) Der Arbeitgeber hat dafür zu sorgen, dass Arbeitsstätten den hygienischen Erfordernissen entsprechend gereinigt werden. Verunreinigungen und Ablagerungen, die zu Gefährdungen führen können, sind unverzüglich zu beseitigen.

(3) Der Arbeitgeber hat die Sicherheitseinrichtungen, insbesondere Sicherheitsbeleuchtung, Brandmelde- und Feuerlöscheinrichtungen, Signalanlagen, Notaggregate und Notschalter sowie raumlufttechnische Anlagen instand zu halten und in regelmäßigen Abständen auf ihre Funktionsfähigkeit prüfen zu lassen.

(4) Der Arbeitgeber hat dafür zu sorgen, dass Verkehrswege, Fluchtwege und Notausgänge ständig freigehalten werden, damit sie jederzeit benutzbar sind. Der Arbeitgeber hat Vorkehrungen so zu treffen, dass die Beschäftigten bei Gefahr sich unverzüglich in Sicherheit bringen und schnell gerettet werden können. Der Arbeitgeber hat einen Flucht- und Rettungsplan aufzustellen, wenn Lage, Ausdehnung und Art der Benutzung der Arbeitsstätte dies erfordern. Der Plan ist an geeigneten Stellen in der Arbeitsstätte auszulegen oder auszuhängen. In angemessenen Zeitabständen ist entsprechend diesem Plan zu üben.

(5) Der Arbeitgeber hat beim Einrichten und Betreiben von Arbeitsstätten Mittel und Einrichtungen zur Ersten Hilfe zur Verfügung zu stellen und regelmäßig auf ihre Vollständigkeit und Verwendungsfähigkeit prüfen zu lassen.

§ 5
Nichtraucherschutz

(1) Der Arbeitgeber hat die erforderlichen Maßnahmen zu treffen, damit die nicht rauchenden Beschäftigten in Arbeitsstätten wirksam vor den Gesundheitsgefahren durch Rauche und Dämpfe von Tabak- und Cannabisprodukten sowie elektronischen Zigaretten geschützt sind. Soweit erforderlich, hat der Arbeitgeber ein allgemeines oder auf einzelne Bereiche der Arbeitsstätte beschränktes Rauchverbot zu erlassen.

(2) In Arbeitsstätten mit Publikumsverkehr hat der Arbeitgeber beim Einrichten und Betreiben von Arbeitsräumen der Natur des Betriebes entsprechende und der Art der Beschäftigung angepasste technische oder organisatorische Maßnahmen nach Absatz 1 zum Schutz der nicht rauchenden Beschäftigten zu treffen.

§ 6
Unterweisung der Beschäftigten

(1) Der Arbeitgeber hat den Beschäftigten ausreichende und angemessene Informationen anhand der Gefährdungsbeurteilung in einer für die Beschäftigten verständlichen Form und Sprache zur Verfügung zu stellen über

1. das bestimmungsgemäße Betreiben der Arbeitsstätte,
2. alle gesundheits- und sicherheitsrelevanten Fragen im Zusammenhang mit ihrer Tätigkeit,
3. Maßnahmen, die zur Gewährleistung der Sicherheit und zum Schutz der Gesundheit der Beschäftigten durchgeführt werden müssen, und
4. arbeitsplatzspezifische Maßnahmen, insbesondere bei Tätigkeiten auf Baustellen oder an Bildschirmgeräten,

und sie anhand dieser Informationen zu unterweisen.

(2) Die Unterweisung nach Absatz 1 muss sich auf Maßnahmen im Gefahrenfall erstrecken, insbesondere auf

1. die Bedienung von Sicherheits- und Warneinrichtungen,
2. die Erste Hilfe und die dazu vorgehaltenen Mittel und Einrichtungen und
3. den innerbetrieblichen Verkehr.

(3) Die Unterweisung nach Absatz 1 muss sich auf Maßnahmen der Brandverhütung und Verhaltensmaßnahmen im Brandfall erstrecken, insbesondere auf die Nutzung der Fluchtwege und Notausgänge. Diejenigen Beschäftigten, die Aufgaben der Brandbekämpfung übernehmen, hat der Arbeitgeber in der Bedienung der Feuerlöscheinrichtungen zu unterweisen.

(4) Die Unterweisungen müssen vor Aufnahme der Tätigkeit stattfinden. Danach sind sie mindestens jährlich zu wiederholen. Sie haben in einer für die Beschäftigten verständlichen Form und Sprache zu erfolgen. Unterweisungen sind unverzüglich zu wiederholen, wenn sich die Tätigkeiten der Beschäftigten, die Arbeitsorganisation, die Arbeits- und Fertigungsverfahren oder die Einrichtungen und Betriebsweisen in der Arbeitsstätte wesentlich verändern und die Veränderung mit zusätzlichen Gefährdungen verbunden ist.

§ 7
Ausschuss für Arbeitsstätten

(1) Beim Bundesministerium für Arbeit und Soziales wird ein Ausschuss für Arbeitsstätten gebildet, in dem fachkundige Vertreter der Arbeitgeber, der Gewerkschaften, der Länderbehörden, der gesetzlichen Unfallversicherung und weitere fachkundige Personen, insbesondere der Wissenschaft, in angemessener Zahl vertreten sein sollen. Die Gesamtzahl der Mitglieder soll 16 Personen nicht überschreiten. Für jedes Mitglied ist ein stellvertretendes Mitglied zu benennen. Die Mitgliedschaft im Ausschuss für Arbeitsstätten ist ehrenamtlich.

(2) Das Bundesministerium für Arbeit und Soziales beruft die Mitglieder des Ausschusses und die stellvertretenden Mitglieder. Der Ausschuss gibt sich eine Geschäftsordnung und wählt den Vorsitzenden aus seiner Mitte. Die Geschäftsordnung und die Wahl des Vorsitzenden bedürfen der Zustimmung des Bundesministeriums für Arbeit und Soziales.

(3) Zu den Aufgaben des Ausschusses gehört es,

1. dem Stand der Technik, Arbeitsmedizin und Hygiene entsprechende Regeln und sonstige gesicherte wissenschaftliche Erkenntnisse für die Sicherheit und Gesundheit der Beschäftigten in Arbeitsstätten zu ermitteln,
2. Regeln und Erkenntnisse zu ermitteln, wie die Anforderungen dieser Verordnung erfüllt werden können, sowie Empfehlungen für weitere Maßnahmen zur Gewährleistung der Sicherheit und zum Schutz der Gesundheit der Beschäftigten auszuarbeiten und
3. das Bundesministerium für Arbeit und Soziales in allen Fragen der Sicherheit und der Gesundheit der Beschäftigten in Arbeitsstätten zu beraten.

Bei der Wahrnehmung seiner Aufgaben soll der Ausschuss die allgemeinen Grundsätze des Arbeitsschutzes nach § 4 des Arbeitsschutzgesetzes berücksichtigen. Das Arbeitsprogramm des Ausschusses für Arbeitsstätten wird mit dem Bundesministerium für Arbeit und Soziales abgestimmt. Der Ausschuss arbeitet eng mit den anderen Ausschüssen beim Bundesministerium für Arbeit und Soziales zusammen. Die Sitzungen des Ausschusses sind nicht öffentlich. Beratungs- und Abstimmungsergebnisse des Ausschusses sowie Niederschriften der Untergremien sind vertraulich zu behandeln, soweit die Erfüllung der Aufgaben, die den Untergremien oder den Mitgliedern des Ausschusses obliegen, dem nicht entgegenstehen.

(4) Das Bundesministerium für Arbeit und Soziales kann die vom Ausschuss nach Absatz 3 ermittelten Regeln und Erkenntnisse sowie Empfehlungen im Gemeinsamen Ministerialblatt bekannt machen.

(5) Die Bundesministerien sowie die zuständigen obersten Landesbehörden können zu den Sitzungen des Ausschusses Vertreter entsenden. Diesen ist auf Verlangen in der Sitzung das Wort zu erteilen.

(6) Die Geschäfte des Ausschusses führt die Bundesanstalt für Arbeitsschutz und Arbeitsmedizin.

§ 8
Übergangsvorschriften

(1) Soweit für Arbeitsstätten,

1. die am 1. Mai 1976 eingerichtet waren oder mit deren Einrichtung vor diesem Zeitpunkt begonnen worden war oder
2. die am 20. Dezember 1996 eingerichtet waren oder mit deren Einrichtung vor diesem Zeitpunkt begonnen worden war und für die zum Zeitpunkt der Einrichtung die Gewerbeordnung keine Anwendung fand,

in dieser Verordnung Anforderungen gestellt werden, die umfangreiche Änderungen der Arbeitsstätte, der Betriebseinrichtungen, Arbeitsverfahren oder Arbeitsabläufe notwendig machen, gelten hierfür bis zum 31. Dezember 2020 mindestens die entsprechenden Anforderungen des Anhangs II der Richtlinie 89/654/EWG des Rates vom 30. November 1989 über Mindestvorschriften für Sicherheit und Gesundheitsschutz in Arbeitsstätten (ABl. EG Nr. L 393 S. 1). Soweit diese Arbeitsstätten oder ihre Betriebseinrichtungen wesentlich erweitert oder umgebaut oder die Arbeitsverfahren oder Arbeitsabläufe wesentlich umgestaltet werden, hat der Arbeitgeber die erforderlichen Maßnahmen zu treffen, damit diese Änderungen, Erweiterungen oder Umgestaltungen mit den Anforderungen dieser Verordnung übereinstimmen.

(2) Bestimmungen in den vom Ausschuss für Arbeitsstätten ermittelten und vom Bundesministerium für Arbeit und Soziales im Gemeinsamen Ministerialblatt bekannt gemachten Regeln für Arbeitsstätten, die Anforderungen an den Arbeitsplatz enthalten, gelten unter Berücksichtigung der Begriffsbestimmung des Arbeitsplatzes in § 2 Absatz 2 der Arbeitsstättenverordnung vom 12. August 2004 (BGBl. I S. 2179), die zuletzt durch

Artikel 282 der Verordnung vom 31. August 2015 (BGBl. I S. 1474) geändert worden ist, solange fort, bis sie vom Ausschuss für Arbeitsstätten überprüft und erforderlichenfalls vom Bundesministerium für Arbeit und Soziales im Gemeinsamen Ministerialblatt neu bekannt gemacht worden sind.

§ 9
Straftaten und Ordnungswidrigkeiten

(1) Ordnungswidrig im Sinne des § 25 Absatz 1 Nummer 1 des Arbeitsschutzgesetzes handelt, wer vorsätzlich oder fahrlässig

1. entgegen § 3 Absatz 3 eine Gefährdungsbeurteilung nicht richtig, nicht vollständig oder nicht rechtzeitig dokumentiert,
2. entgegen § 3a Absatz 1 Satz 1 nicht dafür sorgt, dass eine Arbeitsstätte in der dort vorgeschriebenen Weise eingerichtet ist oder betrieben wird,
3. entgegen § 3a Absatz 1 Satz 2 in Verbindung mit Nummer 4.1 Absatz 1 des Anhangs einen dort genannten Toilettenraum oder eine dort genannte mobile, anschlussfreie Toilettenkabine nicht oder nicht in der vorgeschriebenen Weise zur Verfügung stellt,
4. entgegen § 3a Absatz 1 Satz 2 in Verbindung mit Nummer 4.2 Absatz 1 des Anhangs einen dort genannten Pausenraum oder einen dort genannten Pausenbereich nicht oder nicht in der vorgeschriebenen Weise zur Verfügung stellt,

4a. entgegen § 3a Absatz 1 Satz 2 in Verbindung mit Nummer 4.4 Absatz 1 Satz 1 des Anhangs eine Unterkunft in den Fällen der Nummer 4.4 Absatz 1 Satz 3 des Anhangs nicht oder nicht rechtzeitig zur Verfügung stellt,

4b. entgegen § 3a Absatz 1 Satz 2 in Verbindung mit Nummer 4.4 Absatz 4 Satz 1 des Anhangs eine Unterbringung in einer Gemeinschaftsunterkunft nicht, nicht richtig, nicht vollständig oder nicht rechtzeitig dokumentiert,

5. entgegen § 3a Absatz 2 eine Arbeitsstätte nicht in der dort vorgeschriebenen Weise einrichtet oder betreibt,
6. entgegen § 4 Absatz 1 Satz 2 nicht dafür sorgt, dass die gefährdeten Beschäftigten ihre Tätigkeit unverzüglich einstellen,
7. entgegen § 4 Absatz 4 Satz 1 nicht dafür sorgt, dass Verkehrswege, Fluchtwege und Notausgänge freigehalten werden,
8. entgegen § 4 Absatz 5 ein Mittel oder eine Einrichtung zur Ersten Hilfe nicht zur Verfügung stellt,
9. entgegen § 6 Absatz 4 Satz 1 nicht sicherstellt, dass die Beschäftigten vor Aufnahme der Tätigkeit unterwiesen werden.

(2) Wer durch eine in Absatz 1 bezeichnete vorsätzliche Handlung das Leben oder die Gesundheit von Beschäftigten gefährdet, ist nach § 26 Nummer 2 des Arbeitsschutzgesetzes strafbar.

Anhang
Anforderungen und Maßnahmen für Arbeitsstätten nach § 3 Absatz 1

Inhaltsübersicht

1 Allgemeine Anforderungen
1.1 Anforderungen an Konstruktion und Festigkeit von Gebäuden
1.2 Abmessungen von Räumen, Luftraum
1.3 Sicherheits- und Gesundheitsschutzkennzeichnung
1.4 Energieverteilungsanlagen
1.5 Fußböden, Wände, Decken, Dächer
1.6 Fenster, Oberlichter
1.7 Türen, Tore
1.8 Verkehrswege
1.9 Fahrtreppen, Fahrsteige
1.10 Laderampen
1.11 Steigleitern, Steigeisengänge

2 Maßnahmen zum Schutz vor besonderen Gefahren
2.1 Schutz vor Absturz und herabfallenden Gegenständen, Betreten von Gefahrenbereichen
2.2 Maßnahmen gegen Brände
2.3 Fluchtwege und Notausgänge

3 Arbeitsbedingungen
3.1 Bewegungsfläche
3.2 Anordnung der Arbeitsplätze
3.3 Ausstattung
3.4 Beleuchtung und Sichtverbindung
3.5 Raumtemperatur
3.6 Lüftung
3.7 Lärm

4 Sanitär-, Pausen- und Bereitschaftsräume, Kantinen, Erste-Hilfe-Räume und Unterkünfte
4.1 Sanitärräume
4.2 Pausen- und Bereitschaftsräume
4.3 Erste-Hilfe-Räume
4.4 Unterkünfte

5 Ergänzende Anforderungen und Maßnahmen für besondere Arbeitsstätten und Arbeitsplätze
5.1 Arbeitsplätze in nicht allseits umschlossenen Arbeitsstätten und Arbeitsplätze im Freien
5.2 Baustellen

6 Maßnahmen zur Gestaltung von Bildschirmarbeitsplätzen
6.1 Allgemeine Anforderungen an Bildschirmarbeitsplätze
6.2 Allgemeine Anforderungen an Bildschirme und Bildschirmgeräte
6.3 Anforderungen an Bildschirmgeräte und Arbeitsmittel für die ortsgebundene Verwendung an Arbeitsplätzen
6.4 Anforderungen an tragbare Bildschirmgeräte für die ortsveränderliche Verwendung an Arbeitsplätzen
6.5 Anforderungen an die Benutzerfreundlichkeit von Bildschirmarbeitsplätzen

1 Allgemeine Anforderungen

1.1 Anforderungen an Konstruktion und Festigkeit von Gebäuden

Gebäude für Arbeitsstätten müssen eine der Nutzungsart entsprechende Konstruktion und Festigkeit aufweisen.

1.2 Abmessungen von Räumen, Luftraum

(1) Arbeitsräume, Sanitär-, Pausen- und Bereitschaftsräume, Kantinen, Erste-Hilfe-Räume und Unterkünfte müssen eine ausreichende Grundfläche und eine, in Abhängigkeit von der Größe der Grundfläche der Räume, ausreichende lichte Höhe aufweisen, sodass die Beschäftigten ohne Beeinträchtigung ihrer Sicherheit, ihrer Gesundheit oder ihres Wohlbefindens die Räume nutzen oder ihre Arbeit verrichten können.

(2) Die Abmessungen der Räume richten sich nach der Art ihrer Nutzung.

(3) Die Größe des notwendigen Luftraumes ist in Abhängigkeit von der Art der physischen Belastung und der Anzahl der Beschäftigten sowie der sonstigen anwesenden Personen zu bemessen.

1.3 Sicherheits- und Gesundheitsschutzkennzeichnung

(1) Unberührt von den nachfolgenden Anforderungen sind Sicherheits- und Gesundheitsschutzkennzeichnungen einzusetzen, wenn Gefährdungen der Sicherheit und Gesundheit der Beschäftigten nicht durch technische oder organisatorische Maßnahmen vermieden oder ausreichend begrenzt werden können. Das Ergebnis der Gefährdungsbeurteilung und die Maßnahmen nach § 3 Absatz 1 sind dabei zu berücksichtigen.

(2) Die Kennzeichnung ist nach der Art der Gefährdung dauerhaft oder vorübergehend nach den Vorgaben der Richtlinie 92/58/EWG des Rates vom 24. Juni 1992 über Mindestvorschriften für die Sicherheits- und/oder Gesundheitsschutzkennzeichnung am Arbeitsplatz (Neunte Einzelrichtlinie im Sinne des Artikels 16 Absatz 1 der Richtlinie 89/391/EWG) (ABl. EG Nr. L 245 S. 23) auszuführen. Diese Richtlinie gilt in der jeweils aktuellen

Fassung. Wird diese Richtlinie geändert oder nach den in dieser Richtlinie vorgesehenen Verfahren an den technischen Fortschritt angepasst, gilt sie in der geänderten im Amtsblatt der Europäischen Gemeinschaften veröffentlichten Fassung nach Ablauf der in der Änderungs- oder Anpassungsrichtlinie festgelegten Umsetzungsfrist. Die geänderte Fassung kann bereits ab Inkrafttreten der Änderungs- oder Anpassungsrichtlinie angewendet werden.

(3) (weggefallen)

1.4 Energieverteilungsanlagen

Anlagen, die der Versorgung der Arbeitsstätte mit Energie dienen, müssen so ausgewählt, installiert und betrieben werden, dass die Beschäftigten vor dem direkten oder indirekten Berühren spannungsführender Teile geschützt sind und dass von den Anlagen keine Brand- oder Explosionsgefahren ausgehen. Bei der Konzeption und der Ausführung sowie der Wahl des Materials und der Schutzvorrichtungen sind Art und Stärke der verteilten Energie, die äußeren Einwirkbedingungen und die Fachkenntnisse der Personen zu berücksichtigen, die zu Teilen der Anlage Zugang haben.

1.5 Fußböden, Wände, Decken, Dächer

(1) Die Oberflächen der Fußböden, Wände und Decken der Räume müssen so gestaltet sein, dass sie den Erfordernissen des sicheren Betreibens entsprechen sowie leicht und sicher zu reinigen sind. Arbeitsräume müssen unter Berücksichtigung der Art des Betriebes und der physischen Belastungen eine angemessene Dämmung gegen Wärme und Kälte sowie eine ausreichende Isolierung gegen Feuchtigkeit aufweisen. Auch Sanitär-, Pausen- und Bereitschaftsräume, Kantinen, Erste-Hilfe-Räume und Unterkünfte müssen über eine angemessene Dämmung gegen Wärme und Kälte sowie eine ausreichende Isolierung gegen Feuchtigkeit verfügen.

(2) Die Fußböden der Räume dürfen keine Unebenheiten, Löcher, Stolperstellen oder gefährlichen Schrägen aufweisen. Sie müssen gegen Verrutschen gesichert, tragfähig, trittsicher und rutschhemmend sein.

(3) Durchsichtige oder lichtdurchlässige Wände, insbesondere Ganzglaswände in Arbeitsräumen oder im Bereich von Verkehrswegen, müssen deutlich gekennzeichnet sein. Sie müssen entweder aus bruchsicherem Werkstoff bestehen oder so gegen die Arbeitsplätze in Arbeitsräumen oder die Verkehrswege abgeschirmt sein, dass die Beschäftigten nicht mit den Wänden in Berührung kommen und beim Zersplittern der Wände nicht verletzt werden können.

(4) Dächer aus nicht durchtrittsicherem Material dürfen nur betreten werden, wenn Ausrüstungen benutzt werden, die ein sicheres Arbeiten ermöglichen.

1.6 Fenster, Oberlichter

(1) Fenster, Oberlichter und Lüftungsvorrichtungen müssen sich von den Beschäftigten sicher öffnen, schließen, verstellen und arretieren lassen. Sie dürfen nicht so angeordnet sein, dass sie in geöffnetem Zustand eine Gefahr für die Beschäftigten darstellen.

(2) Fenster und Oberlichter müssen so ausgewählt oder ausgerüstet und eingebaut sein, dass sie ohne Gefährdung der Ausführenden und anderer Personen gereinigt werden können.

1.7 Türen, Tore

(1) Die Lage, Anzahl, Abmessungen und Ausführung insbesondere hinsichtlich der verwendeten Werkstoffe von Türen und Toren müssen sich nach der Art und Nutzung der Räume oder Bereiche richten.

(2) Durchsichtige Türen müssen in Augenhöhe gekennzeichnet sein.

(3) Pendeltüren und -tore müssen durchsichtig sein oder ein Sichtfenster haben.

(4) Bestehen durchsichtige oder lichtdurchlässige Flächen von Türen und Toren nicht aus bruchsicherem Werkstoff und ist zu befürchten, dass sich die Beschäftigten beim Zersplittern verletzen können, sind diese Flächen gegen Eindrücken zu schützen.

(5) Schiebetüren und -tore müssen gegen Ausheben und Herausfallen gesichert sein. Türen und Tore, die sich nach oben öffnen, müssen gegen Herabfallen gesichert sein.

(6) In unmittelbarer Nähe von Toren, die vorwiegend für den Fahrzeugverkehr bestimmt sind, müssen gut sichtbar gekennzeichnete, stets zugängliche Türen für Fußgänger vorhanden sein. Diese Türen sind nicht erforderlich, wenn der Durchgang durch die Tore für Fußgänger gefahrlos möglich ist.

(7) Kraftbetätigte Türen und Tore müssen sicher benutzbar sein. Dazu gehört, dass sie

a) ohne Gefährdung der Beschäftigten bewegt werden oder zum Stillstand kommen können,

b) mit selbsttätig wirkenden Sicherungen ausgestattet sind,

c) auch von Hand zu öffnen sind, sofern sie sich bei Stromausfall nicht automatisch öffnen.

(8) Besondere Anforderungen gelten für Türen im Verlauf von Fluchtwegen (Nummer 2.3).

1.8 Verkehrswege

(1) Verkehrswege, einschließlich Treppen, fest angebrachte Steigleitern und Laderampen müssen so angelegt und bemessen sein, dass sie je nach ihrem Bestimmungszweck leicht und sicher begangen oder befahren werden können und in der Nähe Beschäftigte nicht gefährdet werden.

(2) Die Bemessung der Verkehrswege, die dem Personenverkehr, Güterverkehr oder Personen- und Güterverkehr dienen, muss sich nach der Anzahl der möglichen Benutzer und der Art des Betriebes richten.

(3) Werden Transportmittel auf Verkehrswegen eingesetzt, muss für Fußgänger ein ausreichender Sicherheitsabstand gewahrt werden.

(4) Verkehrswege für Fahrzeuge müssen an Türen und Toren, Durchgängen, Fußgängerwegen und Treppenaustritten in ausreichendem Abstand vorbeiführen.

(5) Soweit Nutzung und Einrichtung der Räume es zum Schutz der Beschäftigten erfordern, müssen die Begrenzungen der Verkehrswege gekennzeichnet sein.

(6) Besondere Anforderungen gelten für Fluchtwege (Nummer 2.3).

1.9 Fahrtreppen, Fahrsteige

Fahrtreppen und Fahrsteige müssen so ausgewählt und installiert sein, dass sie sicher funktionieren und sicher benutzbar sind. Dazu gehört, dass die Notbefehlseinrichtungen gut erkennbar und leicht zugänglich sind und nur solche Fahrtreppen und Fahrsteige eingesetzt werden, die mit den notwendigen Sicherheitsvorrichtungen ausgestattet sind.

1.10 Laderampen

(1) Laderampen sind entsprechend den Abmessungen der Transportmittel und der Ladung auszulegen.

(2) Sie müssen mindestens einen Abgang haben; lange Laderampen müssen, soweit betriebstechnisch möglich, an jedem Endbereich einen Abgang haben.

(3) Sie müssen einfach und sicher benutzbar sein. Dazu gehört, dass sie nach Möglichkeit mit Schutzvorrichtungen gegen Absturz auszurüsten sind; das gilt insbesondere in Bereichen von Laderampen, die keine ständigen Be- und Entladestellen sind.

1.11 Steigleitern, Steigeisengänge

Steigleitern und Steigeisengänge müssen sicher benutzbar sein. Dazu gehört, dass sie

a) nach Notwendigkeit über Schutzvorrichtungen gegen Absturz, vorzugsweise über Steigschutzeinrichtungen verfügen,
b) an ihren Austrittsstellen eine Haltevorrichtung haben,
c) nach Notwendigkeit in angemessenen Abständen mit Ruhebühnen ausgerüstet sind.

2 Maßnahmen zum Schutz vor besonderen Gefahren

2.1 Schutz vor Absturz und herabfallenden Gegenständen, Betreten von Gefahrenbereichen

(1) Arbeitsplätze und Verkehrswege, bei denen eine Absturzgefahr für Beschäftigte oder die Gefahr des Herabfallens von Gegenständen besteht, müssen mit Schutzvorrichtungen versehen sein, die verhindern, dass Beschäftigte abstürzen oder durch herabfallende Gegenstände verletzt werden können. Sind aufgrund der Eigenart des Arbeitsplatzes oder der durchzuführenden Arbeiten Schutzvorrichtungen gegen Absturz nicht geeignet, muss der Arbeitgeber die Sicherheit der Beschäftigten durch andere wirksame Maßnahmen gewährleisten. Eine Absturzgefahr besteht bei einer Absturzhöhe von mehr als 1 Meter.

(2) Arbeitsplätze und Verkehrswege, die an Gefahrenbereiche grenzen, müssen mit Schutzvorrichtungen versehen sein, die verhindern, dass Beschäftigte in die Gefahrenbereiche gelangen.

(3) Die Arbeitsplätze und Verkehrswege nach den Absätzen 1 und 2 müssen gegen unbefugtes Betreten gesichert und gut sichtbar als Gefahrenbereiche gekennzeichnet sein. Zum Schutz derjenigen, die diese Bereiche betreten müssen, sind geeignete Maßnahmen zu treffen.

2.2 Maßnahmen gegen Brände

(1) Arbeitsstätten müssen je nach

a) Abmessung und Nutzung,

b) der Brandgefährdung vorhandener Einrichtungen und Materialien,

c) der größtmöglichen Anzahl anwesender Personen

mit einer ausreichenden Anzahl geeigneter Feuerlöscheinrichtungen und erforderlichenfalls Brandmeldern und Alarmanlagen ausgestattet sein.

(2) Nicht selbsttätige Feuerlöscheinrichtungen müssen als solche dauerhaft gekennzeichnet, leicht zu erreichen und zu handhaben sein.

(3) Selbsttätig wirkende Feuerlöscheinrichtungen müssen mit Warneinrichtungen ausgerüstet sein, wenn bei ihrem Einsatz Gefahren für die Beschäftigten auftreten können.

2.3 Fluchtwege und Notausgänge

(1) Fluchtwege und Notausgänge müssen

a) sich in Anzahl, Anordnung und Abmessung nach der Nutzung, der Einrichtung und den Abmessungen der Arbeitsstätte sowie nach der höchstmöglichen Anzahl der dort anwesenden Personen richten,

b) auf möglichst kurzem Weg ins Freie oder, falls dies nicht möglich ist, in einen gesicherten Bereich führen,

c) in angemessener Form und dauerhaft gekennzeichnet sein.

Sie sind mit einer Sicherheitsbeleuchtung auszurüsten, wenn das gefahrlose Verlassen der Arbeitsstätte für die Beschäftigten, insbesondere bei Ausfall der allgemeinen Beleuchtung, nicht gewährleistet ist.

(2) Türen im Verlauf von Fluchtwegen oder Türen von Notausgängen müssen

a) sich von innen ohne besondere Hilfsmittel jederzeit leicht öffnen lassen, solange sich Beschäftigte in der Arbeitsstätte befinden,

b) in angemessener Form und dauerhaft gekennzeichnet sein.

Türen von Notausgängen müssen sich nach außen öffnen lassen. In Notausgängen, die ausschließlich für den Notfall konzipiert und ausschließlich im Notfall benutzt werden, sind Karussell- und Schiebetüren nicht zulässig.

3 Arbeitsbedingungen

3.1 Bewegungsfläche

(1) Die freie unverstellte Fläche am Arbeitsplatz muss so bemessen sein, dass sich die Beschäftigten bei ihrer Tätigkeit ungehindert bewegen können.

(2) Ist dies nicht möglich, muss den Beschäftigten in der Nähe des Arbeitsplatzes eine andere ausreichend große Bewegungsfläche zur Verfügung stehen.

3.2 Anordnung der Arbeitsplätze

Arbeitsplätze sind in der Arbeitsstätte so anzuordnen, dass Beschäftigte

a) sie sicher erreichen und verlassen können,

b) sich bei Gefahr schnell in Sicherheit bringen können,

c) durch benachbarte Arbeitsplätze, Transporte oder Einwirkungen von außerhalb nicht gefährdet werden.

3.3 Ausstattung

(1) Jedem Beschäftigten muss mindestens eine Kleiderablage zur Verfügung stehen, sofern keine Umkleideräume vorhanden sind.

(2) Kann die Arbeit ganz oder teilweise sitzend verrichtet werden oder lässt es der Arbeitsablauf zu, sich zeitweise zu setzen, sind den Beschäftigten am Arbeitsplatz Sitzgelegenheiten zur Verfügung zu stellen. Können aus betriebstechnischen Gründen keine Sitzgelegenheiten unmittelbar am Arbeitsplatz aufgestellt werden, obwohl es der Arbeitsablauf zulässt, sich zeitweise zu setzen, müssen den Beschäftigten in der Nähe der Arbeitsplätze Sitzgelegenheiten bereitgestellt werden.

3.4 Beleuchtung und Sichtverbindung

(1) Der Arbeitgeber darf als Arbeitsräume nur solche Räume betreiben, die möglichst ausreichend Tageslicht erhalten und die eine Sichtverbindung nach außen haben.

Dies gilt nicht für

1. Räume, bei denen betriebs-, produktions- oder bautechnische Gründe Tageslicht oder einer Sichtverbindung nach außen entgegenstehen,
2. Räume, in denen sich Beschäftigte zur Verrichtung ihrer Tätigkeit regelmäßig nicht über einen längeren Zeitraum oder im Verlauf der täglichen Arbeitszeit nur kurzzeitig aufhalten müssen, insbesondere Archive, Lager-, Maschinen- und Nebenräume, Teeküchen,
3. Räume, die vollständig unter Erdgleiche liegen, soweit es sich dabei um Tiefgaragen oder ähnliche Einrichtungen, um kulturelle Einrichtungen, um Verkaufsräume oder um Schank- und Speiseräume handelt,
4. Räume in Bahnhofs- oder Flughafenhallen, Passagen oder innerhalb von Kaufhäusern und Einkaufszentren,

5. Räume mit einer Grundfläche von mindestens 2000 Quadratmetern, sofern Oberlichter oder andere bauliche Vorrichtungen vorhanden sind, die Tageslicht in den Arbeitsraum lenken.

(2) Pausen- und Bereitschaftsräume sowie Unterkünfte müssen möglichst ausreichend mit Tageslicht beleuchtet sein und eine Sichtverbindung nach außen haben. Kantinen sollen möglichst ausreichend Tageslicht erhalten und eine Sichtverbindung nach außen haben.

(3) Räume, die bis zum 3. Dezember 2016 eingerichtet worden sind oder mit deren Einrichtung begonnen worden war und die die Anforderungen nach Absatz 1 Satz 1 oder Absatz 2 nicht erfüllen, dürfen ohne eine Sichtverbindung nach außen weiter betrieben werden, bis sie wesentlich erweitert oder umgebaut werden.

(4) In Arbeitsräumen muss die Stärke des Tageslichteinfalls am Arbeitsplatz je nach Art der Tätigkeit reguliert werden können.

(5) Arbeitsstätten müssen mit Einrichtungen ausgestattet sein, die eine angemessene künstliche Beleuchtung ermöglichen, sodass die Sicherheit und der Schutz der Gesundheit der Beschäftigten gewährleistet sind.

(6) Die Beleuchtungsanlagen sind so auszuwählen und anzuordnen, dass dadurch die Sicherheit und die Gesundheit der Beschäftigten nicht gefährdet werden.

(7) Arbeitsstätten, in denen bei Ausfall der Allgemeinbeleuchtung die Sicherheit der Beschäftigten gefährdet werden kann, müssen eine ausreichende Sicherheitsbeleuchtung haben.

3.5 Raumtemperatur

(1) Arbeitsräume, in denen aus betriebstechnischer Sicht keine spezifischen Anforderungen an die Raumtemperatur gestellt werden, müssen während der Nutzungsdauer unter Berücksichtigung der Arbeitsverfahren und der physischen Belastungen der Beschäftigten eine gesundheitlich zuträgliche Raumtemperatur haben.

(2) Sanitär-, Pausen- und Bereitschaftsräume, Kantinen, Erste-Hilfe-Räume und Unterkünfte müssen während der Nutzungsdauer unter Berücksichtigung des spezifischen Nutzungszwecks eine gesundheitlich zuträgliche Raumtemperatur haben.

(3) Fenster, Oberlichter und Glaswände müssen unter Berücksichtigung der Arbeitsverfahren und der Art der Arbeitsstätte eine Abschirmung gegen übermäßige Sonneneinstrahlung ermöglichen.

3.6 Lüftung

(1) In Arbeitsräumen, Sanitär-, Pausen- und Bereitschaftsräumen, Kantinen, Erste-Hilfe-Räumen und Unterkünften muss unter Berücksichtigung des spezifischen Nutzungszwecks, der Arbeitsverfahren, der physischen Belastungen und der Anzahl der Beschäftigten sowie der sonstigen anwesenden Personen während der Nutzungsdauer ausreichend gesundheitlich zuträgliche Atemluft vorhanden sein.

(2) Ist für das Betreiben von Arbeitsstätten eine raumlufttechnische Anlage erforderlich, muss diese jederzeit funktionsfähig sein und die Anforderungen nach Absatz 1 erfüllen. Bei raumlufttechnischen Anlagen muss eine Störung durch eine selbsttätige Warneinrichtung angezeigt werden. Es müssen Vorkehrungen getroffen sein, durch die die Beschäftigten im Fall einer Störung gegen Gesundheitsgefahren geschützt sind.

(3) Werden raumlufttechnische Anlagen verwendet, ist sicherzustellen, dass die Beschäftigten keinem störenden Luftzug ausgesetzt sind.

(4) Ablagerungen und Verunreinigungen in raumlufttechnischen Anlagen, die zu einer unmittelbaren Gesundheitsgefährdung durch die Raumluft führen können, müssen umgehend beseitigt werden.

3.7 Lärm

In Arbeitsstätten ist der Schalldruckpegel so niedrig zu halten, wie es nach der Art des Betriebes möglich ist. Der Schalldruckpegel am Arbeitsplatz in Arbeitsräumen ist in Abhängigkeit von der Nutzung und den zu verrichtenden Tätigkeiten so weit zu reduzieren, dass keine Beeinträchtigungen der Gesundheit der Beschäftigten entstehen.

4 Sanitär-, Pausen- und Bereitschaftsräume, Kantinen, Erste-Hilfe-Räume und Unterkünfte

4.1 Sanitärräume

(1) Der Arbeitgeber hat Toilettenräume zur Verfügung zu stellen. Toilettenräume sind für Männer und Frauen getrennt einzurichten oder es ist eine getrennte Nutzung zu ermöglichen. Toilettenräume sind mit verschließbaren Zugängen, einer ausreichenden Anzahl von Toilettenbecken und Handwaschgelegenheiten zur Verfügung zu stellen. Sie müssen sich sowohl in der Nähe der Arbeitsräume als auch in der Nähe von Kantinen, Pausen- und Bereitschaftsräumen, Wasch- und Umkleideräumen befinden. Bei Arbeiten im Freien und auf Baustellen mit wenigen Beschäftigten sind mobile, anschlussfreie Toilettenkabinen in der Nähe der Arbeitsplätze ausreichend.

(2) Der Arbeitgeber hat – wenn es die Art der Tätigkeit oder gesundheitliche Gründe erfordern – Waschräume zur Verfügung zu stellen. Diese sind für Männer und Frauen getrennt einzurichten oder es ist eine getrennte Nutzung zu ermöglichen. Bei Arbeiten im Freien und auf Baustellen mit wenigen Beschäftigten sind Waschgelegenheiten ausreichend. Waschräume sind

a) in der Nähe von Arbeitsräumen und sichtgeschützt einzurichten,

b) so zu bemessen, dass die Beschäftigten sich den hygienischen Erfordernissen entsprechend und ungehindert reinigen können; dazu müssen fließendes warmes und kaltes Wasser, Mittel zum Reinigen und gegebenenfalls zum Desinfizieren sowie zum Abtrocknen der Hände vorhanden sein,

c) mit einer ausreichenden Anzahl geeigneter Duschen zur Verfügung zu stellen, wenn es die Art der Tätigkeit oder gesundheitliche Gründe erfordern.

Sind Waschräume nicht erforderlich, müssen in der Nähe des Arbeitsplatzes und der Umkleideräume ausreichende und angemessene Waschgelegenheiten mit fließendem Wasser (erforderlichenfalls mit warmem Wasser), Mitteln zum Reinigen und zum Abtrocknen der Hände zur Verfügung stehen.

(3) Der Arbeitgeber hat geeignete Umkleideräume zur Verfügung zu stellen, wenn die Beschäftigten bei ihrer Tätigkeit besondere Arbeitskleidung tragen müssen und es ihnen nicht zuzumuten ist, sich in einem anderen Raum umzukleiden. Umkleideräume sind für Männer und Frauen getrennt einzurichten oder es ist eine getrennte Nutzung zu ermöglichen. Umkleideräume müssen

a) leicht zugänglich und von ausreichender Größe und sichtgeschützt eingerichtet werden; entsprechend der Anzahl gleichzeitiger Benutzer muss genügend freie Bodenfläche für ungehindertes Umkleiden vorhanden sein,

b) mit Sitzgelegenheiten sowie mit verschließbaren Einrichtungen ausgestattet sein, in denen jeder Beschäftigte seine Kleidung aufbewahren kann.

Kleiderschränke für Arbeitskleidung und Schutzkleidung sind von Kleiderschränken für persönliche Kleidung und Gegenstände zu trennen, wenn die Umstände dies erfordern.

(4) Wasch- und Umkleideräume, die voneinander räumlich getrennt sind, müssen untereinander leicht erreichbar sein.

4.2 Pausen- und Bereitschaftsräume

(1) Bei mehr als zehn Beschäftigten oder wenn die Sicherheit und der Schutz der Gesundheit es erfordern, ist den Beschäftigten ein Pausenraum oder ein entsprechender Pausenbereich zur Verfügung zu stellen. Dies gilt nicht, wenn die Beschäftigten in Büroräumen oder vergleichbaren Arbeitsräumen beschäftigt sind und dort gleichwertige Voraussetzungen für eine Erholung während der Pause gegeben sind. Fallen in die Arbeitszeit regelmäßig und häufig Arbeitsbereitschaftszeiten oder Arbeitsunterbrechungen und sind keine Pausenräume vorhanden, so sind für die Beschäftigten Räume für Bereitschaftszeiten einzurichten. Schwangere Frauen und stillende Mütter müssen sich während der Pausen und, soweit es erforderlich ist, auch während der Arbeitszeit unter geeigneten Bedingungen hinlegen und ausruhen können.

(2) Pausenräume oder entsprechende Pausenbereiche sind

a) für die Beschäftigten leicht erreichbar an ungefährdeter Stelle und in ausreichender Größe bereitzustellen,

b) entsprechend der Anzahl der gleichzeitigen Benutzer mit leicht zu reinigenden Tischen und Sitzgelegenheiten mit Rückenlehne auszustatten,

c) als separate Räume zu gestalten, wenn die Beurteilung der Arbeitsbedingungen und der Arbeitsstätte dies erfordern.

(3) Bereitschaftsräume und Pausenräume, die als Bereitschaftsräume genutzt werden, müssen dem Zweck entsprechend ausgestattet sein.

4.3 Erste-Hilfe-Räume

(1) Erste-Hilfe-Räume oder vergleichbare Bereiche sind entsprechend der Art der Gefährdungen in der Arbeitsstätte oder der Anzahl der Beschäftigten, der Art der auszuübenden Tätigkeiten sowie der räumlichen Größe der Betriebe zur Verfügung zu stellen.

(2) Erste-Hilfe-Räume müssen an ihren Zugängen als solche gekennzeichnet und für Personen mit Rettungstransportmitteln leicht zugänglich sein.

(3) Sie sind mit den erforderlichen Mitteln und Einrichtungen zur Ersten Hilfe auszustatten. An einer deutlich gekennzeichneten Stelle müssen Anschrift und Telefonnummer der örtlichen Rettungsdienste angegeben sein.

(4) Darüber hinaus sind überall dort, wo es die Arbeitsbedingungen erfordern, Mittel und Einrichtungen zur Ersten Hilfe aufzubewahren. Sie müssen leicht zugänglich und einsatzbereit sein. Die Aufbewahrungsstellen müssen als solche gekennzeichnet und gut erreichbar sein.

4.4 Unterkünfte

(1) Der Arbeitgeber hat angemessene Unterkünfte für Beschäftigte zur Verfügung zu stellen, gegebenenfalls auch außerhalb des Geländes eines Betriebes oder einer Baustelle, wenn es aus Gründen der Sicherheit und zum Schutz der Gesundheit oder aus Gründen der menschengerechten Gestaltung der Arbeit erforderlich ist. Die Bereitstellung angemessener Unterkünfte kann insbesondere wegen der Abgelegenheit der Arbeitsstätte, der Art der auszuübenden Tätigkeiten oder der Anzahl der im Betrieb beschäftigten Personen erforderlich sein. Sie ist stets erforderlich, wenn den Beschäftigten im Zusammenhang mit der Anwerbung oder Entsendung zur zeitlich befristeten Erbringung einer vertraglich geschuldeten Arbeitsleistung die Bereitstellung oder Vermittlung einer Unterbringung in Gemeinschaftsunterkünften in Aussicht gestellt wird und zu erwarten ist, dass der Beschäftigte die Verpflichtung zur Erbringung seiner Arbeitsleistung anderenfalls nicht eingehen würde. Kann der Arbeitgeber erforderliche Unterkünfte innerhalb des Geländes eines Betriebes oder einer Baustelle nicht zur Verfügung stellen, hat er für eine andere angemessene Unterbringung der Beschäftigten zu sorgen. Wird die Unterkunft als Gemeinschaftsunterkunft außerhalb des Geländes eines Betriebes oder einer Baustelle durch den Arbeitgeber oder auf dessen Veranlassung durch Dritte zur Verfügung gestellt, so hat der Arbeitgeber auch in diesem Fall für die Angemessenheit der Unterkunft zu sorgen.

(2) Unterkünfte müssen entsprechend ihrer Belegungszahl ausgestattet sein mit:

a) Wohn- und Schlafbereich (Betten, Schränken, Tischen, Stühlen),

b) Essbereich,

c) Sanitäreinrichtungen.

(3) Wird die Unterkunft von Männern und Frauen gemeinsam genutzt, ist dies bei der Zuteilung der Räume zu berücksichtigen.

(4) Der Arbeitgeber hat die Unterbringung von Beschäftigten in Gemeinschaftsunterkünften innerhalb oder außerhalb des Geländes eines Betriebes oder einer Baustelle nach den Sätzen 2 und 3 zu dokumentieren. In der Dokumentation sind anzugeben:

1. die Adressen der Gemeinschaftsunterkünfte,
2. die Unterbringungskapazitäten der Gemeinschaftsunterkünfte,
3. die Zuordnung der untergebrachten Beschäftigten zu den Gemeinschaftsunterkünften sowie
4. der zugehörige Zeitraum der Unterbringung der jeweiligen Beschäftigten.

Die Dokumentation muss ab Beginn der Bereitstellung der Gemeinschaftsunterkünfte am Ort der Leistungserbringung verfügbar sein. Die Dokumentation ist nach Beendigung der Unterbringung vier Wochen aufzubewahren.

5 Ergänzende Anforderungen und Maßnahmen für besondere Arbeitsstätten und Arbeitsplätze

5.1 Arbeitsplätze in nicht allseits umschlossenen Arbeitsstätten und Arbeitsplätze im Freien

Arbeitsplätze in nicht allseits umschlossenen Arbeitsstätten und Arbeitsplätze im Freien sind so einzurichten und zu betreiben, dass sie von den Beschäftigten bei jeder Witterung sicher und ohne Gesundheitsgefährdung erreicht, benutzt und wieder verlassen werden können. Dazu gehört, dass diese Arbeitsplätze gegen Witterungseinflüsse geschützt sind oder den Beschäftigten geeignete persönliche Schutzausrüstungen zur Verfügung gestellt werden.

Werden die Beschäftigten auf Arbeitsplätzen im Freien beschäftigt, so sind die Arbeitsplätze nach Möglichkeit so einzurichten, dass die Beschäftigten nicht gesundheitsgefährdenden äußeren Einwirkungen ausgesetzt sind.

5.2 Baustellen

(1) Die Beschäftigten müssen

a) sich gegen Witterungseinflüsse geschützt umkleiden, waschen und wärmen können,
b) über Einrichtungen verfügen, um ihre Mahlzeiten einnehmen und gegebenenfalls auch zubereiten zu können,
c) in der Nähe der Arbeitsplätze über Trinkwasser oder ein anderes alkoholfreies Getränk verfügen können.

Weiterhin sind auf Baustellen folgende Anforderungen umzusetzen:

d) Sind Umkleideräume nicht erforderlich, muss für jeden regelmäßig auf der Baustelle anwesenden Beschäftigten eine Kleiderablage und ein abschließbares Fach vorhanden sein, damit persönliche Gegenstände unter Verschluss aufbewahrt werden können.
e) Unter Berücksichtigung der Arbeitsverfahren und der physischen Belastungen der

Beschäftigten ist dafür zu sorgen, dass ausreichend gesundheitlich zuträgliche Atemluft vorhanden ist.

f) Beschäftigte müssen die Möglichkeit haben, Arbeitskleidung und Schutzkleidung außerhalb der Arbeitszeit zu lüften und zu trocknen.

g) In regelmäßigen Abständen sind geeignete Versuche und Übungen an Feuerlöscheinrichtungen und Brandmelde- und Alarmanlagen durchzuführen.

(2) Schutzvorrichtungen, die ein Abstürzen von Beschäftigten an Arbeitsplätzen und Verkehrswegen auf Baustellen verhindern, müssen vorhanden sein:

1. unabhängig von der Absturzhöhe bei
   a) Arbeitsplätzen am und über Wasser oder an und über anderen festen oder flüssigen Stoffen, in denen man versinken kann,
   b) Verkehrswegen über Wasser oder anderen festen oder flüssigen Stoffen, in denen man versinken kann,
2. bei mehr als 1 Meter Absturzhöhe an Wandöffnungen, an freiliegenden Treppenläufen und -absätzen sowie
3. bei mehr als 2 Meter Absturzhöhe an allen übrigen Arbeitsplätzen.

Bei einer Absturzhöhe bis zu 3 Metern ist eine Schutzvorrichtung entbehrlich an Arbeitsplätzen und Verkehrswegen auf Dächern und Geschossdecken von baulichen Anlagen mit bis zu 22,5 Grad Neigung und nicht mehr als 50 Quadratmeter Grundfläche, sofern die Arbeiten von hierfür fachlich qualifizierten und körperlich geeigneten Beschäftigten ausgeführt werden und diese Beschäftigten besonders unterwiesen sind. Die Absturzkante muss für die Beschäftigten deutlich erkennbar sein.

(3) Räumliche Begrenzungen der Arbeitsplätze, Materialien, Ausrüstungen und ganz allgemein alle Elemente, die durch Ortsveränderung die Sicherheit und die Gesundheit der Beschäftigten beeinträchtigen können, müssen auf geeignete Weise stabilisiert werden. Hierzu zählen auch Maßnahmen, die verhindern, dass Fahrzeuge, Erdbaumaschinen und Förderzeuge abstürzen, umstürzen, abrutschen oder einbrechen.

(4) Werden Beförderungsmittel auf Verkehrswegen verwendet, so müssen für andere, den Verkehrsweg nutzende Personen ein ausreichender Sicherheitsabstand oder geeignete Schutzvorrichtungen vorgesehen werden. Die Wege müssen regelmäßig überprüft und gewartet werden.

(5) Bei Arbeiten, aus denen sich im besonderen Maße Gefährdungen für die Beschäftigten ergeben können, müssen geeignete Sicherheitsvorkehrungen getroffen werden. Dies gilt insbesondere für Abbrucharbeiten sowie Montage- oder Demontagearbeiten. Zur Erfüllung der Schutzmaßnahmen des Satzes 1 sind

a) bei Arbeiten an erhöhten oder tiefer gelegenen Standorten Standsicherheit und Stabilität der Arbeitsplätze und ihrer Zugänge auf geeignete Weise zu gewährleisten und zu überprüfen, insbesondere nach einer Veränderung der Höhe oder Tiefe des Arbeitsplatzes,

b) bei Aushubarbeiten, Brunnenbauarbeiten, unterirdischen oder Tunnelarbeiten die Erd- oder Felswände so abzuböschen, zu verbauen oder anderweitig so zu sichern, dass sie während der einzelnen Bauzustände standsicher sind; vor Beginn von Erdarbeiten sind geeignete Maßnahmen durchzuführen, um die Gefährdung durch unterirdisch verlegte Kabel und andere Versorgungsleitungen festzustellen und auf ein Mindestmaß zu verringern,

c) bei Arbeiten, bei denen Sauerstoffmangel auftreten kann, geeignete Maßnahmen zu treffen, um einer Gefahr vorzubeugen und eine wirksame und sofortige Hilfeleistung zu ermöglichen; Einzelarbeitsplätze in Bereichen, in denen erhöhte Gefährdung durch Sauerstoffmangel besteht, sind nur zulässig, wenn diese ständig von außen überwacht werden und alle geeigneten Vorkehrungen getroffen sind, um eine wirksame und sofortige Hilfeleistung zu ermöglichen,

d) beim Auf-, Um- sowie Abbau von Spundwänden und Senkkästen angemessene Vorrichtungen vorzusehen, damit sich die Beschäftigten beim Eindringen von Wasser und Material retten können,

e) bei Laderampen Absturzsicherungen vorzusehen,

f) bei Arbeiten, bei denen mit Gefährdungen aus dem Verkehr von Land-, Wasser- oder Luftfahrzeugen zu rechnen ist, geeignete Vorkehrungen zu treffen.

Abbrucharbeiten, Montage- oder Demontagearbeiten, insbesondere der Auf- oder Abbau von Stahl- oder Betonkonstruktionen, die Montage oder Demontage von Verbau zur Sicherung von Erd- oder Felswänden oder Senkkästen sind fachkundig zu planen und nur unter fachkundiger Aufsicht sowie nach schriftlicher Abbruch-, Montage- oder Demontageanweisung durchzuführen; die Abbruch-, Montage- oder Demontageanweisung muss die erforderlichen sicherheitstechnischen Angaben enthalten; auf die Schriftform kann verzichtet werden, wenn für die jeweiligen Abbruch-, Montage- oder Demontagearbeiten besondere sicherheitstechnische Angaben nicht erforderlich sind.

(6) Vorhandene elektrische Freileitungen müssen nach Möglichkeit außerhalb des Baustellengeländes verlegt oder freigeschaltet werden. Wenn dies nicht möglich ist, sind geeignete Abschrankungen, Abschirmungen oder Hinweise anzubringen, um Fahrzeuge und Einrichtungen von diesen Leitungen fern zu halten.

6 Maßnahmen zur Gestaltung von Bildschirmarbeitsplätzen

6.1 Allgemeine Anforderungen an Bildschirmarbeitsplätze

(1) Bildschirmarbeitsplätze sind so einzurichten und zu betreiben, dass die Sicherheit und der Schutz der Gesundheit der Beschäftigten gewährleistet sind. Die Grundsätze der Ergonomie sind auf die Bildschirmarbeitsplätze und die erforderlichen Arbeitsmittel sowie die für die Informationsverarbeitung durch die Beschäftigten erforderlichen Bildschirmgeräte entsprechend anzuwenden.

(2) Der Arbeitgeber hat dafür zu sorgen, dass die Tätigkeiten der Beschäftigten an Bildschirmgeräten insbesondere durch andere Tätigkeiten oder regelmäßige Erholungszeiten unterbrochen werden.

(3) Für die Beschäftigten ist ausreichend Raum für wechselnde Arbeitshaltungen und -bewegungen vorzusehen.

(4) Die Bildschirmgeräte sind so aufzustellen und zu betreiben, dass die Oberflächen frei von störenden Reflexionen und Blendungen sind.

(5) Die Arbeitstische oder Arbeitsflächen müssen eine reflexionsarme Oberfläche haben und so aufgestellt werden, dass die Oberflächen bei der Arbeit frei von störenden Reflexionen und Blendungen sind.

(6) Die Arbeitsflächen sind entsprechend der Arbeitsaufgabe so zu bemessen, dass alle Eingabemittel auf der Arbeitsfläche variabel angeordnet werden können und eine flexible Anordnung des Bildschirms, des Schriftguts und der sonstigen Arbeitsmittel möglich ist. Die Arbeitsfläche vor der Tastatur muss ein Auflegen der Handballen ermöglichen.

(7) Auf Wunsch der Beschäftigten hat der Arbeitgeber eine Fußstütze und einen Manuskripthalter zur Verfügung zu stellen, wenn eine ergonomisch günstige Arbeitshaltung auf andere Art und Weise nicht erreicht werden kann.

(8) Die Beleuchtung muss der Art der Arbeitsaufgabe entsprechen und an das Sehvermögen der Beschäftigten angepasst sein; ein angemessener Kontrast zwischen Bildschirm und Arbeitsumgebung ist zu gewährleisten. Durch die Gestaltung des Bildschirmarbeitsplatzes sowie der Auslegung und der Anordnung der Beleuchtung sind störende Blendungen, Reflexionen oder Spiegelungen auf dem Bildschirm und den sonstigen Arbeitsmitteln zu vermeiden.

(9) Werden an einem Arbeitsplatz mehrere Bildschirmgeräte oder Bildschirme betrieben, müssen diese ergonomisch angeordnet sein. Die Eingabegeräte müssen sich eindeutig dem jeweiligen Bildschirmgerät zuordnen lassen.

(10) Die Arbeitsmittel dürfen nicht zu einer erhöhten, gesundheitlich unzuträglichen Wärmebelastung am Arbeitsplatz führen.

6.2 Allgemeine Anforderungen an Bildschirme und Bildschirmgeräte

(1) Die Text- und Grafikdarstellungen auf dem Bildschirm müssen entsprechend der Arbeitsaufgabe und dem Sehabstand scharf und deutlich sowie ausreichend groß sein. Der Zeichen- und der Zeilenabstand müssen angemessen sein. Die Zeichengröße und der Zeilenabstand müssen auf dem Bildschirm individuell eingestellt werden können.

(2) Das auf dem Bildschirm dargestellte Bild muss flimmerfrei sein. Das Bild darf keine Verzerrungen aufweisen.

(3) Die Helligkeit der Bildschirmanzeige und der Kontrast der Text- und Grafikdarstellungen auf dem Bildschirm müssen von den Beschäftigten einfach eingestellt werden können. Sie müssen den Verhältnissen der Arbeitsumgebung individuell angepasst werden können.

(4) Die Bildschirmgröße und -form müssen der Arbeitsaufgabe angemessen sein.

(5) Die von den Bildschirmgeräten ausgehende elektromagnetische Strahlung muss so niedrig gehalten werden, dass die Sicherheit und die Gesundheit der Beschäftigten nicht gefährdet werden.

6.3 Anforderungen an Bildschirmgeräte und Arbeitsmittel für die ortsgebundene Verwendung an Arbeitsplätzen

(1) Bildschirme müssen frei und leicht dreh- und neigbar sein sowie über reflexionsarme Oberflächen verfügen. Bildschirme, die über reflektierende Oberflächen verfügen, dürfen nur dann betrieben werden, wenn dies aus zwingenden aufgabenbezogenen Gründen erforderlich ist.

(2) Tastaturen müssen die folgenden Eigenschaften aufweisen:

1. sie müssen vom Bildschirm getrennte Einheiten sein,
2. sie müssen neigbar sein,
3. die Oberflächen müssen reflexionsarm sein,
4. die Form und der Anschlag der Tasten müssen den Arbeitsaufgaben angemessen sein und eine ergonomische Bedienung ermöglichen,
5. die Beschriftung der Tasten muss sich vom Untergrund deutlich abheben und bei normaler Arbeitshaltung gut lesbar sein.

(3) Alternative Eingabemittel (zum Beispiel Eingabe über den Bildschirm, Spracheingabe, Scanner) dürfen nur eingesetzt werden, wenn dadurch die Arbeitsaufgaben leichter ausgeführt werden können und keine zusätzlichen Belastungen für die Beschäftigten entstehen.

6.4 Anforderungen an tragbare Bildschirmgeräte für die ortsveränderliche Verwendung an Arbeitsplätzen

(1) Größe, Form und Gewicht tragbarer Bildschirmgeräte müssen der Arbeitsaufgabe entsprechend angemessen sein.

(2) Tragbare Bildschirmgeräte müssen

1. über Bildschirme mit reflexionsarmen Oberflächen verfügen und
2. so betrieben werden, dass der Bildschirm frei von störenden Reflexionen und Blendungen ist.

(3) Tragbare Bildschirmgeräte ohne Trennung zwischen Bildschirm und externem Eingabemittel (insbesondere Geräte ohne Tastatur) dürfen nur an Arbeitsplätzen betrieben werden, an denen die Geräte nur kurzzeitig verwendet werden oder an denen die Arbeitsaufgaben mit keinen anderen Bildschirmgeräten ausgeführt werden können.

(4) Tragbare Bildschirmgeräte mit alternativen Eingabemitteln sind den Arbeitsaufgaben angemessen und mit dem Ziel einer optimalen Entlastung der Beschäftigten zu betreiben.

(5) Werden tragbare Bildschirmgeräte ortsgebunden an Arbeitsplätzen verwendet, gelten zusätzlich die Anforderungen nach Nummer 6.1.

6.5 Anforderungen an die Benutzerfreundlichkeit von Bildschirmarbeitsplätzen

(1) Beim Betreiben der Bildschirmarbeitsplätze hat der Arbeitgeber dafür zu sorgen, dass der Arbeitsplatz den Arbeitsaufgaben angemessen gestaltet ist. Er hat insbesondere geeignete Softwaresysteme bereitzustellen.

(2) Die Bildschirmgeräte und die Software müssen entsprechend den Kenntnissen und Erfahrungen der Beschäftigten im Hinblick auf die jeweilige Arbeitsaufgabe angepasst werden können.

(3) Das Softwaresystem muss den Beschäftigten Angaben über die jeweiligen Dialogabläufe machen.

(4) Die Bildschirmgeräte und die Software müssen es den Beschäftigten ermöglichen, die Dialogabläufe zu beeinflussen. Sie müssen eventuelle Fehler bei der Handhabung beschreiben und eine Fehlerbeseitigung mit begrenztem Arbeitsaufwand erlauben.

(5) Eine Kontrolle der Arbeit hinsichtlich der qualitativen oder quantitativen Ergebnisse darf ohne Wissen der Beschäftigten nicht durchgeführt werden.

Verordnung über Sicherheit und Gesundheitsschutz auf Baustellen (Baustellenverordnung – BaustellV) vom 10. Juni 1998 (BGBl. I S. 1283)

in der Fassung vom 19. Dezember 2022 (BGBl. 2023 I Nr. 1)

Aufgrund des § 19 des Arbeitsschutzgesetzes vom 7. August 1996 (BGBl. I S. 1246) verordnet die Bundesregierung:

§ 1
Ziele; Begriffe

(1) Diese Verordnung dient der wesentlichen Verbesserung von Sicherheit und Gesundheitsschutz der Beschäftigten auf Baustellen.

(2) Die Verordnung gilt nicht für Tätigkeiten und Einrichtungen im Sinne des § 2 des Bundesberggesetzes.

(3) Baustelle im Sinne dieser Verordnung ist der Ort, an dem ein Bauvorhaben ausgeführt wird. Ein Bauvorhaben ist das Vorhaben, eine oder mehrere bauliche Anlagen zu errichten, zu ändern oder abzubrechen.

§ 2
Planung der Ausführung des Bauvorhabens

(1) Bei der Planung der Ausführung eines Bauvorhabens, insbesondere bei der Einteilung der Arbeiten, die gleichzeitig oder nacheinander durchgeführt werden, und bei der Bemessung der Ausführungszeiten für diese Arbeiten, sind die allgemeinen Grundsätze nach § 4 des Arbeitsschutzgesetzes zu berücksichtigen.

(2) Für jede Baustelle, bei der

1. die voraussichtliche Dauer der Arbeiten mehr als 30 Arbeitstage beträgt und auf der mehr als 20 Beschäftigte gleichzeitig tätig werden, oder
2. der Umfang der Arbeiten voraussichtlich 500 Personentage überschreitet,

hat der nach § 4 Verantwortliche der zuständigen Behörde spätestens zwei Wochen vor Einrichtung der Baustelle eine Vorankündigung zu übermitteln, die mindestens die Angaben nach Anhang I enthält.

Die Vorankündigung hat der nach § 4 Verantwortliche sichtbar auf der Baustelle auszuhängen und bei erheblichen Änderungen anzupassen.

(3) Ist für eine Baustelle, auf der Beschäftigte mehrerer Arbeitgeber tätig werden, eine Vorankündigung zu übermitteln, oder werden auf einer Baustelle, auf der Beschäftigte mehrerer Arbeitgeber tätig werden, besonders gefährliche Arbeiten nach Anhang II ausgeführt, so hat der nach § 4 Verantwortliche dafür zu sorgen, dass vor Einrichtung der Baustelle ein Sicherheits- und Gesundheitsschutzplan erstellt wird.

Der Plan muss die für die betreffende Baustelle anzuwendenden Arbeitsschutzbestimmungen erkennen lassen und besondere Maßnahmen für die besonders gefährlichen Arbeiten nach Anhang II enthalten. Erforderlichenfalls sind bei Erstellung des Planes betriebliche Tätigkeiten auf dem Gelände zu berücksichtigen.

(4) Ist für eine Baustelle, auf der jeder Beschäftigte für denselben Arbeitgeber tätig wird, eine Vorankündigung zu übermitteln, oder werden auf einer Baustelle, auf der jeder Beschäftigte für denselben Arbeitgeber tätig wird, besonders gefährliche Arbeiten nach Anhang II ausgeführt, so hat der nach § 4 Verantwortliche dafür zu sorgen, dass dieser Arbeitgeber vor Einrichtung der Baustelle über diejenigen Umstände auf dem Gelände unterrichtet wird, die in einen Sicherheits- und Gesundheitsschutzplan im Sinne von Absatz 3 Satz 2 und 3 einzubeziehen wären.

§ 3
Koordinierung

(1) Für Baustellen, auf denen Beschäftigte mehrerer Arbeitgeber tätig werden, hat der nach § 4 Verantwortliche einen oder mehrere geeignete Koordinatoren zu bestellen. Der Bauherr oder der von ihm nach § 4 beauftragte Dritte kann die Aufgaben des Koordinators selbst wahrnehmen.

(1a) Der Bauherr oder der von ihm beauftragte Dritte wird durch die Beauftragung geeigneter Koordinatoren nicht von seiner Verantwortung entbunden.

(2) Während der Planung der Ausführung des Bauvorhabens hat der Koordinator

1. die in § 2 Abs. 1 vorgesehenen Maßnahmen zu koordinieren,
2. den Sicherheits- und Gesundheitsschutzplan auszuarbeiten oder ausarbeiten zu lassen und
3. eine Unterlage mit den erforderlichen, bei möglichen späteren Arbeiten an der baulichen Anlage zu berücksichtigenden Angaben zu Sicherheit und Gesundheitsschutz zusammenzustellen.

(3) Während der Ausführung des Bauvorhabens hat der Koordinator

1. die Anwendung der allgemeinen Grundsätze nach § 4 des Arbeitsschutzgesetzes zu koordinieren,
2. darauf zu achten, dass die Arbeitgeber und die Unternehmer ohne Beschäftigte ihre Pflichten nach dieser Verordnung erfüllen,
3. den Sicherheits- und Gesundheitsschutzplan bei Änderungen in der Ausführung des Bauvorhabens, die sich auf die weitere Koordination auswirken, anzupassen oder anpassen zu lassen,

4. die Zusammenarbeit der Arbeitgeber zu organisieren und
5. die Überwachung der ordnungsgemäßen Anwendung der Arbeitsverfahren durch die Arbeitgeber zu koordinieren.

§ 4
Beauftragung

Die Maßnahmen nach § 2 und § 3 Abs. 1 Satz 1 hat der Bauherr zu treffen, es sei denn, er beauftragt einen Dritten, diese Maßnahme in eigener Verantwortung zu treffen.

§ 5
Pflichten der Arbeitgeber

(1) Die Arbeitgeber haben bei der Ausführung der Arbeiten die erforderlichen Maßnahmen des Arbeitsschutzes insbesondere in Bezug auf die

1. Instandhaltung der Arbeitsmittel,
2. Vorkehrungen zur Lagerung und Entsorgung der Arbeitsstoffe und Abfälle, insbesondere der Gefahrstoffe,
3. Anpassung der Ausführungszeiten für die Arbeiten unter Berücksichtigung der Gegebenheiten auf der Baustelle,
4. Zusammenarbeit zwischen Arbeitgebern und Unternehmern ohne Beschäftigte,
5. Wechselwirkungen zwischen den Arbeiten auf der Baustelle und anderen betrieblichen Tätigkeiten auf dem Gelände, auf dem oder in dessen Nähe die erstgenannten Arbeiten ausgeführt werden,
6. Ausführung besonders gefährlicher Arbeiten nach Anhang II auf der Baustelle

zu treffen sowie die Unterrichtung nach § 2 Abs. 4, die Hinweise des Koordinators und den Sicherheits- und Gesundheitsschutzplan zu berücksichtigen.

(2) Die Arbeitgeber haben die Beschäftigten in verständlicher Form und Sprache über die sie betreffenden Schutzmaßnahmen zu informieren.

(3) Die Verantwortlichkeit der Arbeitgeber für die Erfüllung ihrer Arbeitsschutzpflichten wird durch die Maßnahmen nach den §§ 2 und 3 nicht berührt.

§ 6
Pflichten sonstiger Personen

Zur Gewährleistung von Sicherheit und Gesundheitsschutz der Beschäftigten haben auch die auf einer Baustelle tätigen Unternehmer ohne Beschäftigte die bei den Arbeiten anzuwendenden Arbeitsschutzvorschriften einzuhalten. Sie haben die Hinweise des Koordinators sowie den Sicherheits- und Gesundheitsschutzplan zu berücksichtigen. Die Sätze 1 und 2 gelten auch für Arbeitgeber, die selbst auf der Baustelle tätig sind.

§ 6a
Beratung durch den Ausschuss für Arbeitsstätten

Das Bundesministerium für Arbeit und Soziales wird in allen Fragen der Sicherheit und des Gesundheitsschutzes der Beschäftigten auf Baustellen durch den Ausschuss nach § 7 der Arbeitsstättenverordnung beraten. § 7 Abs. 3 Satz 1 und Abs. 4 der Arbeitsstättenverordnung gilt entsprechend.

§ 7
Ordnungswidrigkeiten und Strafvorschriften

(1) Ordnungswidrig im Sinne des § 25 Abs. 1 Nr. 1 des Arbeitsschutzgesetzes handelt, wer vorsätzlich oder fahrlässig

1. entgegen § 2 Abs. 2 Satz 1 in Verbindung mit § 4 der zuständigen Behörde eine Vorankündigung nicht, nicht richtig, nicht vollständig oder nicht rechtzeitig übermittelt oder
2. entgegen § 2 Abs. 3 Satz 1 in Verbindung mit § 4 nicht dafür sorgt, dass vor Errichtung der Baustelle ein Sicherheits- und Gesundheitsschutzplan erstellt wird.

(2) Wer durch eine im Absatz 1 bezeichnete vorsätzliche Handlung Leben oder Gesundheit eines Beschäftigen gefährdet, ist nach § 26 Nr. 2 des Arbeitsschutzgesetzes strafbar.

§ 8
Inkrafttreten und Übergangsvorschrift

(1) Diese Verordnung tritt am ersten Tage des auf die Verkündung folgenden Kalendermonats in Kraft.

(2) Für Bauvorhaben, mit deren Ausführung bereits vor dem 1. April 2023 begonnen worden ist, bleiben die bisherigen Vorschriften maßgebend.

Anhang I

1. Ort der Baustelle,
2. Name und Anschrift des Bauherrn,
3. Art des Bauvorhabens,
4. Name und Anschrift des anstelle des Bauherrn verantwortlichen Dritten,
5. Name und Anschrift des Koordinators,
6. voraussichtlicher Beginn und voraussichtliche Dauer der Arbeiten,
7. voraussichtliche Höchstzahl der Beschäftigten auf der Baustelle,

8. Zahl der Arbeitgeber und Unternehmer ohne Beschäftigte, die voraussichtlich auf der Baustelle tätig werden,
9. Angabe der bereits ausgewählten Arbeitgeber und Unternehmer ohne Beschäftigte.

Anhang II

Besonders gefährliche Arbeiten im Sinne des § 2 Abs. 3 sind:

1. Arbeiten, bei denen die Beschäftigten der Gefahr des Versinkens, des Verschüttetwerdens in Baugruben oder in Gräben mit einer Tiefe von mehr als 5 m oder des Absturzes aus einer Höhe von mehr als 7 m ausgesetzt sind,
2. Arbeiten, bei denen die Beschäftigten ausgesetzt sind gegenüber
   a) biologischen Arbeitsstoffen der Risikogruppen 3 oder 4 im Sinne des § 3 Abs. 1 der Biostoffverordnung oder
   b) gefährlichen Stoffen und Gemischen im Sinne des § 3 Absatz 1 in Verbindung mit Absatz 2
      aa) Nummer 1 Buchstabe a,
      bb) Nummer 1 Buchstabe f oder Nummer 2 Buchstabe a (jeweils Kategorie 1 oder 2)

   oder

      cc) Nummer 2 Buchstabe e, f oder g (jeweils Kategorie 1A oder 1B)

   der Gefahrstoffverordnung,
3. Arbeiten mit ionisierenden Strahlungen, die die Festlegung von Kontroll- oder Überwachungsbereichen im Sinne der Strahlenschutz- sowie im Sinne der Röntgenverordnung erfordern,
4. Arbeiten in einem geringeren Abstand als 5 m von Hochspannungsleitungen,
5. Arbeiten, bei denen die unmittelbare Gefahr des Ertrinkens besteht,
6. Brunnenbau, unterirdische Erdarbeiten und Tunnelbau,
7. Arbeiten mit Tauchgeräten,
8. Arbeiten in Druckluft,
9. Arbeiten, bei denen Sprengstoff oder Sprengschnüre eingesetzt werden,
10. Aufbau oder Abbau von Massivbauelementen, wenn dazu aufgrund deren Masse kraftbetriebene Arbeitsmittel zum Heben von Lasten oder kraftbetriebene Arbeitsmittel zum anderweitigen Versetzen von Lasten eingesetzt werden.

Übersicht über die für allgemeinverbindlich erklärten Tarifverträge des Baugewerbes

Stand: Juni 2024

lfd. Nr.	Tarifvertrag	allgemein-verbindlich	Bekanntmachung
1	**Bundesrahmentarifvertrag** für das Baugewerbe vom 28. September 2018 i.d.F. vom 10. November 2022	seit 1. Januar 2023	zuletzt Bundesanzeiger vom 1. August 2023
2	Tarifvertrag über die **Berufsbildung** im Baugewerbe vom 28. September 2018 i. d. F. vom 10. November 2022	seit 1. Januar 2023	zuletzt Bundesanzeiger vom 1. August 2023
3	Tarifvertrag über die Gewährung **vermögenswirksamer Leistungen** zu Gunsten der gewerblichen Arbeitnehmer im Baugewerbe vom 24. August 2020	seit 10. November 2020	zuletzt Bundesanzeiger vom 15. Juni 2021
4	Tarifvertrag über Gewährung **vermögenswirksamer Leistungen** für die Angestellten und Poliere des Baugewerbes vom 24. August 2020	seit 10. November 2020	zuletzt Bundesanzeiger vom 15. Juni 2021
5	Tarifvertrag über eine **zusätzliche Altersversorgung** im Baugewerbe vom 28. September 2018 i. d. F. vom 13. Dezember 2023	seit 1. Januar 2024	zuletzt Bundesanzeiger vom 2. November 2022
6	Tarifvertrag über das **Sozialkassenverfahren** im Baugewerbe (VTV) vom 28. September 2018 i. d. F. vom 13. Dezember 2023	seit 1. Januar 2024	zuletzt Bundesanzeiger vom 11. April 2024
7.	Tarifvertrag zur Gewährung einer **Inflationsausgleichsprämie** im Baugewerbe vom 30. Januar 2023	seit 7. März 2023	zuletzt Bundesanzeiger vom 1. August 2023

Einschränkungen der Allgemeinverbindlicherklärung der Tarifverträge des Baugewerbes

Auszug aus:
Bekanntmachung über die Allgemeinverbindlicherklärung eines Tarifvertrags für das Baugewerbe (VTV) vom 21. März 2024
(Bundesanzeiger vom 11. April 2024)

1. Einschränkung der Allgemeinverbindlicherklärung auf Antrag

1) Diese Allgemeinverbindlicherklärung erstreckt sich nicht auf Betriebe und selbstständige Betriebsabteilungen mit Sitz im Inland, nach Absatz 2 und nach Absatz 3, die in einem der in Anhang 1 abgedruckten fachlichen Geltungsbereiche der am 1. Januar 2003 geltenden Mantel- oder Rahmentarifverträge der holz- und kunststoffverarbeitenden Industrie, der Sägeindustrie und übrigen Holzbearbeitung, der Steine- und Erden-Industrie, der Mörtelindustrie, der Transportbetonindustrie, der chemischen oder kunststoffverarbeitenden Industrie oder der Metall- und Elektroindustrie fallen.

2) Absatz 1 gilt für Betriebe und selbstständige Betriebsabteilungen mit Sitz im Inland,

1. die unmittelbar oder mittelbar Mitglied des Hauptverbandes der Holz und Kunststoffe verarbeitenden Industrie und verwandter Industriezweige e.V., der Vereinigung Deutscher Sägewerksverbände e.V., der Sozialpolitischen Arbeitsgemeinschaft Steine und Erden, des Bundesverbandes der Deutschen Mörtelindustrie e.V., des Bundesverbandes der Deutschen Transportbetonindustrie e.V., des Bundesarbeitgeberverbandes Chemie e.V., der Verbände der kunststoffverarbeitenden Industrie oder eines in Anhang 2 genannten Arbeitgeberverbandes im Gesamtverband der Arbeitgeberverbände der Metall- und Elektro-Industrie e.V. (Gesamtmetall) oder eines ihrer Mitgliedsverbände sind; wurde die Mitgliedschaft bis zum 1. Juli 1999 (Stichtag) erworben, wird unwiderlegbar vermutet, dass die Voraussetzungen des Absatzes 1 erfüllt sind;
2. die
   a) nachweislich als Niederlassung eines Betriebes nach Absatz 1 (Stammbetrieb), der bereits vor dem Stichtag unmittelbar oder mittelbar Mitglied eines der in Nummer 1 genannten Verbände war, nachgegründet worden sind,
   b) überwiegend solche Tätigkeiten ausführen, die zum fachlichen Geltungsbereich der in Absatz 1 genannten Tarifverträge gehören, und
   c) die Mitgliedschaft in einem der in Nummer 1 genannten Verbände erworben haben;

wenn diese Betriebe nachweislich zu drei Viertel ihrer betrieblichen Arbeitszeit für den Stammbetrieb tätig sind, wird unwiderlegbar vermutet, dass sie unter einen der fachlichen Geltungsbereiche der in Absatz 1 genannten Tarifverträge fallen;

3. die, ohne selbst Mitglied in einem der Verbände nach Nummer 1 zu sein,
   a) nachweislich als Niederlassung eines Stammbetriebes, der bereits vor dem Stichtag unmittelbar oder mittelbar Mitglied eines der in Nummer 1 genannten Verbände war, nachgegründet worden sind,
   b) unter einen der fachlichen Geltungsbereiche der in Absatz 1 genannten Tarifverträge fallen und
   c) zumindest zu drei Viertel der betrieblichen Arbeitszeit für ihren Stammbetrieb tätig sind.

3) Für Betriebe und selbstständige Betriebsabteilungen mit Sitz im Inland, die bereits seit einem Jahr Fertigbauarbeiten ausführen, gilt die Ausnahme gemäß Absatz 1, wenn sie unmittelbar oder mittelbar Mitglied eines der in Absatz 2 Nummer 1 genannten Verbände geworden sind.

4) Diese Allgemeinverbindlicherklärung erstreckt sich nicht auf Betriebe und selbstständige Betriebsabteilungen mit Sitz im Inland,

1. die von einem der Rahmentarifverträge für die gewerblichen Arbeitnehmer im Maler- und Lackiererhandwerk in der Bundesrepublik Deutschland bzw. im Saarland oder deren Allgemeinverbindlicherklärung erfasst werden und überwiegend Tätigkeiten ausüben, die im fachlichen Geltungsbereich des Rahmentarifvertrags für die gewerblichen Arbeitnehmer im Maler- und Lackiererhandwerk in der Bundesrepublik Deutschland in der Fassung vom 6. April 2005 bzw. des Rahmentarifvertrags für die gewerblichen Arbeitnehmer des Maler- und Lackiererhandwerks im Saarland in der Fassung vom 6. Dezember 2005 (Anhang 3 Abschnitt I) genannt sind;
2. die ganz oder teilweise Bauwerke, Bauwerksteile oder einzelne Elemente aus Mauerwerk, Beton, Stahlbeton, Eisen, Stahl oder sonstigen Baustoffen, technische Anlagen abbrechen, demontieren, sprengen, Beton schneiden, sägen, bohren, pressen, soweit sie unmittelbar oder mittelbar tarifgebundenes Mitglied im Deutschen Abbruchverband e.V., im Fachverband Betonbohren und -sägen Deutschland e.V. oder im Abbruchverband Nord e.V. sind;
3. die unmittelbar oder mittelbar Mitglied des Bundesverbandes Garten-, Landschafts- und Sportplatzbau e.V. sind, vom Bundesrahmentarifvertrag für gewerbliche Arbeitnehmer im Garten-, Landschafts- und Sportplatzbau vom 20. Dezember 1995 erfasst werden und überwiegend folgende Tätigkeiten ausüben:
   a) Herstellen und Unterhalten von Außenanlagen in den Bereichen des privaten und öffentlichen Wohnungsbaues (Hausgärten, Siedlungsgrün, Dach- und Terrassengärten und Ähnliches), der öffentlichen Bauten (Schulen, Krankenhäuser, Verwaltungsgebäude, Kasernen und Ähnliches), des kommunalen Grüns (städtische Freiräume, Grünanlagen, Parks, Friedhöfe und Ähnliches) und des Verkehrsbegleitgrüns

(Straßen, Schienenwege, Wasserstraßen, Flugplätze und Ähnliches) sowie von Bauwerksbegrünungen im Außen- und Innenbereich,

b) Herstellen und Unterhalten von Sport- und Spielplätzen, Außenanlagen an Schwimmbädern, Freizeitanlagen und Ähnliches, von landschaftsgärtnerischen Sicherungsbauwerken in der Landschaft mit lebenden und nicht lebenden Baustoffen sowie von vegetationstechnischen Baumaßnahmen zur Landschaftspflege und zum Umweltschutz, ferner Drän-, Landgewinnungs- und Rekultivierungsarbeiten,

wenn im Betrieb oder in der selbstständigen Betriebsabteilung kalenderjährlich mindestens zu 20 Prozent der betrieblichen Gesamtarbeitszeit Grünarbeiten ausgeführt werden;

4. die als tarifgebundenes Lohnunternehmen in der Land- und Forstwirtschaft überwiegend landwirtschaftliche Flächen drainieren, soweit sie von dem Bundesrahmentarifvertrag für die Arbeitnehmerinnen und Arbeitnehmer der land- und forstwirtschaftlichen Lohnunternehmen in der Bundesrepublik Deutschland vom 10. Januar 2003 erfasst werden;

5. die unmittelbar oder mittelbar tarifgebundenes Mitglied des Bundesverbandes Holz und Kunststoff sind (Mitgliedschaft) und von einem Rahmen- oder Manteltarifvertrag dieses Verbandes oder eines seiner Mitgliedsverbände erfasst werden und überwiegend Tätigkeiten ausüben, die zum in Anhang 3 Abschnitt II aufgeführten fachlichen Geltungsbereich gehören (Fachlichkeit); wurde die Mitgliedschaft bis zum 30. Juni 2014 (Stichtag) erworben, wird unwiderlegbar vermutet, dass überwiegend Tätigkeiten ausgeübt werden, die in Anhang 3 Abschnitt II aufgeführt sind;

6. die unmittelbar oder mittelbar tarifgebundenes Mitglied des Bundesverbandes Metall – Vereinigung Deutscher Metallhandwerke sind (Mitgliedschaft) und von einem Mantel- oder Rahmentarifvertrag dieses Verbandes oder eines seiner Mitgliedsverbände erfasst werden und überwiegend Tätigkeiten ausüben, die zum in Anhang 3 Abschnitt III aufgeführten fachlichen Geltungsbereich gehören (Fachlichkeit); wurde die Mitgliedschaft bis zum 30. Juni 2014 (Stichtag) erworben, wird unwiderlegbar vermutet, dass überwiegend Tätigkeiten ausgeübt werden, die in Anhang 3 Abschnitt III aufgeführt sind;

7. die unmittelbar oder mittelbar tarifgebundenes Mitglied des Zentralverbandes Sanitär Heizung Klima sind (Mitgliedschaft) und von einem Mantel- oder Rahmentarifvertrag dieses Verbandes oder eines seiner Mitgliedsverbände erfasst werden und überwiegend Tätigkeiten ausüben, die zum in Anhang 3 Abschnitt IV aufgeführten fachlichen Geltungsbereich gehören (Fachlichkeit); wurde die Mitgliedschaft bis zum 30. Juni 2014 (Stichtag) erworben, wird unwiderlegbar vermutet, dass überwiegend Tätigkeiten ausgeübt werden, die in Anhang 3 Abschnitt IV aufgeführt sind;

8. die unmittelbar oder mittelbar tarifgebundenes Mitglied des Zentralverbandes der Deutschen Elektro- und Informationstechnischen Handwerke sind (Mitgliedschaft) und von einem Mantel- oder Rahmentarifvertrag dieses Verbandes oder eines seiner Mitgliedsverbände erfasst werden und überwiegend Tätigkeiten ausüben, die zum in

Anhang 3 Abschnitt V aufgeführten fachlichen Geltungsbereich gehören (Fachlichkeit); wurde die Mitgliedschaft bis zum 30. Juni 2014 (Stichtag) erworben, wird unwiderlegbar vermutet, dass überwiegend Tätigkeiten ausgeübt werden, die in Anhang 3 Abschnitt V aufgeführt sind.

9. die unmittelbar oder mittelbar tarifgebundenes Mitglied des Zentralverbands Raum und Ausstattung sind (Mitgliedschaft), als Raumausstatter, Sattler oder Feintäschner in die Handwerksrolle eingetragen sind (Anlage A Nummer 52 beziehungsweise Anlage B Abschnitt 1 Nummer 26 der Handwerksordnung), von einem Mantel- oder Rahmentarifvertrag dieses Verbands oder eines seiner Mitgliedsverbände erfasst werden und überwiegend folgende Tätigkeiten ausüben:
   a) Montage von innen- und außenliegendem Blend- und Sonnenschutz, Markisen, Sonnensegeln und Sonnenschutzsystemen, von Beschattungen für Bildschirmarbeitsplätze, von Insektenschutzsystemen vorzugsweise aus textilen Materialien,
   b) Bekleiden und Bespannen von Wand- und Deckenflächen mit textilen Materialien oder Kunststofffolien.

5) Diese Allgemeinverbindlicherklärung erstreckt sich nicht auf Betriebe und selbstständige Betriebsabteilungen von Arbeitgebern mit Sitz im Ausland, wenn sie überwiegend Tätigkeiten ausüben, die in den vorstehenden Absätzen oder in Anhang 1 oder Anhang 3 aufgeführt sind, soweit aufgrund der Ausübung dieser Tätigkeiten ein in einem vorstehenden Absatz oder in Anhang 1 oder Anhang 3 genannter fachlicher Geltungsbereich eröffnet ist.

Anhang 1

Fachliche Geltungsbereiche

Die nach Absatz 1 der Einschränkung der Allgemeinverbindlicherklärung auf Antrag maßgebenden fachlichen Geltungsbereiche von Tarifverträgen sind nachstehend abgedruckt. Als Betriebe im Sinne dieser Anlage gelten in jedem Fall auch selbstständige Betriebsabteilungen.

I. Holz- und kunststoffverarbeitende Industrie

Für Betriebe, Hilfs- und Nebenbetriebe sowie selbstständige Betriebsabteilungen der holz- und kunststoffverarbeitenden Industrie, des Serienmöbelhandwerks, der Sperrholz-, Faser- und Spanplattenindustrie, Kunststoffprodukte herstellende Betriebe sowie Betriebe, die anstelle oder in Verbindung mit Holz andere Werkstoffe oder Kunststoffe verarbeiten, wie z.B. Betriebe zur Herstellung nachstehender Erzeugnisse einschließlich Vertrieb und Montage:

1. Kasten- und Sitzmöbel aller Art, Polstermöbel, Polstergestelle, Matratzen und Matratzenrahmen, Tische, Kleinmöbel und Beleuchtungskörper,
2. Büro-, Schul-, Industrie- und Labormöbel, Kühlmöbel und -einrichtungen,

3. Holzgehäuse und Holzkästen aller Art, z.B. für Uhren, Rundfunk- und Fernsehapparate, Plattenspieler, Tonbandgeräte, Telefon-, fotografische Apparate, Besteckkästen,
4. Innenausbau, Wohnungs-, Büro-, Industrie- und Ladeneinrichtungen, Bad- und Saunaeinrichtungen, Solarien, Regale, Schiffsinnenausbauten, Verkleidungen und Vertäfelungen aller Art, Herstellung und Montage von Schalldichtungen (zur Dämpfung und Isolierung), akustische Ausbauten und Auskleidung von Räumen,
5. Türen, Tore, Fenster, Rollläden, Jalousien, Rollos, Verdunkelungsanlagen, Klappläden, Treppen, Aufzüge, Fassadenelemente, Raumtrennprodukte, Fertigbau- und andere Bauteile, Zäune aller Art,
6. Holzhäuser, Fertighäuser, Wohnwagen, Hallen, Baracken, Verkaufs- und Messestände, Bühnen, Holzsilos, Gewächshäuser, Frühbeetfenster, Telefonzellen und Ingenieurkonstruktionen,
7. Musikinstrumente, z.B. Klaviere, Flügel, Harmonien, Orgeln, Akkordeons, Musikboxen, Streich-, Blas- und Zupfinstrumente und deren Bestandteile,
8. Särge, Grabkreuze,
9. Holzwerkzeuge, Werkbänke, Hobelbänke, Werkzeugschränke, Schutzvorrichtungen und Arbeitsschutzartikel,
10. Maßstäbe, Rechenschieber, Büro-, Mal-, Schreib-, Zeichengeräte, Webschützen, Spulen, Zigarrenwickelformen, Stiele, Rundstäbe, Spunde und Siebe,
11. Drechsler- und Holzbildhauerarbeiten aller Art, Holz-, Elfenbein- und Bernsteinschnitzereien, Devotionalien, Holzmosaik und Intarsien,
12. Leisten und Rahmen aller Art,
13. Schuhleisten, Schuhspanner, Holzschuhe, Pantoffelhölzer, Absätze und Schuhteile,
14. Haus- und Küchengeräte, Kleiderbügel, Etuis und Behälter aller Art, Spielwaren, sonstige Holz- und Kunststoffwaren,
15. Turn- und Sportgeräte, Kegelbahnen, Segelflugzeuge,
16. Stöcke, Peitschen, Schirmgriffe, optische Brillengestelle,
17. Kabeltrommeln, Kisten, Kistenteile, Paletten, Zigarrenkisten, Koffer und Kofferteile,
18. Fässer, Fassdauben, Fassteile, Packfässer, Kübel und Bottiche,
19. Holzwolle, Holzspankörbe, Holzdraht, Holzstifte, Holzspulen, Holzspäne, Knöpfe,
20. Bürsten, Besen und Pinsel, Bürstenhölzer, Borsten-, Haar- und Faserstoffzurichtereien, Kämme,
21. Natur-, Presskorkwaren, Kronenverschlüsse, Holzmehl, Schicht- und Pressholz,
22. Parketthölzer, Rohfriese, Fußbodendielen, Holzpflaster und Schindeln,
23. Korbmöbel, Korbwaren, Stuhlrohr,
24. Sperrholz-, Holzfaser-, Holzspan- und Kunststoffplatten,

25. Veredelung von Holz- und Schnitzstoffwaren, Polier-, Lackier-, Beiz- und Furnierwerkstätten sowie Betriebe für Vergolderei und Grundierarbeiten,
26. Bau von Fahrzeugen, Fahrzeugteilen und Booten, Holzbiegereien,
27. Herstellung von Modellen aller Art,
28. Verlegung von Parkett und anderen Fußböden,
29. Kunststoffspritzereien und -extrusionen,
30. Folien und sonstige Verpackungen, Kassetten,
31. Schaumstoffe,
32. Rohre, Schläuche, Ummantelungen aus Kunststoff,
33. Boden- und Wandbeläge.
34. Als Nebenbetriebe
    a) Sägewerke,
    b) Spalt- und Hobelwerke,
    c) Sperrholz-, Spanplatten und Furnierwerke,
    d) Holzlagerplätze,
    e) Holzimprägnieranlagen.

II. Sägeindustrie und übrige Holzbearbeitung

Für die nachstehenden Betriebe und selbstständigen Betriebsabteilungen der Sägeindustrie, übrigen holzbearbeitenden Industrie und verwandter Wirtschaftszweige

A) Sägewerke, -spaltwerke, Hobelwerke, Holzimprägnierwerke zur Herstellung insbesondere von:

Schnitthölzern, Hobelwaren, Leisten aller Art,

Rohfriesen, Parketthölzern,

Kanteln, Rundstäben, Klötzen,

Holzschindeln,

Schwellen,

Masten, Telegrafenstangen, Pfählen jeglicher Art,

sowie zur Imprägnierung vorstehender und sonstiger Holzbearbeitungs- und -verarbeitungserzeugnisse.

B) Übrige holzbearbeitende Industrie zur Herstellung insbesondere von:

Furnieren,

Tischlerplatten u.Ä.,

Sperrholz, Spanplatten, Faserplatten, Dämmplatten, Kunststoffplatten, beschichteten und vergüteten Platten aller Art und Paneelen,

Presshölzern,

Schalungsplatten,

Kistenteilen (Einzelteilen einschließlich anderen Verpackungsmaterials), Kisten, Harassen, Containern, Paletten, Kabeltrommeln, Holzfassteilen (Fassdauben), Packfässern, Kübeln, Bottichen, Holzspankörben, Holzspanschachteln u.Ä.,

Holzzäunen, Holzpflaster,

Holzspänen, Hackschnitzeln,

Holzwolle, Holzdraht, Holzstiften,

Vorgefertigten Holzbauteilen, Leimbauteilen u.Ä. sowie von Bauelementen,

Silos für Landwirtschaft und Industrie, Tribünen, Holzrohren, einfachen Holzkonstruktionen, land-, forst- und gartenwirtschaftlichen Bauteilen sowie deren Montage,

Fertighäusern, Holzhäusern, Baracken, Hallen, Messebauten und deren Montage,

Grabkreuzen u.Ä.,

Spaltholz, Brennholz, Holzkohle u.Ä.

C) Verwandte Wirtschaftszweige, insbesondere:

Holzhandlungen und Holzimporteure (Rundholz, Schnittholz, Hobelware, Leisten u.Ä., Platten, Zäune, Pfähle und andere Holzerzeugnisse jeglicher Art sowie Kunststoffe),

Holzlager- und Holzsammelplätze, Holzumschlagsplätze, auf denen Holz bearbeitet und/oder zugerichtet wird, Handels- und Aufbereitungsbetriebe für Grubenholz, Faserholz, Zellstoffholz, Papierholz u.Ä.,

Betriebe zur Herstellung von Holzwaren, soweit diese nicht von anderen tariflichen Regelungen erfasst werden.

D) Angeschlossene Nebenbetriebe bzw. Betriebsabteilungen, insbesondere:

Holzbauabteilungen,

Sargfabrikation,

Fenster und Türen,

Kunststoffverwendende und -verarbeitende Abteilungen,

Verpackungsbetriebe.

E) Betriebe oder Betriebsabteilungen, die anstelle von oder in Verbindung mit Holz in vorstehenden Fällen A bis D Kunststoffe oder andere Werkstoffe verarbeiten.

III. Steine- und Erdenindustrie

1. Alle Unternehmen, die Steine, Erden und artverwandte Baustoffe gewinnen, herstellen, be- und verarbeiten oder vertreiben.
2. Alle gemischten Betriebe, sofern sie überwiegend Steine, Erden und artverwandte Baustoffe gewinnen, herstellen, be- und verarbeiten oder vertreiben.
3. Alle selbstständigen Betriebsabteilungen in fachfremden Betrieben, in denen Steine, Erden und artverwandte Baustoffe hergestellt, gewonnen, be- und verarbeitet oder vertrieben werden.
4. Betriebe, die gewerbsmäßig Recycling-Baustoffe aus Baumischabfällen, Straßenaufbruch, Bauschutt oder Bodenaushub herstellen, be- und verarbeiten oder vertreiben.
5. Alle den unter Nummer 1 bis 4 genannten Unternehmen zugehörigen Betriebe.

IV. Transportbeton

Betriebe, die gewerbsmäßig Transportbeton, Werk-Frischmörtel und Werk-Frischestrich herstellen und vertreiben, sowie Betriebe, die Transportbeton mittels Pumpen fördern.

V. Mörtelindustrie

Betriebe, die gewerbsmäßig Werk-Trockenmörtel, Werk-Frischmörtel und Werk-Estrich herstellen und vertreiben.

VI. Chemische Industrie

Für Betriebe und Verkaufsunternehmen der chemischen Industrie und verwandten Industrien einschließlich ihrer Hilfs- und Nebenbetriebe, Forschungsstellen, Verwaltungsstellen, Auslieferungslager und Verkaufsstellen, für Chemie- und Mineralöl-Handelsunternehmen, für Unternehmen des Chemie-Anlagenbaues, für Büros und Unternehmen zur chemisch-technischen Beratung und zur Konstruktion und Instandhaltung chemischer Anlagen sowie für chemische Laboratorien und Untersuchungsanstalten.

Zur chemischen Industrie gehören insbesondere folgende Produktionsgebiete:

1. Grundchemikalien,
2. Stickstoff und Stickstoffverbindungen,
3. Stickstoff- und Phosphordüngemittel und deren Weiterverarbeitung,
4. Verdichten, Verflüssigen und Abfüllen von technischen Gasen, Trockeneis,
5. Natürliche und synthetische Farbstoffe und deren Weiterverarbeitung,
6. Buntstifte und Pastellkreiden,
7. Lösungsmittel und Weichmacher,
8. Lacke, Firnisse, Polituren,
9. Spreng- und Zündstoffe, Munition, Feuerwerk und sonstige Zündwaren, Kollodiumwolle,

10. Arzneimittel einschließlich medizinischem Verbands-, Prothesen- und Nahtmaterial,
11. Biochemische und gentechnische Erzeugnisse,
12. Pflanzenschutz-, Schädlingsbekämpfungs- und Desinfektionsmittel,
13. Ätherische Öle und Riechstoffe, chemische Backhilfs- und Konservierungsmittel, Aromastoffe,
14. Fotochemikalien, Fotopapiere, Herstellung und Verwendung von lichtempfindlichem Material wie z.B. Polymerfilm und vorbeschichtete Druckplatten,
15. Filme und deren technische Bearbeitung, fotografische, elektrochemische und magnetische Materialien einschließlich Geräte zur Aufzeichnung, Speicherung, Auswertung und Wiedergabe von Informationen, die im Verbund mit den vorgenannten Produkten vertrieben werden, Kopieren,
16. Chemische Umwandlung von Kohle, Erdgas, Erdöl sowie Erdölprodukten einschließlich Destillation, Raffination, Crackung, Hydrierung, Oxidierung, Vergasung sowie Weiterverarbeitung der Umwandlungsprodukte, Transport, Umschlag und Lagerung von Erdöl und Umwandlungsprodukten,
17. Ruß,
18. Holzverkohlung,
19. Seifen, Waschmittel, Kosmetika,
20. Leime, Kitte, Klebstoffe, Klebebänder, Gelatine,
21. Wachse und Kerzen, Stearin und Olein,
22. Schuh-, Leder- und Fußbodenpflegemittel, Putzmittel,
23. Technische Öle und Fette,
24. Chemische Hilfsmittel aller Art wie z.B. Textilhilfsmittel, Lederhilfsmittel, Gerbstoffauszüge, Gerbereichemikalien und chemische Hilfsmittel für andere Industrien,
25. Kunststoffe einschließlich Schaumstoffe, Pressmassen und Datenträger sowie deren Weiterverarbeitung,
26. Chemiefasern und deren Weiterverarbeitung im eigenen Betrieb,
27. Chemiefolien einschließlich künstliche Därme, transparentes Material und Magnetbänder sowie deren Bearbeitung,
28. Chemisch-technische Artikel wie Glühstrümpfe, chemische Papiere, Gießereihilfsmittel, Elektroden, elektrische und galvanische Kohle, Asbestwaren sowie chemischtechnischer Laborbedarf einschließlich Hilfsmittel zur Analyse und Diagnose, Halbleiterfertigung unter Verwendung chemischer Verfahren und deren Weiterverarbeitung im eigenen Betrieb,
29. Elektromagnetische Erzeugnisse und deren Weiterverarbeitung im eigenen Betrieb,
30. Synthetische anorganische Rohstoffe und deren Weiterverarbeitung,

31. Chemische Baustoffe, Faserzement, chemische Bautenschutz-, Holzschutz- und Feuerschutzmittel, Dämm- und Isolierstoffe sowie deren Weiterverarbeitung,
32. Imprägnieren, soweit es sich nicht um Nebenarbeiten der Holzindustrie handelt,
33. Natürlicher und synthetischer Kautschuk, Latex, Nachfolgeprodukte sowie deren Weiterverarbeitung,
34. Wiedergewinnung von Kautschuk und Vulkanisieren,
35. Linoleum, Kunstleder, Guttapercha- und Balatawaren und ähnliche Stoffe,
36. Nichteisen- und Edelmetalle und deren Weiterverarbeitung im eigenen Betrieb,
37. Ferrolegierungen und Siliziumverbindungen mit Metallen, Schleifmittel, synthetische Edelsteine,
38. Gasschutz- und Atemschutzgeräte,
39. Dach- und Dichtungsbahnen und deren Weiterverarbeitung,
40. Chemische Büroartikel wie Farbbänder, Kohlepapier, Dauerschablonen, Tinten und Tuschen,
41. Naturharzverarbeitung,
42. Holzverzuckerung,
43. Tierkörperverwertung,
44. Kernchemie einschließlich Herstellung, Aufarbeitung und Entsorgung von Brennelementen und Brennstoffen,
45. Urankonzentrate,
46. Anwendung von Umwelttechnologien einschließlich Entsorgung von Abfällen durch biologische, chemische, physikalische und thermische Behandlung, Entsorgungsanlagen für Sonderabfälle, Wiederverwertung und Rückgewinnung von Reststoffen wie z.B. Pyrolyse,
47. Chemische Synthese jeder Art.

VII. Kunststoffverarbeitende Industrie

Für Betriebe der Kunststoffbe- und -verarbeitenden Industrie einschließlich ihrer Hilfs- und Nebenbetriebe, Werkstätten und Zweigniederlassungen.

VIII. Metall- und Elektroindustrie

Für alle Betriebe der Eisen-, Metall- und Elektroindustrie. Darunter fallen – ohne Rücksicht auf die verarbeiteten Grundstoffe – insbesondere folgende Fachzweige:

1. Eisen- und Stahlerzeugung (einschließlich -halbzeugwerke), NE-Metallerzeugung (einschließlich -halbzeugwerke), Eisen-, Stahl- und Tempergießereien, NE-Metallgießerei, Ziehereien und Kaltwalzwerke, Stahlverformung, Oberflächenveredelung und Härtung, Schlosserei, Schweißerei, Schleiferei und Schmiederei, Stahl- und

Leichtmetallbau, Maschinenbau, Straßenfahrzeugbau, Schiffbau, Luftfahrzeugbau, Elektrotechnik, Feinmechanik und Optik, Herstellung und Reparatur von Uhren, Herstellung von Eisen-, Blech- und Metallwaren,

nur soweit sie aus Metall gefertigt sind:
Herstellung von Musikinstrumenten, Sportgeräten, Spiel- und Schmuckwaren,

2. Metall-Filterbau, Elektronik, Steuerungs-, Regel- und Messtechnik, Verfahrenstechnik, Atomphysik, Kerntechnik und Strahlentechnik,

3. Verwaltungen, Niederlassungen, Forschungs- und Entwicklungsbetriebe, Konstruktionsbüros, Montagestellen sowie alle Hilfs- und Nebenbetriebe vorgenannter Fachzweige und Betriebe, die über keine eigene Produktionsstätte verfügen, jedoch Montagen ausführen, die dem fachlichen Geltungsbereich entsprechen.

Für alle außerbetrieblichen Arbeitsstellen (Montagen) der Eisen-, Metall- und Elektroindustrie einschließlich des Fahrleitungs-, Freileitungs-, Ortsnetz- und Kabelbaues mit Ausnahme des Zentralheizungs- und Lüftungsbaues sowie der Arbeitsstellen auf Schiffen auf Fahrt.

Anhang 2

Liste der Mitgliedsverbände von Gesamtmetall in der Fassung vom 1. Februar 2006

Verband der Bayerischen Metall- und Elektro-Industrie e.V.

BayMe – Bayerischer Unternehmensverband Metall und Elektro e.V.

METALL NRW, Verband der Metall- und Elektro-Industrie Nordrhein-Westfalen e.V.

Verband der Sächsischen Metall- und Elektroindustrie e.V.

Verband der Metall- und Elektroindustrie in Berlin und Brandenburg e.V.

Verband der Metall- und Elektro-Industrie in Thüringen e.V.

Verband der Metall- und Elektro-Unternehmen Hessen e.V.

NORDMETALL, Verband der Metall- und Elektro-Industrie e.V.

Verband der Metall- und Elektroindustrie Sachsen-Anhalt e.V.

SÜDWESTMETALL, Verband der Metall- und Elektroindustrie Baden-Württemberg e.V.

Verband der Metallindustriellen Niedersachsens e.V.

METALL UNTERWESER, Verband der Metall- und Elektro-Industrie e.V.

NORD-WEST-METALL, Verband der Metallindustriellen des Nordwestlichen Niedersachsens e.V.

PFALZMETALL, Verband der Pfälzischen Metall- und Elektroindustrie e.V.

Verband der Metall- und Elektroindustrie Rheinland-Rheinhessen e.V.

Verband der Metall- und Elektroindustrie des Saarlandes e.V.

Unternehmensverband Saarland e.V., Gruppe der Mitglieder aus der Branche der Metall- und Elektroindustrie

Verband der Metall- und Elektroindustrie Osnabrück-Emsland e.V.

Unternehmensverband Südwest e.V., Unternehmen der Metall- und Elektroindustrie

Allgemeiner Arbeitgeberverband Thüringen e.V., Gruppe Metall- und Elektroindustrie

AGV Nord – Allgemeiner Verband der Wirtschaft Norddeutschlands e.V., Fachgruppe Metall und Elektro

Anhang 3

Fachliche Geltungsbereiche

Die nach § 2 Absatz 4 Nummer 1 sowie den Nummern 5 bis 8 maßgebenden fachlichen Geltungsbereiche sind nachstehend abgedruckt. Als Betrieb im Sinne dieses Anhangs gelten auch selbstständige Betriebsabteilungen.

Abschnitt I.

Maler- und Lackiererhandwerk

1. Alle Betriebe des Maler- und Lackiererhandwerks. Dies sind Betriebe und selbstständige Betriebsabteilungen, die Maler-, Lackierer-, Tüncher-, Weißbinder-, Schildermaler-, Fahrzeug- und Metalllackierer-, Gerüstbau-, Entrostungs- und Eisenanstrich-, Wärmedämmverbundsystem-, Betonschutz-, Oberflächensanierungs-, Asbestbeschichtungs-, Fahrbahnmarkierungs- sowie Bodenbeschichtungs- und -belagsarbeiten ausführen. Mit Betonschutz- und Oberflächensanierungsarbeiten sind nicht gemeint Arbeiten zur Beseitigung statisch bedeutsamer Betonschäden; mit Asbestbeschichtungen sind nicht gemeint Arbeiten, die im Zusammenhang mit anderen Asbestsanierungsarbeiten erfolgen. Zu den Bodenbeschichtungs- und -belagsarbeiten gehören nicht das Verlegen von Bodenbelägen in Verbindung mit anderen baulichen Leistungen sowie Estrich-, Fliesen-, Platten-, Mosaikansetz- und -verlege- und Terrazzoarbeiten.
2. Die in Absatz 1 genannten Betriebe und selbstständigen Betriebsabteilungen fallen grundsätzlich als Ganzes unter diesen Tarifvertrag. Von diesem Tarifvertrag werden auch selbststandige Betriebsabteilungen in fachfremden Betrieben erfasst, soweit sie Arbeiten der in Absatz 1 genannten Art ausführen.
3. Werden in Betrieben nach Absatz 1 in selbstständigen Abteilungen andere Arbeiten ausgeführt, so werden diese Abteilungen dann nicht von diesem Tarifvertrag erfasst, wenn ein speziellerer Tarifvertrag sie in seinen Geltungsbereich einbezieht.
4. Nicht erfasst werden Betriebe des Baugewerbes. Dies gilt nicht für Betriebe bzw. selbstständige Betriebsabteilungen, die Arbeiten im Sinne der Absätze 5 bis 7 ausführen und unter den dort genannten Voraussetzungen von diesem Tarifvertrag erfasst werden.
5. Nicht erfasst werden

   a) Entrostungs- und Eisenanstricharbeiten,

   b) Asbestbeschichtungsarbeiten

   ausführende Betriebe bzw. selbstständige Betriebsabteilungen, die mittelbar oder unmittelbar Mitglied des Hauptverbandes der Deutschen Bauindustrie e.V. oder des Zentralverbandes des Deutschen Baugewerbes e.V. sind.

6. Betriebe bzw. selbstständige Betriebsabteilungen, die
   a) Wärmedämmverbundsystemarbeiten,
   b) Betonschutz- und Oberflächensanierungsarbeiten,
   c) Bodenbeschichtungs- und -belagsarbeiten oder
   d) Fahrbahnmarkierungsarbeiten

   überwiegend bzw. zusammen mit anderen in Absatz 1 genannten Tätigkeiten überwiegend ausüben, werden nur erfasst, wenn sie mittelbar oder unmittelbar Mitglied des Hauptverbandes Farbe, Gestaltung, Bautenschutz – Bundesinnungsverband des deutschen Maler- und Lackiererhandwerks sind.
7. Putz-, Stuck- und dazugehörige Hilfsarbeiten ausführende Betriebe bzw. selbstständige Betriebsabteilungen, die ihren Sitz in den Handwerkskammerbezirken Wiesbaden, Rhein-Main, Mainz, Erfurt, Suhl, Gera, Coburg, Oberfranken, Mittelfranken und Unterfranken haben, werden dann von diesem Tarifvertrag erfasst, wenn
   a) die Putz-, Stuck- und dazugehörigen Hilfsarbeiten arbeitszeitlich nicht überwiegend ausgeführt werden und
   b) ohne Berücksichtigung der Putz-, Stuck- und dazugehörigen Hilfsarbeiten von den verbleibenden Tätigkeiten der arbeitszeitliche Anteil der Tätigkeiten, die zum Geltungsbereich dieses Tarifvertrages rechnen, den Anteil der Tätigkeiten, die zum Baugewerbe rechnen, überwiegen.
8. Nicht erfasst werden Betriebe und selbstständige Betriebsabteilungen des Gerüstbaugewerbes, deren Tätigkeit sich überwiegend auf die gewerbliche Erstellung von Gerüsten erstreckt.

Abschnitt II.

Tischler- und / Schreinerhandwerk

Alle Betriebe und ihnen gleich stehende Betriebsabteilungen der Anlage A Nummer 27 (Tischler/Schreinerhandwerk), Anlage B Abschnitt 2 Nummer 24 (Einbau von genormten Baufertigteilen) und der Anlage B Abschnitt 2 Nummer 50 (Bestattungsgewerbe) der Handwerksordnung, soweit diese Tätigkeiten zu mindestens 20 v. H. – wenn arbeitszeitlich überwiegend Holztreppen hergestellt oder diese selbst hergestellten Erzeugnisse eingebaut werden, zu mindestens 50 v. H. – der Arbeitszeit der gewerblichen Arbeitnehmer von einschlägig im Berufsfeld Holz fachlich qualifizierten Arbeitnehmern (Tischler-/Schreinergesellen, Holzmechaniker oder gleichwertige Qualifikation sowie Holzfachwerker) ausgeführt oder von einer in demselben Berufsfeld besonders qualifizierten Person (Tischler-/Schreinermeister, Holzingenieur oder gleichwertige Qualifikation sowie Tischler/Schreiner mit einer Ausübungsberechtigung nach §§ 7a, 7b HwO oder einer Ausnahmebewilligung nach § 8 HwO) geleitet oder überwacht werden. Ist der Betriebsinhaber Tischler-/Schreinergeselle oder Holzmechaniker und arbeitet arbeitszeitlich überwiegend wie ein gewerblicher Arbeitnehmer, ist dessen Arbeitszeit bei der Berechnung des Arbeitszeitanteils der gewerblichen Arbeitnehmer nach Satz 1 zu berücksichtigen.

Darunter fallen insbesondere Betriebe und selbstständige Betriebsabteilungen, die folgende Tätigkeiten ausüben:

- Möbel und Inneneinrichtungen für und Innenausbau von z. B. Läden, Gaststätten, Büros, Hotels, Schulen, Krankenhäusern, Kindergärten, Banken, sowie Spiel- und Sportgeräte, Gehäuse, Vorrichtungen und Modelle, Messebauten, Innen- und Außentüren, Fenster, Treppen, Böden, Trennwände, Wand- und Deckenverkleidungen, Fassaden abschließende Bauelemente, Wintergärten, Trockenbauten, Fahrzeug ein- und -ausbauten planen, konstruieren, rationell fertigen, montieren, einbauen oder instand halten unter Verwendung unterschiedlicher Materialien wie insbesondere von Holz, Holzwerkstoffen, Kunststoffen, Glas, Metall, Stein, Werkstoffen für den Trockenbau, Belag- und Verbundwerkstoffen,
- Produkte und Objekte einbauen, montieren, instand halten, warten oder restaurieren,
- Montagefertige Teile und Erzeugnisse, insbesondere Rollläden, Schattierungs- und Belüftungssysteme, Schließ- und Schutzsysteme für Bauelemente, Anbauten und Wintergärten einbauen, montieren und instand halten,
- Dienst- und Serviceleistungen ausführen wie Schlüssel- und Notdienste, Bestattungen und Überführung Verstorbener durchführen, Hinterbliebene beraten, Trauerfeiern organisieren oder Behördengänge abwickeln.

Abschnitt III.

Metallbauerhandwerk

Betriebe des Metallbauerhandwerks; darunter fallen Betriebe, die Stahl- und Metallbaukonstruktionen, Fördersysteme, Konstruktionen des Anlagenbaues sowie Schließ- und Sicherungssysteme entwerfen, planen, herstellen, montieren, in Betrieb nehmen, umbauen und instand halten unter Einbeziehung von steuerungstechnischen Systemen und deren Schnittstellen. Das sind Betriebe, die insbesondere

1. Verbindungen an Bauwerken und Konstruktionen unter Berücksichtigung von Befestigungsverfahren, Befestigungselementen, lösbaren und unlösbaren Befestigungssystemen, insbesondere Schweiß- und Klebeverbindungen sowie des Montageuntergrunds planen und herstellen,
2. Metallarbeiten entwerfen, zeichnerisch darstellen, modellieren, berechnen, herstellen, montieren und instand halten,
3. Schmiedetechniken, insbesondere manuelles und maschinelles Schmieden und Treiben ausführen,
4. Anlagen und Bauteile unter Berücksichtigung des Denkmalschutzes restaurieren und rekonstruieren,
5. Metalloberflächen schützen, farblich gestalten und veredeln,
6. Befestigungstechniken, insbesondere unter Berücksichtigung bautechnischer Erfordernisse und des Denkmalschutzes ausführen,

7. Spiel- und Sportgeräte, Gehäuse, Vorrichtungen, Messebauten, Innen- und Außentüren, Fenster, Treppen, Böden, Trennwände, Wand- und Deckenverkleidungen, Fassaden abschließende Bauelemente und Wintergärten planen, konstruieren, fertigen, einbauen oder instand halten.

Abschnitt IV.

Installateur- und Heizungsbauer, Klempner-, Ofen- und Luftheizungsbauer- sowie Behälter- und Apparatebauer-Handwerk

Betriebe des Installateur- und Heizungsbauer, Klempner-, Ofen- und Luftheizungsbauer sowie Behälter- und Apparatebauer-Handwerks; darunter fallen insbesondere Betriebe, die folgende Tätigkeiten ausführen:

1. Planung und Bau von Rohrleitungsanlagen, ausgenommen Fernleitungen, aus allen zugelassenen Werkstoffen für Gase, Wasser, Abwasser, und chemische Flüssigkeiten,
2. Verlegung und Anschluss von Rohren für Tankstellen,
3. Eindeckung von Dachflächen und Verkleidung von Decken- und Wandflächen mit Blech, Metall-Verbundwerkstoffen und Kunststoffen, einschließlich des Anbringens aller funktionsbedingten Schichten sowie der Trag- und Befestigungskonstruktionen,
4. Ausführung von Arbeiten aus Stabstahl, Profilstahl, Blech, Metall-Verbundwerkstoffen und Kunststoffen an Bauwerken, insbesondere an Anlagen zur Innen- und Außenentwässerung,
5. Entwurf und Herstellung von gebrauchs- und kunsthandwerklichen Gegenständen sowie von Bauteilen aus Blech, Metall-Verbundwerkstoffen und Kunststoffen, insbesondere von Verkleidungen für Rohrleitungen und Behälter, von Leitungen für lufttechnische Anlagen und für Förder- und Transportanlagen,
6. Planung und Herstellung von Rohren, Rohrleitungen und Formstücken für feste, flüssige und gasförmige Stoffe im gesamten Druck- und Temperaturbereich,
7. Planung und Bau von Kaminen für offenes Feuer,
8. Planung und Bau von Kachelgrundöfen, von Kachelherden und von transportablen keramischen Dauerbrandöfen und Herden.

Abschnitt V.

Elektrohandwerk

Alle Betriebe oder selbstständigen Betriebsabteilungen, die mit der handwerksmäßigen Installation, Wartung oder Instandhaltung von elektro- und informationstechnischen Anlagen und Geräten einschließlich elektrischer Antriebe, Leitungen, Kommunikations- und Datennetze sowie mit dem Fahrleitungs-, Freileitungs-, Ortsnetz- und Kabelbau befasst sind bzw. – bezogen auf diese Tätigkeiten – entsprechende Dienstleistungen einschließlich damit zusammenhängender baulicher Nebenpflichten im Sinne von § 5 Handwerksordnung anbieten, sofern dem Betrieb nicht nachgewiesen wird, dass die baulichen Tätigkeiten inklusive dieser baulichen Nebenpflichten kalenderjährlich mehr als 50 Prozent der betrieblichen Gesamtarbeitszeit betragen.

Bauliche Nebenpflichten im Sinne von § 5 HwO können insbesondere im Zusammenhang mit folgenden elektrohandwerklichen Dienstleistungen anfallen:

1. Kabel- und Leitungsinstallationen innerhalb und außerhalb von Gebäuden,
2. Photovoltaik- und Solarmontagen auf Gebäuden und Freiflächen,
3. Öffentlichen Beleuchtungsinstallationen bzw. Elektroinstallationen auf Masten,
4. Erstellung und Montage von Anlagen zur Energieerzeugung,
5. Erstellung und Montage von Infrastruktur E-Mobilität einschließlich Energieverteilernetze,
6. Erstellung und Montage von Kabel- und Leitungstrassen einschließlich ihrer Trägersysteme in und außerhalb von Gebäuden,
7. Erstellung und Montage von elektrischen Brandschutzsystemen,
8. Erstellung und Montage von Kabelschächten und -kanälen, Legen von Erdkabeln,
9. Erstellung und Montage elektrotechnischer Fertigteilbauten (z.B. Trafo- und Netzverteilstationen),
10. Geothermie- und Luftwärmepumpeninstallationen,
11. Fahrweg-Elektrotechnik einschließlich Signalanlagen und sonstiger Elektroinstallationen (z.B. Weichenheizungen),
12. Verkehrsleit- und Signaltechnik,
13. Erstellung und Montage elektrischer Licht und Werbeanlagen an und außerhalb von Gebäuden,
14. Elektroinstallationen im Laden- und Einrichtungsbau,
15. Modernisierung von Elektrospeicher-Heizanlagen,
16. Installation elektrischer Fußbodenheizungen,
17. Elektroinstallationen bei Blockheizkraftwerken, Brennstoffzellen und Batteriespeicheranlagen.

Übersicht über Lohnerhöhungen, Mindestlöhne und Wochenarbeitszeit im Baugewerbe

alte Bundesländer

Lohnerhöhungen			Mindestlöhne				Wochenarbeitszeit
ab	Ecklohn in DM/€	Erhöhung in %	ab	Lohngruppe 1 (+ Berlin)	Lohngruppe 2	Lohngruppe 2 Berlin	in Stunden (Std.)
15.04.1949	1,41	11,0					bis 31.03.1957: 48 Std.
09.09.1950	1,55	10,0					
23.04.1951	1,73	11,6					
05.06.1951	1,79	3,5					
01.12.1951	1,82	1,7					
01.04.1952	1,89	3,9					
01.04.1953	1,96	3,7					
15.05.1954	2,00	2,0					
01.04.1955	2,12	6,0					
01.07.1955	2,16	1,9					
01.04.1956	2,24	3,6					
01.04.1957	2,46	9,8					ab 01.04.1957: 45 Std.
01.05.1958	2,55	3,7					
01.05.1959	2,65	4,0					
01.10.1959	2,67	0,8					ab 01.10.1959: 44 Std.
01.05.1960	2,82	5,6					
01.06.1961	3,11	10,3					
01.04.1962	3,30	6,0					
01.10.1962	3,40	3,0					ab 01.10.1962: 43 Std.
01.05.1963	3,57	5,0					
01.04.1964	3,90	9,2					ab 01.04.1964: 42 Std.

alte Bundesländer (Fortsetzung)

Lohnerhöhungen			Mindestlöhne				Wochenarbeitszeit
ab	Ecklohn in DM/€	Erhöhung in %	ab	Lohngruppe 1 (+ Berlin)	Lohngruppe 2	Lohngruppe 2 Berlin	in Stunden (Std.)
01.04.1965	4,23	8,4					ab 01.04.1965: 42 Std. (01.04.–31.10.), 40 Std. (01.11.–31.03.)
01.07.1966	4,45	5,3					
01.07.1967	4,56	2,5					
01.09.1967	4,60	0,9					
01.05.1968	4,76	3,5					
01.04.1969	5,07	6,5					
01.10.1969	5,19	2,4					ab 01.10.1969: 40 Std.
15.12.1969	5,50	6,0					
01.05.1970	6,06[1)]	7,5					
01.05.1971	6,54	7,9					
01.05.1972	6,96	6,4					
01.05.1973	7,57	8,8					
01.05.1974	8,43	11,2					
01.05.1975	8,98	6,6					
01.05.1976	9,45	5,3					
01.05.1977	10,20[2)]	6,4					
01.05.1978	10,77	5,6					
01.07.1978	11,30	Änderung der Lohnrelationen					
01.05.1979	12,26[3)]	4,5					
01.05.1980	13,38	6,6					
01.04.1981	13,91	4,0					
01.04.1982	14,40	3,5					
01.10.1982	14,49	4,2					
01.04.1983	14,92	3,0					
01.04.1984	15,42	3,3					
01.08.1985	15,79	2,4					
01.04.1986	16,26	3,0					
01.04.1987	16,76	3,1					
01.04.1988	17,37	3,6					
01.04.1989	17,94	3,3					

alte Bundesländer (Fortsetzung)

Lohnerhöhungen			Mindestlöhne				Wochenarbeitszeit
ab	Ecklohn in DM/€	Erhöhung in %	ab	Lohngruppe 1 (+ Berlin)	Lohngruppe 2	Lohngruppe 2 Berlin	in Stunden (Std.)
01.01.1990	18,40	2,6					ab 01.01.1990: 39 Std.
01.04.1990	19,56	6,3					
01.04.1991	20,93	7,0					
01.04.1992	22,14	5,8					
01.04.1993	23,00	3,85					
01.04.1994	23,58	2,5[4]					
01.04.1995	24,48	3,8					
01.04.1996	24,94	1,85					ab 01.01.1996: 39 Std., aber 37,5 Std. in 1.–12. KW und 44. KW–Jahresende, 40 Std. in 13.–43. KW
01.04.1997	25,26	1,3	01.01.1997	17,00			
01.04.1998	25,64	1,5	01.09.1997	16,00			
01.04.1999	26,39	2,9	01.09.1999	18,50			
01.04.2000	26,91	2,0	01.09.2000	18,87			
01.04.2001	27,35	1,6	01.09.2001	19,17			
01.09.2002	13,63[5]	3,2	01.09.2002	10,12			
01.04.2003	13,96	2,4	01.09.2003	10,36	12,47		
			01.09.2004	10,36	12,47		
			01.09.2005	10,20	12,30		
01.01.2006	13,61	–2,5[6]					ab 01.01.2006: 40 Std., aber 38 Std. Jan.–März und Dez., 41 Std. April–Nov.
01.04.2006	13,75	1,0	01.09.2006	10,30	12,40		
01.06.2007	14,18	3,1	01.09.2007	10,40	12,50		
01.04.2008	14,39	1,5					
01.09.2008	14,62	1,6	01.09.2008	10,70	12,85	12,70	
01.06.2009	14,96	2,3	01.09.2009	10,80	12,90	12,75	
01.04.2010	15,30	2,3	01.09.2010	10,90	12,95	12,75	
01.05.2011	15,76	3,0	01.07.2011	11,00	13,00	12,85	
01.06.2012	16,12	2,3	01.01.2012	11,05	13,40	13,25	
01.05.2013	16,64	3,2	01.01.2013	11,05	13,70	13,55	

alte Bundesländer (Fortsetzung)

Lohnerhöhungen			Mindestlöhne				Wochenarbeitszeit
ab	Ecklohn in DM/€	Erhöhung in %	ab	Lohngruppe 1 (+ Berlin)	Lohngruppe 2	Lohngruppe 2 Berlin	in Stunden (Std.)
01.06.2014	17,16	3,1	01.01.2014	11,10	13,95	13,80	
01.06.2015	17,61	2,6	01.01.2015	11,15	14,20	14,05	
01.05.2016	18,03	2,4	01.01.2016	11,25	14,45	14,30	
01.05.2017	18,43	2,2	01.01.2017	11,30	14,70	14,55	
01.05.2018	19,48	5,7	01.01.2018	11,75	14,95	14,80	
			01.03.2019	12,20	15,20	15,05	
			01.04.2020	12,55	15,40	15,25	
01.01.2021	19,89	2,1	01.01.2021	12,85	15,70	15,55	
01.11.2021	20,29	2,0					
01.04.2022	20,74	2,2					
01.04.2023	21,15	2,0					
01.05.2024	22,73	8,7[7]					
01.04.2025	23,68	4,2					
01.04.2026	24,60	3,9					

[1] einschließlich Bauausgleichsbetrag (2,5 v. H. des Tarifstundenlohnes)
[2] einschließlich Bauausgleichsbetrag (2,5 v. H. des Tarifstundenlohnes) und Sommerausgleichsbetrag (1,5 v. H. des Tarifstundenlohnes)
[3] einschließlich Bauzuschlag (bis 31.03.1990: 5,4 v. H., ab 01.04.1990: 5,9 v. H. des Tarifstundenlohnes)
[4] gilt nur für Berufsgruppe III; alle übrigen Berufsgruppen 2,4 v. H.
[5] ab 1. September 2002 Ecklohn = Tarifstundenlohn der Lohngruppe 4 ohne Bauzuschlag
[6] Infolge der Arbeitszeitverlängerung von 39 auf 40 Stunden verringert sich der Ecklohn um 2,5 v. H.
[7] berechnete Erhöhung in der Lohngruppe 4. Alle Lohngruppen wurden um 1,2 % sowie weitere 1,33 € angehoben.

neue Bundesländer

Lohnerhöhungen			Mindestlöhne			Wochenarbeitszeit
ab	Ecklohn[1] in DM/€	Erhöhung in %	ab	Lohngruppe 1	Lohngruppe 2	in Stunden (Std.)
01.10.1990	10,76					bis 30.09.1992: 42 Std.
01.01.1991	11,73	9,0				
01.04.1991	13,60	15,9				
01.10.1991	14,43	6,1				
01.04.1992	17,05	18,2				
01.10.1992	17,46	2,4				ab 01.10.1992: 41 Std.
01.04.1993	19,08	9,3				
01.10.1993	19,56	2,5				ab 01.10.1993: 40 Std.
01.04.1994	20,06	2,5				
01.09.1994	21,22	5,8				ab 01.09.1994: 39 Std.
01.04.1995	22,03	3,8				
01.10.1995	22,52	2,22				
01.09.1996	22,94	1,85				ab 01.01.1996: 39 Std., aber 37,5 Std. in 1.–12. KW und 44. KW–Jahresende, 40 Std. in 13.–43. KW
01.10.1996	23,69	3,27	01.01.1997	15,64		
01.10.1998	24,04	1,50	01.09.1997	15,14		
01.04.1999	24,04	–	01.09.1999	16,28		
01.04.2000	24,04	–	01.09.2000	16,60		
01.04.2001	24,38	1,40	01.09.2001	16,87		
01.09.2002	12,16[2]	3,2	01.09.2002	8,75		
01.04.2003	12,45	2,4	01.09.2003	8,95	10,01	
			01.11.2003	8,95	9,65	
			01.09.2004	8,95	10,01	
			01.09.2005	8,80	9,80	

neue Bundesländer (Fortsetzung)

Lohnerhöhungen			Mindestlöhne			Wochenarbeitszeit
ab	Ecklohn[1] in DM/€	Erhöhung in %	ab	Lohngruppe 1	Lohngruppe 2	in Stunden (Std.)
01.01.2006	12,14	-2,5[3]				ab 01.01.2006: 40 Std., aber 38 Std. Jan.–März und Dez., 41 Std. April–Nov.
01.04.2006	12,26	1,0	01.09.2006	8,90	9,80	
01.06.2007	12,64	3,1	01.09.2007	9,00	9,80	
01.04.2008	12,83	1,5				
01.09.2008	13,04	1,6	01.09.2008	9,00	9,80	
01.06.2009	13,37	2,3	01.09.2009	9,25	–	
01.04.2010	13,71	2,3	01.09.2010	9,50	–	
01.06.2011	14,18	3,4	01.07.2011	9,75	–	
01.08.2012	14,59	2,9	01.01.2012	10,00	–	
01.05.2013	15,17	4,0	01.01.2013	10,25	–	
01.06.2014	15,75	3,8	01.01.2014	10,50	–	
01.06.2015	16,27	3,3	01.01.2015	10,75	–	
01.05.2016	16,74	2,9	01.01.2016	11,05	–	
01.05.2017	17,14	2,4	01.01.2017	11,30	–	
01.05.2018	18,27	6,6	01.01.2018	11,75	–	
01.06.2019	18,42	0,8	01.03.2019	12,20	–	
			01.04.2020	12,55	–	
01.01.2021	18,83	2,2	01.01.2021	12,85		
01.11.2021	19,39	3,0				
01.04.2022	19,93	2,8				
01.04.2023	20,47	2,7				
01.05.2024	22,25	8,7[7]				
01.04.2025	23,36	5,0				
01.04.2026	24,60	5,3[8]				

[1] Die Löhne betrugen in den Ländern Sachsen, Sachsen-Anhalt und Thüringen vom 01.07.1990–01.08.1990 7,53 DM, vom 01.08.1990–01.09.1990 8,61 DM, vom 01.09.1990–01.10.1990 9,68 DM, in den Ländern Berlin (Ost), Brandenburg und Mecklenburg-Vorpommern vom 01.07.1990–01.10.1990 10,76 DM

[2] ab 1. September 2002 Ecklohn = Tarifstundenlohn der Lohngruppe 4 ohne Bauzuschlag

[3] Infolge der Arbeitszeitverlängerung von 39 auf 40 Stunden verringert sich der Ecklohn um 2,5 v. H.

[7] berechnete Erhöhung in der Lohngruppe 4. Alle Lohngruppen wurden um 2,2 % sowie weitere 1,33 € angehoben.

[8] berechnete Erhöhung in der Lohngruppe 4. Alle Lohngruppen wurden auf das Niveau des TV Lohn/West angehoben.

Übersicht
über die Entwicklung des Sozialkassenbeitrags
und der gesetzlichen Winterbeschäftigungs-Umlage*)

ab	Sozialkassenbeitrag in v. H. West	Ost	Winterbeschäftigungs-Umlage in v. H. West	Ost
01.01.1961	11,3			
01.01.1972	15,0			
01.05.1972			4,0	
01.01.1975	17,5			
01.05.1975			3,5	
01.01.1976	18,5			
01.01.1977	18,0			
01.05.1977			3,0	
01.01.1979	20,0			
01.01.1980	21,5			
01.01.1981	22,5			
01.01.1982	24,0			
01.01.1984	24,7			
01.01.1985	19,9			
01.01.1986	22,2			
01.01.1987	22,0		2,0	
01.01.1989	21,1			
01.01.1991	20,5			
01.04.1991		4,25		2,0
01.06.1992	20,0	4,05		
01.01.1993		14,9		
01.01.1994		16,0		
01.01.1995	20,15	16,35		
01.01.1996	20,5	18,9	1,7	1,7

*) bis 30.04.2006 Winterbau-Umlage

ab	Sozialkassenbeitrag in v. H.		Winterbeschäftigungs-Umlage in v. H.	
	West	Ost	West	Ost
01.01.1997	20,6	18,9	1,0	1,0
01.07.1997	20,1	18,4		
01.01.1998	19,9	17,95	1,7	1,7
01.01.1999	19,0	17,35	1,7	1,7
01.07.1999	19,5	17,35		
01.01.2000	19,5	17,4		
01.07.2000	19,5	17,35	1,0	1,0
01.01.2001	19,4	17,75	1,0	1,0
01.01.2002	20,6	18,95	1,0	1,0
01.01.2003	20,6	18,6	1,0	1,0
01.01.2004	20,0	18,0	1,0	1,0
01.01.2005	19,5	17,5	1,0	1,0
01.01.2006	19,2	17,2	1,0	1,0
01.05.2006	19,2	17,2	2,0*	2,0*
01.01.2007	19,2	17,2	2,0	2,0
01.01.2008	19,8	17,2	2,0	2,0
01.01.2009	19,8	16,6	2,0	2,0
01.01.2010	19,8	16,6	2,0	2,0
01.01.2011	19,8	16,6	2,0	2,0
01.01.2012	20,1	16,6	2,0	2,0
01.01.2013	19,8	16,6	2,0	2,0
01.01.2014	20,4	17,2	2,0	2,0
01.01.2015	20,4	17,2	2,0	2,0
01.01.2016	20,4	17,2	2,0	2,0
01.01.2017	20,4	17,2	2,0	2,0
01.01.2018	20,4	17,2	2,0	2,0
01.01.2019	20,8	18,8	2,0	2,0
01.01.2020	20,8	18,9	2,0	2,0
01.01.2021	20,8	18,9	2,0	2,0
01.01.2022	20,8	18,7	2,0	2,0
01.01.2023	20,8	18,7	2,0	2,0
01.01.2024	20,5	18,7	2,0	2,0

*) Aufteilung seit 01.05.2006: Arbeitgeberanteil 1,20 v. H., Arbeitnehmeranteil 0,80 v. H.

Der kostenlose Online-Service

Bis zur nächsten Ausgabe dieses Buches stehen je nach Verfügbarkeit wichtige Änderungen und Ergänzungen für Sie zum Download bereit.

Nach Eingabe der Webadresse https://www.baufachmedien.de/tarifvertraege-fuer-das-Baugewerbe.html in Ihrem Internet-Browser gelangen Sie zunächst zu einer Darstellung des Buches im Onlineshop baufachmedien.de der Rudolf Müller Mediengruppe. Unter „Downloads“ klicken Sie bitte auf „Download zum Produkt“, um eine gezippte Datei, die alle Ergänzungen und Änderungen enthält, zu öffnen bzw. zu speichern.

Wir freuen uns, Ihre Meinung über dieses Fachbuch zu erfahren. Bitte teilen Sie uns Ihre Anregungen, Hinweise oder Fragen gerne per E-Mail an fachmedien.bau@rudolf-mueller.de mit.

Verzeichnis der Mitgliedsverbände des ZDB

Baden-Württemberg

Bauwirtschaft Baden-Württemberg e. V.	Geschäftsstelle Stuttgart Hohenzollern-straße 25 70178 Stuttgart	T: 0711 64853-0 F: 0711 64853-49 M: info@bauwirtschaft-bw.de
Fachverband Ausbau und Fassade Baden e. V.	Burkheimer Str. 12 79111 Freiburg	T: 0761 15431-500 F: 0761 15431-530 M: info@stuckateur-baden.de
Holzbau Baden e. V.	Burkheimer Str. 12 79111 Freiburg	T: 0761 15431-500 F: 0761 15431-530 M: info@bau-ausbau-baden.de
Verband des Zimmerer- und Holzbaugewerbes Baden-Württemberg e. V.	Hellmuth-Hirth-Straße 7 73760 Ostfildern	T: 0711 23996-50 F: 0711 23996-60 M: info@holzbau-online.de
Landesinnungsverband Fliesen Baden-Württemberg e. V.	Ressestraße 1 70559 Stuttgart	T: 0711 45103530 F: 0711 45103555 M: info@fliesen-bw.de
Fachverband der Stuckateure für Ausbau und Fassade Baden-Württemberg e. V.	Siemensstr. 6 71277 Rutesheim	T: 07152 30550-100 F: 07152 30550-199 M: info@stuck-verband.de
Fachverband Fußbodenbau Baden-Württemberg e. V.	Röhrer Weg 10 71032 Böblingen	T: 07031 710520 F: 07031 710521 M: info@fussbodenbau-bw.de

Bayern

Verband baugewerblicher Unternehmer Bayerns e. V. Landesverband Bayerischer Bauinnungen e. V.	Postfach 20 13 16 80013 München	T: 089 76790 F: 089 768562 M: baugewerbe@lbb.bayern.de
Verband der Zimmerer- und Holzbauunternehmer in Bayern e. V. Landesinnungsverband des Bayerischen Zimmererhandwerks	Eisenacher Straße 17 80804 München	T: 089 36085-0 F: 089 36085-100 M: info@zimmerer-bayern.com

Berlin/Brandenburg

Landesverband Bauhandwerk Brandenburg und Berlin e. V.	Otto-Erich-Straße 11–13 14482 Potsdam	T: 0331 2700233 F: 0331 2705633 M: luederitz@lv-bbb.de

Bremen

Verband Baugewerblicher Unternehmer im Lande Bremen e. V.	Martinistraße 53–55 28195 Bremen	T: 0421 22280660 F: 0421 22280666 M: bau@vbu-bremen.de

Hamburg

Norddeutscher Baugewerbeverband e. V.	Semperstraße 24 22303 Hamburg	T: 040 2263255-0 F: 040 2263255-33 M: info@bau-innung.de

Hessen

Verband baugewerblicher Unternehmer Hessen e. V.	Emil-von-Behring-Straße 5 60439 Frankfurt a. M.	T: 069 95809-0 F: 069 95809-233 M: Baugewerbe@bgvht.de
Verband hessischer Zimmermeister e. V.	Werner-Heisenberg-Straße 4 34123 Kassel	T: 0561 82020381 F: 0561 58556590 M: info@zimmerer-hessen.de

Mecklenburg-Vorpommern

Norddeutscher Baugewerbeverband e. V.	Semperstraße 24 22303 Hamburg	T: 040 2263255-0 F: 040 2263255-33 M: info@bau-innung.de

Niedersachsen

Verband Baugewerblicher Unternehmer Niedersachsen e. V. Baugewerbe-Verband Niedersachsen e. V.	Baumschulenallee 12 30625 Hannover	T: 0511 95757-0 F: 0511 95757-40 M: kontakt@bvn.de

Nordrhein-Westfalen

Baugewerbe-Verband Nordrhein e. V.	Graf-Recke-Straße 43 40239 Düsseldorf	T: 0211 91429-0 F: 0211 91429-31 M: info@bgv-nrw.de

Fachverband Ausbau und Fassade Nordrhein-Westfalen, Stuck-Putz-Trockenbau-Farbe	Graf-Recke-Straße 43 40239 Düsseldorf	T: 0211 91429-0 F: 0211 91429-31 M: rundschreiben@bgv-nrw.de
Straßen- und Tiefbau-Verband Nordrhein-Westfalen e.V.	Graf-Recke-Straße 43 40239 Düsseldorf	T: 0211 91429-0 F: 0211 91429-31 M: info@bgv-nrw.de
Zimmerer- und Holzbau-Verband Nordrhein e.V.	Graf-Recke-Straße 43 40239 Düsseldorf	T: 0211 91429-0 F: 0211 91429-31 M: info@bgv-nrw.de
Baugewerbeverband Westfalen e.V.	Westfalendamm 229 44141 Dortmund	T: 0231 941158-0 F: 0231 941158-40 M: bau@bauverbaende.de
Stuck-, Putz- und Trockenbau Westfalen e.V.	Westfalendamm 229 44141 Dortmund	T: 0231 941158-0 F: 0231 941158-40 M: bau@bauverbaende.de

Rheinland-Pfalz

Bauwirtschaft Rheinland-Pfalz	Max-Hufschmidt-Straße 11 55130 Mainz	T: 06131 98349-0 F: 06131 98349-49 M: mainz@bauwirtschaft-rlp.de

Saarland

Arbeitgeberverband der Bauwirtschaft des Saarlandes e.V.	Kohlweg 18 66123 Saarbrücken	T: 0681 38925-0 F: 0681 38925-20 M: agv@bau-saar.de

Sachsen

Sächsischer Baugewerbe-verband e.V. Landesverband Sächsischer Bauinnungen	Neuländer Straße 29 01129 Dresden	T: 0351 21196-0 F: 0351 21196-17 M: info@sbv-sachsen.de
Landesinnungsverband des Sächsischen Straßenbau-gewerbes e.V.	Turnerweg 6 01097 Dresden	T: 0351 56349170 F: 0351 56349172 M: liv-strassenbau@t-online.de

Sachsen-Anhalt

Baugewerbe-Verband Sachsen-Anhalt e.V.	Lorenzweg 56 39128 Magdeburg	T: 0391 53221-80 F: 0391 53221-89 M: info@bgv-vdz.de

Schleswig-Holstein

Baugewerbeverband Schleswig-Holstein e. V.	Hopfenstraße 2 e 24114 Kiel	T: 0431 53547-0 F: 0431 53547-77 M: info@bau-sh.de
Wirtschaftsverband BAU-NORD e. V.	Hopfenstraße 2 e 24114 Kiel	M: info@bau-sh.de www.bau-sh.de

Thüringen

Verband baugewerblicher Unternehmer Thüringen e. V.	Blosenburgstraße 4 99096 Erfurt	T: 0361 60056-0 F: 0361 60056-20 M: erfurt@bauindustrie-mitte.de

Überregionale Mitgliedsverbände

Deutscher Holz- und Bautenschutzverband e. V.	Postfach 40 02 20 50832 Köln	T: 02234 48455 F: 02234 49314 M: info@dhbv.de
Deutscher Auslandsbau-Verband e. V.	Graf-Recke-Str. 43 40239 Düsseldorf	M: info@auslandsbau-verband.com www.auslandsbau-verband.com

Stichwortverzeichnis

13. Monatseinkommen 258, 260, 262, 264, 265
– Anrechenbarkeit 263, 268
– Auszubildende 261, 267
– Fälligkeit 262, 268
– Teilzeitbeschäftigte 261, 267
– Wehrpflichtige 260, 266

A

allgemeinverbindlich erklärte Tarifverträge 400
Altersteilzeit 42, 111, 112, 113, 115
– 13. Monatseinkommen 113
– gewerbliche Arbeitnehmer 111
– Insolvenzschutz 115
– Kündigungsschutz 115
– Urlaub 42
Urlaubsanspruch 113
Altersteilzeitleistungen 113
Altersteilzeitvereinbarung 113
Altersversorgung 288
An- und Abreise 37, 78
Arbeitsausfall 22, 23, 344
Arbeitsbefreiung (24./31. Dezember) 20, 62
– Angestellte 62
– Arbeiter 20
Arbeitsgemeinschaften 43, 59, 79
– Freistellung 43
– Neueinstellung 59
Arbeitspapiere 45, 59
– Angestellte 59
Arbeitsräume 374
Arbeitssicherheit 46, 83
Arbeitsstätten 378
– Anforderungen an 378
– Ausschuss für 375
– besondere Anforderungen 373
– Einrichten und Betreiben 373

Arbeitsstättenverordnung 369
– Anwendungsbereich 369
– Straftaten und Ordnungswidrigkeiten 377
Arbeitsstelle 20, 35, 36
– Beginn und Ende der Arbeitszeit 20
– mit täglicher Heimfahrt 35
– ohne tägliche Heimfahrt 36
Arbeitsversäumnis 22
Arbeitszeit 17, 60
– Angestellte 60
– Ausfallstunden 20
– Ausgleich 17, 60
– betriebliche Arbeitszeitverteilung (Arbeitszeitflexibilisierung) 18
– Entgeltkonto 19
– gleitende 62
– -guthaben 19, 53
– in fachfremden Betrieben 20
– Konto 61
– Maschinen- und Kraftwagenpersonal 20
– Sommerarbeitszeit 17
– tägliche 19
– tarifliche 17
– Teilzeitarbeit 64
Ausbildungsnachweise 318
Ausbildungsvergütung 88, 169, 175, 179, 185, 188, 192, 194, 198
– bei Anrechnung anderer Ausbildungszeiten 89
– bei Verlängerung der Ausbildungszeit 89
Ausgleichsbeträge 211
– für die Angestellten und Poliere 211
Ausgleichskonto 19
– Absicherung 19
– Ausgleich 19
– Übertragung 19
Ausschlussfrist 46, 83, 92
– Ausbildungsverhältnis 92
– gewerbliche Arbeitnehmer 46
Auszubildende 86, 261, 267, 317

B

Bachelor 69, 70, 71, 85
Baubetriebe-Verordnung 359
Baustellenkoordinator 396
Baustellenverordnung 395
Beförderung von Arbeitnehmern 30

Beschäftigungssicherungsklausel 185, 198
Bezirkslohntarifverträge 175
Bruttolohn 39
Bundeseinheitliche Entlohnung 184

D

Duale Studiengänge 102

E

Einführung neuer Lohnstrukturen 203
Eingruppierung 24
Einschränkungen der Allgemeinverbindlicherklärung 401
Einstellungsbedingungen 17
Einstellungsbogen 17, 48
Eintragung 97
– überbetriebliche Ausbildungsstätte 97
Eisenbahnoberbau 162
elektronisches Meldeverfahren 311
Entschädigung des Urlaubs 40
Entschädigungsanspruch 320
Erschwerniszulage 64
Erschwerniszuschläge 31, 89, 137, 157
– Auszubildende 89
– im feuerungstechnischen Gewerbe 137
– im Isoliergewerbe 157
Erstattung 93, 95
– Ausbildungsvergütung 93
– überbetriebliche Ausbildungskosten 95

F

Fahrtkosten 90
– bei überbetrieblicher Ausbildung 90
Fahrtkostenabgeltung 34, 35, 76, 140, 158
– im feuerungstechnischen Gewerbe 140
– im Isoliergewerbe 158
Fertigbaubetriebe 163
Feuerungsbauzuschlag 136, 152
feuerungstechnisches Gewerbe 134, 152
Förderung der ganzjährigen Beschäftigung 344
Freistellung 22, 23, 66
– aus familiären Gründen 22, 66
– Beantragung 23, 67
– für Arztbesuche 23, 66

– für Behördengänge 23, 66
– zur Ausübung von Ehrenämtern 23, 66

G

Gefährdungsbeurteilung 372
Gehalt 67, 74, 152, 188, 194, 207
– Einführung neuer Gehaltsstrukturen 207
– Gehaltszahlung im Todesfall 75
– Monatsgehalt 74
Gehaltsfortzahlung im Krankheitsfall 65
– Unterrichtung des Arbeitgebers 65
– Zuschuss 65
Gehaltsgruppe 67, 189, 195, 208
– neue 208
Gehaltssätze 189, 195
Gehaltsstrukturen 207
Geltungsbereich des Bundesrahmentarifvertrages 13
Gesundheitsschutz 46, 83
gewerbliche Arbeitnehmer 48

H

Hinterbliebenengeld 294

I

Inflationsausgleichsprämie 278, 279
Isoliergewerbe 156, 161

K

Kündigungsausschluss 45
Kündigungsfristen 45, 82
Kurzarbeitergeld 344, 350, 351

L

Leistungslohn 24, 30, 117
– allgemeine Bestimmungen 118
– Arbeit im Leistungslohn 30, 118
– Arbeitszeit 123
– Haftung 122
– Ist-Stunden 120
– Leistungsbedingungen 119
– Leistungsvereinbarung 120
– Mängelrüge 121
– Prämienlohn 123
– Soll-Stunden 120

– Vergütung 120
– Vorgabewerte 118
– Zuschlag bei Leistungslohnausfall 24
Lohn 24, 29, 200
– Einführung neuer Lohnstrukturen 200, 203
Lohnabrechnung 30
Lohnanspruch 29, 53, 202
– nach Übergang in die neue Lohnstruktur 202
Lohn bei auswärtiger Beschäftigung 30
Lohn der Arbeitsstelle 30
Löhne 169, 172, 179, 182
– für das feuerungstechnische Gewerbe 144, 174, 184
– für das Holz- und Bautenschutzgewerbe 174, 183
– für stationär beschäftigte Arbeitnehmer 172, 182
– für Stuck-, Putz- und Trockenbauarbeiten 173, 182
– mit Besitzstand 203
Lohnerhöhungen
– alte Bundesländer 418
Lohngrundlage 24
Lohngruppen 25, 136, 201
– neue 201
Lohnregelung 170, 180
Lohnstrukturen 200, 203
Lohntabellen 175

M

Master 70, 71, 85
Mehrarbeit 20
Meldeverfahren 336
Mindesturlaubsvergütung 39
Mitgliedsverbände des ZDB 427
Monatslohn 18

N

Nachtarbeit 20, 63
Nachweis der Kosten 99
– überbetriebliche Ausbildungsstätte 99
Nichtraucherschutz 374

P

Poliere 71, 73, 75
– des feuerungstechnischen Gewerbes 75
– Gehalt 75
Probezeit 82

Protokollnotiz 51, 53, 178
– zu § 3 Nr. 1.7 BRTV 53
– zu § 3 Nr. 1.42 BRTV 51
– zu § 9 Abs. 3 TV Lohn/West 178

R

Rentenbeihilfen 288
– Unverfallbarkeit 293
– Voraussetzungen 291
Restlohn 45

S

Saison-Kurzarbeitergeld 23, 345, 348, 357
Schlichtungsabkommen für das Baugewerbe 338
Schriftformerfordernis 45
Schwarzarbeit 45
Sonn- und Feiertagsarbeit 20, 63
Sozialaufwandserstattung 330
Sozialkassen 310
Sozialkassenbeitrag 305, 320, 328, 424
– Anpassung 328
– Einzug und Erlass 328
– Entwicklung 424
Sozialkassenverfahren 304
Spezialgewerbezweige 46
Spitzenausgleichsverfahren 94, 324
Stammdaten 312
Sterbegeld 44

T

Tarifrente Bau 288, 291
– Beitragszusage 292
– Günstigkeitsvergleich 299
– Leistungshöhe 293
Teilzeitarbeit 64, 82
– zusätzliches Urlaubsgeld 82
TV Gehalt/Ost 194
TV Gehalt/West 188
TV Lohn/Ost 179
TV Lohn/West 169, 178

U

Übergangsregelung 210
– für den Übergang in neue Gehaltsgruppen 210

Überstunden 20, 62
ULAK 313
Unterkunft 34, 36, 46, 76, 78
Urlaub 37, 80, 90
– Abgeltung 40, 319
– Anspruch 37, 80
– Antritt 38
– bei Tod des Arbeitnehmers 41
– Dauer 37, 81
– Entgelt 81
– für gewerblich Auszubildende 90
– für jugendliche Arbeitnehmer 41
– für volljährige Arbeitnehmer im Auslernjahr 41
– Schwerbehinderte 37
– Unterbrechung 81
– Verfahren 304, 318
– Verfall 40
– Vergütung 38
– Wünsche 81
– zusätzliches Urlaubsgeld 82
Urlaubsabgeltung 128
Urlaubsanspruch 126
Urlaubsdauer 126
Urlaubskosten 95
Urlaubsvergütung 90, 127, 318
– für gewerblich Auszubildende 90

V

Verfallfristen 129
vermögenswirksame Leistungen 270, 274
– Angestellte und Poliere 274
– gewerbliche Arbeitnehmer 270
Verordnung 369, 395
– über Arbeitsstätten 369
– über Sicherheit und Gesundheitsschutz auf Baustellen 395
Verpflegungszuschuss 35, 36, 37, 76, 78, 79, 158
Versetzung 80
– Umzugskosten 80
– Zustimmung des Angestellten 80
Versicherungsnachweis für Angestellte 316
VTV 304

W

Wegekostenerstattung 108
Wegezeiten/-strecken 217
Wegezeitentschädigung 30, 36, 75, 77
Wegstrecke 170, 180, 249
Wegstreckenentschädigung 172, 182, 217
Wehrpflichtige 266
Werkpoliere 29
– Tätigkeit 29
Winterarbeitszeit 17
Winterbeschäftigungs-Verordnung 364
Wintergeld 349
Wochenarbeitszeit 17
Wochenendheimfahrten 37, 78

Z

Zeugnis 83
Zusatzrente 281
– Arbeitgeberanteil 282
– Durchführungswege 283
– Entgeltumwandlung 286
– Pauschalsteuer 283
– Unverfallbarkeit 284
– Verfahren 285
Zusatzversorgungskasse des Baugewerbes 290
Zuschläge 21, 64, 135
– Angestellte 64
– im feuerungstechnischen Gewerbe 135
Zuschläge im feuerungstechnischen Gewerbe 152
ZVK-Bau 323
Zweitausbildung 102